JN086362

世界経済論
［第2版］
変容するグローバリゼーション

山本和人・鳥谷一生 編著

ミネルヴァ書房

はしがき
—— 『世界経済論　第 2 版』の刊行に寄せて ——

現代の世界経済——変容するグローバリゼーション

　『世界経済論——岐路に立つグローバリゼーション』〔第 1 版〕を世に問うてか
らはや 3 年の月日が流れた。幸いにも講義やゼミナールの教材として執筆者以外
の先生方にも採用していただき，4 刷りを重ねることができた。思えば，この 3
年間に世界経済は大波に洗われた。私たちは，第 1 版の副題のタイトルを「岐路
に立つグローバリゼーション」としたが，その論拠は，1980 年代から始まった新
自由主義的グローバリゼーションが，主流派経済学者たちの主張するようには展
開していないと確信していたからである。そしてこうしたグローバリゼーション
が孕む矛盾が爆発したのが，2008-09 年世界金融経済危機（日本ではリーマン・シ
ョックと呼ばれている）であり，第 1 版では，この危機を新自由主義的グローバ
リゼーションの転換点と位置付けた。しかし，第 1 版刊行時点で，世界経済・政
治の構造変化は「現在進行形である」（同書，314 頁）との表現に落ち着いた。世
界金融経済危機を嚆矢に，この 3 年間に，国家内部そして国家間の双方において
「社会経済的な分断」の姿が明確にみえてきている。まさにそれが私たちの生き
ている 2020 年代であると考える。

　今回，内容を刷新し，第 2 版の刊行の運びとなったのは，こうした新自由主義
的グローバリゼーションに基づいた資本主義世界経済の時代を，第 1 版を超えて，
明確にすることからである。「変容するグローバリゼーション」という副題に変
更したのもこの意図を反映している。もちろん，世界経済論を学ぶ初学者の皆さ
んに対しては，基礎的なターム，理論，歴史について，第 1 版同様に，できるだ
け平易に説明するよう心掛けた。しかし，本書の扱う範囲（経済理論，貿易，金
融，開発経済，資本主義の歴史など）が広範なために，本書全体を理解するには，
多岐にわたる基礎知識を習得しなければならないであろう。もっとも，各章は関
連しつつも独立しているので，興味のある章に集中し，学習する方法を勧める次
第である。

1．新自由主義的グローバリゼーションの帰結

アメリカを頂点とする新自由主義的グローバリゼーション
（1980年代～1990年代，21世紀初頭）の展開

2008-09年世界金融経済危機
コロナ禍
ウクライナ危機

分断化される社会──国内経済・世界経済──
① 格差の拡大と深化（国内，国家間）
② アメリカを中心とする先進資本主義経済の停滞と民主主義の劣化
③ 環境問題の深刻化（気候変動など）
④ 対抗軸（中国・ロシア）の形成と先進資本主義諸国との対立

2．コロナ禍・ウクライナ侵攻によって変異（変容）する世界経済秩序

グローバリゼーション変異前		変異後
低コストで効率的な世界の最適地での生産	貿易・直接投資	安全保障に配慮したサプライ・チェーン，供給網の短期化・クリーン化，フレンド・ショアリング，デカップリング
ドル基軸，「ドル本位」制，世界で高利回り追究，資本自由化加速	国際金融	経済制裁で一部分断化（SWIFT 除外など），ボラタイルな為替相場
先進国と新興国の対話模索，G20創設	国際統治	G20機能不全深刻に，G7復権，有志連合盛んに
WTO（世界貿易機関），メガ FTA	通商秩序	通商枠組み乱立，アメリカは（IPEF）インド太平洋枠組み提唱

（出所）　『日本経済新聞』，「変異するグローバル化」2022年5月16日（月）の図表から必要部分を抜粋し，修正，補足した。

　第2版刊行の目的について，ここで上記の2つの図表に基づき，補足説明しておこう。「1．新自由主義的グローバリゼーションの帰結」は，新自由主義的グローバリゼーションの展開が，世界金融経済危機，コロナ禍，ウクライナ危機を通じて，国内そして世界経済双方において，分断化を齎（もたら）していることを示したものである。分断化の内容については，①～④を挙げている。①の格差の拡大と深化（国内，国家間）と②のアメリカを中心とする先進資本主義経済の停滞と民主主義の劣化そして④の対抗軸（中国・ロシア）の形成と先進資本主義諸国との対立については本書全体を通じて，とくに第Ⅱ部の各章及び終章で具体的に論じることになろう。

　ここで私たち執筆者の④対抗軸（中国・ロシア）の形成と先進資本主義諸国と

の対立に対する共通認識を明らかにしておく必要があろう，私たちは次のように考えている。新自由主義的グローバリゼーションの展開が，効率を求める先進資本主義国の資本（多国籍企業）による最適生産地での生産や原料・資源の調達を促し，最適生産地に選ばれた新興国（とりわけ中国そしてロシア）の経済を潤すことになった。こうして特に先進諸国の巨大多国籍企業と新興国の特権階級の間にはウィン・ウィン関係が成立した。現在，権威主義的国家資本主義国と称される中ロは，アメリカ主導の新自由主義的グローバリゼーションが生み出した鬼子であった。以上が私たちの理解である。

　他方，③の環境問題の深刻化（気候変動問題）については，紙幅の関係上，断片的に触れるに留めざるを得なかったことを記しておく（⇨第5章第4節，終章第3節，コラム16）。

　次に図表「2．コロナ禍・ウクライナ侵攻によって変異（変容）する世界経済秩序」について説明しよう。図表では世界経済秩序を4つの秩序からなるものとして捉え，それらの秩序が，コロナ禍やウクライナ侵攻を通じて，どのように変異（変容）しているかを図式化したものである。グローバリゼーション変異前とは新自由主義的グローバリゼーション下での世界経済秩序のことである。変異後の世界経済秩序についてすでに秩序自体が崩壊しているとみる論者もいるが，本書では，貿易・投資関係の変異（変容）については，第6章，第10章，終章で，国際金融のそれについては，第3章，第11章，終章で，通商秩序のそれについては，第4章，第10章，終章において説明を行っている。

第2版の構成と特長

　本書は，目次からわかるように，Ⅱ部構成をとっている。本書の構成と流れを次のように図式化（チャート化）してみた。第Ⅰ部「グローバル経済システムの歴史・構造・現状」の第1章では，産業革命と資本主義の確立によって，各国・地域の結び付きが強固となる19世紀初めから，グローバリゼーションが進行した21世紀初頭まで，約250年にわたる世界経済の歴史展開について概説する。この間，世界経済は20世紀初頭まではイギリスを，第2次大戦後はアメリカを中心に編成された。

　第Ⅰ部の3章，4章，6章では，各国間を結び付ける貿易，通貨取引・決済，さらには多国籍企業の進出や受入れ（国際的な資本移動）に関する制度（システ

ム）について学ぶ。とくに貿易や国際決済については国際機関（WTO, IMF）が存在し，各国が遵守すべきルールが存在している。そのルールの中身とそのルールの現状について考察する。あわせて第5章で，現代世界経済システムの重要な構成要素である新興国・途上国地域の経済開発問題についても学ぶ。しかし，こうした国際貿易，国際通貨，国際資本移動，経済開発の現状について理解を深めるためには，その根底に流れている原理や法則を会得しておく必要がある。原理や法則つまり理論なしでは，世界経済の本質をとらえることはできない。単に世界に起きている出来事のうわべだけしか見えてこないのである。こうして2章，5章，6章では，チャートに示したように，グローバルな経済システムの内容と現状を理解するための基礎理論について学ぶ。第Ⅰ部では，基本的に世界経済の歴史と基礎理論を押さえてから，貿易，通貨取引・決済，投資などの世界経済のシステムの内容と現状について学んでいくという形をとっている。

　第Ⅰ部を踏まえて，第Ⅱ部「現代世界経済の諸相―各国・地域」では，現代の世界経済の構図をもとに各国・地域の経済の歴史と現状について説明する。チャートにあるように，世界経済は先進国地域と新興国・途上国地域の2つから構成されている。本書では詳しく言及できなかった工業化の段階にまだ達していないLDC（後発発展途上国）の存在にも注目する必要があろう（チャート参照）。また本書では，2008-09年世界金融経済危機後の世界経済は，経済の規模を中心にその国の影響力などを考慮すれば，アメリカ，EU，中国が中核となっていると理解している（2020年において世界全体のGDPに占める3極のシェアは60.1％，アメリカ＝24.6％，イギリスを除くEU27カ国＝18.0％，中国＝17.5％）。他方，米中（G2）2極化または無極化の時代と捉える見解もある。このチャートを用いて説明すれば，アメリカ中心の先進諸国の覇権に挑む新興国中国という構図になろう。

　以上本書の構成についてチャートに基づき，説明した。なお，終章「地殻変動と分断のすすむ世界経済」では2008-09年世界金融経済危機以降，とくに第1版刊行後の直近の世界経済および政治状況に総合的に焦点を当て，新自由主義的グローバリゼーションの変容について総括している。また各章にはコラムを設け（説明が長くなる場合は補論とした），現代世界経済を理解するために特に重要な基本的ワードや時事問題について解説し，巻頭には欧文略語一覧，巻末には年表や本書全体に関わる統計資料を掲載している。これらも本書の特長である。それでは各章の内容に入ることにしよう。

［第2版］の構成

【第Ⅰ部】グローバル経済システムの歴史・構造・現状

資本主義世界経済の史的展開
① 19世紀〜第1次大戦までの世界経済（パクス・ブリタニカの世界）〔第1章第1節〕 ② 第2次大戦後の資本主義世界経済（パクス・アメリカーナの世界）〔第1章第2節〕

現代世界経済を理解するための基礎理論
① 国際貿易の基礎理論〔第2章〕 ② 国際金融・国際通貨の基礎理論〔第2章〕 ③ 開発経済学の基礎理論〔第5章〕 ④ 直接投資の基礎理論〔第6章〕

グローバル経済システムの内容と現状
① 国際金融・通貨システム〔第3章〕 ② 国際貿易システムとRTAs（地域貿易協定）〔第4章〕 ③ 多国籍企業とグローバル・バリュー・チェーン〔第6章〕

【第Ⅱ部】現代世界経済の諸相──各国・地域

現代世界経済（各国・地域）の構図		
先進国・地域	アメリカ〔第7章〕	世界経済の中核	日 本〔第12章〕
	E U〔第8章〕		その他のG7（イギリス〔第8章〕，カナダ）
			アジアNIES〔第10章〕
新興途上国地域	中 国〔第9章〕		ASEAN〔第10章〕
			ブラジル・ロシア・インド・南アフリカ（BRICS：中国を除く）〔第11章〕
			後発発展途上国（LDC）

世界経済論　第2版　目　次

はしがき――『世界経済論』第2版の刊行に寄せて

欧文略語一覧

第Ⅰ部　グローバル経済システムの歴史・構造・現状

第1章　資本主義世界経済の歩み ……………………………………………… I
――私たちの250年史――
第1節　資本主義の誕生とイギリス中心の世界経済の盛衰 ………………… 3
――パクス・ブリタニカの世界経済システム
第2節　第2次世界大戦後の世界経済――パクス・アメリカーナの世界 ……… 11

第2章　国際貿易と国際通貨の基礎理論 ……………………………………… 28
――国際経済を読み解くツール――
第1節　貿易をめぐる利害対立と論争の深化 ……………………………… 28
第2節　自由貿易の利益をめぐる議論 ……………………………………… 32
第3節　国際収支と「貯蓄―投資」論 ……………………………………… 36
第4節　外国為替取引と国際通貨・国際金融 ……………………………… 40

第3章　第2次世界大戦後の国際通貨システム ……………………………… 48
――旧 IMF 体制から変動相場制への移行，そして「ドル本位制」へ――
第1節　ブレトン・ウッズ体制の成立と展開 ……………………………… 48
第2節　ブレトン・ウッズ体制の崩壊と変動相場制への移行 …………… 56
第3節　変動相場制の現実と課題 …………………………………………… 58
第4節　金融のグローバル化の進展と「ドル本位制」の変容 …………… 61
補論1　通貨・金融システムについて …………………………………… 72
補論2　中央銀行デジタル通貨と暗号資産について …………………… 75
補論3　「ドル本位制」について ………………………………………… 76

第4章　第2次世界大戦後の国際貿易システム……………………79
　　　　──GATT・WTO 体制から RTAs（地域貿易協定）へ──
　　第1節　戦後貿易システムの誕生と多国間貿易交渉………………79
　　第2節　WTO の成立とその後 …………………………………89
　　第3節　RTAs（地域貿易協定）の急増と多国間貿易体制の行方………96

第5章　途上国における開発戦略と開発経済学の変遷………………108
　　　　──途上国における開発の歴史と開発理論──
　　第1節　脱植民地化と「開発の時代」の到来 ……………………108
　　第2節　NIEO の盛衰と政府主導的な開発戦略 ………………110
　　第3節　新自由主義的開発戦略への転回……………………………113
　　第4節　現代開発経済学（開発のあり方）の批判的検討……………118

第6章　対外投資と生産のグローバル化………………………………124
　　　　──何がグローバル化を突き動かしているのか──
　　第1節　対外投資とは何か …………………………………………124
　　第2節　なぜ直接投資は拡大し，企業は多国籍化するのか………132
　　第3節　直接投資と発展途上国の急速な工業化…………………134
　　第4節　生産のグローバル化と国際貿易の変容…………………138

第Ⅱ部　現代世界経済の諸相──各国・地域

第7章　第2次世界大戦後のアメリカ経済の展開……………………147
　　　　──グローバル化と金融化の帰結──
　　第1節　戦後アメリカ経済小史………………………………………147
　　第2節　アメリカ金融革命と世界金融経済危機──「経済の金融化」の末路…154
　　第3節　世界金融経済危機後のアメリカ経済 ……………………163
　　第4節　コロナ禍のアメリカ経済とその行方 ……………………173
　　　　──急膨張した財政赤字と引き締め策に転じた FRB──

第8章　EU経済・通貨統合の現実……………………………………………178
　　　　──統合の進展と経済・政治的危機──
　第1節　EUとは何か…………………………………………………………178
　第2節　単一市場の拡大・発展と共通政策 ………………………………183
　第3節　EMU（経済通貨同盟）の発展とECB（欧州中央銀行）の始動 … 185
　第4節　欧州金融危機の発生と経済動向……………………………………189
　第5節　イギリスのEU離脱（Brexit）……………………………………195
　第6節　新型コロナウイルス危機とウクライナ危機への対応 ……………204

第9章　現代中国経済と人民元「国際化」・「一帯一路」戦略………209
　　　　──「改革開放」政策の経緯と行く末──
　第1節　現代中国略史──1949年革命から「改革・開放」まで…………209
　第2節　「改革開放」政策と社会主義市場経済への移行 …………………212
　第3節　WTO加盟，高度経済成長へ………………………………………216
　第4節　中国経済と世界経済──人民元「国際化」と「一帯一路」戦略…224
　第5節　内憂外患の中国経済 ………………………………………………239

第10章　アジアNIESとASEANの経済………………………………244
　　　　──アジアはいかにして成長したのか──
　第1節　『東アジアの奇跡』とアジアの経済発展 ………………………244
　第2節　アジアNIESの経済発展……………………………………………245
　第3節　ASEANの経済発展 …………………………………………………249
　第4節　東アジア通貨危機とアジアNIES・ASEAN ……………………250
　第5節　グローバリゼーションの進展と地域経済協力 …………………254
　　　　　補論4　韓国の経済と社会 ………………………………………263

第11章　グローバリゼーション下の新興国経済………………………266
　　　　──新自由主義的グローバリゼーションの影響と帰結──
　第1節　ラテンアメリカ新興国──グローバリゼーション下の産業構造………266
　第2節　ロシア──ショック療法による困難と資源の呪い，ウクライナ侵攻…272
　第3節　インド──経済自由化の「二つの顔」……………………………279

第4節　新興国・途上国にとってのグローバリゼーション……………………284

第12章　日本経済の現状と行方……………………………………288
　　　　──アベノミクスと負の遺産──
　　第1節　戦後日本経済の歩み──復興から高度経済成長へ……………288
　　第2節　日本経済の「金融化」と「国際化」──バブル崩壊と日米経済摩擦…292
　　第3節　日本の金融危機と「失われた30年」………………………297
　　第4節　アベノミクス下の財政金融の現実…………………………301
　　第5節　日本経済の行方……………………………………………312

終　章　地殻変動と分断のすすむ世界経済……………………………321
　　　　──貧困・格差と武力紛争，そして気候変動危機に瀕する人類社会──
　　第1節　各種経済統計でみた世界経済の地殻変動……………………321
　　第2節　世界経済秩序の動揺と混迷…………………………………331
　　第3節　グローバル化の進展と「不平等危機」………………………338
　　第4節　結　語………………………………………………………346

巻末資料

　　1　日本の国際収支……353
　　2　アメリカの国際収支……354
　　3　中国の国際収支……355
　　4　世界各国の経済指標（2020年）……356
　　5　第2次世界大戦後の世界経済の見取図……358

あとがき──第2版の執筆を終えて……365
人名索引……368
事項索引……369

コラム

1 ケインズ主義と新自由主義……14

2 グローバリゼーション時代の所得格差の推移：エレファントカーブが示す世界経済……22

3 金利平価説と購買力平価説……44

4 影の銀行（シャドーバンキング）……67

5 WTO の紛争解決制度……107

6 グローバルな公正を求める運動（オルター・グローバリゼーション運動）……121

7 タックス・ヘイブン……131

8 アメリカ通商法301条の過去と現在……170

9 EMU の制度改革……187

10 香港のカレンシー・ボード制……229

11 一国の国民通貨の「国際化」と「国際通貨」化……223

12 「国際金融のトリレンマ」命題……253

13 LDC，そしてハイパーインフレと経済破綻……283

14 1980年代日米貿易・経済摩擦を歴史の中に位置づける……296

15 日本の新自由主義に関する欧米での評価：政治学的な視角から……319

16 SDGs：先進国と新興国・途上国間の見解の相違……350

欧文略語一覧

ACFTA（ASEAN China Free Trade Agreement）→中国 ASEAN 自由貿易協定

ADR（American Depositary Receipt）→アメリカ預託証券

AEC（ASEAN Economic Community）→ ASEAN 経済共同体

AfD（Alternative für Deutschland）→ドイツのための選択肢

AFTA（ASEAN Free Trade Area）→ ASEAN 自由貿易地域

AIIB（Asian Infrastructure Investment Bank）→アジアインフラ投資銀行

AMC（Asset Management Company）→資産管理会社

ASEAN（Association of South-East Asian Nations）→東南アジア諸国連合

ATTAC（Association for the Taxation of financial Transactions and Aid to Citizens）→市民を支援するために金融取引に課税を求めるアソシエーション

BEA（U. S. Department of Commerce, the Bureau of Economic Analysis）→アメリカ商務省経済分析局

BHN（Basic Human Needs）→人間の基本的必要，ベーシック・ヒューマン・ニーズ

BPO（Business Process Outsourcing）→ビジネス・プロセス・アウトソーシング

BRI（Belt and Road Initiative）→一帯一路

BRICS（Brazil, Russia, India, China and South Africa）→ブラジル，ロシア，インド，中国および南アフリカの総称

CalPERS（California Public Employees' Retirement System）→カリフォルニア州職員退職年金基金

CAP（Common Agricultural Policy）→共通農業政策

CARES（Coronavirus Aid, Relief, and Economic Security Act）→コロナウィルス支援・救済・経済保証法

CBAM（Carbon Border Adjustment Mechanism）→炭素国境調整メカニズム

CBDC（Central Bank Digital Currency）→中央銀行デジタル通貨

CDO（Collateralized Debt Obligation）→債務担保証券

CDU（Christlich-Demokratische Union Deutschlands）→ドイツキリスト教民主同盟

CEPEA（Comprehensive Economic Partnership in East Asia）→東アジア包括的経済連携協定

CHIPS 法（The CHIPS and Science Act of 2022）→半導体支援法

CIPS（Cross-Border Interbank Payment System）→人民元国際決済システム

CIS（Commonwealth of Independent States）→独立国家共同体

CNH（Chinese Hong Kong）→香港のオフショア市場で建てられる人民元為替相場

CNY（Chinese Yuan）→上海のオンショア為替市場で建てられる人民元為替相場

CPTPP（Comprehensive and Progressive Agreement for Trans-Pacific Partnership）→環太平洋パートナーシップに関する包括的及び先進的な協定

CSU（Christlich Demokratische Union Deutchlands）→ドイツキリスト教社会同盟

DSB（Dispute Settlement Body）→貿易紛争を解決する機関

EC（European Community）→欧州共同体

ECB（European Central Bank）→欧州中央銀行

ECSC（European Coal and Steel Community）→欧州石炭鉄鋼共同体

EEC（European Economic Community）→欧州経済共同体

EFSF（European Financial Stability Facility）→欧州金融安定ファシリティ

EFTA（European Free Trade Association）→欧州自由貿易連合

EMS（European Monetary System）→欧州通貨制度

EMU（Economic and Monetary Union）→経済通貨同盟

EPA（Economic Partnership Agreement）→経済連携協定

ESM（European Stability Mechanism）→欧州安定メカニズム

ETS（Emission Trading Scheme）→排出量取引制度

EU（European Union）→欧州連合

EURATOM（European Atomic Community）→欧州原子力共同体

FDI（Foreign Direct Investment）→海外直接投資

FRB（Federal Reserve Bank）→アメリカ連邦準備銀行

FRB（Federal Reserve Board）→アメリカ連邦準備制度理事会

FTA（Free Trade Agreement）→自由貿易協定

FTAAP（Free Trade Area of the Asia-Pacific）→アジア太平洋自由貿易圏

G20（Group of Twenty）→20カ国・地域

G7（Group of Seven）→先進7カ国

G77（Group of Seventy-seven）→77カ国グループ

GATS（General Agreement on Trade in Services）→サービスの貿易に関する一般協定

GATT（General Agreement on Tariffs and Trade）→関税及び貿易に関する一般協定

GDP（Gross Domestic Product）→国内総生産

GNI（Gross National Income）→国民総所得

GPIF（Government Pension Investment Fund）→年金積立金管理運用独立行政法人

GSP（Generalized System of Preferences）→一般特恵関税制度

HKMA（Hong Kong Monetary Authority）→香港金融管理局

HSBC（HongKong Shanghai Banking Corporation）→香港上海銀行

IBRD（International Bank for Reconstruction and Development）→国際復興開発銀行　現在は世界銀行グループ）

ICT（Information and Communication Technology）→情報通信技術

IIT（Indian Institute of Technology）→インド工科大学

IMF（International Monetary Fund）国際通貨基金

IPEF（Indo-Pacific Economic Framework for Prosperity）→インド太平洋経済枠組み

ISDS（Investor State Dispute Settlement）条項→投資家対国家の紛争解決に関する条項

JETRO（Japan External Trade Organization）→日本貿易振興機構

LDC（Least Developed Country）→後発開発途上国

LGFV（Local Government Financing Vehicle）→地方政府融資平台

M&A（Merger and Acquisition）→合併買収

MAI（Multilateral Agreement on Investment）→多国間投資協定

MB（Monetary Base）→マネタリー・ベース

MBS（Mortgage-Backed Security）→不動産担保証券

MDGs（Millennium Development Goals）→ミレニアム開発目標

MERCOSUR（Mercado Común del Sur/Mercado Comun do Sul）→メルコスール　南米南部共同市場

MFN（Most Favored Nation）→最恵国

MMF（Money Market Fund）→短期金融資産投資信託

MMT（Modern Monetary Theory）→現代貨幣理論

MS（Money Stock）→マネー・ストック

NAFTA（North American Free Trade Agreement）→北米自由貿易協定

NASDAQ（National Association of Securities Dealers Automated Quotations）→全米証券業協会が開設・運営する電子株式市場

NATO（North Atlantic Treaty Organization）→北大西洋条約機構

NGEU（Next Generation EU）→次世代 EU

NGO（Non-governmental Organization）→非政府組織

NICS（Newly Industrializing Countries）→新興工業諸国

NIEO（New International Economic Order）→新国際経済秩序

NIES（Newly Industrializing Economies）→新興工業経済地域

NPO（Non-profit Organization）→非営利組織

NSMP（Non-Standard Monetary Policy）→非標準的金融政策

NTB（Non-Tariff Barriers）→非関税障壁

OMA（Orderly Marketing Agreement）→市場秩序維持協定

OPEC（Organization of Petroleum Exporting Countries）→石油輸出国機構

OXFAM（Oxford Committee for Famine Relief）→オックスフォード飢餓救済委員会

PROSEC（Programas de Promoción Sectorial）→産業分野別生産促進プログラム

QDII（Qualified Domestic Institutional Investor）→適格国内機関投資家

QE（Quantitative Easing）→量的緩和

RCEP（Regional Comprehensive Economic Partnership）→地域的な包括的経済連携協定

RCT（Randomized Controlled Trial）→ランダム化比較実験

RMBS（Residential Mortgage-Backed Security）→不動産抵当貸付担保証券

RQFII（Renminbi Qualified Foreign Institutional Investor）→人民元建適格海外機関投資家

RRF（Recovery and Resilience Facility）→復興・強靭化基金

RTAs（Regional Trade Agreements）→地域貿易協定

S&D（Special and Differential Treatment →）特別のかつ異なる待遇

SDGs（Sustainable Development Goals）→持続可能な開発目標

SDR（Special Drawing Rights）→ IMF 特別引き出し権

SEA（Single European Act）→単一欧州議定書

SPV（Special Purpose Vehicle）→特別目的事業体

SURE（The temporary Support to mitigate Unemployment Risks in an Emergency）→緊急時失業リスク緩和を一時的に支援するための仕組み

SWIFT（Society for Worldwide Interbank Financial Telecommunication）→国際銀行間通信協会

TARGET（Trans-European Automated Real-Time Gross Settlement Express Transfer）→ターゲット（汎欧州即時グロス決済）

TB（Tariff Barrier）→関税障壁

TPP（Trans Pacific Partnership Agreement）→環太平洋パートナーシップ協定

TRIMs（Agreement on Trade-Related Investment Measures）→貿易に関連する投資措置に関する協定

TRIPs（Agreement on Trade-Related Aspects of Intellectual Property Rights）→知的財産権の貿易関連の側面に関する協定

TTB（Telegraphic Transfer Buying Rate）→電信買為替相場

TTIP（Transatlantic Trade and Investment Partnership）→大西洋横断貿易投資パートナーシップ協定

TTM（Telegraphic Transfer Middle Rate）→電信仲値為替

TTS（Telegraphic Transfer Selling Rate）→電信売為替相場

UKIP（United Kingdom Independence Party）→イギリス独立党

UNASUR（Unión de Naciones Suramericanas）→南米諸国連合

UNCTAD（United Nations Conference on Trade and Development）→国連貿易開発会議

UNDP（United Nations Development Programme）→国連開発計画

UNICEF（United Nations Children's Fund）→国際連合児童基金

USMCA（United States-Mexico-Canada Agreement）→米国・メキシコ・カナダ協定

VAT（Value Added Tax）→付加価値税

VER（Voluntary Export Restraint）→輸出自主規制

WTO（World Trade Organization）→世界貿易機関

YCC（Yield Curve Control）→イールド・カーブ・コントロール

第Ⅰ部

グローバル経済システムの歴史・構造・現状

第1章 資本主義世界経済の歩み
――私たちの250年史――

　　　グローバリゼーションといわれる現代世界経済は，どのような経過を辿り
ながら成立してきたのか。本章では，第1節において，資本主義が成立した
約2世紀半前（約250年前）まで遡り，イギリス中心の世界経済システム
（パクス・ブリタニカ）について概説する。

　　　第2節では，イギリスに代わってアメリカが中心に座った第2次大戦後の
世界経済システム（パクス・アメリカーナ）について，大きく3つの段階
（時期）に分けて説明し，新自由主義的グローバリゼーションが成立した経
緯を探る。本章では，2008-09年世界金融経済危機後の世界経済の実態の理
解のために，世界経済システムの歩みについて概説する。

Keywords ▶重商主義，囲い込み運動，穀物法論争，国際金本位制，自由貿易帝国主義，ブロ
ック，近隣窮乏化政策，IMF・GATT体制，ブレトン・ウッズ体制，エンベデッ
ド・リベラリズム，スタグフレーション，ケインズ主義，マネタリズム，新自由
主義，ワシントン・コンセンサス，ICT革命

第1節　資本主義の誕生とイギリス中心の世界経済の盛衰
――パクス・ブリタニカの世界経済システム

1　大航海・重商主義段階からイギリス資本主義の成立

　15世紀末のバスコ・ダ・ガマ，コロンブスらに始まる大航海時代も，1588年ア
ルマダの海戦でスペインの無敵艦隊がイギリスに敗北し，1609年のオランダ独立
そして1648年三十年戦争後のウエストファリア条約を経る頃になると，世界の覇
権はオランダ，フランス，イギリスの3カ国に移っていった。1600年イギリスは
交易・外交・交戦権等につき王室から勅許を得た東インド会社を設立した。同社
は，イングランド銀行から貸付を得つつ，香辛料を中心とした独占的アジア交易
権を得た。1602年にはオランダも世界初の株式会社といわれる東インド会社を設

立し，当初ポルトガル経由で入ってきた香辛料等を直接求めるべくマラッカ，イ
ンドネシアへと，さらに台湾そして長崎へとその交易圏を広げていった。フラン
スもまた1604年に王室の勅許を得た東インド会社を設立させた。こうして大航海
に始まる世界商業のうねりは，欧州とラテンアメリカ，アフリカ，インド・中国，
大洋州を結びつけることになった。もしグローバリゼーションの起源（端緒）を
探るとすれば，ここに求めることができよう。

　ところで，この時期世界の政治経済の覇権を築いていった西欧諸国はまさに絶
対主義国家であり，その経済的考え方が重商主義（ここから貿易差額の現物形態で
ある金銀財宝に重きを置いた重金主義も派生した）であった（⇨第2章第1節）。重
商主義によって各国の王室財政は潤い，拡張主義的かつ冒険主義的な王室国家間
の戦いが続いた。実際，17世紀半ば以降，イギリスとオランダは4度戦火を交え，
制海権を得たイギリスが世界の覇権を握るようになった。その一方で，イギリス
は19世紀初頭のナポレオン戦争にいたるまでフランスとも度々戦火を交えた。

　だが，1688年名誉革命，1789年フランス革命といった市民革命を契機に，重商
主義政策の下，王室から保護されていたギルド（同業者組合）や特権的大商人は
厳しい立場に直面するようになった。時代はまさに産業革命前夜であった。

　一方イギリス国内では，16世紀以降2度の囲い込み運動を経て，封建領主が支
配する土地所有制度は解体し，土地それ自体が売買の対象となる近代的土地所有
制が確立していった。こうして，かつての農奴は，身分制から解放されたが，土
地（生産手段）からも切り離され，生きるためには自分の労働力を売るしかない
「二重の意味で自由な労働者」に転じていった。

　他方，イギリスは，18世紀後半には石炭と水を使った蒸気機関を軸とした産業
革命を実現した。1712年 T. ニューコメンによる蒸気機関の発明と1765年 J. ワッ
トによる低圧冷却装置の開発，1771年 R. アークライトの水力紡績機械の発明等，
18世紀末の一連の発明を契機にイギリスで興隆した産業革命は，生産力体系を家
内制手工業から工場制手工業（マニュファクチュア）を経て工場制機械工業へと
一変させ，また陸海の交通機関にも大革命をもたらした。こうしてイギリスにお
いて，世界に先駆けて，資本主義が成立した。大規模生産は，飽くなき利潤の追
求を可能にし，イギリスは市場の拡大と原料・食料（糧）の確保を求めて，世界
経済を一つに統合し，第1次大戦まで続く，パクス・ブリタニカの世界を実現し
ていくことになる（⇨資料1-1）。

2 イギリス資本主義の展開とパクス・ブリタニカの現実

① イギリス資本主義の展開

　それでは，イギリスは世界経済をどのような形で統合していたのか。国際貿易面と国際金融面の両方向から考察しよう。

　国際貿易面では，イギリスがこれまで取ってきた保護貿易政策について，特に農産物に対する輸入規制（穀物法）をどうするかであった。有名な穀物法論争は，安価なヨーロッパ大陸穀物の流入によって損害を受ける地主階級と彼らの有効需要の景気刺激効果を強調する R. マルサス陣営，安価な穀物価格が賃金労働者の実質賃金を引き下げて産業資本家の利潤増大に資するとする自由貿易派の D. リカード陣営に二分された。1815年穀物法（Corn Law）は通過し，国内では高穀物価格が維持された一方で，以後イギリスでは自由貿易運動が展開され1846年同法は廃止された（⇨第2章第2節 2 ）。これを境に，イギリスには安価な穀物が流入して農業は衰退をはじめ，イギリスはその食糧供給を大陸ヨーロッパ，北米そして植民地に求めるようになったのである。この間，1833年王室財政を支えた東インド会社の活動が停止され，1849年には航海法が廃止，1860年に保護関税の撤廃と MFN（最恵国）待遇を内容とする英仏通商協定が制定された。その後イギリスは，同様の通商協定を主要国と締結し，イギリスを中心とした自由貿易体制が構築されていくことになった。

　他方，国際金融面では，ナポレオン戦争期，イギリスは金兌換を停止していたにもかかわらず，イングランド銀行の手形割引による過大な銀行券発券が続き，国内にはインフレーションが蔓延していた。この時期，資本主義経済に即した貨幣・信用制度のあり方をめぐって地金論争が展開され，銀行券発行をイングランド銀行が保有する金準備量に制限すべきかどうかが論議された。論争はその後も通貨学派対銀行学派の論争として引き継がれ，1844年ピール条例によって一応の終結をみた。同条例は，1400万ポンド相当の大蔵省証券等を保証発行準備とし，それを超えるイングランド銀行券発券は全額金準備に拠るものと規定した。これが金本位制度であり，後に各国中央銀行制度の範となった。19世紀末には各国に金本位の中央銀行制度が確立して各国通貨価値と為替相場は安定し，ここに国際金本位制が成立した。かくしてこの時期世界貿易も飛躍的に増大し，第三国間取引を含むポンド建貿易取引の支払い決済はロンドン所在商業銀行に寄託されたポンド建預金の振替で行われるようになり（⇨国際決済に伴う銀行預金による振替決

資料 1 - 1　産業革命後250年間の

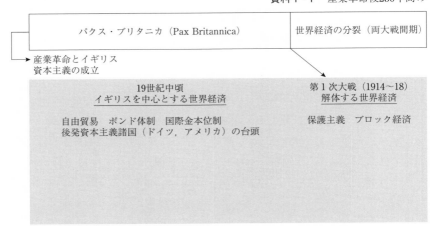

済の仕組みについては，第 3 章資料 3 - 1 ），ポンド建対外証券投資も隆盛を極める
ようになった。こうしてロンドン金融市場は，ポンド建の国際長短期資金の集配
と多角的決済機能を担うようになったのである。

　以上のように，イギリスは「世界の工場」，「世界の銀行」として世界経済に君
臨するようになり，自由貿易とポンド体制ともいわれるパクス・ブリタニカ時代
を迎えた（⇨資料 1 - 1 ）。

② パクス・ブリタニカの経済構造

　そこでパクス・ブリタニカ時代のイギリスの対外経済構造についてみておこう。
資料 1 - 2 は19世紀イギリスの貿易収支を示している。「世界の工場」といわれる
イギリスではあったが，その実貿易収支は一貫して赤字であった。そして1870年
代後半以降ともなると，アメリカやドイツの経済的興隆もあり，イギリスの貿易
収支赤字幅は一段と拡大していった。

　だが，同じ資料 1 - 2 をみると，イギリスの貿易外収支は，海運業収入や海外
投資収益等を中心に貿易収支赤字額をはるかに上回る黒字を計上し，結果的に経
常収支は黒字であった。つまり，イギリスの海運業，そして対外投資から上がる
利子・配当の投資収益によって，イギリスの貿易収支赤字はファイナンスされた
のである。しかし，それでも有り余るポンド建資金は再度ポンド建対外投資（ほ
とんどは証券投資形態）に充当されていた。実際，同じ資料 1 - 2 の最右欄にある

資本主義世界経済の移り変わり

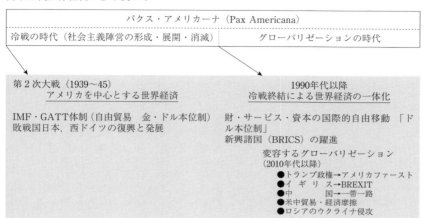

　海外債権残高をみると，1851〜55年2億4860万ポンドであったイギリスの海外債権残高は，1871〜75年には10億6510万ポンド，1896年〜1900年には23億9690万ポンドに達した。またイギリスの対外投資の地域別内訳を示した**資料1−3**によれば，1870年代以降，イギリスの対外投資にとって対アメリカそして対英帝国（インドおよび植民地〔自治領〕）が大きなウェイトを占めていることがわかる。

　このようにみれば，イギリスの主要な対外投資対象国であるアメリカおよび英帝国と安定した経済関係を維持しつつ，いかに貿易収支赤字をファイナンスしていくか，これが19世紀後半におけるイギリスの対外経済関係の要であった。そのためにも，イギリスにとって後発資本主義国ドイツを中心とする欧州諸国に対する国際競争力を維持しつつ，対外投資からの投資収益を確保することが重要な課題であったのである。自由貿易主義を堅持しながらの対植民地海外投資による収奪構造，自由貿易帝国主義といわれる所以もここにあろう。

③ **第1次世界大戦そして両大戦間期——パクス・ブリタニカの終焉**

　19世紀も中盤を過ぎると，ドイツ，フランス，アメリカといった諸国にも工業化と資本主義の勃興がみられようになった。もっとも，この時代ともなると，基幹産業は重化学工業に移行しつつあった。例えば，1871年統一国民国家を樹立し鉄鋼業や化学工業が開花したドイツでは，巨大な固定資本設備に要する資金調達のために株式会社制度が展開するとともに，その中核に大銀行が座り長期固定資

資料1-2　19世紀イギリスの貿易・経常収支と海外債権残高

（5カ年平均，100万ポンド）

年	貿易収支			貿易外収支					経常収支	海外債権残高
	一般貿易収支	金・銀地金，正貨貿易	小計	貿易業務・サービス収入	保険料・仲買手数料・コミッション	海運業収入	海外投資収益	小計		
1851-1855	- 27.54	- 5.38	- 32.74	11.90	5.94	18.68	11.72	40.72	7.98	248.6
1856-1860	- 33.84	- 0.84	- 33.72	16.60	8.32	26.06	16.52	59.94	26.22	379.7
1861-1865	- 56.82	- 2.94	- 59.04	21.94	10.94	34.12	21.78	81.06	22.02	489.8
1866-1870	- 58.12	- 8.28	- 65.14	26.36	13.20	44.50	30.82	105.64	40.50	692.3
1871-1875	- 62.50	- 4.30	- 64.04	32.90	16.44	50.84	49.98	138.64	74.60	1,065.1
1876-1880	- 124.56	- 0.94	- 123.74	31.32	15.68	54.16	56.34	148.56	24.82	1,189.4
1881-1885	- 104.28	0.72	- 99.48	31.28	15.64	60.32	64.76	160.84	61.36	1,497.2
1886-1890	- 91.10	- 2.04	- 59.48	30.96	15.48	57.12	84.16	176.66	87.58	1,935.1
1891-1895	- 130.60	- 7.04	- 133.76	29.68	14.84	57.28	93.98	185.80	52.04	2,195.3
1896-1900	- 160.60	- 3.26	- 158.94	31.52	15.76	62.44	100.20	199.26	40.32	2,396.9

（注）　第2章第3節で解説しているIMF第6版の国際収支表との関わりでいえば，貿易収支の金・銀地金，正貨貿易は外貨準備の増減，貿易外収支の貿易業務・サービス収支，保険料・仲買手数料・コミッション，海運業収入はサービス収支に，海外投資収益は第1次所得収支に各々該当する。

（原資料）　Imlah, A. H., *Economic Elements in the Pax Britanica*, Russell & Russell, 1958, pp. 70-74.

（出所）　宮崎犀一・奥村茂次・森田桐郎編，1981，『近代国際経済要覧』東京大学出版会，80頁より一部抜粋して作成。

資料1-3　イギリスの地域別対外投資

（単位：%）

		1830年	1854年	1870年	1914年
ヨーロッパ		66	55	25	5
アメリカ		9	25	27	21
中南米		23	15	11	18
英帝国	インド			22	9
	自治領	2	5	12	37
その他の地域				3	9
小計（%）		100	100	100	100
投資総額(100万ポンド)		110	260	770	4,107

（原資料）　Kenwood, A. G. & Lougheed, A. L., *The Growth of the International, Economy 1820-1960*, George Allen & Unwin, 1971, p. 43（岡村邦輔訳，1977，改訂版1979，『国際経済の成長　1820-1960』文眞堂，22頁）。

（出所）　資料1-1に同じ。81頁。

金を供給することになった。アメリカでは，1865年に終結した南北戦争後，産業の主軸は南部綿花プランテーションから北部の鉄鋼業・機械工業へと移り，19世紀末には南部の石油開発によって化学工業も発達した。そのため，アメリカでも株式会社制度が発展していき，その中核に座ったのがいわゆる投資銀行であった。今日のウォール・ストリートの基礎は，この時代から作られていった。

　しかし，ドイツやアメリカなどの後発資本主義国の国内市場は依然として狭隘であったため，巨大な固定資本設備を抱える重化学工業部門は生産調整を余儀なくされ，1870年代には未曾有の大不況を経験することになった。そのため企業淘汰が進む一方で，同一産業種の巨大企業間ではカルテルやトラストが締結されたり，銀行を中核とした異業種間の資本統合というコンツェルンが形成された。こうして，資本主義経済は自由競争から独占の時代を迎えることになったのである。そして当時の世界経済はといえば，重化学工業の原材料・資源確保と消費市場確保を目的とした熾烈な植民地争奪戦争が列強の間で繰り広げられた。そしてその帰結が第1次世界大戦であった（⇨資料1-1）。

　第1次大戦後，1919年，イギリスやフランスを中心とする戦勝国は，敗戦国ドイツとベルサイユ条約を締結し，天文学的な賠償金をドイツから取り上げ，アメリカは，イギリス，フランスに対して戦中の貸付（戦債）の返済を要求した。こうした中，平時経済への復帰が始まるや，戦争遂行のために巨大な生産力を抱えたアメリカ，イギリスには戦後不況が訪れた。しかし，アメリカが早々に金本位制に復帰しえたのに対し，イギリスにとり金本位制復帰は容易ならざる課題であった。なぜなら，大戦によって輸出競争力を落としていたイギリスにとり，大戦後の貿易収支の悪化は必至であったからである。その一方でイギリスは，上記の通り大戦前巨額のポンド建対外債権を蓄積していたため，輸出競争力回復を目的としたポンド切下げは，ポンド建対外債権の実質減価を意味した。結果的にイギリスは1925年に旧平価で金本位制に復帰を果たしたが，そのため国内には猛烈なデフレ不況が襲いかかった。ちなみに，J. M. ケインズは，これを「チャーチル氏の経済的帰結」と痛烈に批判している。

　　＊チャーチル氏とは，W・チャーチルのことである。チャーチルはイギリス首相として，第2次大戦を指揮，勝利に導いた。また戦後の世界秩序のグランドデザインである大西洋憲章をアメリカのF. D. ルーズベルト大統領と共同で世界に向けて発表した（⇨本章第2節　1 ）。1925年当時は，大蔵大臣を務めていた。

　他方，大戦中世界の武器庫と資金源となったアメリカは，大戦後も巨額の貿易収支黒字を計上し続け，イギリス・ロンドンのポンド建国際金融も，実のところアメリカに流れた資金を短期で借り入れ，これを長期資金として世界経済に供給するしかなくなっていた（「短期借・長期貸＊」）。しかし，そのためにはロンドンの金利は常にニューヨークの金利よりも相対的に高めに維持されなくてはならなかった。この国際的な金利体系が破壊されれば，再建された国際金本位制は脆くも瓦解する構図となっていたのである。そして，これを破壊したのが1929年10月のニューヨーク株式市場の大暴落を契機とする大恐慌であった。相対的低金利政策によって舞い上がった株式バブルが破裂し，金利は高騰，ロンドンに流出していた資金はアメリカに還流していった。結果的に，1931年9月イギリスは金本位制を停止，アメリカも1933年銀行恐慌を経た後，1934年1月金準備法によって金本位制を停止し，ともに管理通貨制度に移行した。それ以降，両国は厳しい為替切下げ競争と差別的な保護貿易政策を展開し，ブロック（封鎖経済圏）を形成していった（これを近隣窮乏化政策という〔⇨第2節〕）。イギリスやアメリカだけでなく，ヨーロッパにおいてはドイツ，フランス，イタリアが，アジアにおいては日本がブロック経済に移行し，各ブロック（とりわけ，「持たざるブロック」である日本，ドイツ，イタリア〔枢軸国〕）は，経済対立を引き起こし，さらには領土の拡大を求めて，政治そして軍事対立へとエスカレートしていく。こうしてイギリスを中心する世界経済は，1930年代に完全に分断され，世界は対立の渦中に引き込まれていくのである。

　＊　イギリスが金本位制に復帰した1925年から1929年の大恐慌勃発までの同国の貿易・経常収支構造を示せば次の通りである。

イギリスの国際（経常）収支（1925〜29年）　　　　　　（100万ポンド，年平均）

貿易収支	貿易外収支	経常収支	確認された資本移動		調整項目	公的準備・その他
			新規海外投資	その他		
− 276	+ 326	+ 50	− 121	+ 31	+ 43	− 3

（原資料）　Bank of England, *Quarterly Bulletin*, Vol. 14, No. 1（March, 19）, p. 49.
（出所）　資料1-2に同じ。126頁。ただし，一部抜粋のうえ，修正を加えている。

第1次大戦前に比べ，悪化した貿易収支赤字により，経常収支黒字幅は減少した。しかし，それを上回る海外投資を行っている。結果として本文に述べたとおり，その不足分は調整項目4300万ポンドとして海外（アメリカ）からの短期借入れとなった。これが「短期借り・長期貸し」の実態である。第1次大戦後のイギリスの国際金融は，アメリカの支えで

維持されていたことが読み取れる。

第2節　第2次世界大戦後の世界経済──パクス・アメリカーナの世界

1　アメリカを中心とする世界経済の形成と展開

① 戦中の構想からシステムの形成へ

　1929年のニューヨーク株式市場の大暴落を契機とする世界大恐慌，そしてそれに続く1930年代の不況下で，世界の主要国は，保護主義・差別主義・ブロック主義に依拠して自国経済の立て直しを図った。しかし，それらの政策は，自国の経済回復や失業問題の解決を最優先にし，それによって受ける他国の犠牲を顧みず遂行された。こうした自国の失業問題を他国に転嫁する政策を近隣窮乏化政策と呼び，そうした政策が第2次世界大戦を引き起こした原因の一つであったことは定説となっている。巻末資料5「第2次世界大戦後の世界経済の見取り図」に示したように，すでに第2次世界大戦中（アメリカ参戦前）から，アメリカとイギリスは，1930年代の反省に立って，世界に向けて，第2次世界大戦後の世界経済のビジョン（グランドデザイン）を1941年8月に大西洋憲章第4，5条，42年2月に相互援助協定第7条として発表した。グランドデザインに貫かれた論理とは，①より自由で無差別な貿易体制を各国間の協調に基づいてつくり上げること　②国際協調を維持ししつつ，各国の完全雇用を達成する，言い換えれば，福祉国家を建設することであった。こうしたグランドデザインに沿って，アメリカとイギリスは世界経済システム構築に関する具体的な討論に入った。それは二つの方向から進められた。一つは，国際金融システムの形成であり，もう一つは国際貿易システムの形成であった。前者は，大戦中の1944年7月にアメリカ東北部のニューハンプシャー州にあるブレトン・ウッズという保養地で開催された44カ国が参加した連合国の国際金融会議において，IMF（国際通貨基金）とIBRD（国際復興開発銀行：現在の世界銀行グループ）の設立に関する協定に結実した（⇨詳細に関しては第3章第1節）。最終的に1947年10月，GATT（関税及び貿易に関する一般協定）の適用に落ち着いた（⇨詳細については第4章第1節）。このシステムが機能した1970年代初めまでをIMF・GATT体制またはブレトン・ウッズ体制と呼ぶ。IMF・GATT体制の出発時点での基本的特徴について次の3点を指摘することにしたい。

　第1に，IMF，GATT の成立過程に共通しているのは，アメリカが主導権を発揮し，それにイギリスが協力するかたちでまず原案が作成され，次にその原案が交渉に参加するすべての諸国に提示され，討論の末，協定成立にいたるという過程をとったことである。すなわち，協定は，一応，すべての参加国間での議論を経て成立するというかたちをとり，多国間で合意したルールや手続きとなった。これが第2次世界大戦までの国際経済関係において一般的であった一方主義（Unilateralism）や二国間主義（Bilateralism）と異なる点であり，多国間主義（Multilateralism）と呼ばれるものである。このようにして国際通貨・金融システムや貿易システムを形成し，国際機関や国際協定が提供するルールや手続きに従い，加盟国はその貿易や通貨・為替政策を実施することになった。実質的にはアメリカの主導権とその考えが IMF・GATT 体制に反映されていたことは事実であるにしても，形式的には国際機関や協定のルールとして各国が受け入れることとなったのである。

　第2に，各国間の貿易と通貨為替の自由化の程度と内容に関してである。IMF は，経常取引に関して各国通貨との自由な交換を，その条件が整った段階において行うことを加盟国に義務づけたが，資本取引に関する自由化については規定するものではなかった。他方，GATT は，現状（第2次世界大戦終結時）の関税を漸次的に引き下げることや輸入数量制限の原則的撤廃を謳っているが，それは農産物を除く財貿易に関してであった。しかも GATT はあくまで国境措置に関しての取決めであり，国内政策に関してはその範疇ではなかった。第4章で述べるように WTO（世界貿易機関）との決定的違いの一つはこうした点にある。ちなみに GATT 条文には貿易自由化という言葉は一切使用されていない。こうした点で IMF，GATT とも，自由化の程度と範囲が限定されていた点に注目すべきであろう。国際関係論や国際政治学では，IMF・GATT 体制のことをエンベデッド・リベラリズム（Embedded Liberalism）と呼び，「埋め込まれた自由主義」または「制限された自由主義」と日本語訳されている。IMF・GATT 体制が国際的な均衡（為替や貿易の自由化）より国内の安定（雇用の維持）を重視していたことの表れである。すでにみた大西洋憲章第5条に盛り込まれたように，戦後の目標の一つは，完全雇用の実現であった。完全雇用の実現に向けて，各国政府は対外的なショックをある程度遮断して，国内の金融・財政政策を展開できる余地を必要とした。ケインズ政策いわゆる総需要管理政策に基づく完全雇用と福祉国

家の実現には，為替および貿易の自由化に一定の枠をはめる必要性があったのである（⇨ケインズ主義の内容については本章コラム1）。

　第3に，このシステムが適用される地域についてである。このシステムが構想され，実施に移される過程と同時並行して東西冷戦が始まり，ソ連を中心とする社会主義陣営はこのシステムについてアメリカが支配する資本主義的なもので，自らが推し進める中央集権的計画経済と相容れるものではないとして離脱または参加を拒否した。例えば，ソ連はブレトン・ウッズ会議に参加し，協定に調印していたが，冷戦が進む中でその批准を拒否し，IMF，IBRD には加盟せず，GATT に関する交渉には当初から参加を拒んだ。また中国については中華民国（現在の台湾）が双方の創設に関与したが，創設後に成立した中華人民共和国は脱退，そしてソ連の影響下に入った東欧諸国もほとんど参加しなかったのである。これらの諸国はソ連を中心として社会主義陣営を形成した（⇨資料1-1）。他方，戦中および戦争直後，ほとんどのアジアおよびアフリカ地域は主に欧米諸国によって植民地化（欧米諸国の所有物）されていた状態で，未だ独立を勝ち取っていない段階にあった。つまり IMF・GATT 体制の成立時には，アジア・アフリカの大部分は IMF・GATT に関わる資格をもたなかったのである。巻末資料5から明らかなように，アジアでは1940年代後半から1950年代前半にかけて，アフリカでは集中的に1960年代前半に，植民地は独立を達成していく。そして独立後，加入するかどうかは各国の判断に任されるようになったし，事実，次第にこのシステムに組み込まれる諸国の数は増していく（もっとも以下で述べるように，完全に編入されたわけではなく，途上国は一つのまとまりをもつ集団として特に1960年代後半から70年代半ばにかけて存在感を発揮した）。すなわち，IMF・GATT 体制とは，アメリカを中心とする西側先進国（北）による国際貿易・通貨に関する取決めであり，途上地域（南）と社会主義圏（東）は，当初，参加の資格がなかったか，その意志をもたなかったといえる。

　こうして第2次世界大戦後の世界経済は，IMF・GATT 体制に参画した西側先進国（敗戦国日本，西ドイツ，イタリアも後に参加），植民地体制下にあった途上地域（独立後，IMF・GATT 体制へある程度参画），中ソを中心とする社会主義圏の三極から構成されていた。しかし，一般的には1970年代半ばぐらいまでの世界経済については，アメリカを中心とする IMF・GATT 体制と呼ばれている。

▶▶ コラム1 ◀◀

ケインズ主義と新自由主義

　ケインズ主義とは，20世紀を代表するイギリスの経済学者 J. M. ケインズ（1883 ～1946）がその主著『雇用，利子および貨幣の一般理論』（1936年）の中で展開した理論に沿って，第2次世界大戦後，主に1970年代まで先進資本主義諸国で採用され経済政策の支柱となった理論および思想のことをいう。停滞と大不況それに伴う失業に喘ぐ第1次世界大戦後のイギリス経済を目の当たりにしたケインズは，従来の経済学（自由放任主義）によっては，イギリス経済の再生はありえないこと，それに代わる新しい経済学が必要であると考えた。ケインズは「われわれが生活している経済社会の際立った欠陥は，それが完全雇用を与えることができないこと，そして富と所得の分配が恣意的で不公平だということである」（同書，第24章）と述べている。市場に任せていては資本主義の弊害である不況（大恐慌）や失業はなくならない。したがって政府が完全雇用の達成と所得の再分配を行うために適切な介入を行うこと，特に不況時に積極的な財政政策（公共事業）を通じて，需要をつくり出すことを主張したのである。こうしたケインズの考えは総需要管理政策と呼ばれ，戦後の先進資本主義諸国の経済政策にビルトインされた。

　しかし，1960年代末から70年代にかけて，先進諸国は，積極的な財政政策を講じても景気が上向かず，物価だけが昂進するスタグフレーションに陥った。ケインズの処方箋に対する疑問と批判が高まっていった。代わって登場したのが新自由主義である。その代表者である M. フリードマン（1912～2006）は，貨幣量を調節することによってインフレをコントロールできるとし，政府の仕事は貨幣量の管理に限定し，その他は市場に任せるべきであると主張した。フリードマンは主著『資本主義と自由』（1962年）において「政府の役割には，はっきりと制限を設けるべきだ。現在アメリカで連邦政府や州政府が行っている事業，あるいは先進各国の政府が手掛けている事業の多くは，止めるべきである」（同書，第2章）と論じている。彼はマネタリストと呼ばれ，シカゴ学派を形成し，経済学界や政府の政策に大きな影響力を与えることになった。彼の考えは，減税によって労働意欲を高め，企業の投資を増大させ，生産力や供給力を強化することを主張するサプライサイド・エコノミクスの登場と相まって新自由主義の理論的根拠を提供した。新自由主義に基づく政策はアメリカではレーガノミクス，イギリスではサッチャリズムとなり，日本では中曽根康弘内閣の三公社（日本専売公社，日本国有鉄道，日本電信電話公社）の民営化や小泉純一郎内閣の構造改革（郵政民営化，労働者派遣法の緩和），また国際機関に関しては IMF の途上国や移行経済国向けの融資条件いわゆるワシントン・コンセンサス（⇨第5章資料5-1），WTO の設立理念に貫かれている。（山本和人）

② IMF・GATT 体制の展開と南北問題の発生

　IMF・GATT 体制は，経常取引に関して西欧通貨の交換性が回復される1958年12月（IMF 8 条国への移行），対米輸入数量制限が撤廃される50年代末から60年代初め（GATT 11条国への移行），自由・無差別貿易の前提が整い，アメリカと西欧そして日本（日本は1964年 4 月に IMF 8 条国移行，対米輸入数量制限は63年 2 月に撤廃され，GATT 11条国に移行）の間で，本格的に機能しはじめた。

　A. マディソンの『世界経済史概観——紀元 1 年—2030年』の表A - 8 によれば，IMF・GATT 体制が機能した時期と重なる1950年から1973年における， 1 人当たりの GDP の成長率は，世界全体で年率2.91％，この数値は人類史上最高の成長率であった（ちなみに1973年から2003年のそれは1.56％で約半分に落ち込んでいる）。そしてこの未曾有の高度成長を牽引したのが，西ヨーロッパ（4.05％）と日本（8.00％）であったことがみてとれる。アメリカは2.45％に留まっているが，それでもその他の期間に比べて最も高い値を示している。他方，途上地域であるラテンアメリカ（2.60％），日本を除き，中国を含めたアジア（2.87％），アフリカ（2.02％）は，同期間における世界の成長率を下回っている。要するに人類史上最高の経済成長率をたたき出したのが，先進地域であったことが理解できよう。こうした高成長は，たしかに IMF・GATT 体制が主導する貿易の自由化の下で達成されており，両者は正の相関関係をもっているといえる。しかし，貿易の自由化が進んだから高度経済成長が達成されたのか，逆に経済成長があったから貿易の自由化が進んだのか，明確ではない。事実，1973年以降2003年まで，すなわちグローバリゼーションによる一層の自由化が進んだ時代の経済成長率は，西ヨーロッパ（1.87％），日本（2.08％），アメリカ（1.86％）であり，IMF・GATT 体制下に比べ，特に日本の成長率は約 4 分の 1 に，西ヨーロッパのそれぞれは 2 分の 1 へと著しく低下している[*]。しかも IMF・GATT 体制下の貿易・金融自由化は，すでに述べたように「制限された自由主義」といわれるように限定的かつ漸進的なものであった。1980年代以降のグローバル時代の自由化とは，大きく異なるものであったことを指摘しておく必要があろう。

　　*　以上の統計数値は，アンガス・マディソン／世界経済研究所監訳，2015,『世界経済史概観——紀元 1 年—2030年』（岩波書店）に従った。

　またこうした先進地域の高成長が所得格差の縮小の中で生じていることにも注目すべきであろう。T. ピケティは世界の注目の書となった『21世紀の資本』の

第9章「労働所得の格差」において，1910年から2010年にかけて先進各地域（アメリカ，西ヨーロッパ，日本）の総所得のシェア（特に上位1％または10％への集中度）を示し，それについて分析しているが，1950年から70年代にかけて総じて上位1～10％の占めるシェアが減少していることを示している（その後また上昇）。反転上昇の傾向はアメリカ，イギリスで特に顕著であるが，それはこの両国が特に新自由主義的な政策，後に述べるサッチャリズムやレーガノミクスを採用したからであると考えられる。ピケティの分析は，1950年代から70年代は，先進地域内で所得の平準化が進んだ時期であったことを実証したものと評価できる[*]。労働者（中間層）の賃金が上昇し，それが需要を生み，高度成長と貿易の拡大をもたらし，後者がまた労働者の賃金を上昇させるという好循環が形成された。経済成長，完全雇用，賃金の上昇，福祉の充実そして貿易・金融の限定的な自由化の進展，これらがこの期の先進地域を特徴づけるものであった。特に国内政策は上記のようなケインズ政策に基づいて運営されたのである（⇨ケインズ政策については本章コラム1）。

　　＊　トマ・ピケティ／山形浩生・守岡桜・森本正史訳，2014，『21世紀の資本』みすず書房。

　他方，先進地域以外に目を向ければ，植民地の独立が相次いでいた。巻末資料5に示したように1950年代後半までにはアジアが，60年代前半期にはアフリカが，欧米諸国の直接的な政治的支配から解放された。しかし，経済構造については，これらの諸国は長年の植民地支配によって，宗主国向けの1次産品（原料・食料）の生産基地へと化してしまっていた。このようにもっぱら一つまたは2，3の農産物や鉱物資源の生産とその輸出に特化する体制をモノカルチャー経済という。モノカルチャー経済から脱却し，様々な産業を育成することで，植民地時代のように先進国の経済的支配を受けない自立的な国民経済を建設する必要性が求められたのである（⇨第6章第3節）。しかし，上述したように戦後の貿易システムの作成時に植民地であったこれらの諸国はその一連の会議に参加する資格がなく，結果として，出来上がった貿易システム（GATT）には途上国の経済開発問題への配慮がほとんどなされていなかった。したがって独立を達成した途上国（南）は団結して，先進国側（北）に対し，様々な経済開発に関する要求を行っていく。西側先進国も社会主義陣営（東）との激しい対抗の中で，途上国（南）の要求を無視することはできなくなっていた。こうした歴史的背景の中で新たに「南北問題[*]」が登場したのである。

＊　「南北問題」という言葉は，第2次世界大戦前から存在していたかのように思われがち
　　であるが，はじめて使ったのは1959年末，イギリスのロイズ銀行会長のO.フランシスで
　　あったといわれている。彼は，西側先進国が東側社会主義圏に対して優位に立つためには，
　　南北間の経済格差を解消することが重要であると説いた。つまり南の貧困解消によって南
　　を西側先進国側に引き入れようとしたのである。

　南北問題と経済開発については，第5章で詳しく論じることになるので，本章
においては次の点を指摘しておく。1964年に UNCTAD（国連貿易開発会議）が
南主導で開催されたこと，会議に際して初代事務局長（R.プレビッシュ）が報告
書（プレビッシュ報告）を提出し，既存の貿易システム（GATT）を変革し，先進
諸国（北）が南の製品や半製品に対して一方的に GSP（一般特恵関税制度）を設
けること，南の1次産品や製品に対して数量的な輸入ターゲットを設定すること，
さらに1次産品に対する商品協定の拡充や補償融資制度の創設を求めたことであ
る。会議においてもプレビッシュの報告書に沿った勧告が採択され，会議に集結
した77カ国は世界に向けて共同宣言を発表した。会議終了時に G77（77カ国グル
ープ）が結成され，70年代前半にかけて南の運動は高揚し，1974年の NIEO（新
国際経済秩序）樹立に関する宣言へと繋がっていくのである（⇨詳細については第
5章第2節）。

　　　2　世界経済の混乱・調整期から新自由主義・グローバリズムの世界体制へ
① ニクソン・ショック，石油危機そして世界同時不況
　1960年代の先進国経済の良好な経済状態は60年代末になると，アメリカ経済の
絶対的優位が西ヨーロッパや日本の急成長によって揺るぎはじめ，またベトナム
戦争などによる軍事支出の増大によって，アメリカからドル流出が加速化し，世
界的なドル過剰を引き起こしていった。それがドルの価値を不安定にし，ドル危
機となって現れ，最終的には1971年8月のニクソン声明，いわゆるニクソン・シ
ョックとなった。IMF のルールの根幹である金・ドル交換の停止，固定相場制
の崩壊は，IMF 体制の二大原則が放棄されたという意味で，IMF がシステムと
しての重要な機能を失ったと解釈すべきであろう。これ以後 IMF が主に携わる
のは途上国や移行経済国向け緊急融資とそれに対する対価，すなわちワシント
ン・コンセンサスに基づいたコンディショナリティを途上国に課すことになった。
この点については改めて第5章で取り上げる。

　さらに1973年10月に勃発した第 4 次中東戦争に際して，アラブ産油国を中心とする OPEC（石油輸出国機構）が原油価格を 4 倍に引き上げたこと（第 1 次石油危機）により，これまで安価な石油に依存してきた先進国経済は，大きな打撃を受けることになった。こうして原油価格の決定権が先進国の石油メジャーの手から産油国（OPEC）に移ったことはこの時期の南北問題の高まりを反映した出来事であったといえよう。この石油危機によって60年代中頃より上昇を続けていた物価は一挙に昂進したが，景気は悪化するというスタグフレーション*に先進諸国は陥った。すでに1960年代から相対的に低成長と物価上昇率の高かったイギリスとアメリカは，とりわけ激しいスタグフレーションの洗礼を受けた。戦後最初の世界同時不況はこの両国の経済に大きな打撃を与えたのである。したがって M. フリードマンを中心とするマネタリストやサプライサイド・エコノミクス，新自由主義の考え（⇨コラム 1 ）が両国に浸透し，相次いで，両国には新自由主義的政策を打ち出す M. サッチャー政権や R. レーガン政権が誕生することになった。経済再生の処方箋としては，ケインズ政策のもとでなされてきた政府の経済への介入を縮小し，自由競争を徹底させることで生産性の向上を計るとともに競争力のない企業を市場から撤退させること，労働者への保護策（完全雇用と福祉政策）を縮小し，賃金を市場原理に任せることなどであり，これらによって企業の利潤を増やす。そしてそれが投資に回れば，経済が活性化するという道筋であった。

　　*　スタグフレーション（stagflation）とは，スタグネーション（stagnation：経済の停滞）とインフレーション（inflation：物価の上昇）からつくり出された造語であった。いつつくられたかについては諸説あるが，1960年代末から70年にかけてである。通常，経済が停滞（不況）に陥れば物価は下落するのに，不況下で物価の上昇が続く状態をいう。

　こうした新自由主義は，北側先進国に浸透しただけではない。第 1 に，南の途上諸国の経済政策に影響を与え，第 2 に IMF・世界銀行グループそして WTO という国際機関の基本原則のあり方を変えた。そして第 3 に，社会主義陣営の崩壊と変質を促し，体制崩壊，または体制は維持したままでの経済制度の転換（中国やベトナムなど）に帰結した。以下ではそれらについて説明する。

② 途上国世界の分極化と中央集権的計画経済の破綻

　まず，南の世界に目を向ければ，1970年代半ばの NIEO 樹立宣言によって，北側への経済的依存からの脱却や北側先進国主導の貿易システムの変革を求める運動は，クライマックスに達した。しかし，南の中に，NICS（新興工業諸国：現

在では NIES〔新興工業経済地域〕）と呼ばれる集団が出現した。それら諸国（地域）は，それまでの輸入代替工業化戦略から輸出指向工業戦略へと開発戦略を転換し，急速な工業化を遂げつつあった（⇨第5章第3節）。先進国の企業を積極的に誘致し，自国の安価な労働力と結びつけ，出来上がった製品を世界（アメリカを中心とする先進国）に輸出し，それを梃子に経済発展を遂げる戦略である。したがって開かれた自由な貿易システムと資本移動の自由化（資本の受入れ）が前提条件となっていた。UNCTAD や NIEO の主張とは対立するものであり，南の団結はこうして綻びはじめたのである。そしてアジア NIES（韓国，台湾，シンガポール，香港）はとりわけ，その高成長によって世界の注目を集めるようになり，やがて「アジア四小龍」と呼ばれるようになっていた。以後，80年代から90年代にかけて東アジアにおいて，ASEAN（東南アジア諸国連合）諸国が，次に中国が，こうしたアジア NIES 型の開発戦略に転換していく。そしてそれは貿易の自由化や資本の自由化だけでなく，金融や為替の自由化を伴うものであった（⇨巻末資料5の⑤，⑥欄〔1980年代〕）。これは新自由主義が途上国の経済政策に浸透していく過程といってよい（⇨なお，以上の点については，第10章で詳述する）。

　第2に，第1点との関連で指摘しなければならないのは，IMF や GATT に代表される国際機関の政策転換である。特に IMF は，1980年代以降，融資の条件として，世界銀行グループとともにワシントン・コンセンサス方式に基づいて，まず途上国に対して，その次に社会主義から市場経済への転換を進める諸国（移行経済国）に対して，規制緩和，金融自由化，民営化，緊縮財政政策，貿易と投資の自由化などを義務づけた（⇨第5章第3節）。さらに GATT を継いだ WTO は，財貿易（鉱工業品）に限定されていた自由化をその他の分野にも拡大し，その自由化を各国に遵守させるために「法の支配」を明確にした（⇨詳細については第4章第2節）。こうして国際機関においても，新自由主義がスタンダードとなった。

　第3点目に，ソ連を中心とする東側社会主義圏は，中央集権的計画経済が内包する欠陥やアメリカ（特にレーガン政権）との軍拡競争によって破綻し，市場主義へ回帰，また中国は政治的に社会主義体制を維持したままで市場経済政策の導入に走った。こうして第2次世界大戦直後から東西を隔てていた「鉄のカーテン」は取っ払われた（⇨資料1-1，巻末資料5の1980年代末から90年代）。冷戦体制は崩壊した。冷戦終結直後出版され，大きな反響を呼んだ『歴史の終わり』に

おいて，F. フクヤマは，民主主義と自由主義経済（彼がいう自由主義経済とは新自由主義のこと）が圧倒的勝利を収め，もはや大規模な闘争（戦争）は起こらなくなると主張した[*]。彼の予測に反して戦争はなくならなかった。しかし世界が少なくとも2008-09年の世界金融経済危機までは新自由主義的グローバル化の方向に進んだことは事実であろう。

　　*　フランシス・フクヤマ／渡部昇一訳・解説，佐々木毅新版解説，2020，『新版　歴史の終わり』（上・下）三笠書房。

３　グローバリゼーションの展開と2008-09年世界金融経済危機

① グローバル経済の成立

　第2項で述べたように，1980年代から90年代中頃にかけて新自由主義的なグローバリゼーションが，一般的には漸進的に，しかしある時期には一挙に進行した。北，南そして東の国々の経済はアメリカが先頭を切って1970年代末から推し進めてきた経済政策のもとに統合されたのである。そして東西冷戦の終結によって，唯一の超大国となったアメリカが，IMF・GATT 体制に代わって，新自由主義に基づいて全世界を再統合化（IMF・GATT 体制は部分的包摂であった）するかにみえた。なおこうしたグローバリゼーションは，経済・政治的な要因だけでなく，1980年代から始まった新たな科学技術の進展（ICT〔情報通信技術〕革命）にも支えられた。ICT 革命は，企業の海外進出コストの引下げを可能にし，企業の海外展開を加速させた。こうした諸要因が重なって1990年代初めにグローバリゼーションの時代が始まったといえる。

　しかし，もう少し詳細に分析（敷衍）すれば，金融面でのグローバル化と，財貿易・サービス貿易面でのグローバル化とは，重複する部分もあるが，異なったルートで進展したと考える。金融面でのグローバル化は，80年代より，組織的・制度的というより，各種金融商品の開発や売込みによってウォール街の利益を確保・拡大するためにアメリカが先導し，先進各国が自発的にそれに追随するかたちをとり，途上国の一部や移行経済国もそれに続いた（これを構造的権力という）。もっとも，国際機関である IMF が，コンディショナリティを課し，ワシントン・コンセンサスに基づいた金融自由化や構造改革を，途上国や移行経済国に迫ったことも事実である。

　他方，財貿易・サービス貿易面でのグローバル化は，GATT における多国間

貿易交渉の場，いわゆるラウンドを舞台に制度的な展開を中心にしていた。ウルグアイ・ラウンド交渉がその代表である。ラウンドでは農産物を含む財にかかる関税率の大幅引下げが決定された（⇨第4章資料4-1）。またWTO設立協定が成立し，サービス貿易の自由化，貿易面に限定した投資ルールやそれらの自由化を保証するための知的財産権の保護に関する取決めがなされた（⇨詳細については第4章第2節）。アメリカが中心になっていたとはいえ，多国間協議（実に124の国と地域が参加）が行われ，その結果としてグローバリゼーションが進展したのである。他方，同時にEU統合の深化と拡大，NAFTA（北米自由貿易協定：現在はUSMCA〔米国・メキシコ・カナダ協定〕），AFTA（ASEAN自由貿易協定），MERCOSUR（南米南部共同市場）などRTAs（地域貿易協定）が90年代初めに相次いで結ばれたことも地域内での貿易自由化を促した。

　したがって，グローバリゼーションが冷戦体制の崩壊をもって1990年代前半に成立したことは明らかであるが，金融面でのグローバリゼーションは，80年代の漸進的な自由化の積み重ねの結果として90年代初めに成立したのに対し，財貿易・サービス貿易面からのグローバリゼーションは，主に1986〜94年のウルグアイ・ラウンドでの協議と妥結，その結果としてのWTOの成立をもって制度化されたととらえることができる（⇨巻末資料5）。ただし，多国間主義に基づくグローバル化はWTOの成立以降，足踏み状態にある。たしかに2001年には中国が，2012年にはロシアがWTO加盟を果たし，その加盟国・地域は2022年9月時点で164に達している。しかし，その後の財・サービス・投資の自由化は，WTOを舞台に制度的に行われるというより，RTAs（二国間FTAやメガFTA）を軸に無秩序な展開をみせるのである（⇨第4章第3節）。

② グローバリゼーションの世界

　1990年代以降のグローバリゼーションと称される世界はどのような展開を示し，それ以前の世界と比較し，どのような特徴をもっているのであろうか。巻末資料5を参照にしながら述べることにしたい。

　第1に，グローバリゼーションの進展に伴い，90年代以降，それ以前に比べ，世界各地で通貨危機，金融危機が短期的周期で生じている。1992年のイギリス・ポンド危機に始まり，94〜95年にはメキシコ通貨危機，97〜98年にはタイ，韓国，インドネシアなどを巻き込んだ東アジア通貨危機，98年ロシア通貨危機，同じくブラジル通貨危機が発生している。そして2007年，アメリカでサブプライム問題

▶▶ コラム2 ◀◀

グローバル時代の所得格差の推移：エレファントカーブが示す世界経済

　ルクセンブルク所得研究センターの上級研究員で，ニューヨーク市立大学大学院センターの客員教授でもあるB.ミラノヴィッチは，2016年に出版した *Global Inequality : New Approach for the Age of Globalization*（邦訳名『大不平等——エレファントカーブが予想する未来』）の中で，エレファントカーブという象が鼻を持ち上げた曲線を示し，世界の話題となった。ミラノヴィッチは，1988〜2008年（世界金融経済危機が起きた年）までの20年間のグローバル経済の成立とその展開過程で，所得の分配がどのようになされたかを検証した。すなわち，横軸に所得の最も少ない人（最貧困層）から多い人（超富裕層）までを世界的な規模で100グループに分け，縦軸にそれぞれの所得の増加率をとると，図のような結果が得られた。最も所得の増加率が高いのがA.超富裕層とC.50〜60番目に属する人々，他方，所得の増加がほぼゼロであったのがB.80〜90番目に属する人々であった。Aは主に先進国の超富裕層（うち半分がアメリカ人），Cは中国を中心とする新興国の中間層，Bは欧米や日本など先進国の中間層や下位中間層を表す。グローバリゼーションの恩恵は，超富裕層と中国など新興国の中間層にもたらされ，先進国の中間層や下位中間層，さらにグラフの左端に示された最貧層（途上国）はそれに浴することができなかったことをこの簡潔なグラフから読み取ることができる。なぜトランプ大統領が誕生したのか，なぜイギリス国民はBrexitを選択したのかなど，現在，欧米諸国を中心に世界で吹き荒れている自国中心主義やポピュリズムの一端を理解する一助になる。

（山本和人）

図　エレファントカーブ
先進国で中間層の所得が伸び悩んだことを示す。

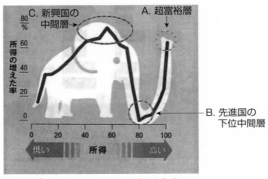

出所：『AERA』2018年6月4日号より作成。

が顕在化し，2008年の投資銀行リーマン・ブラザーズの破綻に発展，さらにそれ
が各国に伝播，特にアメリカと金融的繋がりの大きかったヨーロッパ諸国に甚大
な影響を与えた。これが戦後第 2 回目の世界同時不況，世界金融経済危機（2008
〜09年）であった。第 1 回目の世界同時不況（1974〜75年）がその後の世界経済
のあり方に大きな影響を及ぼしたように，今回の不況も世界経済に構造変化を引
き起こしつつある。世界経済は，今回の不況後，新たな局面に入った。その行き
着く先はまだ定かではないが，その変化は，米中対立，コロナ禍そしてウクライ
ナ侵攻という形で表れている。それらについては各章で論じることになろう。

　第 2 に，T. ピケティが『21世紀の資本』の第 9 章で明らかにしているように，
先進諸国の総所得について富裕層への集中度が1980年代以降，高まっていること
である。グローバリゼーションの進行とともに，先進諸国で経済格差が拡大した
のである。ピケティのこうした分析結果に追加したいことは，彼が分析対象とし
たほぼ同じ期間に，世界的視野からみて，所得の配分がどのようになされたかに
ついてである。コラム 2 で示したように，B. ミラノヴィッチは，1988〜2008年
にかけて世界の所得が最貧層から超富裕層でどのように変化したかを分析した結
果，象が鼻を上げた形に似た曲線（エレファントカーブ）が描けることを示した。
すなわち，超富裕層（先進国）と中国を中心とする新興国の中間層の所得の伸び
が著しいのに対して，最貧層（途上国）の伸びはわずか，そして先進国の中間層
および下位中間層の所得はまったく，またはほとんど上昇しなかったことを明ら
かにした。グローバル世界の「勝ち組」は，先進国の超富裕層と中国を中心とす
る新興国の中間層，「負け組」は先進国の中間層・下位中間層そして途上国の最
貧層ということになる。こうしたミラノヴィッチの分析から，欧米諸国において，
自国優先主義やポピュリズムが台頭していること，具体的にはD.トランプ大統
領の登場やイギリスのEU離脱の理由を説明することが可能になる（⇨詳細は第
7，8，終章）。

　　＊　ピケティ，2014，316-349頁。
　　＊＊　ブランコ・ミラノヴィッチ／立木勝訳，2017，『大不平等──エレファントカーブが
　　　予測する未来』みすず書房。

　第 3 に，第 2 との関連で，国家レベルでグローバリゼーションの影響をみてお
く必要もあろう。資料 1 - 4 は20世紀最後の2000年，世界金融経済危機直前の
2006年，そして危機後の2020年における世界のGDP（国内総生産）に占める各

国・地域の構成比の変化を示したものである。資料1-4からG7（先進7カ国グループ）を中心とする先進国の比率が段階的に低下し，とりわけ世界金融経済危機後の縮小が著しいこと（2000年79.2％，2006年73.9％から2020年には59.6％へ〔内円グラフのA参照〕，G7のそれは65.2％，57.8％から45.6％へ），それに対応して新興国・途上国の比率が上昇していること（20.8％，26.1％から40.4％へ〔内円グラフのB参照〕）がみて取れる。そしてこうした新興国・途上国の比率の拡大に大きく寄与したのが，中国，インド，ASEAN5というアジアの新興国であった。これら3地域のGDP合計が占めるシェアは，2000年には6.5％にすぎなかったが，2020年には23.7％と実に3.5倍以上拡大し，ほぼアメリカのGDPに匹敵するにいたっている。グローバリゼーションの恩恵は，中国を中心としたアジア新興国が享受し，総じてG7はその恩恵に浴することがなかった（その超富裕層は論外）。その結果，冷戦終結によって唯一の超大国となったアメリカは，急成長する中国の挑戦を受けていること，また資料1-4より，この約20年間に日本の比率が14.4％から5.9％へと激減していることは特筆すべきであり，バブル経済崩壊から数えて「失われた30年」と表現される低迷・停滞する日本経済の姿を垣間みることができよう（⇨第12章第3節）。

　第1章で学んだようにグローバリゼーションとは決してバラ色一色のものではないことを理解してもらえたであろうか。グローバリゼーションという現象を理解するには，まずその歴史的背景を知らなければならない。第2に，グローバリゼーションの時代といわれる90年代以降，実際に世界に何が起こったのかを知っておく必要がある。グローバル化によって世界の人々は等しく恩恵を受けたのであろうか。そうでないことは本章で簡単に指摘した。第2章以下では，グローバリゼーションの現状についてさらに突っ込んで学んでいく。

推薦図書

的場昭弘，2022，『資本主義全史』SB新書…資本主義の成立（19世紀のヨーロッパ）からアメリカ・西欧を中心とする資本主義体制の行き詰まり（2020年代）まで，約200年の歴史について，資本主義の本質とは何かを踏まえ，時系列的に各段階や局面について分析し，資本主義がこれからどうなるのかについて示唆した書物である。本書『世界経済論』の分析視角と一致する点も多く，併読を勧める。

郭四志，2021，『産業革命史──イノベーションに見る国際秩序の変遷』ちくま新書…「画期的なイノベーション（技術の量的蓄積から技術の質的変化への激変）」を産業革命と

資料1-4 世界金融経済危機前と後の GDP 構成比の比較

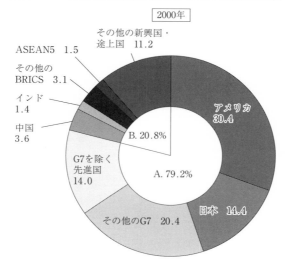

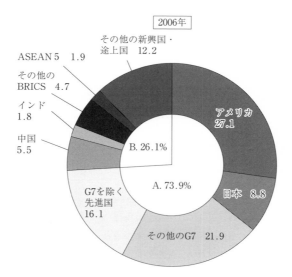

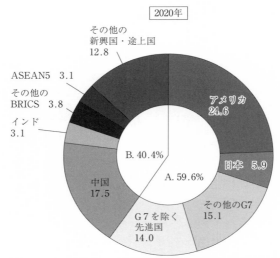

2020年

その他の
新興国・途上国
12.8

ASEAN5　3.1
その他の
BRICS　3.8
インド
3.1

アメリカ
24.6

B. 40.4%
A. 59.6%

日本　5.9

中国
17.5

その他のG7
15.1

G 7 を除く
先進国
14.0

（注）　1：内円グラフのAは先進国のシェア，Bは新興国・途上国のシェアを表す。
　　　　2：その他のG7とは，ドイツ，フランス，イギリス，イタリア，カナダ。
　　　　3：その他のBRICSとは，ブラジル，ロシア，南アフリカ。
　　　　4：ASAEN5とは，インドネシア，タイ，フィリピン，マレーシア，ベトナム。
（出所）　IMF, *World Economic Outlook Database*, October, 2021 より筆者作成。

　　　定義し，第1次産業革命によってイギリスに資本主義が確立して以来，世界経済は2度
　　　の産業革命を経験し，現在（2010年代以降），第4次産業革命が進行しつつある。そし
　　　てその進行が世界の政治経済秩序を大きく変える可能性がある。資本主義体制成立以来
　　　の世界経済秩序の変遷をイノベーションという視点から分析した書物である。

福田邦夫，2020，『貿易の世界史──大航海時代から「一帯一路」まで』ちくま新書…貿易
　　　とは，当事者双方に利益をもたらすウィンウィン関係であると説く主流派貿易理論に対
　　　して，本書は，貿易の歴史を大航海時代まで遡って考察し，それが一部の集団（現在で
　　　は巨大多国籍企業）の富の形成や，国家の覇権を握る手段として使用されてきたことを
　　　説明している。

秋田茂，2012，『イギリス帝国の歴史』中央公論新社…近年のグローバルヒストリーの研究
　　　成果をふまえ，イギリスとアジアとの相互関係に着目しつつ，18世紀から20世紀末まで
　　　の大英帝国の形成・発展・解体の過程を学ぶことができる。世界経済の中心が大西洋か
　　　らアジア太平洋経済圏にシフトしつつある今日，大英帝国の政治経済体制の基礎とその
　　　歴史的意義を問うことになる。

デヴィッド・ハーヴェイ／渡辺治訳，2007，『新自由主義──その歴史展開と現代』作品社
　　　…新自由主義の考えがいつ起こり，それがどのようにして各国に取り入れられ，「グロ

ーバリゼーション」という言葉で総括されるようになったのかについて分析した書物である。

（山本和人）

第2章	国際貿易と国際通貨の基礎理論

——国際経済を読み解くツール——

　第2次世界大戦後の世界経済において，「自由・無差別・多国間主義」に基づく GATT・IMF 体制の下，貿易規模は飛躍的に拡大した。本章ではまず自由貿易や保護貿易を支える理論について学び，続けて輸出入のみならずサービス取引，国際的な投資・金融を記録する国際収支の仕組み，そして外国為替取引・外国為替相場，国際通貨制度の骨格について学ぶ。

Keywords ▶ 重商主義，自由貿易，保護貿易，比較生産費説，比較優位，国際収支，国際決済，外国為替取引，外国為替相場，国際通貨，国際金融

第1節　貿易をめぐる利害対立と論争の深化

⬛1 貿易がもたらす利害の違いをどうみるか

　外国との貿易は人々や社会に様々な利益をもたらす。まず，貿易に関わる当事者が直接感じる利益を考えてみよう。生産コストを上回る価格で生産物を輸出できれば，その生産者は利益を得る。輸出量が増えれば，売上が増え，利益も拡大する。輸入による利益もある。石油のように自国では産出されない商品，特殊な機械のように自国では生産できない商品が，輸入によって入手できる。自国で生産できる商品でも，輸入品の方が価格が安くて品質は同等，あるいは価格が同等で品質が優れていれば，輸入品を利用した方がメリットがある。消費財ならば，消費者は豊かな消費生活を享受できる。生産財ならば，生産者は原材料や部品のコスト削減や品質の向上が実現できる。

　しかし外国との貿易によって不利益をこうむることもある。当事者が感じる輸入による不利益はわかりやすい。輸入品が自国の産品より価格や品質で優れていれば，自国の生産者は，国内市場で輸入品との厳しい競争を強いられる。輸入品に対抗できなければ自国での生産は縮小し，自国の生産者には不利益となる。輸

出による不利益は一般には考えにくいが，途上国などでは，国産の農産物の価格
が国際的にみると安くて価格競争力があっても，増産余力が乏しければ，輸出が
増えると国内価格が上昇して自国の消費者の不利益となるため，輸出を制限して
いる場合がある。したがって，立場による利害の違いは明確である。たいてい，
貿易で不利益をこうむる人は，関税や貿易の数量制限によって貿易に規制を加え
る保護貿易に賛成し，そうした規制をなくそうとする自由貿易に反対する。貿易
で利益を得る人はその逆となる。

　しかし，貿易が一国全体に及ぼす影響は，当事者が直接感じ取る利害にとどま
らない。そもそも自由貿易によって，国内の産業が成長する産業と縮小する産業
に分かれると，国全体にとっての利益はどう考えたらよいのだろうか。産業の縮
小とともに生じた失業が長期間続けば，当事者だけでなく国全体にとっても不利
益となる。しかしこの要因による失業が一時的で，成長する産業によって短期間
のうちに失業者が雇用されるなら，問題は解消する。そして，雇用が拡大する産
業が縮小する産業よりも労働生産性が高ければ，国全体でみた労働生産性は高く
なる。前者が急速な技術革新が進行している産業で，労働生産性がさらに上昇す
る場合は，国全体でみた労働生産性がさらに高まる。とはいえ，自由貿易によっ
て成長する産業がこのような産業とは限らない。技術革新や労働生産性の伸びが
あまり期待できない場合もありうる。

　このほか，とりわけ製造業では，生産規模が拡大して資本や労働の投入量が増
えると，生産量がそれ以上のペースで増えて，製品1単位当たりの生産コストが
低下する。これを「規模の経済」という。したがって，工業製品の輸出が増えて
国内での生産が拡大すると，生産コストの低下が期待できる。国内市場が小さく
て国内向けの生産量が少ない国の場合，輸出を伸ばすことができれば，生産量拡
大のインパクトが大きくなって，この効果が大きくなるため，輸出市場の獲得が
特に重要になる。もっとも，国内市場が大きい国では，国内向け生産で生産規模
が大きくなり，「規模の経済」を得ることができる。

［2］ 重商主義の登場

　このような貿易をめぐる当事者間の利害対立や，国全体にとっての利益のとら
え方の違いは，貿易をめぐる様々な論争をもたらし，各国の通商政策をかたちづ
くってきた。近代以降，こうした論争の中で，貿易が一国の経済や社会に及ぼす

影響を分析する理論が生まれ，発展していった。この内容は，現代においても，一国にとって望ましい貿易のあり方を考える上で重要な点が少なくない。

　中世の欧州では，ギルドと呼ばれる同業者組合が，商品の生産，流通，販売から人材確保やその育成にいたるまで独占的な権限を有していた。ギルドの成員の利益の安定と調和を確保するために，組合間で売買契約が結ばれて事業が独占され，新たな事業者の市場参入は排除されていたため，市場での競争が抑制されていた。そして自由な貿易も制限されていたため，貿易が国内にもたらす利害対立も結果的に抑えられていた。

　しかし，次第にギルドの枠を超えた経済活動が発展し，そして大航海時代を迎えて，欧州と世界各地を結ぶ新たな交易ルートが登場すると，様々な人々が利益を求めて国の内外と活発に取引を行うようになった。これとともに，貿易がもたらす国内の利害の隔たりが顕在化し，貿易を個人の自由に任せておくと，一国全体の経済的利益が保障できないのではないかという懸念が広がった。こうした見解に立って，国家がルールを制定して国全体の利益を誘導し，実現すべきであり，そのためには，輸出が輸入を上回らなければならないと考える重商主義が16世紀頃から欧州で広がった。輸入が輸出を上回ってしまうと，国内の生産が減少して失業が生じ，また当時は貿易の決済に金銀も用いられていたため，金銀の国外への流出が流入を上回って国内経済に悪影響を及ぼすというのが重商主義の主張であった。それを防ぐために輸出促進と輸入抑制が主張され，具体的な政策として，輸入品への関税強化，特定商品の輸入禁止，輸出制限の廃止，輸出促進のための補助金支出が様々な論者によって唱えられた。

［ 3 ］　アダム・スミスの自由貿易論

　これに対して，アダム・スミスは，代表的な著書である『国富論』（1776年）において，重商主義を厳しく批判し，自由貿易を主張した。スミスによると，重商主義は国民の利益を促進すると主張しているが，実際は生産者の利益ばかりが保護されて消費者の利益が犠牲になっており，本来，生産の目的は消費であるはずなのに，生産が自己目的化している。また重商主義は，金銀の流出を抑制して流入を促進することが国の利益につながると考えているが，国の豊かさを高めるのは金銀の蓄積ではなく国内での生産力の上昇である。

　その実現のためにスミスが重視したのは，分業の進展であった。スミスが述べ

ているように，経済が発展している国ほど分業が進展している。また，製造業では分業の効果が特に大きくなる。労働者が1人で様々な作業をこなすよりも，特定の作業を担って専門化した方が，技能の熟練度が高まり，また，その作業を容易にするような機械の導入が進んで，作業効率が高まる。さらにスミスが注目したのは，自分の生産物を欲しい人に売って，自分が欲しい他人の生産物を買うという，商品の自由な売買が社会での分業の進展を促すこと，すなわち人々が自己の利益を求めて行う取引が自由に交わされることによって，社会の分業が進展し，全体の生産力が高まることであった。そしてスミスは，分業は市場の大きさに左右されることも指摘した。市場が大きく，また他の地域とも盛んに取引が行われている所では，分業は進展する。市場が小さくて他の地域とも取引がしにくい所では，分業は進展しない。したがって，生産に携わる人々が自己の利益を追求し，自分たちの地域から遠隔地まで自由に取引することで，分業が進展し，生産力が高まり，国が豊かになるというのがスミスの主張である。

　こうした主張は，人々が自由に外国と取引すると，国の利益が保障できなくなるため，国が貿易を規制すべきであると考える重商主義と対照的である。スミスが国家に求めたのは，市場での自由な競争と自由貿易，および平和や正義を守ることであり，貿易の規制のような経済活動への介入は国民の利益にとって有害であると考えていた。スミスの時代の後は，重商主義を擁護する理論的な主張は次第に後退したものの，その後も様々な国家の政策にたびたび重商主義の考え方が現れている。現代でも，国の経済発展のためには貿易黒字の確保と外貨準備の蓄積が必要であるとして，輸入を抑制して輸出を促進する政策をとる国は数多くみられる。

　スミスが主張する自由貿易は，どのような国にとってもいつでも適切なのだろうか。スミスは，一国の経済発展には，どの国にとっても自然で普遍的な経路があると考えていた。スミスによると，まず一国の中で農業への投資が進んで農業が発展し，農業生産性が上昇すると，都市に供給される農産物の生産量が増大し，それによって所得を得た農村では，都市で生産される工業製品への需要が増大する。農村は農産物の供給を増やして工業製品を多く得て豊かになり，都市は工業製品の供給を増やして農産物を多く得て豊かになる。こうして国内市場が発展して分業が進展して，一国の富の基礎を築いた上で，対外貿易が発展するという順序が，一国の経済発展の自然な経路であるという。こうした視点に基づいて，ス

ミスは欧州大陸の国々を批判する。スミスによると，これらの国々は，地主が農民からの小作料で得た利益を贅沢な暮らしに費やして農業に投資しないので，農業が発展せず，そのため国内市場が発展しない。一方，都市では外国への輸出を目的として工業が発展しているが，これは国内市場への供給が基礎となる本来の順序と逆であるという。スミスの主張に従うと，この工業発展の経路の逆転が，国家が輸出を優遇して促進する重商主義につながることになる。

第2節　自由貿易の利益をめぐる議論

［1］リストの幼稚産業保護論

　以上のような自由貿易の主張に対して，ドイツのF.リストは，その主著『政治経済学の国民的体系』（1841年）において，各国の経済発展には時間のずれがあるため，先に発展した国と比べて自国の発展が遅れている国は，工業化の初期には保護貿易を導入して，自国の工業が発展するまで保護して育成が必要であるとする，幼稚産業保護論を展開した。当時のドイツは，産業革命が先行したイギリスよりも工業化が遅れていて，イギリスから輸入された工業製品がドイツの市場に浸透し，ドイツの工業発展が抑えられていた。またドイツ全体がいくつもの中小の国家に分かれていて，1834年にドイツ関税同盟が設立されるまでは，それらの国家が独自に関税を制定していたため，ドイツの中での商品の取引にも関税がかかっていた上に，ドイツの外の国に対する輸入関税もばらばらであったことが，ドイツ全体の国内市場の形成を妨げていた。したがってリストは，ドイツの中の商品取引の障壁を撤廃して国内市場を確立し，さらにドイツの外の国に対して中小の国家がばらばらに課している輸入関税を統一して対外共通関税を導入し，競争力が劣っている製造業を外国製品との競争から守って，ドイツの製造業の今後の発展を促すべきであると主張した。

　その後，ドイツ関税同盟に加わる中小の国家が増大して，ドイツの国内市場の統一が進み，工業化が急速に進展した。19世紀末になると機械工業や化学工業といった当時の先端分野でイギリスに迫り，一部は凌駕するにいたった。リストは，製造業の国際競争力が高い国がすでに存在する状況において，工業化が遅れた国家が自国の経済発展に果たす新たな役割を指摘し，さらにこうした状況の下で，自由貿易が従属をもたらし，保護貿易が自立をもたらす可能性を提示した。

　なお，関税同盟自体が保護貿易を意味するわけではない。対外共通関税の水準が高ければ保護貿易になり，十分低ければ自由貿易になる。関税同盟の草分けとして，ドイツ関税同盟は域内市場の統一に成功し，その後の関税同盟のモデルとなった。また域内の貨幣の統一や19世紀末のドイツ統一を先導して，経済統合から政治統合への道を開いたと評価されており，今のEU統合の議論でも言及されることがある。

<h2>2　リカードと比較生産費説</h2>

　一方，スミスの時代は，自由主義の思想が発展して確立し，政治的な自由と経済的な自由は一体化して，この時代の西欧社会の基本原理となっていた。スミスが自由貿易の重要性を説いてからは，自由貿易を擁護する主張が盛んになり，自由貿易の利益をめぐる理論が精緻化されていった。その基本となるのが，D.リカードが主著『経済学および課税の原理』（1817年）で示した説明から発展した比較生産費説である。リカードが主著を発表した当時のイギリスでは，外国からの穀物の輸入を規制するために制定された穀物法の是非をめぐって激しい議論が交わされていた（⇨第1章第1節　2）。穀物の輸入規制によって国内の農産物価格は上昇し，大きな利益を得た地主は穀物法を支持したが，価格が上昇した農産物を消費する労働者と，食糧価格上昇に伴う労働者の実質賃金低下への対応を迫られる資本家は反対した。このような中でリカードは，自身は広大な農地を所有していたが，穀物法に反対し，自由貿易の利益を主張した。

　リカードが主著で展開したオリジナルの説明は，近年世界的に再評価が進んでいる。その説明に即したP.スラッファの要約によると，イギリスは100人の労働者で生産した毛織物をポルトガルに輸出して，それと引き替えにポルトガルから現地の80人の労働者が生産したワインを輸入しているが，同量のワインをイギリスでつくるとすれば120人の労働者が必要である。したがって，自国の100人の生産物と引き替えに，自国で生産したら120人必要となる生産物を貿易で得ているので，差し引き20人分の労働量が節約できている。ポルトガルからみたら，80人が生産したワインを輸出して，それと引き替えにイギリスから現地の100人が生産した毛織物を輸入しているが，同量の毛織物をポルトガルでつくるとすれば90人が必要である。したがって，自国の80人の生産物と引き替えに，自国で生産したら90人必要となる生産物を得ているので，差し引き10人分の労働量が節約でき

資料2-1　リカードの数値例

	イギリス	ポルトガル
毛織物	100	90
ワイン	120	80

（注）　数字は，それぞれの商品の一定
量の生産に必要な労働量。

ている。そしてリカードは，100人の生産物を80人の生産物と交換することは国内ではふつう起きないが，外国貿易では起きることを指摘する。なおここでは，生産要素は労働に限定されており，また労働力の移動は国内では頻繁に起きるが，外国への移動は起きないと仮定されている。

　資料2-1は，このリカードの数値例を表にしたものである。この値をそれぞれの商品1単位の生産に必要な生産コストと解釈することによって，リカードモデルの比較生産費説が精緻化されていった。この表をみると，毛織物もワインも，ポルトガルがイギリスよりもコストが小さくなっている。これを，ポルトガルがどちらも絶対優位にあるという。どちらもポルトガルの方が効率的に生産していることになり，イギリスがポルトガルに輸出する余地はないように思える。しかしそれぞれの商品1単位の生産コストの比，すなわち比較生産費でみると，一国の優位性が異なったかたちで現れる。イギリスでは，毛織物の生産コストはワインの100/120（＝5/6）である。一方ポルトガルでは90/80（＝9/8）である。5/6は9/8より小さいから，毛織物のワインに対する生産コストの比率，すなわち毛織物の比較生産費はイギリスの方が低くなっている。これを，イギリスは毛織物に比較優位があるという。同様にワインの比較生産費はポルトガルの方が低くなっており，ポルトガルはワインに比較優位がある。そして，両国とも，比較優位がある商品（＝比較優位財）の生産に特化して，相手国に輸出し，相手国からは，自国が比較優位をもたない商品（＝比較劣位財）を輸入する国際分業を行えば，自国で両方の財を生産するより利益が得られるというのが比較生産費説である。数値例のポルトガルのように両方の財に絶対優位をもつ場合でも同様である。また，どの財にも絶対優位がない国でも，相対的に効率よく生産できる比較優位財と，相対的に効率よく生産できない比較劣位財は存在するので，前者を輸出して後者を輸入すれば，利益が生じる。

　すなわち，比較優位に基づいた貿易は，どのような国にも利益をもたらすことになる。したがって，比較生産費説は自国だけでなく相手国にも自由貿易を求める根拠にもなっている。もっとも，比較優位財への特化によって，比較劣位財の生産に投入されていた労働力や資本が，比較優位財の生産に転換されるとしても，

これには時間やコストがかかる。また比較優位は現時点での国内の各産業の生産性で決まるため，1次産品を輸出する途上国にとっては，比較優位に基づいた自由貿易は現状の固定化を招くおそれが出てくる。貿易から得られる利益があっても，こうした問題点や懸念は，保護貿易を求める主張をもたらす。

３ 産業内貿易と新貿易理論

　リカードモデルの比較生産費説では生産要素は労働に限定されていた。そして国による比較優位の違いをもたらすのは，一国の中で相対的に労働生産性が高い産業が国によって異なることであった。それでは，労働生産性が国によって異なる要因は何だろうか。まず考えられるのは生産技術の違いであるが，特に現代の製造業の場合，技術は比較的容易に国境を越えて移転する。普及した技術ならば，国によってそれほど大きな違いはなくなってくる。そこで，仮に技術が同一でも国による比較優位の違いをもたらす要因として，労働だけでなく資本も生産要素として考察に加えて，一国内におけるそれぞれの生産要素の相対的な潤沢さ，すなわち要素賦存比率が国によって異なっていることに着目したのがヘクシャー・オリーン定理である。それによると，資本が相対的に豊富で労働が相対的に稀少な国は資本集約財の生産に比較優位をもち，労働集約財の生産には比較優位をもたない。一方，労働が相対的に豊富で資本が相対的に稀少な国は労働集約財の生産に比較優位をもち，資本集約財の生産には比較優位をもたない。先進国と途上国を比べた場合，先進国が前者の国で，途上国が後者の国である。

　このように，ヘクシャー・オリーン定理は要素賦存比率が異なる国同士で行われる貿易を説明できる。また，リカードモデルの比較生産費説は技術が異なる国同士で行われる貿易を説明できる。したがって，両方の理論ともに，途上国が原料や食料を工業国に輸出して，代わりに工業国が工業製品を途上国に輸出する産業間貿易は説明できる。工業国が植民地や途上国から原料を輸入し，自国で工業製品に加工して輸出する産業間貿易は，工業化の発展とともに世界に拡大し，以前は国際貿易の主流であった。

　しかし，第2次世界大戦後は，工業国同士が同種の工業製品を双方向で輸出も輸入も行う産業内貿易の比重が次第に高まっていった。この場合，双方の国は要素賦存比率も技術も似ているため，ヘクシャー・オリーン定理やリカードモデルの比較生産費説では説明がつかない。この産業内貿易を説明するのが新貿易理論

である。例えば，日本ではヨーロッパ車を購入する人が少なくないが，ヨーロッパにも日本車を購入する人がいる。また，日本にもヨーロッパにも，イヤホンなどの同種の音響機器を日本製もヨーロッパ製も持っている人がいるだろう。消費者にとってこのような消費の選択肢や多様性の広がりは利益となるが，産業内貿易による同種の工業製品の輸出入はこの利益を高める。一方，企業は，消費者が選択肢の多さや多様性を求めていることは理解していても，経営資源には限界があり，1社で多種多様な製品を揃えるのは困難が伴う。また生産する製品の種類が増えて，それぞれの生産量が小さくなると，本章第1節で言及した「規模の経済」が得られなくなり，製品1単位当たりの生産コストが上昇する。したがって企業は，製品を絞り込んで品質やデザイン，ブランドで他社の製品と差別化を図る。そして，自国と似通った消費行動をとる消費者が多いと想定される他の工業国にも輸出すると，売り上げの伸びが期待できる。そして輸出が増えれば，生産量を増やして「規模の経済」を得て，コスト削減を図ることができる。消費者からみると，産業内貿易によって，多種多様な商品を「規模の経済」がもたらす低価格で入手できることになる。

　産業内貿易に関しては，こうした同種の最終財同士の貿易のほか，第6章第4節でも述べられているように，先進国が中間財を輸出し，新興国が最終財を輸出する貿易が急速に伸びており，これをめぐって様々な議論が起きている。また近年では，貿易の担い手である企業の生産性やコスト構造が企業によって様々である点に着目して，貿易によって生産性の高い企業が発展し，産業全体の競争力を高めたり，技術革新が促進されたりする点について研究が進んでいる。

第3節　国際収支と「貯蓄─投資」論

1　国際収支と対外資産負債残高

　国際収支とは，一定期間における一国の対外経済取引を複式簿記の原理で記帳したものである。そのため，国際収支原表は貸方・借方同額になることから，いくつかの勘定項目を取りまとめて有意義にしたものである。国際収支の記帳方法は，IMFが作成マニュアルを策定し世界の加盟国に配布しており，現在は第6版である。

　巻末資料1は，2000年から2021年の我が国の国際収支表である。ここでは，同

資料を参照にしつつ，国際収支について説明していこう。

　国際収支は経常収支と金融収支に大別される。経常収支は貨幣の受け払いに着目して＋／－が表示され，貨幣の受取超過＝黒字は＋，支払い超過＝赤字は－として示されている。

　経常収支で最も重要な項目は，輸出と輸入の差額である貿易収支である。貿易収支は2000年代黒字を計上し続けてきたが，2008年9月に始まるアメリカ発世界金融経済危機で外需が大きく減少し，黒字幅は大きく縮小した。そこに2011年の東日本大震災が発生して，原油・天然ガス等の輸入が大幅に増えたことから貿易収支は赤字に転じ，黒字に転換したのは2016年であった。

　貿易収支にサービス収支（運輸・旅行・証券売買等に係る手数料等の受取・支払，特許権，著作権等知的財産権の使用料の受取・支払），第1次所得収支（直接投資収益：本社と海外現地法人子会社との間の配当金・利子等の受取・支払，証券投資収益：株式配当金および債券利子の受取・支払，その他投資収益：銀行等の貸付・借入，預金等に係る利子の受取・支払），第2次所得収支（官民の無償資金協力，寄付，贈与の受払等，居住者と非居住者との間の対価を伴わない資産の提供に係る受取・支払）を加えたものが経常収支であり，期間中一貫して黒字であった。その最大の理由は第1次所得収支黒字であり，1970年代以降進展してきた日本経済のグローバル化，具体的には製造業企業のFDI（海外直接投資），日本の銀行・信託銀行等機関投資家による対外証券投資が累積してきたことの帰結である。2004年に10兆円台に達した同収支は，上記貿易収支が赤字計上している期間においても巨額の黒字を計上し続け，経常収支の黒字計上に寄与してきた。

　資本移転等収支は，対価の受領を伴わない固定資産の提供・債務免除の他，非生産・非金融資産の取得処分等の収支状況を示す。金融収支は，直接投資，証券投資，金融派生商品，その他投資および国際準備資産の合計で，金融資産に係る居住者・非居住者間の取引の収支状況を示す。誤差脱漏は統計上の不都合である。

　直接投資は，法人企業の経営参加を目的とした株式購入や既存企業の買収，さらには工場新設のための投資で，証券投資は株式・債券の短期売買益や配当・利子取得を目的に行う投資をいう（⇨第6章第1節　2 ）。金融派生商品は，株式・債券・外国為替取引の先物・オプション・スワップ等，本来の株式・債券・外国為替取引から派生して生まれた金融商品取引（貸借対照表には計上されないオフバランス取引）で，デリバティブ取引ともいう（⇨第7章第2節　1 ）。その他

資料 2 - 2　金融収支の読み方

	金融収支 (資産－負債)		
資産側 (対外投資)	資産増加	(＋)	資金流出
	資産減少	(－)	対外決済
負債側 (対内投資)	負債増加	(＋)	資金流入
	負債減少	(－)	対外決済

(出所)　筆者作成。

投資は，金融収支の上記以外の取引で，主に銀行の国際的銀行間貸借や貿易金融等を示す。国際準備資産は，IMFからの借入可能なポジションや財務省資金を使って日本銀行が為替市場に介入したことで増減する外貨準備等から成る。近年我が国では為替市場介入が行われていないことから，外貨準備の増減は日々の為替相場変動を期間平均で再評価した際の増減を主に示してきた。もっとも，2022年9月下旬政府・日銀は24年ぶりに外貨準備を取り崩して円買・ドル売の為替市場介入を行った（⇨第3章補論1）。

　ところで，金融収支を読む場合には少し注意が必要である。資料2-2の通り，同収支の原表は各項目を資産・負債に分けて記し，その差し引き数字（「資産－負債」）が巻末資料1の金融収支各項目である。金融収支各項目の＋は純資産の増加＝資産の増加 and/or 負債の減少，－は純資産の減少＝資産の減少 and/or 負債の増加である。このうち，資産と負債の増加は対外・対内投資および貸借の増減であり，資産と負債の減少は資産の処分であるから国際決済を要する。

　以上を前提に巻末資料1の金融収支のいくつかの項目について一言しておけば次の通りであった。まず直接投資は期間中一貫して＋，すなわち対外投資超過であった。これは日本企業のグローバル展開が続いていることを示している。証券投資は，2013年と2014年に－，すなわち海外からの資金流入超過であった。これには，第12章第3節で記すアベノミクスの影響である円安・株高が大きく関係し

資料 2 - 3　日本の対外資産

年	資産残高	直接投資	証券投資	金融派生商品	その他投資	外貨準備
1996	302,809	30,571	111,165	461	135,372	25,242
2000	341,520	32,307	150,115	381	117,239	41,478
2005	506,664	46,079	249,493	3,104	108,544	99,444
2010	561,448	68,925	269,207	4,287	129,700	89,330
2015	949,919	151,852	423,314	45,080	181,121	148,553
2020	1,144,629	204,637	525,594	44,698	225,486	144,214

(出所)　財務省資料より筆者作成。

ている。2015年と2016年，今度は対外証券投資が大きく伸びたことがわかる。銀行部門の対外投融資を示すその他投資は，経常収支や直接投資・証券投資に係わる非銀行部門の外貨建資金需給を反映しつつ増減している。例えば，経常収支が黒字でありつつも，直接投資と証券投資が大きく＋，すなわち対外投資超過であった2015年と2016年，その他投資は大幅な－，すなわち資金流入超過であった。このことは，直接投資と証券投資による外貨資金需要が経常収支黒字幅を上回ったため，銀行部門が海外から積極的に資金調達してきたことの表れでもある。

　国際収支がフローの統計であるのに対し，年末や年度末等，特定時点での残高統計として対外資産負債残高表（国際貸借対照表）がある。資料2-3に示される通り，1996年資産残高302兆円，負債残高199兆円，純資産残高103兆円であったが，2020年には資産残高1144兆円，負債残高789兆円，純資産残高355兆円と，期間中いずれも3倍以上の伸びを示している。日本企業の海外直接投資と海外企業の対日海外直接投資，日本の機関投資家の対外証券投資と海外機関投資家の対日投資，いずれも大きく進捗している。経済のグローバル化が大きく進んでいることをうかがわせるものであり，2021年末時点で日本は31年間世界最大の対外純資産大国となっている。

［2］「貯蓄－投資論」と国際収支調整策

　マクロ経済学には，一国国民経済の対内と対外とを資金面で結びつける恒等式がある。

$$（貯蓄－投資）－（政府支出－租税）＝（輸出等－輸入等）$$

　国民所得（GDP〔国内総生産〕と考えてよい）を支出面からみれば，国民所得＝消費＋投資＋政府支出＋輸出等－輸入等となるが，その一方で国民所得を分配面

負債残高表（暦年末）

（単位：10億円）

負債残高	直接投資	証券投資	金融派生商品	その他投資	対外純資産
199,450	4,045	66,077	315	129,013	103,359
208,473	6,096	101,609	366	100,402	133,047
325,965	12,377	181,959	3,921	127,709	180,699
305,542	18,735	152,051	5,267	129,488	255,906
610,702	24,770	320,544	45,692	219,696	339,217
789,598	40,188	426,043	42,350	281,017	355,031

からみれば，国民所得＝消費＋貯蓄＋租税と表すことができる。そこで，消費＋貯蓄＋租税＝国民所得＝消費＋投資＋政府支出＋輸出等－輸入等であるから，整理すると，上の式のようになる。つまり，国内の貯蓄－投資バランス（過大消費か過少消費かという要因が背後にある）と政府部門の財政バランスとを併せた資金過不足は，一国国民経済の対外バランスである（輸出等－輸入等）――国民経済計算上，経常収支となる――に等しいということであり，国際的な各種経済会議やIMF等国際経済機関の共通了解となっている。

　さて，経常収支が大幅な黒字・赤字を計上し続け構造化している場合，上の恒等式をベースに経常収支均衡化のための国際収支調整策が国内の政策目標として掲げられる。例えば，経常収支黒字国であれば，金利引下げによる貯蓄削減・個人消費刺激策と民間設備投資刺激策，拡張的財政政策と減税策，である。経常収支赤字国であれば，金利引上げによる貯蓄促進策・個人消費抑制策と民間設備投資抑制策，緊縮的財政政策と増税策，である。もっとも，当該恒等式から導き出される経済政策を，世界各国一様に策定しているかといえば，そうではないことは，今後の各章の説明でみることとなる。

第4節　外国為替取引と国際通貨・国際金融

［1］外国為替取引

　すべての経済取引が支払い決済に付されるように，国際経済取引も支払い決済されねばならない。国内経済であれば，法貨規定を得た中央銀行券（＝現金通貨）での購買・支払いで済むし，たとえ遠隔地間取引であっても，内国為替制度として中央銀行券と無制限交換を前提とした預金通貨の振替決済によってなされる。しかし，国際決済の場合，受け取った外国通貨を国内の支払い決済に用いることはできないし，逆も然りである。そこで，国際決済は，自国通貨と外国通貨との両替の契機（その際の交換比率が為替相場）を含みながらも，自国通貨を対価とした外国為替手形（外国通貨建為替手形）の売買として行われる。その際，国際決済自体に要する銀行口座振込手数料・通信料等貨幣取り扱い費用を節約すべく，外国為替取引に従事するのが外国為替銀行（以下，為銀）である。

　資料2-4を参照されたい。いま甲・乙両国間において甲国通貨建でA＝輸出者・B＝輸入者とする貿易取引①およびC＝輸入者・D＝輸出者とする貿易取引

①′ が行われ，乙国 A は甲国
B に債権を有する一方で，乙
国 C は甲国 D に債務を負う
ものとする。そこでこれら国
際的債権債務の決済となるが，
貿易取引は輸出者と輸入者の
相対取引であって，①の対外
債権者 A と①′ の対外債務者
C とは直接出会うことはない
し，①の対外債務者 B と①′
の対外債権者 D との間で債
権債務関係が事前に成立して
いるわけでもない。また元来
個々の貿易取引額および支払
期日が一致することはない。
そこでここに社会的に広く貨

資料 2 - 4　外国為替取引—取立為替と送金為替

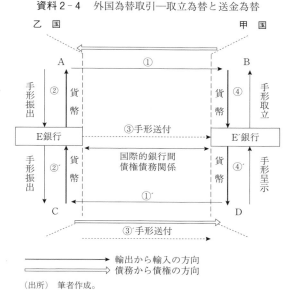

（出所）　筆者作成。

幣を受け入れ集中管理する為銀が介入することで，外国為替取引は確立する。

　さて，為替（貨幣債権に対する支払指図書）の原理は相殺にあって，次のように
進んでいく。まず乙国 E 銀行は，甲国 E′ 銀行とコルレス契約（コルレス＝
correspondent の略。業務委託契約）を結び，同行内に E 行名義のコルレス預金を
開設して，これを債権債務の決済勘定（甲国に支店があれば，そこでの支店勘定が
債権債務決済勘定）とする。そして乙国 E 銀行は，乙国 A が振り出す甲国通貨建
取立為替手形＝輸出手形を買い取り②，これを甲国 E′ 銀行に送付して取立を依
頼する③。そして支払期日に，E′ 銀行は手形の支払人 B に手形を呈示して支払
いを求め，支払われた甲国通貨建代金は，E′ 銀行内の E 銀行名義コルレス預金
に入金（これ自体狭義の国際金融であり，国際短期資本移動である）してもらう④。
こうして乙国 A の甲国 B に対する国際的債権債務関係は，E 銀行と E′ 銀行の国
際的銀行間債権債務関係に置き換わったことになる。そして次に，かかる外貨建
債権を引き当てに E 銀行は様々な額面金額と支払期日の送金為替手形を振り出
すことができるようになる。そこで C は E 銀行から甲国通貨建送金手形を乙国
通貨で買い取り②′，これを債権者 D に送る③′。D は受け取った送金手形を E′

銀行に呈示し，支払いを受ける④′。その際 E′ 銀行が支払うのは，E′ 銀行に置かれた E 銀行名義のコルレス預金からである。

　こうして甲国・乙国間の国際的債権債務は，外国為替手形の売買によって肩代わり移転され，相対抗する国際的債権債務は相殺決済されることになる。この外国為替手形の売買過程が外国為替取引であり，本来なされるべき国際的貨幣支払いは両国各々の自国通貨での貨幣受取と支払いに振り替えられた。もとより，為銀は乙国 A と C とだけ取引をするわけではない。為銀は，国際決済を要する各種企業・個人から自国通貨たる乙国通貨を対価に広く外国為替手形を受け入れてあるいはこれを振り出すのである。かくて為銀には様々な額面金額と支払期日の外国為替手形取引が集中化し，そこに相殺決済の原理が作用することになり，結果的に貨幣取り扱い費用の社会的節約・軽減化も可能となる。

　なお，これらの一連の取引を国際収支との関わりでいうと，いま乙国が貿易・経常収支黒字（赤字）国であれば，E 銀行等乙国為銀全体はネットで E′ 等甲国商業銀行の決済勘定に資金余剰＝対外債権（資金不足＝対外債務）を有することになる。これが上記の国際収支において，金融収支の資産（負債）超過として計上されるのである。

2　外国為替相場

① 為替相場の決定要因

　外国為替取引が自国通貨を代価とした外貨建為替手形の売買である以上，売買に当たっては異種通貨間の交換比率が決定される。それが外国為替相場（以下，為替相場）である。為替相場は，①インフレ国通貨であれば為替相場は弱含みとなるし，逆であれば逆というように，両国通貨の価値関係（名目的為替相場の変動），②その時点の外国為替の需給状況（その時点で決済されるべき国際的債権債務差額，つまりは国際収支支払い差額〔実質的為替相場の変動〕）によって決定される。為替相場が両国通貨の価値関係にあるとき，これを為替平価といい，為替相場の基準となる。為替相場は，その時点に決済されるべき国際的債権債務が事前的にみて均衡している場合には為替平価に一致し，均衡していない場合には，為替平価から上下外れたところで為替相場は決定される。もっとも，金本位制下はもとより，大戦後の旧 IMF 体制の固定相場制下には制度的に明示的であった為替平価も，1970年代の変動相場制移行以降，為替平価という概念自体が成立しなくな

った（⇨本章補論 3 ）。

② 為替相場の種類

為替相場は，為替取引の種類と取引対象から，次の二つの観点で区別される。

一つは，取引相手による区別であり銀行間取引と対顧客取引とに分かれる。銀行間取引は，銀行の対顧客取引における為替の売買差額を調整する場として機能しており，一国の対外取引決済に伴う外国為替の需給が集中・集約される場である。銀行間市場の中心レートは TTM（電信仲値相場）であり，対顧客取引相場は，この TTM を基準に，銀行からみての TTS（電信売為替相場）と TTB（電信買為替相場）が形成される。その場合でも，銀行の仲介手数料・為替相場変動に対するリスク負担料・売買される外国為替の種類（信用状の有無・支払期限の長短・郵送期間の有無等）により，適用される為替相場は変わってくる。

もう一つは，為替取引契約成立とその決済日との関係からする区別である。為替売買契約成立と同時にその契約履行が直ちに（通常契約成立後翌々日の 2 営業日以内）に行われる取引を直物為替（spot exchange）取引といい，契約成立後将来の一定期日もしくは期間内に受渡しを行う取引を先物為替（forward exchange）取引という。そして各々の取引に適用される為替相場が直物為替相場，先物為替相場である。先物為替取引は，現在時点において将来の一定期日（内）における為替取引の予約を行うものであるから，先物為替相場は予約相場であり，相場形成に当たっては関係二国間通貨建金利差が決定的要因として作用（金利平価説〔⇨本章コラム 5 〕）する。先物為替取引は，変動する為替相場のリスク回避にも使われる一方で，先物為替予約のみを行う投機的取引にも多用されている。

国連経済社会局が発行する *International Trade Yearbook* によれば，2021年の世界の輸出入総額は44.4兆ドルであった。これを 1 年＝365日で割ると， 1 日の輸出額は608億ドルである。他方，BIS（国際決済銀行）が 3 年に 1 度 4 月に実施している世界の主要為替市場調査 Triennial Central Bank Survey の2022年版によれば， 1 日の為替取引額は7.5兆ドルであった。二つの数字を比較すると， 1 日の輸出額は 1 日の為替取引額のわずかに0.8％でしかない。内訳は，貿易や直接投資等の実需取引と深い関係がある直物取引と先物取引が各々2.1兆ドル（28％），1.1兆ドル（14％）で，低金利の通貨を売って，高金利の通貨を買うといった投機的な FX スワップ3.8兆ドル（51％），その他（通貨スワップとデリバティブのオプション取引）であった。今日世界の外国為替取引の圧倒的割合が，投機

▶▶ コラム3 ◀◀

金利平価説と購買力平価説

金利平価説

　いずれの通貨で資産を保有しても収益率が同じになるように先物為替レートが決定するという説である。いま日本の金利4％，アメリカの金利8％（金利はいずれも年率）とすると，高金利国アメリカで資金運用したい投資者は，まず日本円を売ってドルを買わねばならない（これを金利裁定取引という）。だが，例えば3カ月間ドルで運用した後利益を確定するには，ドル建元利金を日本円に再度交換する必要がある。J. M. ケインズは，この点に着目して，直物為替レートに対する先物為替レートが両国間の金利差によって決定されると主張した。いま，直物為替レートを1ドル＝100円とした場合，3カ月先物為替レート a の決定式は次のようになる。

$$100円 \times [1+(0.04 \times 3カ月/12カ月)] = 1ドル \times a \times [1+(0.08 \times 3カ月/12カ月)]$$

　この場合3カ月物先物為替レート a は99.01円となる。この先物為替レートで3カ月後のドル売・円買先物為替予約をして金利裁定取引（先物カバー付き金利裁定取引という）を行っても，国内で円建運用した場合との差はない。そういう意味で，金利平価説とは変動相場制下の金利・為替レートの均衡値を指示する学説である。

購買力平価説

　為替レートは自国通貨と外国通貨のモノに対する購買力の比率によって決定されるという説で，1921年スウェーデンのG. カッセルが唱えた。変動相場制の均衡為替相場論として用いられる。例えば，日本とアメリカで共通の財であるハンバーガー1個の店頭価格が日本で150円，アメリカで1ドルとすれば，ハンバーガーを基準とした為替レートは1ドル＝150円となる（絶対的購買力平価説）。だが，このときアメリカでインフレが発生し，ハンバーガー1個が2ドルとなれば，1ドル＝75円となる（相対的購買力平価説）。このように購買力平価とは，関係国間で同質的で比較可能財の物価水準を基準に均衡為替レートを算出しようというものである。だが，購買力平価の算定に当たっては，基準年の設定次第で物価変動の測定に違いが出てくる。また物価水準の比較が容易な自由貿易財に限定するのか，教育費・住宅費・医療費等非貿易財まで含めるのかといった根本的問題があり，客観的尺度とはなり難い面がある。そのため，自由貿易財を基準にして算定された購買力平価で人口が多い発展途上国のGDPを計量した場合，いきおい先進諸国のGDPに匹敵する経済規模となってしまう（⇨第11章第3節 ⎡1⎤）。なお，*The Economist* 誌が出しているビッグ・マック指数では，2022年7月の円・ドル為替レートが137.87円であったのに対し，同指数は75.73円であり，同指数からみて日本円の市場レートは45.1％も過小評価されていることになる。購買力平価と現実の市場レートとの間に大きな開きがある一例である。

（鳥谷一生）

的利益を狙った通貨の売買によって支配されていることがうかがえる。「通貨の商品化」といわれる所以である。

③ 国際通貨と国際通貨制度

① 外国為替取引と国際通貨

　外国為替手形が振り出される以上，手形に指図された通りの支払い決済が実行されるべき外貨建決済勘定がなければならない。この決済勘定が国際通貨であり，具体的には特定国商業銀行に置かれた当該国国民通貨建決済勘定（先のコルレス勘定あるいは支店勘定）である。こうして世界中の為銀が特定国の商業銀行にコルレス勘定を置きあるいは特定国に支店（現地法人）を開設することで，この特定国と相手国のみならず，特定国が直接関与しない第三国間取引までをも含む各種取引が振り出された外国為替手形の支払い指図に基づいて決済されるのである（⇨第 3 章資料 3 - 1 ）。したがって，外国為替の売買はこの特定国＝中心国を除いた諸国で行われ，その場が外国為替市場である。他方，特定国所在の商業銀行には，世界経済の取引決済のための預金勘定が集積・集約されるようになり，そこに一時的に遊休化・滞留する余剰資金が形成されることから，これが国内外の銀行・金融機関はもとより世界中の企業・政府等に投融資される（広義の国際金融）のである。こうして特定国の金融市場が国際金融センターに転じ，そこでの株式市場・債券市場はまた世界の証券市場・資本市場として君臨するようになる。グローバル金融資本主義の中心となるべき国際通貨国の生成論理はここにある。

　ところで，各国国民通貨の機能としては，価値尺度，交換・流通手段，価値保蔵手段，支払い決済手段をあげることができる。これに対応しつつ，国際通貨の機能も，各国通貨の為替平価を示すに当たっての表示通貨，実際の貿易・経常取引および国際的金融資本取引における契約通貨あるいは取引決済通貨，債務支払いのために民間企業が事前に積み立てる私的準備通貨あるいは政府・中央銀行＝通貨当局が為替市場に介入した結果保有する公的外貨準備＝公的準備通貨，そして通貨当局が為替市場に介入するために使う介入通貨がある。また，ドル以外にも，ポンド，ユーロ，日本円が各種国際取引に利用されるようになり，為銀には各種通貨建の為替取引が持ち込まれるようになった（国際取引通貨の多様化）。そこで為銀は，これら各種通貨の為替相場変動リスクに対するヘッジ[*]取引を関係各国の為替市場で行うことになった。だが，各国為替市場で最も売買されているの

は当該国通貨を代価としたドル建為替である。そこで為銀は，いったんドル建為替ポジションを保有することで，為替リスク・ヘッジを行うようになってきた。こうして国際取引通貨の多様化が，逆に世界中の為銀のドル建取引を拡大させてきたという現実があり，このような国際通貨の機能を為替媒介通貨という。

　＊　ヘッジとは，本来「生垣」，「障壁」を意味し，第1章第1節で記した「囲い込み運動」において，放たれた羊の逃散を防ぐための「遮蔽物」がhedgeであった。現在では，為替変動や価格変動のリスクを避けるための相殺取引一般を意味している。

　では，上記の国際通貨の諸機能を担いうる特定国＝国際通貨国になりうるための条件は何か。それは次の三つである。

　　第1に，世界経済の中心地であること

　　第2に，当該国通貨の価値が安定していること

　　第3に，資金力がありかつ奥行きの深い幅広い金融市場をそなえていること

　19世紀であれば，ロンドン・シティの金融市場を擁したイギリスが，そして第2次世界大戦以降は，ニューヨーク金融市場を有するアメリカが国際通貨国となり，米ドルが基軸通貨となった。

　なお，国際通貨と基軸通貨との概念上の異同について説明しておこう。一般にある国が経常取引はいうに及ばず国際的金融資本取引およびこれに係わる為替取引を自由化して，当該国国民通貨建為替取引が国際決済手段として利用される場合，当該国国民通貨を国際通貨という。今日国際通貨の役割を担う国民通貨には，米ドル以外にもユーロ，英ポンド，日本円，スイス・フラン，オーストラリア・ドル，香港ドル等があり，これらはハード・カレンシーともいわれる。そうした国際通貨の中で，特に中心的な役割を担う国際通貨を基軸通貨（キー・カレンシー）という。第2次世界大戦後のIMF体制においては，米ドルがアメリカ以外の加盟諸国通貨の為替平価を表示するための基準通貨として，為替平価安定のための介入・準備通貨として役割を担うことで基軸通貨として君臨するようになった。その後1960年代のドル危機，1971年のニクソン・ショックと1973年の総フロート制の時代を迎えて「ドル本位制」に転じた現代，基準・介入・準備通貨としての米ドルの役割はやや後景に退いたことから，基軸通貨についても第三国間国際取引にまで取引決済通貨として機能し，ひいては為替媒介通貨として利用される米ドルの役割を強調しつつ規定されている（⇨第3章第3節　1　）。2008-09年アメリカ発世界金融経済危機を経て，今日中国・人民元が国際通貨の地位を目指

そうとしているが，いかなる状況であるのか。この点は，第Ⅱ部第9章および同章のコラム11を参考にされたい。

[推薦図書]

飯島寛之・五百旗頭慎吾・佐藤秀樹・菅原歩，2017，『身近に感じる国際金融』有斐閣…外国為替取引と国際通貨，国際収支と国際収支調整論等，国際経済学・国際金融論について平易に解説している。

平勝廣，2001，『最終決済なき国際通貨制度——「通貨の商品化」と変動相場制の帰結』日本経済評論社…外国為替と国際通貨について経済理論をふまえて詳述し，変動相場制と金融のグローバル化以降の国際通貨体制について論じた大学院生および研究者向けの専門書である。

アダム・スミス『国富論』

　①水田洋監訳，杉山忠平訳，2000，『国富論（一〜四）』岩波書店。

　②大河内一男監訳，1978，『国富論（Ⅰ〜Ⅲ）』中央公論新社。

　③大河内一男編，玉野井芳郎ほか訳，1968，『世界の名著31巻　アダム・スミス　国富論』中央公論社。

　　第1節 ③ で紹介した古典の名著。難しい箇所もあるが，第1編1〜3章の分業の説明など，具体的なたとえが多用されてわかりやすい箇所も多い。①と②は全訳。②は注も詳しい。③は重要な箇所の部分訳で，編者による詳しい解説がついている。③は絶版だが，よく図書館に入っている。中古でも入手できる。

（松永　達・鳥谷一生）

第3章 第2次世界大戦後の国際通貨システム
——旧 IMF 体制から変動相場制への移行，そして「ドル本位制」へ——

第2次世界大戦後から今日まで，マネーの側からみた世界経済の仕組みは
どのような変遷をたどってきたのか。第1節では，戦後のブレトン・ウッズ
体制について，第2節では1970年代固定相場制から変動相場制へ移行し，ド
ルを基軸通貨とする「ドル本位制」が金融のグローバリゼーションとして展
開する過程について述べる。第3節でアメリカの金融政策に規定される「ド
ル本位制」が世界経済に及ぼす影響について説明する。

Keywords▶ 流動性のディレンマ，金の二重価格制，ビナイン・ニグレクト政策，国際通貨国
の発行特権，最終決済なき国際通貨制度，プラザ合意，「ドル本位制」，グローバ
ル・インバランス

第1節　ブレトン・ウッズ体制の成立と展開

1 ブレトン・ウッズ体制の目的と仕組み

1944年7月，アメリカのブレトン・ウッズで国際会議が開かれ国際通貨体制に
関する協定が締結された（ブレトン・ウッズ協定）。新体制の目標は，①自由・無
差別・多国間主義に基づく世界貿易体制をつくり上げること，②平価切下げ競争
を避け，為替相場の安定化を図ること，③経済開発の促進と高い経済成長を達成
すること，の三つを掲げた。

これらの目標を達成するために通貨・金融面では，まず中短期の融資機関とし
て IMF（国際通貨基金），長期貸付機関として IBRD（国際復興開発銀行，現在の世
界銀行グループ）が設立され，1947年に業務を開始した。また通商面では1947年
10月にジュネーヴで GATT（関税と貿易に関する一般協定）が成立した（⇨詳細に
ついては第5章参照）。

ブレトン・ウッズ体制とはこれらの国際機関によって秩序づけられた戦後の世

界経済体制という意味で，GATT・IMF 体制と総称される。また，IMF を中心
とする国際通貨体制のことは IMF 体制ともいわれる。後述の通り IMF 体制は，
1971年の金・ドル交換停止を契機とする変動相場制への移行後，大きく変容する。
この点をふまえて，1970年代前半までを旧 IMF 体制，1970年代後半以降を「ド
ル本位制」と定義しておく。

　ところで，旧 IMF 成立にあっては，イギリスとアメリカとの間で戦後世界経
済のヘゲモニーをめぐって厳しい交渉があった。イギリスの J. M. ケインズが提
唱した「国際清算同盟案」は，金価値で表示される新しい国際通貨バンコールを
つくり，清算同盟に加盟国の中央銀行がその預金残高を保有し，その預金勘定の
振替により国際収支（当時はもっぱら貿易・経常収支のこと）を決済するという構
想（銀行原理）であった。その構想は，換言すれば，一国内で行われている銀行
組織の清算機能を世界的規模で実現しようとするものであった。これに対しアメ
リカの H. ホワイトの案は世界的な規模の為替安定基金の設立であり，加盟国は
金と自国通貨および政府証券を拠出して国際的な基金を設け（基金原理），国際
収支の不均衡に際して，また，為替相場の安定化のために必要な外貨を引き出し
て支払いに当てる，というものであった。最終的には，ホワイト案の構想に沿っ
て旧 IMF 協定は成立した。

　次に，戦後旧 IMF 体制の目的と役割について述べておこう。IMF の設立目的
は，①為替切下げ競争の阻止と為替相場の安定，②為替管理回避と経常取引に関
わる為替取引の自由化（これを通貨の交換性という），③自由・無差別・多国間の
貿易取引を実現するための国際決済制度の確立であった。三つの目的を達成する
ために，旧 IMF は次のように規定していた。(1)加盟国に基準となるべき為替平
価（自国通貨の中心為替相場）を定めさせること，(2)国際収支（この時期は貿易・
経常収支）の構造的不均衡に陥った場合には，他の IMF 加盟国からの承認を得
て，為替平価の調整が可能であること，(3)一時的な国際収支の不均衡に陥った加
盟国は，IMF から短期融資を受け取ることができること，である。次にこれら
3点について，少し詳しくみておこう。

① 為替平価の設定による為替相場の安定

　加盟国は，自国通貨の為替平価を「共通尺度たる金もしくは1944年7月1日現
在の量目および純分を有す合衆国ドル」により表示し，金の売買はこの平価を基
準に行うと定められた。この規程に基づき，加盟国は IMF 平価を維持するため

に，自国通貨の為替相場の変動幅をその上下１％以内に維持することが義務づけられた。これに対しアメリカは，加盟国の通貨当局からドルと金の交換要請があれば，金１オンス（約30ｇ）＝35ドルの公定価格で金の売却に応じることとなった。

　日本の場合，大蔵省・日銀は，1949年のドッジ・ライン以降，１ドル＝360円（為替平価）の±１％に為替相場が収まるように，市場介入を行った。円の対ドル相場が変動幅の範囲を超えて動くと，例えば，１ドル＝356.4円の上限を超えようとすると，通貨当局は円高を是正するため，円売り・ドル買い介入を無制限に行う。その結果，日本の通貨当局はドル準備を保有するが，日本の通貨当局がドル準備をアメリカ財務省に交換請求すれば，同省は金１オンス＝35ドルの比率で，金との交換に応じる義務を有していた。ただし，アメリカ財務省は民間取引業者に対しては，金・ドル交換に応じなかった。

　もっとも為替平価を維持するためのコストは，もっぱらアメリカ以外の周辺加盟国の負担にかかっていた。例えば，加盟国が貿易・経常黒字の場合，為替相場の上昇を抑えるべく中央銀行・通貨当局は自国通貨売・ドル買介入を行った。そのため国内は過剰流動性に溢れ，輸入インフレに悩まされた。貿易・経常収支が赤字の場合，為替相場の下落を抑えるべく中央銀行・通貨当局は自国通貨買・ドル売を行った。そのため外貨準備の不足（「国際収支の天井」）から，国内では緊縮的な財政・金融政策を取らざるをえなかった。このように周辺加盟国は貿易・経常収支の均衡と為替相場の安定性という対外均衡を優先させざるをえず，国内の物価安定・雇用および経済成長という対内均衡はしばしば犠牲にせざるをえない立場にあった。

② 調整可能な為替平価

　各国の為替平価は原則として固定化され，加盟国は為替平価を基準に上下１％のマージンの幅のうちに為替相場を安定させる義務を負っていた。ただし，加盟国の経常収支赤字が長期に続いた場合，旧 IMF に加盟する他の諸国の承認を条件に，為替平価の変更が認められていた。これを「調整可能な釘付け為替相場制度」という。もっとも，戦後の復興期には，為替相場の頻繁な変更はなかった。

　なお，旧 IMF 協定第８条は，貿易取引を含む経常取引に係わる為替制限の撤廃を加盟国の一般的義務として課すとともに，差別的な通貨措置の回避，外貨保有残高の交換性などをあげており，これら為替取引の義務を履行している国を「８条国」という。他方，戦後の過渡期，この義務を免れている国を「14条国」

という。欧州の主要国が通貨の交換性を回復して，IMF「14条国」から「8条国」へ移行したのは1958年であり，日本がIMF「8条国」に移行したのは1964年であった（⇨巻末資料5）。

③ 加盟国への短期融資

　IMFは加盟国からの割当額（Quota）を原資として25％を金（ゴールド・トランシュ），残り75％（スーパー・ゴールド・トランシュ）を自国通貨でIMFに払い込み，IMFはこれを原資に上記の経常収支不均衡に陥った加盟国に対し融資を行う。その際，加盟国がIMFから受けられる融資限度額は，IMF保有の自国通貨残高が出資割当額の200％に達するまでである。もっとも，出資割当額の75％分はすでに自国通貨で払い込まれているので，残りは出資割当額の125％相当額でしかない。このうち，ゴールド・トランシュ分は無条件にIMFから必要とする外貨を引き出すことができ，残り出資割当額に相当する100％分（クレジット・トランシュ）については，自国通貨を払い込むだけでなく，25％ごとに厳しくなる貸出条件（コンディショナリティという）を受諾することが求められた。

　2　旧IMF体制下における金・ドルと国際決済

　IMF協定では，金市場における金のドル価格が金平価を超えて上昇する場合，IMF自身が金売買による金価格安定化に取り組む必要があった。しかし現実には，IMFによる金売却はドル獲得のため以外には行われなかった。また，IMFは加盟国の出資金によって構成されていたため（基金原理），新たな国際流動性を創出することはできなかった。このように加盟諸国通貨間の共通尺度としての金価格安定と国際流動性創出という二つの点でIMFの能力は限られており，アメリカはこれを逆手にとってIMF体制を取り込んでいった。

　1948年当時，アメリカは世界全体の70％を超える金準備を保有していた。これを背景に，アメリカは各国通貨当局が外貨準備として保有するドルと金との交換を保証していた。すなわち，周辺加盟国がIMFの定める為替平価を維持すべく，為替市場介入により積み上げたドル準備を，1オンス＝35ドルの公定価格で金と交換できることをアメリカ財務省は保証した。こうした保証により，周辺加盟国の中央銀行・通貨当局は，外国為替市場において自国通貨の対ドル相場を安定させるために，自国通貨の対ドル平価を基準とし（基準通貨としてのドル），為替市場でドル為替を売買する（介入通貨としてのドル）市場介入を行ったのである。

資料 3 - 1　ドル建決済の仕組み

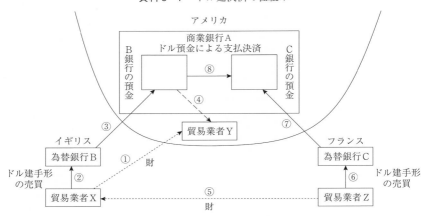

・イギリスの業者 X はアメリカの業者 Y へ財を輸出し（①），為銀 B は業者 X の振り出したドル建手形を買い取る（②）。
・為銀 B はアメリカの銀行 A に対し手形を送付し（③），銀行 A は自行内にある業者 Y のドル建預金から－借記すると同時に，為銀 B 名義のドル建預金に＋貸記する。あるいは，もし業者 Y が銀行 A からの借入によって支払いをしようとするのであれば（Y にとっての輸入金融），後日業者 Y が銀行 A に返済することで，当面の国際決済は終了する。
・フランスの業者 Z はイギリスの業者 X へ財を輸出し（⑤），為銀 C は業者 Z が振り出したドル建手形を買い取る（⑥）。
　為銀 C は手形をアメリカの銀行 A に送付すると（⑦），銀行 A において為銀 B から為銀 C へ預金が振り替えられて決済される（⑧）。

　市場介入の結果，中央銀行・通貨当局は対外支払い準備のほとんどをドル資産形態で保有した（準備通貨としてのドル）。こうした制度的措置があって，周辺加盟国通貨とドルとは安定した為替相場で交換され，ドルに対する市場の信認が生み出され，民間レベルでの国際取引のほとんどはドル建で契約取引され（取引通貨としてのドル），ドル為替で決済することができた（決済通貨としてのドル）。

　そこで，ドル決済を図示しておこう（資料 3 - 1）。イギリスの為替銀行 B はアメリカへの輸出により自国の貿易業者から振出されたドル建手形（取立手形）を買い取り，それをアメリカの商業銀行 A へ送付すれば，B 銀行名義のドル建預金に＋貸記される。以上を国際決済の観点からみれば，アメリカは周辺国からの輸入により生じた債務を，周辺国からのドル建預金（アメリカにとって負債）の受入れによって支払っていることになり，これを「負債決済」という。また，周辺国同士の貿易（フランスからイギリスへの輸出）では，フランスの貿易業者から振出されたドル建手形（取立手形）を為替銀行 C が買い取り，それをアメリカの

商業銀行 A へ送付すれば，商業銀行 A に寄託された為替銀行 B の預金から為替銀行 C の預金へと支払代金が振り替えられて決済される。このようにドル建預金通貨は，当該国と相手国との二国間貿易だけでなく，第三国間貿易の決済にも広く利用されてきた（⇨外国為替取引については第3章第4節を参照）。こうした国民通貨が国際通貨である。

　もっとも，IMF 設立当初から1950年代前半においてアメリカの貿易・経常収支は概ね黒字であり，海外投資は小規模に止まっていたため，アメリカ以外の残余世界の各国は，国際的な長短期資金のファイナンスはおろか貿易においてもドル建国際流動性の不足（＝ドル不足）は決定的であった。東西冷戦下の欧州である。アメリカは1947年にマーシャル援助計画を策定し，経常移転を通じた海外公的支援というかたちでドルを西ヨーロッパへ散布した。西ヨーロッパ諸国は，受け取った資金でアメリカから財を購入して戦後復興に乗り出す一方で，アメリカは戦時中の増産体制によって積み上がった国内余剰生産物の処理に役立てたのである。

［ 3 ］ アメリカの国際収支の悪化と米財務省金準備の減少

　アメリカは1950年代後半まで大幅な貿易収支黒字に支えられて経常収支は概ね黒字であり，経常収支黒字を基に直接投資・証券投資を通じた海外投資を行うことにより，経常収支黒字と対外投資による資産超過は均衡していた。しかし1950年代後半になると，アメリカは海外投資による資産超過が経常収支黒字を超過する事態（国際収支赤字）へと転じていった。

　アメリカの対外投資が拡大する背景には，1957年のローマ条約が締結され，1958年には西欧諸国通貨の交換性が回復し，これを契機に同地域の一部諸国で資本取引の自由化が進んだことにある。アメリカの地域別直接投資額は，通貨交換性の回復以降，1次産品国向け投資が減少する一方で，西ヨーロッパ向け投資の比重が増加した。

　アメリカは1960年代以降海外投資を拡大し続けた。また，1960年代中期以降ベトナム戦争の激化に伴う対外軍事支出と政府移転の増加に加え，60年代末には貿易収支黒字幅の縮小により，経常収支黒字額は大幅に減少した。このようにアメリカの経常収支黒字額が減少する一方で，金融収支項目の対外投資が増大したため，世界の為替市場は1950年代の「ドル不足」の時代から，1960年代には「ドル

過剰」の時代を迎え，これが「ドル不安」の契機となった。

　こうした事態に対し，為替平価維持義務を負った周辺諸国の中央銀行・通貨当局は，旧 IMF 体制下で為替市場介入を通じ，外貨準備を増大させていった。

　こうして増大する周辺諸国中央銀行・通貨当局の外貨準備が，アメリカにとっては公的短期債務残高であり，同残高は1960年以降激増し，アメリカ財務省が負った公定価格の１オンス＝35ドルでの金・ドル交換に対する不安が市場で広がり（ドル不安），ロンドン自由金市場等でゴールド・ラッシュが発生した。すなわちドル売・金買い投機であり，その結果，ドル建金価格は１オンス＝36ドルというように上昇（＝ドルの金価値下落）していった。このことは，アメリカ財務省の定めた金・ドル交換の公定価格と民間市場金価格との乖離に他ならず，旧 IMF 体制下の固定為替相場制度の根底を揺るがす事態であった。こうした事態を受けて，1961年にはアメリカのイニシアティブにより，西欧各国が保有金をプールし，金の市場価格を公定価格に一致させる市場介入操作を申し合わせた「金プール協定」が締結された。

　　4 　金の二重価格制

　戦後，19世紀以来の旧大英帝国の植民地を次々と失い，アメリカ中心のブレトン・ウッズ体制に旧ポンド圏が再編されていく中，1947年にイギリスはポンドの交換性回復に失敗した。イギリスは1958年に他の西欧諸国と共に為替取引を自由化したが，その後も経常収支の均衡化に度々苦慮した。そして1967年11月，イギリスはポンド切下げに踏み切る。当時世界最大の自由金市場を擁するイギリスのポンド切下げは，旧 IMF 体制下固定レートで結びついていたドルの金価値下落と判断されてドル建金価格の上昇を招き，大規模なゴールドラッシュが再燃した。こうしてドル不安はドル危機に転じていった。

　これに対しアメリカ政府はドル防衛上，諸外国政府に対し金交換の自粛を強く要請し，これに諸外国も協力してきた。しかし，金市場での金購入の勢いは収まらず，1968年３月には空前のラッシュとなり，それまで金を放出し続けてきたアメリカをはじめ金プールの各国当局も激しい攻勢に抗しきれず，ついに金価格の支持を断念し，ここに金の二重価格制（公定価格と市場価格の２本建制）が敷かれることになった。これによって金１オンス＝35ドルの金公定価格は形骸化し，事実上ドル価値は切り下げられた。

　ところで「ドル危機」は，特定の国民通貨が国際通貨として機能するに当たっ
て抱え込む「流動性のディレンマ」という問題を提起した。すなわち，国際取引
がドル建取引で行われる場合，世界経済の成長に必要なドル建国際流動性は，ア
メリカが経常収支赤字を計上するか，経常収支黒字を上回る対外投資を行うこと
によってはじめて供給されるが，それはドル価値の安定性，すなわち「ドルの信
認」という問題を引き起こす。逆に，「ドルの信認」を維持するには，アメリカ
の経常収支黒字化と対外投資の抑制を行わざるをえないが，この場合世界経済の
発展に必要な国際流動性が不足することになる。これが「流動性のディレンマ」
であり，R.トリフィンが提起した問題であった。

⑤　SDR の創出

　この問題提起を受け，「流動性のディレンマ」を避けるべく，国際流動性の供
給を特定の国際通貨に依存するのを止め，新たな国際通貨の創出が必要であると
いう見解が強まっていった。その帰結が SDR（特別引出権）の創出であった。

　SDR は，1968年の IMF 総会でその創設に関する大綱が決定され，1969年に
IMF 協定の第 1 次改正において正式に導入が決定された。SDR は，国際的管理
下にある最初の国際準備資産であって，その価値は純金0.888671 g に，すなわち
当時の 1 ドルに等しいものと定義された。参加国は IMF 割当額に準じて SDR
の配分を受けた。

　ところで，SDR は通貨ではなく，また IMF に対する請求権でもない。SDR
は IMF 加盟国の通貨を借り入れ請求する権利である。SDR の配分を受けた参加
国は，必要とする外貨を当該通貨発行国に SDR を預託し引き出す（利払いが必要
なので事実上融資）ことができることとなった。

　SDR はバスケット通貨といわれる。ある通貨が SDR バスケットの構成通貨と
して採用されるためには，「輸出基準」と「自由利用可能基準」の二つの条件が
必要であり，前者は輸出額が世界市場で 5 位以内にあり，後者は国際取引の支払
いと主要な為替市場で広く取引されていることである。

　今日バスケット通貨としての SDR の価値はドル（41.73％），ユーロ（30.93％），
人民元（10.92％），日本円（8.33％），ポンド（8.09％）の 5 カ国（および地域）の
通貨ウェイトによって構成されている（⇨第 8 章第 4 節 3，終章第 2 節 2，数字は
IMF 資料より）。とはいえ，SDR はあくまで必要とする外貨の借受け権であり，

現実の国際取引・決済は各々の国民通貨で行われていることから，基軸通貨に代わる国際通貨が新たに創出されたわけではない。この点で，当時はもとより，今日でも基軸通貨がドルである以上，参加国が必要とする外貨が主にドルであることには変わりはない。

第2節　ブレトン・ウッズ体制の崩壊と変動相場制への移行

［1］金・ドル交換停止からスミソニアン協定へ

「金プール協定」は破棄され，「ドル危機」によって世界経済が混乱する中，1971年8月，遂にニクソン・アメリカ大統領はドル防衛緊急対策として財務省による金・ドル交換停止と輸入課徴金の賦課を発表した。いわゆるニクソン・ショックであり，これを契機に，アメリカ財務省と旧IMF協定に加盟する周辺諸国中央銀行・通貨当局間に限られていたとはいえ，固定的安定的比率での金・ドル交換により国際決済に唯一残されてきた最終決済のルートは閉ざされることになった。

もっとも，当時先進諸国の多くは，ドル為替相場の下落と混乱は一時的であり，早晩従前のような固定相場制へ復帰できると考えていた。そこで1971年12月にワシントンのスミソニアン博物館で10カ国蔵相会議が開かれ，ブレトン・ウッズ体制に代わる新しい体制の再建を目指して協議が進められた。そこでの合意事項は，①ドルの平価切下げに伴い金価格を引上げること，②各国通貨の対ドル・レートを旧対ドル平価に対して平均で12％切り上げた水準（セントラル・レート）にすること，③セントラル・レートに対する各国通貨の為替変動幅を従前の上下1％から2.25％に拡大すること，であった。

だが，スミソニアン体制は長続きはしなかった。1972年以降為替相場が不安定になる中，73年にドルからマルク，スイス・フランなどへ大量の投機資金が向かったからである。そのためアメリカは同年2月に2度目の平価切下げを行い，これを契機に西欧諸国は相次いで変動相場制へ移行した。こうして世界経済は変動相場制（＝総フロート制）の時代を迎えたのである。

［2］変動相場制下の国際決済とアメリカの国内優先政策

旧IMF体制下の国際決済との対比において，変動相場制下のそれの特徴は，

一般に次のようにいわれている。すなわち，対顧客為替取引を通じ為替銀行に集約される国際的債権債務は，為替銀行の為替資金および持高操作を通じた為替の売買において市場で決済されるということである。そのため為替相場は，その時点で決済されるべき国際的債権債務残高（為替銀行内さらには一国の為替市場での相殺決済を超えた残高）を反映して，日々刻々と変動を繰り返すことになった。

だが，変動相場制下の国際決済が上記のようであれば，当然ながら為替相場はときに大きく変動（オーバー・シュート）し，これに対し各国中央銀行・通貨当局は，対内均衡と対外均衡のバランスを図るべく，そのときどきの政策的判断で裁量的に為替市場に介入してきたのである。いわゆる管理フロート制がこれであり，完全自由な変動相場制＝クリーン・フロート制には程遠いのが現実であった。

このようにみると，国際収支の最終決済を含むすべての国際決済が外国為替銀行の為替取引によって完了できるわけではない。実際，周辺諸国は為替相場変動による調整作用に期待しつつも，民間の国際短期資本移動＝短期的国際的銀行間貸借により為替市場での国際決済が繰り延べられてきた。また，中央銀行・通貨当局にしても，無秩序な相場変動に対して為替市場に介入し，国際決済の肩代わりを行ってきた。こうして現実の変動相場制下の国際決済もまた，公的介入を必須要件とし，かつこれを条件に運用されてきたのである。この点において，旧IMF体制下の国際決済の性格は変動相場制下においても基本的には変わりない。

ところで，アメリカによるドルの金交換停止声明は，同国がドルの金価値を維持する義務を完全に放棄したことを意味していた。このことは，「ドル危機」の背景にある国際収支悪化に対する調整策に取り組む責任をアメリカは放棄し，国際収支不均衡を無視したマクロ政策を継続するということである。これを「慇懃なる無視（Benign Neglect）」政策という。こうしてアメリカは，国内の経済成長・雇用・物価水準の安定という国内均衡を優先する目標を追求する一方で，国際収支赤字は拡大し続け，過剰ドルが世界市場に供給されることとなった。その結果，1970年代以降，ドル暴落が懸念される事態が度々発生し，そのたびごとに国際通貨・基軸通貨としての「ドルの信認」が問題となっている。

第3節　変動相場制の現実と課題

1　変動相場制の支持論と「ドル本位制」

① 変動相場制の支持論

　変動相場制へ移行する際に，市場調整メカニズムを重視してこれを積極的に支持する議論がなされた。その主張点を紹介し，問題点について記しておく。

　第1に，一国の貿易収支の不均衡は，為替相場の変動を通じて輸出入価格が変化し，例えば，日本の貿易収支が大幅な黒字である場合，円の対ドル相場が上昇すれば，ドル・ベースでの輸出金額は減少し，輸入金額は増加するので，経常黒字は是正される，という議論である。しかし，為替相場は貿易収支の変化だけで変動するのではなく，財の輸出入は財の価格弾力性にも依存するから，この議論がすべての輸出入に当てはまるものでもない。

　第2に，固定相場制では，貿易・経常収支調整が為替相場の変動に期待できない以上，対外収支の調整負担は，国内財政・金融政策のストップ・アンド・ゴー政策にかかってくる。他方，変動相場制では，為替相場の変動による収支調整効果から対内均衡優先の政策裁量幅が拡大するといわれてきた。しかし実際には，為替相場の動きを放置して，対内均衡優先の政策を取れる国はほとんどなかった。

　第3に，輸入商品価格の上昇・下落に対し，固定相場制ではその価格変動が直ちに国内物価水準に波及するのに対し，変動相場制では為替相場のフロート・アップ／ダウンによって，これを遮断し得るといわれてきた。しかし，変動相場制下でも，エネルギー価格の高騰と為替安が重なれば，国内で物価騰貴は起こり得るので，この議論は説得力に欠ける。

　第4に，変動相場制は通貨当局の市場介入を必要としないために，外貨準備は不要になるという。しかし，為替相場の変動は国際取引に多大な支障を来すことから，現実には変動相場制移行後も通貨当局は市場介入を続けた。

　第5に，変動相場制には為替相場を均衡水準へ収斂させる自動調整作用が働くという点である。しかし，ケインズのいう「美人投票」と同じように，投機に左右される外国為替市場の予想する均衡水準と実際の均衡水準は異なるので，そのときの為替相場が均衡水準であるかどうかは，判断がきわめて困難である。実際に，為替相場はオーバー・シュートを繰り返しながら進んできたし，この間繰り

返し為替投機・通貨危機が発生してきた。

② 「ドル本位制」の成立

　金・ドル交換停止後，各国中央銀行・通貨当局の保有する公的ドル準備の最終決済への道は断たれた。それにもかかわらず，多くの国は為替相場の安定のために，基準通貨・介入通貨・準備通貨としてドルを利用することにより，ドルは国際通貨・基軸通貨として流通し続けた。また，世界の為替銀行は取引費用軽減化のため自国通貨とドル以外の通貨との為替取引でドルを間に挟む為替取引を行うようになった（為替媒介通貨としての機能）。このように1970年代の変動相場制への移行後，公的レベルおよび私的レベルにおいてドルが支配的に流通する国際通貨システムを「ドル本位制」と呼ぶ（⇨第2章第4節 ３ ）。

　「ドル本位制」において，アメリカの「国際通貨発行特権」は最大限の効力を発揮するようになった。アメリカが長期的構造的に貿易・経常収支の赤字を計上し続けているということは（⇨巻末資料2参照），非居住者が在米居住者に支払うドルよりも，在米居住者が非居住者に支払うドルの方が多いということに他ならない。この場合，非居住者は受け取ったドル建銀行預金を米銀にドル建のまま預け続けるとすれば（＝アメリカにとって対外短期債務を形成），アメリカはその対外債務（＝米輸入により発生した債務）をそれ自体また債務にすぎないドル建銀行預金に置き換えて支払ったことにしているにすぎず，何ら最終決済もなされていないことになる（負債決済）。前掲資料3-1が示すように，イギリスの貿易業者からアメリカの貿易業者へ輸出が行われると，アメリカの商業銀行Aの中にイギリスの為替銀行B保有のドル預金が増える。このような関係が続く限り，非居住者に支払われたドル建銀行預金は在米居住者の純資産によって返済されぬまま，短期預金として米銀に形成され続けることになる。これは，アメリカにとって最終決済の先送り＝繰り延べであり，こうした「最終決済なき国際通貨制度」が「ドル本位制」の現実である。

　もしアメリカが「ドル本位制」を改めるとすれば，貿易・経常収支を均衡化ひいては黒字化させ，ドル建対外純資産によって非居住者が保有する米ドル建銀行預金を決済する（資産決済）以外にはない。

　２ 　国際通貨国と周辺国の間の「非対称性」

　上記の通り，基軸通貨国であるアメリカの経常収支は，非居住者がアメリカ側

から受領したドルをアメリカの商業銀行にドル建預金あるいはドル建金融資産で保有するため，アメリカの経常赤字は常にファイナンスされること（金融収支は負債超過）になっている。

　だが，アメリカ以外の周辺国はそうではない。周辺国は経常収支が黒字である場合，為替相場は上昇し，これに対し輸出企業は調整を余儀なくされる。また為替相場が大きく上昇すれば，中央銀行・通貨当局は政策裁量的にドル買介入を行い，外貨準備としてのドル準備を積み上げることになる。こうして形成されたドル準備は主にアメリカ国債に投資されることから，周辺国中央銀行・通貨当局のドル準備はアメリカの経常赤字ファイナンスに引き続き充当されることになる。反対に周辺国は，経常収支が赤字である場合，為替相場は下落し，これにより輸出企業は国際競争力を回復しようが，その一方で輸入企業は輸入商品価格の上昇を国内物価に転嫁できるかどうか調整局面に立たされよう。もちろん，周辺国とて経常収支の赤字を国際資本移動でファイナンス（金融収支は負債超過）することは可能である。

　だが注意すべきは，国際収支のファイナンスはあくまで貸借であって国際決済ではない。そのため経常収支赤字の継続が対外債務の増加（金融収支負債超過）につながり，その対外債務返済能力に対する信用が揺るぐや，一挙に資金は流出して為替相場は大暴落，国内は通貨・金融危機に陥る。そのため周辺国は，危機を回避すべく緊縮的財政・金融政策により有効需要の管理が求められるし，為替相場の暴落に対しては当該国の外貨準備を使った為替市場介入が行われる。もっとも，そうした通貨防衛策も事前に積み上げられた外貨準備高が限界となる。

　このように，特定国の国民通貨ドルが国際通貨として利用される限りにおいて，アメリカの経常収支赤字は常に民間部門による対米投融資および海外通貨当局による外貨保有によってファイナンスされる。したがって，アメリカは経常収支の動向にさほど拘泥されることなく，自国経済中心＝対内均衡優先の政策運営の余地が与えられることになるし，対外決済のための外貨準備を保有する必要はなくなる。こうして，基軸通貨国＝アメリカと周辺国との間には，国際収支調整負担において非対称的な関係が構築されてきた。

第4節　金融のグローバル化の進展と「ドル本位制」の変容

［1］ 双子の赤字ファイナンスとプラザ合意

① 金融のグローバル化の進展

グローバル金融資本主義はいくつかの段階を経て今日にいたっている。第1段階は，1958年の通貨の交換性回復を契機に経常勘定の為替取引自由化と直接投資の自由化が始まる60年代である。この時期，アメリカ系資本およびそれに続いて西欧系資本が直接投資を世界大で積極的に展開させた。こうしてまずは財・サービス取引といった実体経済のグローバル化が進行していった。

第2段階は，1971年の旧 IMF 体制崩壊と二度に及ぶ石油ショックを契機にインフレーションが進行し，それまで規制金利下にあった金融秩序が金融の自由化の波に洗われる至った70年代と80年代である。1970年代中盤以降，インフレーションが蔓延する中で，銀行はレギュレーション Q（要求払い預金の付利禁止および定期性預金と貯蓄性預金の金利上限を定めた規制のこと）が課せられている以上，インフレ率を上回る金利設定によって預金を集めることが困難となった。他方，企業・家計等の資金余剰主体は，インフレ・ヘッジのための銀行預金を避け自由金利型金融商品を選好した。こうして，金融のディスインターミディエーションが急速に進展していった。すなわち，規制金利下の銀行預金から自由金利型の証券化商品へと資金運用先がシフトすることで，銀行を資金仲介機関とした間接金融から証券を通じた直接金融へと金融の在り方が大きく変化した。金融の「証券化」であり，アメリカ「金融革命」の始まりであった（⇨第7章第2節 ［2］）。

アメリカを皮切りに進む「金融革命」の下，大手商業銀行は証券業務へ向かい，1980年代以降機関投資家やヘッジ・ファンド（個人，金融機関，年金基金等の投資家から私募形式で資金を募り，運用する私募投信のこと）との角逐は厳しさを増していった。その根底にあるのは，低成長以降の経済に生まれた過剰資本の存在であり，その存在様式の一つが内部留保を保有する会社企業の金融的自立化である。内部資金保留の増大は機関投資家やヘッジ・ファンドを台頭させ，投資家による資金の吸収と放出は，証券化商品市場等のオープン市場の発達を促進し，海外を含める投資家たちによる運用・調達を盛んにした。こうした動きが金融グローバル化を展開させてきたのである。

② レーガノミクスと双子の赤字

　そしてグローバル金融資本主義の第3段階は，1980年代アメリカの「双子の赤字」ファイナンスのために世界の余剰資金を動員すべく，各国金融資本市場の対外開放＝金融の国際化が進んだことで始まった。「双子の赤字」は1981年のレーガン政権誕生を契機に顕在化する。レーガン政権は市場原理主義・反ケインズ経済学としてのサプライサイド・エコノミクスとマネタリズム政策を取り入れ，規制緩和と法人・個人所得税の引き下げによる「小さな政府」を掲げた（⇨第1章コラム1）。併せて，軍拡による軍産複合体制の復活によって不況を乗り越えようとした。それが目指すところは産業の国際競争力強化であり，その手段として金融・運輸・通信の分野における規制緩和・自由化を推進したのである。減税と軍拡による政府支出の増加は財政赤字を拡大させた（⇨第7章第1節　2　）。

　もっとも，レーガン政権が最初に取り組んだのは，1970年代のスタグフレーションから続くインフレーションの鎮静化であった。1981年，FRB はマネタリー・ベースを直接コントロールする金融政策を導入したことにより，金利は高騰し，高金利に牽引されて海外から巨額の資金が流入し，急激なドル高を招いた。たしかに高金利政策はインフレ収束の点では功を奏した。だが，高金利とドル高により，国内製造業の国際競争力は著しく低下し，貿易赤字は増加（輸出の減少と輸入の増大）し，技術革新を伴う設備投資の抑制・雇用の削減という副作用がもたらされた。ドル高の下，国際競争力を失った製造業企業は相次いで工場の海外移転を進め，国内製造業の産業基盤は大きく失われていった（「産業の空洞化」）。

　こうしてアメリカは，財政赤字と貿易収支の「双子の赤字」を抱えるようになった。「双子の赤字」は海外からの資金流入でファイナンスされたが，それはアメリカの相対的高金利を前提とし，かつドル高を誘発したため，アメリカの金融経済は次第に閉塞状況に陥っていった（⇨第7章第1節　3　）。

③ プラザ合意の意義

　「双子の赤字」を抱えたアメリカは，対内経済調整の負担を他の先進諸国にも分担してもらうべく，国際金融協力を要請することになった。これが1985年9月ニューヨークのプラザ・ホテルで開催された G5 蔵相および中央銀行総裁会議での合意，すなわちプラザ合意である。合意の骨子は，アメリカの輸出競争力の強化と経常収支不均衡の改善を目的に，為替相場の不整合（ミス・アラインメント）を正し，先進諸国は協調してドル安誘導を図ること，アメリカの金利引下げと

「双子の赤字」ファイナンスを両立させるため，日本と西ドイツは金利引下げによって国際的資金移動をアメリカへ誘導し，アメリカ金融市場の資金需給を緩和し低金利を実現する，ひいては累積債務国の金利負担軽減を図ること，関係国間の多角的監視を通じて緊密な協調体制を確立し，黒字国の内需主導型経済構造への転換をはかり，日・独の経常収支黒字を削減しつつ，赤字国アメリカへの資金還流を図ること，であった（⇨第12章2節　3　）。

　だが，プラザ合意を実現するには，日本・西ドイツは，それまで「原則規制・例外自由」で臨んできた国際的金融資本取引とそれに係わる外国為替取引を自由化せざるを得なかった。こうして金融の「国際化」が進み，1980年代に日本・西ドイツ等先進諸国でも国際的金融資本取引の自由化，そして自国金融資本市場の対外開放が始まっていった。

　もっとも，アメリカ以外の諸国，特に西ドイツや日本は，輸出産業の競争力の低下の観点から急激なドル安（＝自国通貨高），およびドル安による保有するドル建金融資産の大幅な評価損の回避を望んだ。そこで周辺諸国の中央銀行・通貨当局は緩やかなドル安を進めるため，為替市場でドル買い介入をし，積み上がるドル外貨準備をアメリカ国債等で運用するという公的次元での「体制支持金融」を維持した。

　1980年代後半以降，経常収支黒字国の余剰資金の運用先として，アメリカの「双子の赤字」ファイナンスに充当されるドル建金融商品が資産選択の対象となっていった。また，金融の自由化の波はアメリカから周辺に伝播するにつれ，各国の機関投資家等は対外投資を活発化すると同時に，各国通貨建金融商品も海外投資家にとって投資対象となる。こうしてアメリカの金融市場を軸に周辺国の金融市場は24時間結びつくようになった。

　2　1990年代のアメリカ経済の復活と金融グローバル化の進展

①　アメリカ経済の復活

　1980年代に進められた規制緩和・競争原理の強化の帰結として，1990年代にはICT分野を中心とする新たな産業が成長してきた。アップル社，マイクロソフト社，グーグル社などは1990年代に急成長を遂げた代表企業である。これらICT関連企業は周辺産業を牽引し，アメリカ経済を1990年代初頭の不況から脱出させる役割を演じた。また，ICT関連株価の上昇が株式市場の活況をもたら

したことにより，株式市場は海外からの資本を引き寄せる要因となった。

　加えて，1989年11月ベルリンの壁崩壊，1991年12月のソ連崩壊を契機に，第 2 次世界大戦後の東西冷戦は終焉し，アメリカの多国籍企業にとって世界市場で縦横無尽に活動できる条件が整うようになった。旧ソ連や旧社会主義体制の諸国は市場開放のための経済改革を進め，次々と外資を導入していった。こうして世界経済の貿易・投資環境は大きく変化し，アメリカ企業もまた合弁事業・企業買収・業務提携を通じ，世界各地に積極的に進出していった。

② 国際資本取引と金融技術の発達

　アメリカの貿易赤字は国内 GDP 成長率の上昇とともに増加したが，サービス収支と第 1 次所得収支の黒字は貿易赤字を埋め合わせるだけの規模にいたらなかった。そのため経常収支赤字は1990年代に増加の一途をたどり，対 GDP 比で1991年1.1％から1999年3.3％へ拡大した（⇨巻末資料 2 ）。

　経常収支赤字は海外からの資金流入によってファイナンスされる必要があるが，アメリカには経常収支赤字を補って余りある資金が流入し，これを海外に投資するという資金仲介機能を構築してきた。そこでアメリカを中心とする国際資本取引を詳細にみると，1990年代の直接投資は1980年代と比べて著しく増加し，新興諸国向けの投資，特に東アジア地域への投資が顕著であった。その一方で，アメリカは対外直接投資とほぼ同じ規模の対内直接投資を受け入れた。証券投資とその他投資（大部分は国際的な銀行貸借に係る）については，アメリカの「短期借・長期貸」による国際的な資金仲介機能を強く体現しているところから，この仲介機能をもってアメリカを世界経済の銀行家（利回りは低いが流動性の高い金融資産を提供して国際短期資本を引きつける一方で，償還期間が長めで流動性は低いがより高利回りの海外金融資産に再投資するという国際金融仲介の機能）として積極的に肯定する見解がある。実際 IMF もこうした考え方に寄与してきた。

　こうしてアメリカの「双子の赤字」は，「ドル本位制」下の国際的投融資活動によってファイナンスされるようになり，アメリカの金融戦略に先進諸国も相互投資として巻き込まれていった。グローバル金融資本主義の確立であった。活発化した国際的な資本移動は，為替・金利リスクと市場リスクのヘッジと転嫁を世界的に拡大させていくことになり，「国際的資産選択論」が脚光を浴びるようにもなった。だが，そうしたグローバル金融資本主義も一大転機を迎えることになった。それが後にみるアメリカのサブプライム・ローン危機であった。

③ 国際金融のトリレンマ問題

旧 IMF 体制（戦後のブレトン・ウッズ体制）は，国際資本移動を制限しつつ，固定相場制下で為替平価を維持するために金融政策の運営は基軸通貨国に縛られるという制度であった。しかし，1973年以降の変動相場制への移行と金融の自由化の時代を迎え，為替相場の安定性（＝固定相場制），独立した金融政策，自由な国際資本移動は同時に維持できないという「国際金融のトリレンマ」命題（⇨第10章コラム12）が世界中のアカデミズム・政策担当者の間に広がっていった。

現実においても，欧州では1979年に成立した EMS（欧州通貨制度）下で固定相場制を維持しながら国際資本取引の自由化を進めたが，1992年にイギリスとイタリアは経済実績が優れず，経済政策も隘路に陥っていた。そこをヘッジ・ファンド等の国際投機集団に狙い撃ちにされた両国は為替投機に抗しきれず，ついに1992年 9 月にポンドとリラは ERM（欧州為替メカニズム）から離脱することとなった（欧州通貨危機）。また東アジアでも，1990年代以降，タイ，韓国，インドネシア等の新興経済諸国は，対ドル固定相場制下，経常収支赤字を計上しながら，国際的金融資本取引・為替取引の自由化を進め，海外から資金を借り入れて国際収支のファイナンスを行ってきた。だが，そこに国際収支の脆弱性をみてとったヘッジ・ファンド等の国際投機筋は猛烈な為替投機を仕掛けた。そのため関係各国はいずれも固定相場制の放棄と変動相場制への移行を余儀なくされて為替相場は大暴落，各国は通貨危機に見舞われていった（⇨第10章第 4 節 �1 �2 ）。これら一連の危機を経て，前述の「国際金融のトリレンマ」の合理性が現実においても証明されたかにみえた。

だが，2008年アメリカ発世界金融経済危機を契機に，イギリス，アイスランド，ニュージーランド等，いずれも単独フロート制下，国際的金融資本取引・為替取引を自由化した諸国もまた深刻な通貨金融危機に陥った。その背景には，これら諸国がいずれも長期的構造的な貿易・経常収支赤字を計上してきたことが控えている。こうして今日では，変動相場制に移行すれば，国際資本移動の自由と独立した金融政策を維持できるという「国際金融のトリレンマ」の合理性にも大きな疑問符が付くようになっている。

　3　世界金融経済危機と「ドル本位制」

① アメリカ発世界金融経済危機

　2000年代以降も，日本，中国および産油国等の経常収支黒字額が増加する一方で，アメリカの経常収支赤字が増加する傾向は一段と強まった（⇨巻末資料2）。この世界的な経常収支の著しい不均衡をグローバル・インバランスといい，かかる不均衡の下，黒字国の余剰資金がアメリカの経常収支赤字をファイナンスした。その大部分はアメリカ政府債のような安全な資産の購入に利用されたものの，一部はアメリカの住宅関連証券への投資に向かった。このためアメリカの実質長期金利は低下し，その他の投資家にとってリスクの高い資産の購入を促しただけでなく，金融機関のバランスシートを拡張させていった。

　住宅関連証券の主要なものは，サブプライム・ローン関連の証券であった。こうしたアメリカ住宅ローン市場に巨額の資金を提供したのは，アメリカを含む先進諸国の年金基金運用会社・保険会社・投資資産運用会社，ヘッジ・ファンド等の機関投資家であった。サブプライム・ローン市場を含むアメリカ債券市場に流入する海外資金は，アジア通貨危機の1998年以降毎年増え続け，ピークの2006年にはアメリカ債券発行額の約6分の1に相当する規模に達していた。第7章第2節　2　で言及するOTDモデルに参加する非銀行金融機関は，サブプライム・ローン関連の証券化商品の組成・販売・流通を担う取引主体として大きな役割を果たした。まさに，商業銀行以外の派生的金融機関のビジネス・ネットワークによる「影の銀行（シャドーバンキング）」が表舞台に登場した時代であった（⇨本章コラム4）。

　ところで，2004年にアメリカの中央銀行であるFRBは，不動産価格高騰を抑制すべく，2006年までF. F. 金利（アメリカのコール市場・金利*）の段階的引き上げを行っていた。だが，相対的に高金利である米金融市場を目指して海外から資金が流入し続け，金融引き締めの効果は薄れてしまった。こうしてサブプライム・ローン市場は，世界中から余剰資金を取り込みつつ膨張していった。海外から流入する資金は，一方でアメリカの経常収支赤字を補塡し，他方ではアメリカの対外投資資金に転じていった（⇨第7章第2節　3　）。

　　*　コール市場とは，銀行間市場の一種で，金融機関の日々の短期的な資金の過不足を調整
　　するための取引を行う市場のこと（⇨後掲第3章補論参照）。

▶▶ コラム4 ◀◀

影の銀行（シャドーバンキング）

　現在の金融システムは，銀行部門の信用創造による与信機能および資金仲介機能だけでなく，銀行部門以外の主体による資金仲介活動も担っている。銀行部門以外の主体としては，例えば，証券会社，資産運用会社，ヘッジ・ファンドなどがあげられる。シャドーバンキングとは，こうした銀行部門による与信活動以外の資金仲介活動の総称であり，金融安定理事会（FSB）の定義によれば，「通常の銀行システム外の主体または活動による信用仲介」とされる。FSBは1999年に設立された金融安定フォーラム（FSF）を前身とし，現在，金融システムの安定を目的として主要25カ国・地域の通貨当局などの代表が参加している。

　シャドーバンキングは，金融仲介機関のネットワーク網を通じて，通貨当局の規制が届かない領域に業務を展開してきた。例えば，証券化商品を例にとると，①借り手の信用リスクを貸し手である金融機関のバランスシートから切り離すことができる，②当該リスクを部分的に分割し，他の借り手の信用リスクと組み合わせた上で，小口化して販売されるため，リスクの度合いについて異なった選好をもつ複数の投資家に分散保有させることができる，という利点をもつ。①は，金融機関のバランスから信用リスクを移転させることを通じて，金融機関のリスクテイク能力を高め，潜在的な借り手に多くの資金を供給する効果をもち，②は，潜在的な資金の供給主体である投資家に対してそれぞれの選好に即した選択肢を与えることで，資金供給を促すという効果をもつ。こうしたシャドーバンキングの活動は，銀行の与信機能を補完する一方で，複雑なデリバティブを駆使する資金仲介機能を強化することにより，金融市場の不安定化を増幅させている。

　具体的にどの主体や活動がシャドーバンキングに相当するのかという点について，国際的なコンセンサスはないが，基準の曖昧さが実態把握やリスク評価の妨げになるとの問題意識の下で，FSBを中心に広く使用されている基準は，シャドーバンキングを「銀行，保険，年金，公的機関以外の金融仲介機関」と広くとらえたものである。FSBが公開しているシャドーバンキングモニタリング報告書は，各国の資金循環統計において「その他の金融仲介機関」に分類されている主体の総資産規模を定期的に報告している。

（松浦一悦）

② アメリカを中心とする国際資本取引の収縮

2008年のアメリカ発世界金融経済危機を契機に，アメリカから欧州向け国際資本取引は先細りとなり，また EU からアメリカへ資金が還流したことで，欧州金融市場では信用収縮とドル不足が発生した。

アメリカから欧州への資金供給ルートの一つは，アメリカのドル建 MMF（短期金融資産投資信託）である。MMF は，アメリカはもとより欧州そして日本でも証券会社や信託銀行等資産運用会社経由で販売されている投資信託であり，投資家の小口資金を集め，アメリカのドル建短期金融市場で運用されるきわめて流動性の高い人気の金融商品であった。MMF 経由で集められた資金は，欧州系銀行・金融機関がアメリカの短期金融市場で資金調達のために発行した CP（コマーシャル・ペーパー）や ABCP（資産担保コマーシャル・ペーパー）等でも運用された。そしてこれら短期証券を通じてアメリカで調達された資金を，欧州系銀行・金融機関はサブプライム・ローンを含む不動産・住宅関連の債券購入にも投じた。こうしてアメリカと欧州の間で国際的な資金移動が拡大していった。

しかし，金融危機によりアメリカの短期金融市場が逼迫すると，欧州系銀行・金融機関は新規のドル建資金調達が困難になり（アメリカから EU への資金供給が減少），資金繰りが一層厳しい局面に直面するようになったのである。

また，サブプライム・ローン関連の債券価格が大幅に下落したため，欧州の投資家は金融商品の売却によるアメリカ系金融機関に対する債務の返済が困難となった。そのため欧州の金融機関は対米投資証券を投げ売ってでも，アメリカ系金融機関への債務返済に充てざるを得なかった。こうして，アメリカと EU の相互投資は収縮していった。さらに，世界から資金を調達し，大陸欧州へ資金を供給するという集配機能を果たしていたイギリスのシティから，大陸欧州への資金供給も減少した。その結果，イギリス経由でアメリカからの投資資金に大きく依存してきた大陸欧州諸国，特に中東欧諸国は深刻な資金不足（ドル不足）に陥った。こうしてアメリカ発世界金融経済危機を契機に，国境を越えたドル建金融取引は急激かつ大幅に縮小し，支払決済を求められた海外投資家・投機筋はパニックに陥り，支払手段としてのドル需要が急増した。その限りにおいて，世界の「ドル離れ」は起こらなかった。

しかし，非対称的国際決済システムである「ドル本位制」が大きく軋んだことは間違いない。実際，アメリカ FRB は2008年10月に海外14カ国・地域の通貨当

局と通貨スワップ協定（各国・地域の中央銀行が相手国通貨を担保に，自国通貨もしくは外貨準備であるドルを貸与する取決め）を結び，ドル資金を供給することで，辛うじて国際決済システムの危機を乗り切ったのである。

③　アメリカ QE（量的緩和政策）の周辺国への影響

　2008年9月のリーマン・ショックを契機に発生した金融危機の進行を食い止めるべく，政府は大手金融機関を救済するため巨額の公的資金を投入した。政府の支出は企業の売上・家計の所得増加を通じて MS（マネー・ストック）を増大させる。また，FRB が2008年11月に債券購入により MB（マネタリー・ベース）を供給する QE（量的緩和）政策を導入すると，商業銀行は増加する中央銀行預金勘定を基にして企業・家計向け貸付を増加し始めた（MS の増加）。こうして，巨額のマネーストックが市場に供給されることに伴い（⇨第7章第3節 1 ），2009年春以降，アメリカの株価は再び上昇に転じ，持続的な株価上昇がアメリカの消費水準を維持したことは景気回復の契機となった。

　アメリカの景気が2009年から回復するにつれ，消費の拡大により貿易赤字は再び増加し始めた。アメリカの貿易赤字の増大は産油国・新興諸国や中国の貿易黒字を増加させ（＝非居住者保有のドル建預金を増加させ），その多くの部分はカリブ海地域あるいはイギリスを経由して，結果的に産油国・新興諸国の（ドル建預金の形成を含む）対米投資となり，ドル準備を形成している。他方，アメリカのQE 政策の導入は，アメリカと新興諸国との金利差を発生させた結果，新興諸国は資金の流入により好景気が生まれ，新興国の貿易・経常収支赤字を補塡した。

　一部の新興国ではバブルの様相を帯びるほどの株価の上昇と債券市場の活況が生じた。しかも，資金の流入により新興国は自国通貨高に直面した。ただし，新興国は自国通貨高の是正のために金利引き下げが望まれたが，それはさらなる株価・不動産価格の一段の上昇を導きかねないため，金利水準を据え置かざるを得なかった。新興国は為替市場への介入を余儀なくされる結果として，通貨当局に積み上がるドル準備はアメリカ国債への投資を通じてアメリカに還流した。

　もっとも，こうした一連の貿易・経常取引および国際資本移動も，すべてはアメリカの商業銀行―連邦準備銀行のドル建金融決済システムを通じて振替決済されている。その限りにおいて，アメリカの貿易・経常赤字＝対外債務もまた自動的にファイナンスされている。こうして，アメリカの対外債務はアメリカの金融決済システム内の非居住者保有のドル建預金という形態に置き換わっている。こ

うした国際決済が続く限りにおいて，アメリカは対外債務の支払い決済を繰り延べていることになる。

　アメリカの景気が回復する中，FRBは2014年10月にQE3の終了を宣言し，2015年12月にはゼロ金利政策を解除し，その後2019年夏まで段階的に政策金利を引き上げた。その結果として，新興国からアメリカへ資金の逆流が生じ，外貨建て債務や経常赤字を抱える新興国（トルコやアルゼンチン等）は急激な通貨安に見舞われた。通貨安は外貨建て債務の返済負担を増すほか，輸入価格の上昇を通じて国内物価水準を引き上げたため，国民の実質賃金が低下した。そのため新興国は政策金利の引き上げによる通貨防衛策（＝資金流失防衛策）に追い込まれ，利上げはさらに国内債務の返済負担を増やすとともに，内需抑制による景気の悪化を招いた。

　このように新興国では，「国際金融のトリレンマ」がいうような変動相場制下での独立した金融政策は保証されていないのであり，本章第3節2で記した基軸通貨国アメリカと周辺国の間の「非対称性」は明らかである。

④「ドル本位制」の現段階：コロナショックとウクライナ危機

　アメリカはQE政策下で国内均衡優先策を維持し，株価は2019年末までの10年間ほぼ一貫して上昇を続け，商業不動産価格も上昇傾向にあった。2020年のコロナショックを契機に株価はいったん急減し，消費と雇用水準も落ち込んだ。たが，大規模な財政支出および国債とMBS（住宅ローン担保証券）の大量購入の再開により，株価は2021年初頭には元の水準に回復した後上昇を続け，消費と雇用も回復している。こうしたアメリカの実体経済のレジリエンス（回復力）はドルの強さの基底要因といえる。

　2020年春に起きた急激なドル高は，新型コロナの感染拡大でパニックに陥った投資家がドル資金確保に走ったことが要因となった。また，2022年2月に始まったウクライナ危機や中国の新型コロナウイルス対策で高まる世界景気の先行き不安は，アメリカの政策金利の引き上げが加わることで，ドルへの逃避からドル高を生み出した。一方，新興国は，自国通貨安による輸入品価格の上昇が消費者の購買力を低下させ，実質賃金を切り下げることから，為替相場の安定化のため政策金利の引き上げを迫られている。日本も同様に，2022年春からアメリカとの金利差による急激な円安に見舞われ，円安はウクライナ危機によるエネルギー価格高騰と重なり輸入価格の引き上げをもたらした。輸入商品価格の急激な上昇が企

業の収益率を引き下げれば，企業は将来の設備投資を下方修正するため，生産・雇用の低下をもたらしかねない。しかも，名目賃金が上昇することなく，円安による物価上昇が続けば，実質賃金は減少するため，消費は抑制されることになる。円安是正措置としては，中央銀行である日本銀行の金利の引き上げが望まれるが，利上げは国債費増加による財政負担となるため，政策金利の引き上げは容易ではない（⇨第12章第5節 ② ）。

　2008年のアメリカ発世界金融経済危機を契機に，「ドル本位制」の後退あるいは崩壊を予測する議論が沸き起こった。だが，アメリカの対外債務がドル建預金債務（ドル建て預金通貨）に置き換わっただけの「最終決済なき国際通貨制度」は，軋みながら現在も存続してきた（⇨終章第1節 ③ ，第2節 ② ）。こうした「ドル本位制」が続いてきたのは，世界の多数の諸国がアメリカとの間で政治的軍事的戦略を構築し，通商経済関係を維持することに利害を見出すからに他ならない。また現実問題として，ドルに代わって国際通貨として機能し得る国民通貨は存在しない。

　しかしながら，2010年代以降のアメリカと周辺国の経済を振り返ると，現在の「ドル本位制」の持続が世界経済に与える副作用の意味は極めて重く，それに代わる国際通貨制度の改革が求められる。それは，対称的な国際収支調整負担を制度化した公正な国際通貨制度を構築できるかどうかにかかっている。

推薦図書

奥田宏司，2017，『国際通貨体制の動向』日本経済評論社…2008-09年世界金融経済危機以降の国際通貨体制，とりわけアメリカの量的緩和政策によるドル体制の動向を考察している。また，ギリシャ危機の分析を通じてユーロ体制の現状や中国人民元の国際化の課題についても論じている。

鳥谷一生・松浦一悦，2013，『グローバル金融資本主義のゆくえ』ミネルヴァ書房…現代の世界経済の特徴をグローバル金融資本主義としてとらえ，それはICT（情報通信技術）に支えられ，1990年代前後に世界へ金融の自由化と国際化をもたらし成立したことを論じている。

平勝廣，2001，『最終決済なき国際通貨制度』日本経済評論社…変動相場制への移行後の金融グローバル化は，「通貨の商品化」をもたらし，通貨を根本的に変質させたことを明らかにしている。現行の国際通貨制度を歴史的段階的に考察し，その特質を解説している。

（松浦一悦）

第3章　補　論

1　通貨・金融システムについて

　一国の通貨・金融システムについて，ここで簡単に説明しておこう。一国の中央銀行が発行する通貨を MB（マネタリー・ベース）という。MB は商業銀行に対する短期貸出や商業銀行保有の国債・手形等有価証券の買い取りを通じて供給され，代わり金（銀行・金融機関の用語で，取引代金のこと）は商業銀行が支払い決済のために中央銀行に設けている預金勘定[*]（＝中央銀行の負債）に振り込まれる。商業銀行はこの一部を中央銀行発行の現金通貨（中央銀行券）で引き出し，ATM での支払いに備えている。このように中央銀行券は，中央銀行の負債である商業銀行の中央銀行支払い決済勘定＝預金の形態が置き換わったものであるから，中央銀行券（現金通貨）もまた中央銀行の負債となり，二つ合わせて MB である。

　　　＊　日本の商業銀行等は日銀当座預金（略称，日銀当預）を置き，支払い決済勘定と併せて
　　　　支払準備金として利用している。

　さて，商業銀行はこの MB を元手に企業・家計に貸出を行う。これを銀行の信用創造という。その際商業銀行は，自行名の入った要求払い預金（当座預金・普通預金）の預金通帳に貸出金を振り込む。企業・家計は，この商業銀行からの借入金を財・サービスの支払いに充当する。支払いが他行の銀行口座への振り込みであれば，預金口座から振替が行われるから，借入先銀行と支払先銀行の間で決済が必要となり，これは上記の中央銀行支払い決済勘定の振替で行われる。あるいは支払いは，借入金預金口座から現金を引き出しても行われる。注意すべきは，口座振替に使われた要求払い預金が現金通貨と同じように通貨として機能していることである。この機能を預金通貨といい，現金通貨と合わせて通貨という。

　こうして中央銀行の MB は商業銀行の信用創造を通じ企業に貸し出され，企業はこれを生産・流通の前段階企業への支払いや家計部門の給与支払いに用いる。この結果，商業銀行の貸出を通じ企業・家計の利用に供され，このようにして銀

図3補‐1 日本の金融システム

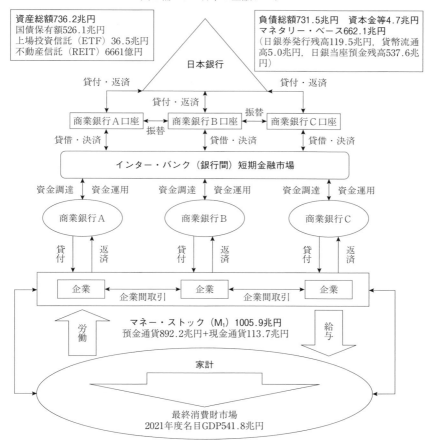

資産総額736.2兆円
国債保有額526.1兆円
上場投資信託（ETF）36.5兆円
不動産信託（REIT）6661億円

負債総額731.5兆円 資本金等4.7兆円
マネタリー・ベース662.1兆円
（日銀券発行残高119.5兆円，貨幣流通
高5.0兆円，日銀当座預金残高537.6兆
円）

日本銀行

貸付・返済　　　　　　　　　　　　貸付・返済

貸付・返済

商業銀行A口座　←→　商業銀行B口座　←→　商業銀行C口座
振替　　　　　　　振替

貸借・決済　　　　貸借・決済　　　　貸借・決済

インター・バンク（銀行間）短期金融市場

資金調達　資金運用　　資金調達　資金運用　　資金調達　資金運用

商業銀行A　　　　商業銀行B　　　　商業銀行C

貸付　返済　　　貸付　返済　　　貸付　返済

企業　←　企業間取引　→　企業　←　企業間取引　→　企業

労働

マネー・ストック（M₁）1005.9兆円
預金通貨892.2兆円+現金通貨113.7兆円

給与

家計

最終消費財市場
2021年度名目GDP541.8兆円

（注）　記載の数字はすべて2022年3月末の数字。なお，日本銀行の資本金は1億円である。
（出所）　日本銀行および内閣府「国民経済計算」等資料より筆者作成。

行部門外に出て行った通貨を MS（マネー・ストック）という。もっとも，GDP
（国内総生産）を支出面でみれば GDE（国内総支出）でもあるから，生産・流通の
前段階企業への支払い額も最終消費財価格の中に織り込まれていき，生産された
財・サービスはすべて最終消費支出に向かうことになる。こうして家計部門の給
与所得も最終消費支出（進学・結婚・住宅取得・老後の生活資金等のための貯金も一
定期間後には最終消費支出に回る）を通じ企業部門に還流し，企業は適宜商業銀行

からの借入を返済する。商業銀行も返済により還流してきた通貨を中央銀行からの返済に充てる。これが通貨の側からみた経済循環である。

　もちろん，時代と地域により，企業・家計の資金需要は様々である。そうした資金需要に商業銀行は通貨造出機関として相対することになる。そこで商業銀行には，企業・家計部門の資金需給に応じ手元 MB に過不足が生じることになる。この MB の銀行間での過不足調整の場が銀行間（インター・バンク）短期金融市場であり，これに伴う銀行間の貸付・返済もまた前述の中央銀行支払い決済勘定を通じて行われる。そのため銀行間短期金融市場の金利は，一国経済の資金需給を映し出すバロメーターといえる。

　さて，以上を前提に図３補−１を使って，日本の金融システムについて考慮すべき点を記しておこう（数字は2022年３月末）。第１に，日本銀行の MB 662兆円に対し資産総額は736兆円，そのうち526兆円が国債である。国債は後日税金によって返済され，税金は将来の GDP から差し引かれる。国債が将来所得の先取りといわれる所以である。そうした国債を担保に今日 MB は発行され，われわれは現在の経済活動を営んでいる。第２に，MB 662兆円に対し MS 1005兆円である。MS/MB を信用創造乗数（貨幣乗数）というが，1.52でしかない。同倍率が高ければ，それは商業銀行に対する企業・家計部門の資金需要が旺盛ということになるが，後掲資料12−３の通り，同倍率はこの間低空飛行のままである。日本の商業銀行部門の苦境もここに現れているといえよう。第３に，MS 1005兆円に対し名目 GDP 541兆円である。名目 GDP をはるかに超える過剰なマネーが経済に滞留していることになる。財・サービス取引の購買・流通手段あるいは支払い手段として利用されるべきはずの通貨が行き場を失ったまま，商業銀行の要求払い預金に積み上がっていることになる。保有者は内部留保を潤沢に貯め込んだ企業，巨額の個人資産を有する家計等である。だが，貯蓄はフローの GDP からの控除である。つまり不活動資金としての貯蓄の積み上げは，消費不況の裏返しでもある。だからである。企業・家計の資金需要は冴えず，商業銀行間の資金調達・運用の場である銀行間短期金融市場金利（その代表的金利が無担保オーバーナイト物コール市場金利で，最低取引額５億円，取引単位１億円，決済期限翌日10時）もゼロ近辺の水準に張りついたままである。

　なお，通貨・金融システムは基本的にいずれの国でも同じである。アメリカは12の地区に分けられ，各地区に連邦準備銀行（FRB, Federal Reserve Bank）があ

る。全米の金融政策を決定するのが連邦準備制度理事会（FRB, Federal Reserve Board）で，日本のコール市場に相当するのは Federal Fund（F. F.）市場である。同市場の F. F. 金利は FRB の政策金利となっていて，FRB 下の FOMC（連邦公開市場委員会）で目標誘導金利が決定される。イギリスの場合，中央銀行はイングランド銀行（Bank of England, BoE）であり，コール市場の機能は日本と同じである。ユーロ圏の通貨・金融システムも基本的には同じではあるが，特殊性もあるので，この点は第8章第3節 [2] で直接学んでもらいたい。

　なお，2022年9月下旬，政府・日銀は24年ぶりに円買・ドル売の為替市場介入を行った。介入原資は過去の円高・ドル安に対して円売・ドル買介入を行って積み上げてきた外貨準備ストック（2020年末現在142兆円，資料3-3参照）である。他方の円売資金は，政府の外国為替資金特別会計における T-Bill（国庫短期証券）の市中売却によって調達されてきた。今回の為替介入は円買・ドル売のため，通常であれば，短期米国債等の売却資金をドル売に使い，買い上げた円資金で発行済み T-Bill を買い戻し償却することになる。だが，米国債の売却が米金利の上昇圧力に転じることを避けるとすれば，介入資金は政府が FRB 等に保有する米ドル建預金（当時の円換算で20兆円程）に限られていた。

（鳥谷一生）

2　中央銀行デジタル通貨と暗号資産について

　いくつかの中央銀行はブロックチェーンの技術を使って，現金の代わりとなるデジタル通貨の発行を検討している。これを CBDC（中央銀行デジタル通貨）という。日本銀行は CBDC を満たす条件として，①デジタル化されていること，②円などの法定通貨建であること，③中央銀行の債務として発行されること，と述べている。

　中央銀行デジタル通貨には，大口決済用と小口決済用の2種類がある。大口決済用の CBDC は，「中央銀行当座預金」という既に電子化されている中央銀行の預金を，新たな技術でより利便性を高めようとする試みであり，主に銀行間の資金決済に用いることが想定されている。これについては，スウェーデン中央銀行，中国人民銀行，ECB（欧州中央銀行）などがデジタル通貨の発行を検討している。小口決済用の CBDC は，企業や個人が使う「現金」をデジタル化して発行しよ

うとする試みである。

　中央銀行が CBDC を発行しようとする試みは通貨の発展過程の一つといえる。ただし，民間銀行の預金通貨から中銀デジタル通貨へのシフトが大幅に進めば，①銀行が貸付を行うための現金準備は減少し，銀行の貸付取引を通じた通貨供給に影響が生じること，②金融不安が強まった場合に，銀行預金から CBDC への大規模な資金シフトが発生し，銀行の流動性危機につながる可能性があることと等，検討すべき課題がある。

　暗号資産（ビットコイン等の仮想通貨）はブロックチェーンの技術を利用する点で CBDC と共通している。しかし，暗号資産は国家や組織の管理を受けないこと，負債の主体が不明であること，法定通貨との間に交換保証はない等の点で CBDC とは異なっている。暗号資産は需要関係に依存して価格変動が大きいことから，投機対象ではあっても，法定通貨のような決済手段としての機能を有しないことに注意すべきである。

（松浦一悦）

3　「ドル本位制」について

　本書では「ドル本位制」と表記している。なぜカッコ「　」が付くのだろうか。まず，本位という用語について説明しておこう。本位とは英語の standard の日本語訳である。standard を辞書で引けば，標準，基準という以外にも尺度，モノサシという訳語がある。したがって，金本位制（Gold Standard System）といった場合には金を，「ドル本位制（Dollar Standard System）」といえばドルを，尺度・モノサシとした貨幣・通貨制度，そして国際通貨システムということである。

　ところで，経済学としての貨幣論には貨幣商品説と貨幣名目説がある。本書は貨幣それ自体が価値を有せねばならないという貨幣商品説の立場に立ち，貨幣＝金との考えである。これに対し貨幣名目説は，物理的素材的には何でもよく，商品経済＝市場経済において誰もが交換手段として利用する，すなわち受領可能性が高ければ，貨幣の価値を問わない。この観点からいえば，桜貝，チューリップ球根，美術的に精巧なレリーフを施された紙券，プラスティック・カード，電子マネー，暗号資産，何でもいい。しかし，桜貝，チューリップ球根は交換手段と

しても分割が難しかったり，貯蓄手段としては保存が利かなかったりする。プラスティック・カード，電子マネー，暗号資産は，実のところ下記の中央銀行券との交換可能性が前提となって機能している。したがって，残るは美術的に精巧なレリーフを施された紙券，すなわち中央銀行券である。

　さて，各国の中央銀行券それ自体はまさに紙を素材としたものであるし，1000円，1万円の銀行券が流通はしているが，そもそも日本円の1円の価値とは何か？という問題がある。この問いについては，資本主義経済の貨幣・通貨の歴史が答えを用意してくれている。すなわち，19世紀の金本位制から1930年代の世界大恐慌に至るまで，戦争により途中中断した時期はあったにせよ，各国通貨の1単位（例えば1円）は金の一定重量との交換性を有していたのである（⇨第1章第1節　2　）。例えば金1500 mg＝1ドル，金750 mg＝1円であった。これを規定したのが各国貨幣法や中央銀行法であり，こうして美術的に精巧なレリーフを施された紙券に中央銀行券としての法貨規定が付与されたのである。そして中央銀行券と，中央銀行券を支払い準備としつつも商業銀行の貸出によって創出される預金通貨までが通貨として流通するようになったのである。

　このように金本位制下においては，各国通貨が金の一定重量と交換されるということであれば，これを前提に，例えばドルと円の交換比率は1ドル＝2円が基準レート（金平価）として設定された。つまり，貨幣＝金は各国通貨の価値を自らの重量で通約し，通貨間の交換レートの基準となるだけでなく，世界各国いずれの通貨とも交換可能であるという世界貨幣（universal money）として機能していたのである。世界貨幣＝金が国際決済の最終手段であるといわれる所以はここにあるのであり，金本位制とはまさに金を基底に据えた貨幣・通貨制度であり，国際通貨システムとしては国際金本位制であった。

　だが，1930年代の世界大恐慌において各国は管理通貨制度に移行し，各々の国民通貨は金との交換性を断ってしまった（「金廃貨」）。なぜなら，中央銀行の発券額が金準備量に制約されていては，大恐慌下の大量失業を救済するために国債発行による景気刺激的財政政策を行うことができないからである。もっとも，第2次世界大戦後の旧IMF体制が崩壊するまで，戦後の国際通貨であったドルは政府・中央銀行間に限ってではあるが，辛うじて金1オンス＝35ドルの比率でアメリカ財務省保有の金と交換性を有していた。これによりアメリカ以外の各国政府・中央銀行は，固定相場制を維持すべくドル買・自国通貨売で為替市場介入を

行うことによって有することになったドル建外貨準備を，アメリカ財務省保有金と交換することで，最終的国際決済の道が残されていたのである（⇨本章第1節）。

　だが，1971年8月のニクソン声明は，この道を封じた。その結果，ドルは世界貨幣＝金との最終決済ルートを完全に断たれ，アメリカは累積する経常収支赤字をFRBの負債でしかないドル建預金の振替で済ませてきたのである（負債決済⇨本章第2節，第3節）。直接投資や証券投資での海外からの資本・資金の流入も総てアメリカの商業銀行―FRBの銀行システム内での振替で行われているから，同じことである。こうしてドルは最早最終決済の道を失い，その裏返しとして金もまた投機の対象となり，今日マネーは猛烈に膨張を続け，世界の金融為替市場で暴走するに至っている。異論があることは承知しつつも，本書においてドル本位制にカッコを付して「ドル本位制」としているのは，経済学・貨幣論の方法論上の課題を受け留めつつ，歴史的段階的視点から貨幣・通貨制度，国際通貨システムの在り方を問うているからに他ならない。

（鳥谷一生）

第4章　第2次世界大戦後の国際貿易システム
── GATT・WTO 体制から RTAs（地域貿易協定）へ──

　　第2次世界大戦後，1930年代の反省に立って，多国間主義に基づく貿易シ
　　ステムがつくられた。それが GATT である。まず，GATT 誕生から1995年
　　に WTO が成立するまでの展開を概説し，次に GATT を引き継いだといわ
　　れる WTO について，GATT との相違点，グローバリズムとの関連から，
　　説明する。WTO 成立後30年近く経つが，WTO での交渉は頓挫している。
　　その原因は何か。代わって世界を覆うのは GATT・WTO では例外規定とし
　　て位置付けられてきた多くの RTAs（地域貿易協定：FTA や EPA）である。
　　この現象をどうとらえるのか？　さらに米中対立の激化やウクライナ侵攻を
　　受けた RTAs の政治化についても言及する。本章では戦後貿易システムの
　　移り変わりと現段階の機能不全にある貿易システムについて考える。

Keywords▶ 自由・無差別・多国間主義，MFN（最恵国）待遇，内国民待遇，ラウンド，授権
　　　　　　条項，S&D（特別のかつ異なる待遇），RTAs，FTA，EPA，スパゲティ・ボウル
　　　　　　現象，経済安全保障，フレンド・ショアリング

第1節　戦後貿易システムの誕生と多国間貿易交渉

　1　多国間通商協定 GATT とは何か

　第3章で説明した国際通貨システム（IMF）の場合と同じように，第2次世界
大戦後の国際貿易システムをつくるに当たって，連合国（アメリカとイギリス）
の政策立案者たちが，念頭に入れたのは，第2次世界大戦を引き起こしたと考え
られる貿易政策を各国に採用させないような仕組みをどのようにつくり出すかで
あった。第1章ですでに論じたように，第2次世界大戦の主な原因は，当時の主
要国が世界大恐慌からの脱出に当たって採用した自国中心主義（自国第1主義），
言い換えれば近隣窮乏化政策にあった。主要国が採用した無秩序な保護貿易主義
と差別主義が，経済対立を招き，それが政治対立へとエスカレートし，最終的に

は軍事衝突を引き起こした。

　したがって，そのような悲劇を 2 度と繰り返さないためには，世界平和を実現することを究極目標とし，そのために対内的には完全雇用（失業の恐怖から人々を解放すること）を達成するとともに，対外的には国際協調を基調にした貿易原則を明確にすることであった。その上で，そうした貿易原則に基づいて各国が遵守すべき貿易ルールをつくり上げることであった。実際，戦後の貿易システムは，貿易原則に関する交渉から始まり，その合意を経て詳細なルールをめぐる協議へと入り，結果的には GATT（関税及び貿易に関する一般協定）が誕生したのである。GATT は第 2 次世界大戦の終結後 2 年以上経た1947年10月30日に23カ国によって認証され，1948年 1 月 1 日より施行された。

　GATT の前文には，「実質所得と有効需要の増大，生活水準の向上と完全雇用の達成，財の生産と交換の拡大を目的とし，それらの目的達成のために，関税その他の貿易障壁の軽減や差別待遇の廃止を行う互恵的な取決めを締結する」と述べられている。平たくいえば，完全雇用や生活水準の向上を達成するために，GATT に加入する諸国は，互いに関税を含む貿易障壁の削減と差別主義の撤廃を実施しましょう，ということである。GATT 前文には，世界平和の達成という究極目標については述べられていないが，この究極目標達成に必要不可欠な各国の国内政策，つまり国民に完全雇用と生活水準の向上を保証するという，第 2 次世界大戦後に付け加えられた新たな国家の義務を遂行するために，国際ルールに 則^{のっと}って，GATT に加入する諸国間（つまり 2 国間ではなく，できるだけ多くの国の間）で，現行（第 2 次大戦終結時点）の関税・その他の貿易障壁の軽減と，特定の国からの輸入を優遇または差別する政策を撤廃しましょうということになる。「より自由で無差別な貿易を国際協調主義に基づき多国間ベースで行いましょう」。これが GATT の 3 原則，言い換えれば戦後貿易の原則と呼ばれるものである。通常，「自由・無差別・多国間主義」と呼ばれている。もっとも，GATT 条文には「自由貿易」という言葉はいっさい使われておらず，慎重な言い回しがなされている。自由貿易という用語は GATT を引き継いだ WTO の設立に関する宣言（マラケシュ協定）において初めて使用されたのである。

　それでは GATT の斬新性はどこにあるのであろうか。すでに第 1 章で学んだように19世紀におけるイギリスを中心とする貿易体制は，その実質そして内容はどうあれ，最大の貿易大国イギリスが自由貿易（関税率 0 ％）を行い，また無差

別主義を標榜し，自国をハブとする二国間通商協定を各国と締結することで相手国に自由・無差別主義を保証していたのである。これが19世紀型の自由貿易システムであった。

　それに対して，第2次世界大戦以降の自由・無差別主義は，多国間通商協定GATTのもとで，すべての加入国が受け入れなければならない基本原則となった。つまりこれが多国間主義に基づく自由貿易システムである。「多国間主義（Multilateralism）」という言葉は，第2次世界大戦前には存在しなかった言葉である。第2次世界大戦前は，二国間主義（Bilateralism）や一方主義（Unilateralism）に基づいて国際関係（貿易を含めて）は処理されていた。それに対して，大戦後は，国際機関または国際協定の提供するルールに依拠して対処されるケースが増えた。貿易に関してはGATTそしてWTOがそれに当たる。戦前と戦後の貿易システムの決定的違いは，多国間主義の有無である。GATTは貿易面で多国間主義に基づく協定であったという意味で，史上初の画期的な取決めであった。もっともそのルールの根幹をつくったのはアメリカそしてそれに協力したイギリスであり，その他の諸国（主に先進国）の意見が加味されていたといえる。特にアメリカが，各国間の合意を得て，自国に有利な貿易システムをつくり上げた。これがパクス・アメリカーナ実現の手法であった。

　次にGATT 3原則について特に規定しているGATTのバックボーンともいえる条項を取り上げ，簡単に説明しておこう。それは第1条「一般的最恵国待遇」，第2条「譲許表（じょうきょひょう）」，第3条「内国の課税および規則に関する内国民待遇」である。

　第1条に述べられているMFN（最恵国）待遇とは，通商や関税など二国間の関係において，第三国に与えている諸条件よりも不利にならない待遇を相手国に与えること，つまり差別しないことを謳（うた）ったものである。GATT加入国はお互いに他の加入国の財に対してこのMFN待遇を供与し合うことを規定している。つまり無差別主義を標榜したものである。GATT以前においても，二国間の関係で，MFN待遇を供与することはあった。19世紀のイギリスがまさにそうであった。しかし，第1条は，国際協定においてMFN待遇がはじめて挿入されたものとして画期的な意義をもつ。第2条は，関税交渉の結果，あるGATT加入国が他のすべての加入国に行った譲許（じょうきょ），つまり関税を引き下げた品目とその関税率を中心に明記した表であり，すべての加入国はそれぞれの譲許表をもつことに

なる。これによって，関税引下げ交渉の結果を公表し，それを法令によって実施することを各加入国に義務づけており，より自由な貿易を確保する措置といえる。第3条は，内国民待遇であり，第1条と第2条が輸入される品目に対する国境措置に関する取決めであったのに対し，輸入財が国境を越えて国内市場に入ってから，当該輸入財は，国内財と同等に扱われなければならないという主旨である。つまり，その輸入財は，国内財とは異なる差別的な国内課税や規制を受けてはならないことを明記したものである。こうして GATT 加入国は内国民待遇を供与し合う関係となった。

　以上のように，GATT 第1条から第3条において，GATT 3原則の具体的内容が明確化されている。そして GATT 3原則は，より深化，拡大するかたちで WTO 協定に受け継がれていくのである。この他に GATT は，国境措置に関する貿易障壁として，原則的に関税だけを合法化している（GATT 第11条「数量的制限の一般的廃止」）点も重要であろう。

　しかし GATT 3原則にはいくつもの例外規定が存在することを付け加えておく必要がある。そういう規定が存在しなければ，多国間での合意は不可能である。例外規定の中で最も重要なものを二つあげておこう。第1点目は，GATT が第24条で，一定の条件を満たせば関税同盟や自由貿易地域の形成を認めていることである。WTO 協定でもこの規定は存続していくが，一定の条件の内容が曖昧なまま，CU（関税同盟）や FTA（自由貿易協定），さらには EPA（経済連携協定）が激増しているのが現状である。なお，以上の3つの協定を最近では RTAs（地域貿易協定）と呼んでいる（⇨詳細については，第3節）。それらの協定が，程度の違いはあるにせよ，域外諸国を差別する点においては，戦前のブロックと変わりはないわけであり，無差別主義を掲げる GATT・WTO とこれらの地域協定の整合性が問われている。この点に関しては第3節で論じることにしたい。

　　＊　一定の条件とは，モノの貿易について，GATT 第24条は次のように規定している。域
　　　外諸国との貿易に適応される関税同盟や自由貿易地域の関税その他の通商規則は，①締結
　　　以前にその構成地域において適用されていた関税水準やその他の通商規則より高度または
　　　制限的であってはならない。②関税同盟や自由貿易地域の構成国間の実質上のすべての貿
　　　易について，関税及びその他の制限的通商規則を撤廃する。③そしてその形成を合理的な
　　　期間内に完成させる。またサービス貿易について WTO の GATS（サービスの貿易に関
　　　する一般協定）では，第5条で，地域内のサービス貿易自由化に関する協定への参加に関
　　　して，内国民待遇に抵触する実質的な全ての差別的措置を（合理的期間内に）撤廃するこ

とを条件として認めている。なお，WTO は，こうした RTAs の締結について，WTO に
報告義務を課している。

　第2点目は，1960年代の南北問題の高揚の中で，途上国に対して S&D（特別
のかつ異なる待遇）を認める第Ⅳ部　貿易および開発（第36〜38条），いわゆる途
上国条項（S&D 条項）が新設されたことである（⇨資料4-2）。その中で重要な
ことは，途上国の経済開発のためにその輸出品に対して先進国が優先的購入を約
束するものであり，無差別原則からの逸脱である。先進各国はこの条項を受けて，
GSP（一般特恵関税制度）を相次いで導入していく。そして一部の途上国は GSP
を利用し，工業化に成功していくのである（⇨第5章第2節）。なお，1979年，東
京ラウンドにおいて，第Ⅳ部は，「授権条項」という形で締約国団の決定として
さらに具体化され，WTO 協定においても S&D 条項はより広範な交渉分野で明
記されているが，その意味と問題点に関しては後述する。

［2］GATT のもとでの多国間貿易交渉（ラウンド）

　本項では，WTO 成立までの GATT の活動を世界経済の展開過程と対応させ
つつ，三つの段階（初期 GATT，中期 GATT，後期 GATT）に分けて論じ，WTO
協定成立の論拠を明確にする。資料4-1を参照しよう。GATT そして WTO で
は定期的にラウンドと呼ばれる貿易交渉が8回行われ，現在9回目の交渉が続け
られていることがみて取れる。ラウンドとは，時期的に集中して実施される
GATT そして WTO のもとでの多国間貿易交渉のことである。資料4-1を活用
しながら，3段階の特徴について説明することにしよう。

① 初期 GATT の時代（1960年代初頭まで）

　GATT の目指す自由・無差別な貿易は，大戦後，すぐに樹立されたわけでは
なかった。その国力を超えた第2次世界大戦の遂行によって，アメリカ以外の諸
国は，戦勝国，敗戦国を問わず，深刻な経済的損害と痛手を受けており，国際収
支の大幅赤字と外貨不足（ドル不足）に見舞われていた。GATT の想定する貿易
システムを受け入れる余裕などまったくもち合わせていなかったのである。
GATT の原加入国中，多数を占めたイギリスをはじめとする西ヨーロッパ諸国
は，アメリカからの不必要な輸入を貿易規制（輸入数量制限）によって統制し，
経済復興に取り組まなければならなかった。GATT もこうした動きと連動し，
ヨーロッパ諸国が差別的な対米輸入数量制限をとることを許し（GATT 第14条），

資料 4-1　GATT・WTO の下での

	交渉期間	参加国・地域	主な交渉内容
第 1 回一般関税交渉	1947・4〜47・10	23	鉱工業製品に関する関税引下げ
第 2〜5 回一般関税交渉	1949・8〜62・7	13〜38（各ラウンドによって参加国数は異なる）	鉱工業製品に関する関税引下げ
ケネディ・ラウンド	1964・5〜67・6	62	鉱工業製品に関する関税引下げ
東京ラウンド	1973・9〜79・7	102	鉱工業製品に関する関税引下げ＋非関税障壁に関する取決め
ウルグアイ・ラウンド	1986・9〜94・4	124	関税引下げ，WTO 設立協定，農産物関税化，サービス貿易，投資，知的財産権に関する協定など
ドーハ・ラウンド	2001・11〜	164	関税引下げ，農産物貿易，サービス貿易，投資，知的財産権，貿易と開発などをめぐる交渉

（出所）　外務省経済局『WTO 新ラウンド交渉（総論）』2022年10月，外務省ホームページ「わかる！国際情勢
　　　　years: from Havana to Marrakesh」，経済産業省『通商白書』1993年，1999年度版を基に筆者作成。

戦後の復興を支えた。またアメリカの後押しで敗戦国が GATT に加入することになった。イタリアは1950年，西ドイツは1951年，日本は1955年にそれぞれ加入を果たした。

　1950年代末になると西ヨーロッパ諸国は戦後復興を成し遂げ，外貨不足も緩和した。そして GATT の約束に従い，次々に対米差別的な輸入数量制限を撤廃し，日本も1964年にそれに追随した。GATT の想定する自由貿易の前提条件は，こうしてアメリカと西欧諸国間で10年以上の歳月をかけて整えられた。これをもって初期 GATT の時代は終わり，中期 GATT の時代へと突入していく。資料4-1にみられるように，初期 GATT の時代において 5 回のラウンドが開催されているが，交渉参加国も少なく，譲許品目の数も，第 1 回のラウンドを除いて，少なかった。そして何よりも，参加国の多くが先進地域であり，対米輸入数量制限を認められた中での関税引下げ交渉であった。その意味で実質的な貿易自由化はきわめて限定的で，貿易自由化の前提条件を整えていく段階であったといえる。

多国間貿易交渉：各ラウンドの比較

譲許品目数	関税の平均引下げ率(%)	時期区分	備考（交渉の特徴・途上国の加入増加）
約45,000	N. A.	初期 GATT	対米輸入数量制限（GATT 第14条）適用下での関税引下げ交渉
約20,700（各ラウンドの合計）	N. A.		GATT 原締約国23カ国（うち途上国12カ国）。敗戦国（イタリア，西ドイツ，日本），順次 GATT に加入
約30,300	35	中期 GATT	先進国，数量制限禁止（GATT 第11条）の下での関税引下げ交渉開始。1970年，GATT 締約国82カ国（うち途上国55カ国）
約33,000	33	後期 GATT	非関税障壁や国内規制に関する交渉が加わる。1990年，GATT 締約国126カ国（うち途上国96カ国）
約305,000	35以上引下げ(農産物)　33以上引下げ(農産物以外)		
		WTO 新ラウンド	2022年 9 月現在，WTO 加盟国数164カ国（うち途上国125カ国）

Vol. 5. WTO ドーハ・ラウンド交渉」，日本関税協会ホームページ「世界貿易機関」，WTO ホームページ「The GATT

② 中期 GATT の時代（1960年代から70年代初頭まで）

　さて，第 6 回目の関税引下げ交渉はケネディ・ラウンドと呼ばれているが，これはラウンドを提唱した J. F. ケネディ米大統領の名をとったものである。ケネディ政権は，先進諸国間で自由貿易の前提が整ったこの段階で，実際に自由貿易を推し進めるために1962年「通商拡大法」を成立させた。通商拡大法は当時のアメリカの関税率を一挙に一律50％引き下げる権限を大統領に与えるものであり，歴代のアメリカ通商法の中で最も自由主義的性格を有するものと評価されている。ケネディはこの通商拡大法を引き下げて，GATT のラウンドの場において，各国と交渉し，世界の関税障壁（先進国間）の大幅引下げを図ろうとしたのである（ケネディはラウンドが正式に開始される前に銃弾に倒れた）。彼がこのような挙に出たのには理由があった。それは1958年に結成された EEC（欧州経済共同体〔現在の EU（欧州連合）の前身〕）の動向であった。EEC に結集した 6 カ国（フランス，イタリア，西ドイツ，ベネルクス三国）は関税同盟の完成を目指してその計画を実施に移していた。もしこのまま関税同盟が完成してしまうと，その対外共通関税

による貿易転換効果（⇨本章第3節）を通じてアメリカの対 EEC 輸出は，域内諸国のそれと差別され，排除されてしまう可能性があった。もっとも前述したように GATT 第24条では条件を満たせば関税同盟の形成は認められていたが，アメリカは通商拡大法によるアメリカ関税の一律50％関税引下げなどを見返りに EEC の対外共通関税の骨抜きを目指したのである。結果的に対外共通関税は破壊されはしなかったが，その税率は交渉によって低められた。また資料4-1にみられるように GATT 加入国の関税率も全体で35％低下した。先進国間で貿易の自由化が大きく進展した。

　他方，南北問題への対処から，上述したように，途上国からの輸入品に対して優遇措置をとることを明記した S&D（特別のかつ異なる待遇）が認められた（⇨資料4-2）。60年代，GATT は途上国を中心にその加入国数を倍増させたが，それら諸国を GATT に引きつけるために，こうした一定の見返りを与える必要があった。かくして中期 GATT の時代は，ヨーロッパを中心とする地域主義の動きや南北問題への対処から途上国への優遇を認めつつも，全体としてみれば，先進諸国内部で自由貿易が大きく進展したと結論づけることができる。

③ 後期 GATT の時代（1970年代後半からウルグアイ・ラウンドまで）

　70年代は，ニクソン声明による金・ドル交換停止と10％の輸入課徴金の導入によって幕を開けた。これまで貿易自由化に主導的役割を果たしてきたアメリカは，西欧諸国や日本のキャッチングアップにより，貿易収支が赤字に転落，国際収支対策と国内経済の立て直しのために，ニクソン声明によって，一方的に第2次世界大戦後の国際通貨・貿易システムのルール変更を宣言したものととらえることができる（⇨第3章第2節）。特に貿易システムに関していえば，輸入課徴金の導入は，それが一時的な措置であったにしろ，世界貿易の自由化を主導してきたアメリカ自身が逆転させたという意味で歴史的な転換点といえる。ニクソン声明に続き，世界経済の混乱は，1973年に生じた石油危機とそれを契機に先進諸国を襲った世界同時不況（スタグフレーション）によってさらに深刻化した。この新しいかたちの不況からいかに脱出するか，それは経済学の考え方の方向性を問うきわめて重大な問題（ケインズ主義から新自由主義へ）であったことは第1章において述べた。ここでは貿易システム（GATT）の動揺の中身とシステムの安定化をめぐってどのような展開があったのかについて簡単に説明することにしたい。それについては経済のみならず第2次世界大戦後の世界政治体制の大転換を絡めて

資料 4 - 2　　GATT と WTO の比較

より自由で無差別主義に基づく貿易体制の実現

MFN(最恵国)待遇	すべての加盟国（GATTの場合は加入国）に同等（無差別）の貿易条件を与えること
内 国 民 待 遇	輸入品を国内品と同様（無差別）に扱うこと（WTOにはサービス財や知的財産権）が加わる
ラウンドの開催	定期的に開催される関税やその他貿易障壁の削減・撤廃に関する多国間交渉のこと（WTOにおいては農産物，サービス，知的財産権，投資に関する交渉などが加わる）

【GATT】

○対　象
・物品貿易（主に鉱工業品）に関する関税およびその他の貿易障壁の削減と撤廃。協定の規定は弾力的に運用される。第1条「一般的最恵国待遇」と第2条「譲許表」以外は各国の国内法が優先される。

○性　格
・国際協定（国際機関ではない）。したがって国際組織としての法人格をもたない。協定参加国は締約国と呼ばれる。しかし締約国国会議が，国際機関では総会に当たる役割を担い，年1回開催されるようになり，また理事会や各種委員会も次々に設けられた。
・締約国は協定の全規定に拘束されるわけではない（国内法優先）。
・途上国への配慮　60年代南北問題の高揚の中で「S&D（特別のかつ異なる待遇）」（GATT第Ⅳ部「貿易及び開発」（36～38条）が創設される。途上国からの輸入を優遇することを明記。

【WTO】

○対　象
・物品貿易（鉱工業品＋農産物）に関する関税およびその他の貿易障壁の削減と撤廃（これまでのGATTの規定は「物品の貿易に関する多角的貿易協定」の中に入れられる）
・サービス貿易に関するMFN待遇や透明性の確保
・知的財産権（著作権，商標，特許など）にMFN待遇や内国民待遇を適用するとともに，その保護と権利行使手続きの整備を義務づける。
・投資措置に関する取決め

○性　格
・国際機関として組織，制度を整備している。
・紛争解決システムの整備
・一括受諾方式（GATTより厳格なルール遵守義務：「法の支配」）
・途上国への配慮　「S&D（特別のかつ異なる待遇）」と一括受諾方式で，権利と義務の相互関係を明確化
・加盟国数：2022年9月時点で164の国・地域（2001年に中国加盟，2012年にロシア加盟）

（出所）　津久井茂充，1993，『GATT の全貌』日本関税協会，「WTO 協定と主要ケース」「多角的貿易体制：GATT から WTO へ」（経済産業省ホームページ）を主に利用し，外務省ホームページを参照して筆者作成。

説明しなければならない。

　不況からの脱出手段として対外貿易面に限定すれば，それは保護主義の採用であろう。何度も述べているように GATT はその乱用を防止するための協定であった。しかし，70年代，アメリカの輸入課徴金導入を機に，特に欧米諸国では，GATT の規定を回避するかたちでの保護主義政策が導入されていく。とりわけ不況からいち早く脱出した日本や急速に工業化を進めていたアジアの NIES（新興工業経済地域）からの輸入の急増に対して，それら諸国と輸出を自粛させる協定（VER〔輸出自主規制〕や OMA〔市場秩序維持協定〕）を結ぶことで対応した。

　これは，表面的にはGATTが禁止する輸入規制（輸入数量制限）を回避していることになるが，実質的には輸入規制の導入と変わりない。こうした取決めはGATTのグレイゾーン（灰色措置）と呼ばれ，その数は年代が下がるにつれて拡大していった。

　また，反ダンピング関税や相殺関税の発動も急増した。そもそもGATTではダンピングや輸出補助金の支払いは原則的に禁じられており，それらに対して反ダンピング関税や相殺関税をかけることは合法化されていたが，認定基準が曖昧であり，こうした不備をついて，欧米各国は国内保護策として利用するケースが高まっていったのである。

　他方，1975年から先進国首脳会議（サミット）が始まり，アメリカに端を発する保護主義への対処から第7回関税引下げ交渉（東京ラウンド）では，関税以外にも非関税障壁や国内規制についても議論が進み，国際協調や自由貿易体制の維持について努力が重ねられたことは事実である。

　後期GATTの時代は，1970年代から90年代初めにかけて，世界経済の混乱・調整期に当たる。GATTは世界経済と政治の転換期の中で，貿易システムとしての役割の限界に直面し，新たな姿を模索していく。それがWTO協定に帰結したのである。後期GATT最大の活動はWTOを生み出したウルグアイ・ラウンドに集約できる。ここでは，ウルグアイ・ラウンドがどのような歴史的背景の下で開催されたのかについて明確にし，ラウンドの帰結（WTOの誕生）については節を改めて説明することにする。

　ウルグアイ・ラウンドは，資料4-1から明らかなように，1980年代後半から90年代前半にかけて開催された。1970年代にスタグフレーションに苦しんでいた欧米先進諸国（特にアメリカとイギリス）は，70年代末期から，その原因を政府の経済に対する過度な介入（ケインズ主義）に求め，新自由主義政策に転換，サッチャリズム，レーガノミクスと呼ばれる両国の新自由主義的な政策が先進諸国を中心に世界を席巻することになる（⇨第1章第2節，第7章第1節）。第2に，途上国は，70年代までの輸入代替工業化戦略から輸出指向工業化戦略へと政策転換し，積極的な外資導入と市場開放を進めていた（⇨第5章第3節，第10章第2，3節）。第3に，世界史の大転換というべき冷戦体制の終結。ソ連を中心とする閉鎖的な中央集権的計画経済が破綻，市場経済への移行を開始し，東西を隔てていた「鉄のカーテン」が取っ払われた（中国は政治的に社会主義体制を維持したまま，

市場経済へ移行）。第4にICT（情報通信技術）革命が始まり，国際的な企業活動がよりしやすくなった。以上のように経済，政治そして技術革新という大きな地殻変動が1980年代から90年代初めに世界経済を駆けめぐった。これらが複合していわゆるグローバリゼーションという現象を生んだ。後期GATTの時代とは，第1章第2節 2 で述べた世界経済の調整期・混乱期から新自由主義・グローバリズムの時代への移行期に当たる。GATTは，これまでのラウンドに比べて質量ともに最大規模のウルグアイ・ラウンドを開催，WTOはその中で誕生したのである。

第2節　WTOの成立とその後

1 WTOとグローバリゼーション

　WTOはこうした世界経済のグローバリゼーションの申し子であり，またグローバリゼーションをさらに推進するために誕生したといってよい。WTOとはどのようなものなのか。資料4-2によりながらGATTと比較し，説明することにしよう。

　より自由で無差別な貿易を多国間主義に基づいて推進すること，この原則はGATTとWTOで変化はない。双方とも，MFN待遇，内国民待遇，多国間交渉の結果としての譲許表の公表をその柱としている。またGATTの規定は，資料4-2から明らかなようにWTO協定の物品（モノ）貿易に関する文書の中に移されて存続することになった。こうしてWTOはGATTを受け継ぐ基本原則を備えているが，GATT時代と違って，国内法の優先権が廃止され，すべてのGATT条文を遵守する義務が加わった。GATTのグレイゾーンと呼ばれたVER（輸出自主規制措置）やOMA（市場秩序維持協定）も禁止された。第2に，サービス貿易が対象に追加された。サービスとは金融，通信，保険，運輸などであるが，その取引についてMFN待遇と透明性に関する約束が交わされた。これをGATS（サービスの貿易に関する一般協定）という。

　第2点目に関して，アメリカは，サービス貿易についての国際ルールを新たに制定しないと各国が勝手な行動を取り，自由化が進まなくなってしまうという認識により，サービス貿易分野におけるルールの作成をウルグアイ・ラウンドにおける最重要項目と位置づけ，サービス貿易の入らない新ラウンドには参加しない

という強硬なスタンスを取った。アメリカは国際競争力をもつ自国のサービス貿易に有利な自由化を基本とする多国間ルールの策定を目指していたのである。それに対して，途上国，特にブラジルやインドを中心とするグループはサービス貿易をウルグアイ・ラウンドの交渉項目に入れることに反対した。また次に述べる知的財産権についても同様な対立の構図がみられた。

＊　筑紫勝麿編著，1994，『ウルグァイ・ラウンド―― GATT から WTO へ』日本関税協会，18-19頁。

　第 3 は知的財産権に関する取決めである。知的財産権とは，特許権，著作権，商標権のことであるが，その保護のために統一的な基準の設定について合意された。これを TRIPs（知的所有権の貿易関連の側面に関する協定）という。第 4 に，直接投資に関する措置について，特にローカルコンテント要求（進出企業に国産品の使用を義務づけること）や，輸出入均衡要求（進出企業に輸出実績に応じた輸入額や輸入数量しか認めないこと）などが一般的に禁止されるものとして明記された。これを TRIMs（貿易に関連する投資措置に関する協定）という。第 5 に紛争解決制度の整備である。DSB（紛争を解決する機関）を設け，紛争解決に関する一連の手続きの権限を付与した（⇨コラム 5）。これが手続きの司法化である。そして以上のすべての取決めに，「貿易政策検討機関」の設置を定めた貿易政策検討制度に関する取決めを加えて，一括受諾の義務が加盟国に課せられ，抜け道が塞がれた。

　WTO の目指したものについては，モロッコのマラケシュで合意された「WTO の設立協定（マラケシュ協定）」と同時に発表された1994年 4 月15日「マラケシュ宣言」の中に要約されている。1）オープンで市場志向型の世界経済を創出する　2）そのために必要な強力で明確な法的枠組みを提供する　3）IMF や世界銀行グループと協力して貿易，通貨，金融分野で一体化したグローバルな政策を実施する　4）多くの途上国や中央集権的な計画経済国で経済改革と貿易自由化が履行されている事実を鑑み，それら諸国に対して異なった優遇政策を実施することでバランスの取れた統合されたグローバルな貿易関係をつくり上げる。要するに市場志向型のグローバル経済を法の支配のもとにつくり出すこと，これが最優先の目的であり，S&D（途上諸国への配慮）は，その目的に沿うかたちで行われる。おりしも IMF と世界銀行グループは，政府主導から市場志向の経済へと途上国や移行経済国の経済を転換させる構造調整プログラム（規制緩和や対

外開放）の受入れを条件にそれら諸国に融資を行う新自由主義に基づくワシント
ン・コンセンサス方式（⇨第5章第3節）を実施しており，WTO 設立もその路
線を踏襲しているといえる。途上国は一括受諾によって市場経済の道を歩むこと
を義務づけられたのであり，大枠において先進地域と同じ条件で法の支配のもと
に市場経済の枠組みの中で行動することを約束したといえる。基本的に WTO
には，「世界経済には一つの法律（one law for the world economy）」という考え
が横たわっており，富国と貧国を区別するものであってはならないという，法律
的見地から同じ土俵での競争という新自由主義的思考が貫かれている。

［2］WTO の下での貿易交渉：袋小路に陥った多国間主義

　こうして WTO 協定は1994年合意され，1995年1月より発足した。冷戦終結
直後，ある種の高揚感に包まれ，市場志向型経済への信仰，新自由主義に基づく
グローバリゼーションの進展に期待が寄せられた。しかし WTO 発足4年後の
1999年にカナダのシアトルで開かれた閣僚会議の失敗で躓いて以降，WTO を舞
台とした交渉は遅々として進んでいないのが現状である。シアトル会議が失敗に
帰したことについて，「WTO 創設当時においても，WTO 体制が現実に適合し
ないものであった[**]」との反省の声が現在，我が国の国際経済法の専門家の間から
も聞こえてくる。

　　[*]　シアトル会議（第3回 WTO 閣僚会議）は，会議自体が先進国，途上国そして農産物
　　　輸出国，輸入国の利害が入り乱れて，収拾がつかなかっただけではない。むしろ，閣僚会
　　　議に抗議するためにシアトルに世界中から集結した環境保護団体，人権擁護団体そして労
　　　働組合の代表者たちの行動が注目を集めた。アメリカから参加した労組は，途上国の劣悪
　　　な労働基準や低賃金労働を放置したままで市場開放を進めると雇用機会の喪失につながる
　　　と主張した。こうした人権問題を切り離して，当時，アメリカの B. クリントン政権が進
　　　めていた中国の WTO 加盟（2001年に実現）による中国製品の輸入拡大が，アメリカ労
　　　働者の解雇を引き起こすことを懸念したのである。シアトル会議から10数年後，D. トラ
　　　ンプ政権誕生の原動力となったのがこうした労働者の鬱積した不満であった。
　　[**]　松下満雄「WTO と他の国際機関との協力関係──WTO におけるソフト・ローの
　　　役割」（国際貿易投資研究所，2021，『WTO 改革の進展と収斂』の第5章，55頁）。国際
　　　経済法の大家である松下氏のこの指摘は，経済的な視角からみて，グローバルに価格・市
　　　場機能の貫徹を最優先させるという WTO の目的が，あまりにも世界経済の多様性を無
　　　視し，単純化したものであったことを裏付けるものといえよう。

　WTO 協定成立以来，最高意思決定会議である閣僚会議は，第1回目が1996年

資料 4 - 3　ドーハ・

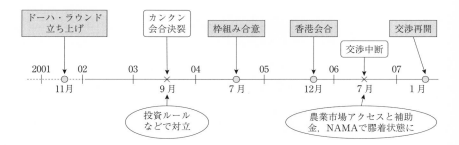

(注) 1 ：SSM（Special Safeguard Mechanism）とは，「途上国向け特別セーフガード措置」のことで，途上国で農
　　 2 ：NAMA（Non-Agricultural Market Access）とは，「非農産物市場アクセス」交渉のことで，農産物以外
　　 3 ：G4とは，アメリカ，EU，インド，ブラジルの4カ国。
　　 4 ：G6とは，G4に日本とオーストラリアを加えた6カ国。
(出所)　経済産業省『通商白書』2022（令和 4 ）年版，379頁を基に筆者作成。

にシンガポールで開催されて以来，2017年12月にブエノスアイレスでの会議まで，平均すると 2 年に 1 度，合計11回開催されている。しかしその WTO の下での新ラウンドの開始に 7 年以上を要し，2001年のドーハでの第 4 回閣僚会議で，GATT 第 1 回のラウンドから数えて 9 回目のラウンド「ドーハ開発ラウンド」いわゆるドーハ・ラウンドが漸く立ち上げられた。しかしその後，ラウンド進展のための試みが何度も行われたが決裂し，2017年のブエノスアイレスでの閣僚会議では，アメリカの反対で，共同宣言すら出せずに終わった（⇨ドーハ・ラウンド立上げ以後の交渉の経緯については資料 4 - 3 ）。その後，コロナ禍の影響があるとはいえ，閣僚会議は開かれていなかったが，2022年 6 月に 4 年半ぶりにジュネーブで開催され， 6 年半ぶりに閣僚宣言が発表された。宣言の内容については，ウクライナ侵攻による食糧供給システムの混乱への対応など一定の成果はあったものの，機能停止している DSB（貿易紛争を解決する機関）（⇨コラム 5 ）の問題や深刻化する米中対立への対応については議論の進展がみられなかった。すでに WTO は活動を休止しているとの見解さえみられる。

　まず認識しておかなければならないのは，「WTO（世界貿易機関）を設立するマラケシュ協定」とは，グローバルな市場経済化を推し進めるためのルールをつくった。つまり枠組みについての合意であったととらえるべきである。次に行うべきはそのルールと枠組みに従って具体的な交渉を行い，実際の政策決定と手続

ラウンド交渉の経緯

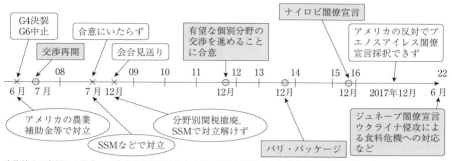

産物輸入が急増した場合，国内産業を保護するために一時的に可能となる緊急輸入制限措置をいう。
のすべての品目に関する関税および非関税障壁の撤廃・削減をめぐる交渉をいう。

きを実施しなければならない。それがラウンドである。ドーハ・ラウンドにおい
てそのルールに従って加盟国が一括受諾方式によって具体的な交渉結果（各国譲
許表として公表される）を出すことが求められたのである。しかし，交渉結果は
いまだに得られていない。なぜ，このような事態に陥ってしまったのか。問題点
をいくつか探ることにしたい。

　第1に，市場志向経済といっても様々なタイプと段階があることを認識してお
くべきである。各国の平均関税率を比較した資料4-4からも明らかなように世
界経済を構成する五つのグループの関税率は，先進国グループからLDC（後発
発展途上国グループ）に向けて傾向的に高くなっていることがみて取れる。市場
経済を受け入れ，グローバル化を進めることに合意がとれたといっても，国境措
置の一つである関税率だけをとってもこれだけの大きな違いがある。まして
WTO協定がカバーするその他の領域について途上諸国に先進国地域と同等の市
場規律を求めることは，無理であろう。それに伴う国内法の改正や整備が一朝一
夕にできるとは考えられない。

　第2に，WTO内部での力関係の変化である。GATT時代，加入国が増える
につれて，重要な案件はまずアメリカを中心とする先進国グループで話し合われ，
そこでの合意を経た後，その他の加入国に伝えられ，最終的な決定という形がと
られていた。こうした密室での会議は「グリーンルームミーティング」と呼ばれ

資料 4‑4　各国・地域の平均関税率（2020年度）

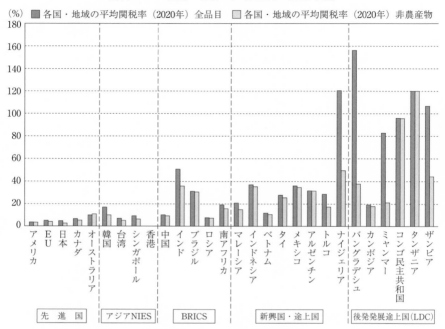

（出所）　WTO, ITC&UNCTAD, *World Tariff Profiles 2021* より筆者作成。

ている（密会が開かれる WTO 事務局長室の壁の色が緑であるからそう呼ばれる）。このグリーンルーム会議に参加する先進諸国とはアメリカ，EU，日本，カナダの先進四極であった。WTO 時代に入っても第４回閣僚会議（ドーハ）まではその状態が続いた。つまり，アメリカを中心とする先進地域主導で GATT と WTO が運営されてきたということである。

　しかし，ドーハ・ラウンド立ち上げ以降，2003年のメキシコのカンクンでの第５回閣僚会議を前後してグリーンルームの構成メンバーにインド，ブラジルが加わるようになり，しかも重大な案件はアメリカ，EU，インド，ブラジル（G４グループ）の間で審議されるようになっていく。さらに2008年には2001年に WTO 加盟を果たした中国がグリーンルームのメンバーに加えられた。グリーンルームの主要メンバーは先進地域のアメリカ，EU と新興国 BRICS のブラジル，インドそして中国となった。日本はグリーンルームでわき役に回った。それは20世紀

末から経済発展の著しいこれら三国に対して2001年に BRICs という名称が与えられた時期とちょうど符合する。急速な経済発展を遂げている三国であるが，先進諸国と違った顔をもち，未だ途上国としての経済構造も残している。資料4-4にみられるように先進地域に比べ関税も相対的に高いし，外資受入国であり，インド以外はサービス貿易も輸入超過，ブラジルを除いて農業も小規模経営で，輸入に依存している。そうした意味でその他の途上地域の意見を代弁する役割を果たすようになった。例えば，インドとブラジルは途上諸国20カ国を組織し，WTO 内部で G20-T（通常いわれる G20〔20カ国・地域グループ〕は別物）と呼ばれる集団を結成し，先進国グループに対して自らの要求を通そうとした。ドーハ・ラウンドは新興国インド，ブラジルそして中国（2008年以降）という新たなアクターの登場によって，意見がまとまらず，現在にいたっている[*]。付け加えるべきは，トランプ政権以降（J.バイデン政権も含めて）のアメリカの WTO に対する姿勢であろう。第2次世界大戦以降，多国間貿易システム形成のルールメーカーとして曲がりなりにも主導権を発揮してきたアメリカが，WTO に対して消極的，否定的な態度を示し始めたことである。鳴り物入りで作られた WTO の紛争解決システム，DSB（貿易紛争を解決する機関）の裁判員の指名拒否によって，それは象徴できるであろう（⇨コラム5）。

　こうして20年以上，ラウンドは膠着状態にある。資料4-1でも明らかなように過去のラウンドではありえなかったことであり，異常事態である。

　　*　WTO 内部での新興国の影響力の増大について詳細に分析した日本語文献は存在しない。この間の事情については，Hopewell, K., 2016, *Breaking the WTO : How Emerging Powers disrupted the Neoliberal Project,* Stanford University Press の Chapter 2 〜 4 の記述に従った。

　こうした中，多国間での一括受諾方式は通用しないことが明らかとなったので，まずは複数国間（プルリ）交渉での合意に集中するしか WTO の生き延びる道はないとの見解が支配的となっている。複数国間（プルリ）交渉とは，WTO 加盟国の有志国間で分野を限定して交渉し，その問題単位で協定を結ぶことをいう。（後述するように，メガ FTA の締結がそうした協定を促進するとの主張がなされている）

　また日本，EU を中心とする先進国グループは，WTO 協定でも曖昧な規定のまま放置されている FTA や EPA などの RTAs（地域貿易協定）を締結すること

で，投資や競争政策を中心に高次元の貿易自由化のルールづくりを先行させ，そのルールを WTO にもち込む戦略を立てている。この点についても次節で明らかにする。

第3節　RTAs（地域貿易協定）の急増と多国間貿易体制の行方

［1］ RTAs の実態

RTAs（地域貿易協定）とは，「特定地域内の複数の国・地域の間でモノやサービスの移動をほぼ完全に自由化しよういう」協定のことである。具体的には CU（関税同盟），FTA（自由貿易協定），EPA（経済連携協定）を指す[*]。RTAs を「地域経済統合」と呼ぶ論者もいる。本章の第1節で触れたように，GATT や WTO では，一定の条件を満たせば，こうした RTAs の締結を認めている。（⇨本章82-83頁）。しかし，近年，こうした RTAs が激増しており，またその協定内容についても，関税に関する規定以外の様々な内容が追加されている。本項においては，RTAs の急増をまず把握するとともに，その原因，さらには協定内容の多様化について述べることにしたい。

　　*　FTA と EPA の違いについて指摘しておく。FTA は，域内のモノの関税や貿易障壁の
　　　削減・撤廃（GATT 第24条）とサービス貿易の障壁の削減と撤廃（GATS 第5条）を目
　　　的とする協定のことをいい，EPA は，上記の FTA の内容に，域内の投資ルール，知的
　　　財産権，競争政策，その他の分野での協力に関する協定を加えたものをいう（渡邊頓純
　　　〔監修〕，2022，『詳解　経済連携協定』，日本経済評論社，14頁）。WTO の分類では前者
　　　の FTA を RTAs としているが，FTA は後者の EPA の内容を兼ね備えるケースが多い。
　　　また途上国に与えられる S&D（特別のかつ異なる待遇）を認めるいわゆる授権条項（⇨
　　　本章の第1節，83頁）に基づいて，途上国同士が RTAs を締結することが認められてい
　　　る。資料4-5には，このタイプの RTAs も含まれている。

WTO が把握している2022年8月時点の RTAs の数は355，そのうちモノに関する FTAs が168，サービスに関する FTAs が2，双方の規定を持っている FTAs が185となっている（WTO ホームページの Regional Trade Agreement Database: http://rtais.wto.org/UI/publicsummarytable.aspx）。なお，各 RTAs は，それぞれ投資や知的財産権に関してなど独自の規定（つまり EPA の内容）を有している。これについては，本節の第2項で後述する。資料4-5に示したように，RTAs は，1957年までゼロであり，1958年の EEC（欧州経済共同体：現在の EU

資料4-5　年度別RTAs（地域貿易協定）締結数とその累計　1948～2022

（出所）　WTOのRTAsに関するウェブサイト（https://www.wto.org/english/tratop_e/region_e/region_e.htm）のFact and Figuresより筆者作成。

の前身）の関税同盟の設立が最初のケースとなった。その数はその後，増加しているとはいえ，2000年までは81に留まっている。しかし，今世紀，とくに2008年～09年世界金融経済危機以降，急増していることがみて取れる。また資料4-6より，RTAsを活用している地域は，ヨーロッパと東アジア地域（大洋州を加える）であり，これら地域で全地域の50％近くを占める。同じくWTOが公表しているRTAs活用国ベスト14にもヨーロッパに属する国・地域が3，インドを含めた東アジアに属する国が6つ入っており，地域的傾向を裏付けるものとなっている（資料4-7参照）。日本も10位にランクされており，積極的にRTAsを利用している国の一つといえよう。そしてアメリカを除くG7やBRICSの一角である中国，インドもランクインされていることから，世界の主要国がRTAsを自国の通商政策に盛り込んでいることが読み取れる（なお，アメリカのRTAs数は14であり，2010年代以降メガFTAを締結していない〔⇨第7章第2節〕）。また各国の貿易額に占めるRTAsのカバー率については，2021年貿易額をベースにすれば，日本78.8％，中国42.2％，韓国78.6％，アメリカ43.4％，EU45.2％となっている（発効済みと署名済みの合計：令和4年（2022年）度版『通商白書』391頁より）。以上，地域的には，ヨーロッパと東アジアがRTAsを多用していること，そして世界の主要国がRTAsに大きく関わっていることが読み取れる。GATT時代においてRTAsはあくまで多国間主義の例外として存在を許されるものであったが，もはや，現在においては，WTOを舞台にした多国間主義に基づく貿

資料 4-6　地域別 RTAs の締結

地域別 RTAs （2022年 7 月現在）		
ヨーロッパ	159	25.4%
東アジア	102	16.3%
南アメリカ	71	11.3%
北アメリカ	50	8.0%
アフリカ	47	7.5%
CIS	46	7.3%
中央アメリカ	43	6.9%
中東	35	5.6%
大洋州	39	6.2%
西アジア	24	3.8%
カリブ海諸国	11	1.8%
合計	627	100.0%

（注）　協定の締結合計数が資料 4-5 より多くなっている
　　　　のは，各地域間で締結される協定がダブルカウント
　　　　されているためである。
　　　　　CIS とは独立国家共同体のことで，WTO の分類で
　　　　は，アルメニア，アゼルバイジャン，ベラルーシ，
　　　　ジョージア，カザフスタン，キルギス，モルドバ，
　　　　ロシア，タジキスタン，トルクメニスタン，ウズベ
　　　　キスタンの11カ国を指す。
（出所）　WTO の RTAs に関するウェブサイト（https://
　　　　www.wto.org/english/tratop_e/region_e/region_
　　　　e.htm）の Fact and Figures より筆者作成。

易政策（協定）から，RTAs に基づく貿易政策（協定）へと，主要国は軸足を移している。そしてその傾向は，コロナ禍やウクライナ侵攻によってさらに加速する様相を帯びている。

　それでは，GATT・WTO の枠外で二国以上の間で結ばれる RTAs をどう捉えるかである。すでに述べたように GATT 創設当時，RTAs は例外規定であった。そして RTAs に対する評価も，純経済的に「貿易転換効果」と「貿易創造効果」を基礎に論じられてきた。貿易転換効果とは，RTAs の締結によって，域内諸国の貿易が自由化（関税の撤廃）されると，ある財を域外の第三国（Z 国）から輸入していた域内 A 国は，その財の輸入を Z 国より効率性の劣る域内 B 国からの輸

入に代替（転換）することになる。域内 B 国にとっては輸出の拡大がもたらされるが，域内 A 国には輸入価格が上昇し，域外 Z 国にとっては輸出の減少となる。世界全体でみて経済厚生を悪化させるともに，経済的打撃を受けた域外 Z 国からの報復を招く危険性が生じる。

　これに対して貿易創造効果とは，RTAs の締結により，域内関税が撤廃された結果，これまで貿易が行われてこなかった域内 A 国と B 国の間に取引が生じ，域内でより安価な財を輸入できる環境が整う。上の例でいうと，域内 A 国は，これまで国内の財を使用していたが，RTAs により，より安価な域内 B 国の財を輸入するようになる。このような結果，A, B 国など域内の貿易量が拡大し，域内経済が活性化し，ひいては世界的にみても経済厚生が高まる。結論として，

資料4-7　RTAs 活用国トップ14＋アメリカ（2022年7月現在）

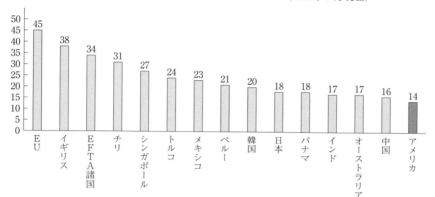

（注）　EFTA 諸国とは，欧州自由貿易連合の加盟国のことで，アイスランド，ノルウェー，リヒテンシュ
　　　タイン，スイスの4カ国。
（出所）　WTO の RTAs に関するウェブサイト（https://www.wto.org/english/tratop_e/region_e/region_
　　　e.htm）の Fact and Figures より筆者作成。

　貿易創出効果が貿易転換効果よりも大であれば，RTAs は世界経済全体にポジティブな役割を果たし，WTO を RTAs が補完するという関係が成立し，逆の場合は前者と後者の対立関係が生まれてこよう。
　こうした WTO と RTAs の関係を説明する従来からの理論に加えて最近では次のような見解が付加され，主流となってきている。それは機能不全に陥ったWTO に代わって RTAs がそのルール形成の役割を担うべきであるとの認識である。我が国の国際経済法学者によれば，近年その傾向が顕著であり，両者は，対立する関係ではなく，補完関係にあると理解するようになっている（⇒章末の推薦図書，関根豪政『国際貿易法入門』）。また日本政府の公式見解も彼らの見解を基礎にしている。経済産業省が毎年発行する令和4（2022）年度版『通商白書』は，「ルールベースの国際通商システム」という章を設け，WTO と同様に経済連携協定（EPA/FTA）の進展として，RTAs を取り上げている。とくにアジア太平洋地域を中心とする我が国の RTAs 締結運動を「自由で公正な経済圏の拡大，ルールに基づく多角的貿易体制の維持・強化」を目指すものととらえ，「自由で公正な貿易・投資ルールの実現を牽引する」としている（白書，389頁以下）。こうした見解は，後述する世界経済に影響力を持つ先進諸国が参加するメガ FTAの成立によって，その地域的ルールが規範として，現在停止している WTO の

諸規定や交渉に盛り込まれるようになれば，WTO の復権につながるという道筋が想定されていると考えられる。

　他方，こうした見解に対して，RTAs が急増し始めた1990年代中頃にスパゲティ・ボウル現象という言葉が使用され始めた。内容は以下の通りである。RTAs の締結数が増加するにつれて，様々な内容を持つ協定（モノに関して異なった関税率や貿易障壁，サービス貿易に関して基準の異なる障壁，違った原産地規制[*]，多様な投資ルール，各分野における例外規定など）が乱立し，それらが各国の通関システムを混乱させ，かえって当該諸国間の貿易を停滞させることに繋がるというものである。RTAs によって異なる規則やルールが複雑にもつれ合い，混乱している状態を，ボウル（世界経済）の中で絡み合っているスパゲティーの麺（それぞれの RTAs によって異なる規則やルール）に見立てたのである。WTO も，こうしたスパゲティ・ボウル現象が現在も続いていることについて記述している（Reginal Trade Agreements〔https://www.wto.org/english/tratop_e/region_e/region_e. htm〕）。多くの異なった基準やルールの存在が，輸出入に携わる現場を混乱させ，FTAs 制度の利用を躊躇させているとの報告は，我が国でもなされている（JET-RO『地域・分析レポート』「FTA 利用が拡大するも，利用する企業の多くが問題点を指摘」，2019年 4 月18日）。

　　＊　原産地規制とは，貿易される財がどこの国で生産されたのか（財の国籍）を判定するルールのことである。RTAs において，締約国間で合意した原産地規則を満たし，当該締約国の原産とみなされた産品は関税の撤廃や削減を受けることができる。他国産の産品のすり替えや迂回輸入を回避するため，全ての HS コード（輸出入統計品目番号）について原産地規則がそれぞれの RTAs で規定されている。なお，複数の国や地域が参加するメガ FTA では，原産地累積制度により，関税の撤廃や削減という優遇措置が一層受け易くなる。

　こうしたルールの乱立による貿易実務の混乱もさることながら，RTAs 自身が，GATT・WTO の三大原則の一つである無差別原則に抵触するものである以上，基本的には両者は対立する存在であることは否めない。対立から補完関係そして統一的な世界貿易ルール（その中身はさておき）の確立が理想とされるところであろうが，現状はその理想からほど遠い。しかも，コロナ禍や米中対立のさらなる深化，ウクライナ侵攻により，ますます，多国間主義が形骸化し，RTAs が政治化しているのが現状であろう。

　こうした認識に立ち，まず次項では，メガ FTA と呼ばれる RTAs に注目しよう。

［2］ メガ FTA の登場とアメリカ

　それではメガ FTA とはどのような FTA（RTAs）を指すのであろうか。メガ FTA という言葉が使われ始めたのは，2010年代である。それまでの RTAs は二国（地域）間のものが中心であり，また経済規模の大きな国や地域同士のそれではなかった（EU や NAFTA は除く）。メガ FTA については統一的な定義は存在しない。しかし，一般的には，多数国（地域）が参加する FTA または世界の主要国間の FTA と理解されている。

　資料 4 - 8 は，交渉中または交渉中止を含めて，メガ FTA と呼ばれている（TPP12，RCEP，CPTTP，日 EU・EPA，USMCA（旧 NAFTA），EU・メルコスール FTA，TTIP）について，参加国・地域，世界経済に占める大きさ（対 GDP 比），協定の内容とその一般的特徴を比較したものである。協定条文自体のボリュームがそれぞれ膨大であり，細部までの比較は行っていない。

　それではなぜメガ FTA が成立したのか？　まず第 1 には，WTO での多国間交渉が頓挫していることがあげられる。すでに述べたようにドーハ・ラウンド交渉が停止しているもとで，特に先進国の多国籍企業は，新たなルール形成をメガ FTA に求めたのである。その目的は先進国が1990年代以降，構築しつつあったサプライ・チェーン網を効率的に運営することであった（⇨サプライ・チェーンについては第 6 章第 4 節，終章第 1 節）。

　世界最適生産を目指すサプライ・チェーンの運営には，関税の削減や撤廃の他に，投資保護，貿易円滑化，知的財産権保護といった非関税障壁分野におけるルールの整備が必要であった。GATT・WTO が機能不全に陥り，こうした機能を果たしてくれない限りにおいて，メガ FTA がこの機能を代行する。つまりメガ FTA は地域的に WTO の理念（新自由主義的なグローバリゼーション）を推し進めるもの，先進国多国籍企業の利害に沿ったものと位置付けることができる。とくに TPP，CPTTP，日・EUEPA がその代表といえよう。他方，RCEP は，前者とは一線を画しているように思われる。それは中国がその交渉で大きな役割を演じたことと発展途上国の利害が関連している。例えば，資料 4 - 7 に示してあるように，RCEP には，投資家保護を目的とした ISDS（投資家対国家間の紛争解

資料4-8　メガFTAの実例と比較

	交渉参加国・地域	GDPシェア(対世界) (%)(2020年)	協定内容と特徴	発効・交渉状態
TPP12（環太平洋パートナーシップ協定）	日本，オーストラリア，ニュージーランド，シンガポール，ブルネイ，ベトナム，マレーシア，カナダ，アメリカ，メキシコ，ペルー，チリ	37.8	アメリカの離脱により，協定条文はCPTTPに受け継がれる。	締結済み (2016年2月)
CPTTP（TPP11） （環太平洋パートナーシップに関する包括的及び先進的な協定）	アメリカを除く上記の11カ国	12.7	・関税撤廃率（日本95％，その他の諸国99〜100％） ・サプライ・チェーンの発展と強化（第22章） ・ISDS条項（第9章で言及） ・労働，環境，国有企業の章	発効済み (2018年12月)
RCEP（地域的な包括的経済連携）協定	日本，中国，韓国，オーストラリア，ニュージーランド，ASEAN10カ国	33.2	・関税撤廃率（日本81〜88％，日本産品日に対するその他諸国の撤廃率83％〜100％） ・地域的及び世界的なサプライ・チェーンへの参加（前文で言及） ・知的財産権 ・ISDS条項なし ・環境，国有企業，労働に関する条項なし	発効済み (2022年2月)
日・EUEPA（日・EU経済連携協定）	日本，EU	23.9	・関税撤廃率（日本94％，EU99％） ・貿易及び持続可能な開発（第16章） ・国有企業（第13章） ・ISDSについては，別個に投資協定を締結 ・サプライ・チェーンの強化（自動車部品に関して，双方がFTAを締結している場合，累積原産地規制を適用）	発効済み (2019年2月)
USMCA（米国・メキシコ・カナダ協定） （旧NAFTA）	アメリカ，カナダ，メキシコ	27.8	・域内関税，旧NAFTAの下で2008年にほぼ撤廃 ・ISDS条項（米加間では撤廃） ・自動車に関する原産地規制の強化（原産地割合62.5％から75％へ）と対米輸出枠の設定	発効済み (2020年7月)
EU・メルコスールFTA（EU・南米南部共同市場自由貿易協定）	EU，メルコスール（ブラジル，アルゼンチン，パラグアイ，ウルグアイ）	20.3	・関税撤廃率（EU92％，メルコスール91％）	交渉中
TTIP（大西洋横断貿易投資パートナーシップ協定）	アメリカ，EU	42.6	—	2013年7月交渉開始，2016年末交渉中止

GDPについては，IMF, *World Economic Database*, October 2021より筆者作成。
（参考）　角田昌太郎「メガFTAの動向」『調査と情報』1057号，2019，関根豪政『国際貿易法入門』，159頁。
　　　　TPP，CPTTP，RCEP，日・EUEPA，USMCA，EU・メルコスールFTA，TTIPに関する条文や交渉文書。

決）条項が存在していないし，国有企業，労働に関する条項も存在しない。

* 　投資家と投資を受け入れた国との間で紛争が起きた場合，投資家がその国を国際仲裁機
関に訴えることができるという条項。一般的に，投資家とは先進国の多国籍企業，投資受
入国とは，先進国も含むが，途上国政府が考えられる。

　アメリカはこうした動きの先頭に立ち，TPP, NAFTA そして TTIP（大西洋
横断貿易投資パートナーシップ協定）の交渉を主導した。こうして2010年代中頃ぐ
らいまではアメリカを頂点とした新自由主義的グローバリゼーションの世界貿易
体制（無論，アメリカ，EU，中国を中心とする協調的な多極化は存在していた）が，
WTO の枠外で模索されていたととらえることができよう。しかし，その様相が
トランプ政権の誕生によって一変する。それは，メガ FTA からのアメリカの脱
退である。

　上述したように，現在，アメリカは WTO に消極的なだけではない。メガ
FTA に対してもそうである。B. オバマ政権まで，大西洋間（対 EU）は TTIP に
よって，太平洋間は TTP によって，サプライ・チェーン形成のために貿易障壁
をはじめとする様々な規制を削減，撤廃することがアメリカ貿易政策の目的であ
ったが，トランプ大統領の登場によって TTIP 交渉の中止，TPP からの離脱と
いう形でメガ FTA に対しても否定的なスタンスをとっている（⇨資料4-8参
照）。またメガ FTA の原型ともいえる NAFTA についても，それに代わる新協
定 USMCA（米国・メキシコ・カナダ協定）では，とくに自動車関連産業に関して，
原産地比率の引上げや最低労賃の設定さらにはメキシコ，カナダからの自動車輸
入枠の創設によって，アメリカへの自動車産業の国内生産への回帰をその目的の
一つとしていることが理解できる（⇨資料4-8）。USMCA は，メガ FTA とい
う名をとってはいるが，域内貿易についても，管理貿易主義の色彩を帯びている。
事実協定名には自由貿易（Free Trade）という言葉が使用されていない。トラン
プ政権に続いてバイデン政権もその方針を踏襲，ひとえに自国の中間層の復活を
最優先にしている。バイデン大統領は2022年の一般教書演説で「外国のサプラ
イ・チェーンに頼る代わりにアメリカで生産しよう」と語っている。

　アメリカが抜けたメガ FTA において，主役を演じているのが日本，EU そし
て中国であろう。とくに東アジア地域におけるメガ FTA の形成は，CPTTP,
RCEP という形で帰結し，世界のメガ FTA 締結運動を主導しているように思わ
れる（⇨第10章第5節）。しかし，CPTTP と RCEP の間には内容的に差異が存在

する。「ルールに基づく国際通商システム」といってもそのルールの中身は違うのである。

以上，新自由主義的なWTOそしてメガFTAは，アメリカ経済にマイナスの影響をもたらしたとの認識で，2010年代中頃から世界貿易システム再建への関与からアメリカは距離を置いている。こうした中，米中対立の激化，コロナ禍そしてウクライナ侵攻を受け，RTAsの政治化が進行している。

3 混迷化する世界貿易秩序

アメリカと中国との対立の深刻化，コロナ禍によるサプライ・チェーン網の混乱そしてウクライナ侵攻が加わって，2010年代後半以降，貿易システムを巡る論争に，経済安全保障，地政学など新たな要素が加わっている。むしろ，単なる新自由主義的グローバル化では，対応できない段階への移行である。言い換えれば，2008-9年世界金融経済危機によって露呈された新自由主義的なグローバリゼーションの限界がより鮮明な形で表れている。具体的にその事例を挙げることにする。

第1に，ロシアのウクライナ侵攻に対して，2022年3月にWTOに加盟するG7，オーストラリア，韓国，EUなど14の国と地域がロシア（とベラルーシ）に対してMFN（最恵国）待遇の取消しなどの声明を発表した。MFN待遇は，これまで述べてきたようにGATT・WTOの三大原則の一つであり，形骸化してきているとはいえ，戦後貿易システムを支えてきた大原則である。WTO加盟国間において，この原則がさらに空文化したといえる。もちろん，中国をはじめとしてインド，ブラジルなどBRICSはこの声明には参加していない。

第2に，世界的に張り巡らされたサプライ・チェーン網の見直しである。コロナ禍への対応，中国との対立激化とウクライナ侵攻が重なり，アメリカを中心に経済安全保障論が台頭している。効率重視の政策から国家の安全を重視する政策を軸にサプライ・チェーン網を再編しようとする動きである。それについて，J. イエレン米財務長官は2022年4月，「フレンド・ショアリング（Friend-shoring)」という言葉を使って言い表した。フレンド・ショアリングとは，信頼できる国々（同盟国や友好国）の間でサプライ・チェーンを構築しようとするものであり，効率重視から経済安全保障を中心への政策転換である。

イエレン米財務長官は2022年6月に「国際貿易と世界経済における行動について共通の価値観を信奉する国は貿易による恩恵を受けるはずで，われわれは複数

の供給源を確保することになり，とりわけ地政学的な懸念のある国からの重要な物品調達に過度に依存しなくて済む」と発言。サプライ・チェーンを信頼できる国々に限定して構築する「フレンド・ショアリング」への支持をあらためて表明した。

バイデン政権は2022年5月に新経済圏構想IPEF（インド太平洋経済枠組み）を立ち上げ，アメリカを含めて14カ国（日本，オーストラリア，ニュージーランド，韓国，インド，フィジー，ミャンマー・カンボジア・ラオスを除くASEAN7カ国）が参加を表明している。ただし従来型のFTAとは異なり，国内世論の反対を考慮し，さらなるアメリカ市場の開放を示す関税引下げ等の規定は今のところ存在しない。協議の分野は，①貿易　②サプライ・チェーン　③エネルギー安全保障　④脱汚職など公平な経済となっており，加盟国は4つの分野から自由に選択し，参加できる。すべての分野への加入は必要ない。IPEFの今後は未確定であるが，アメリカが価値観を同じくする友好国を結集し，中国に対抗すべく，アジアに経済圏の形成を再度提案し始めたことは事実である。

こうしてアジアにはCPTTP, RECEP そしてIPEFというルールの異なる貿易圏が重複して存在することになる。当初の純経済的（無論，多国籍企業にとって経済的そして利益的である）なRTAs（地域貿易協定）から，政治化するRTAsへと協定の目的は変化している。こうした中，貿易の利益とはいったい何なのか？一般国民レベルからの問いかけが一層必要とされている段階にあるといえる。

[推薦図書]

関根豪政，2021，『国際貿易法入門―― WTOとFTAの共存へ』ちくま新書…最新のWTOとFTA（RTAs）に関する国際貿易法の観点（公正で自由な貿易を目指す）からの解説書。機能不全に陥っているWTOをFTAが補完する時代に入ったという認識のもと，WTOと直近の日本を含む世界のFTA戦略に言及。本書は日本政府の見解と重なる。

ダニ・ロドリック／岩本正明訳，2019，『貿易戦争の政治経済学――資本主義を再構築する』白水社… WTOのルールの下でのグローバリゼーションは，特定の利害集団の利益に利用されており，敗者への補償を行うものではない。むしろWTOの役割を限定的にし，国民国家の選択の余地を広げることを提案する。中川（2013）との併読を勧める。

山本和人，2019，『多国間通商協定GATTの誕生プロセス――戦後世界貿易システム成立史研究［増補版］』ミネルヴァ書房…第2次世界大戦後の貿易システム（GATT）がどのような目標をもってつくられたのかを，実際の交渉プロセスを分析することで明らかに

している。GATT の設立理念に立ち返って機能不全に陥っている WTO の再生を提起する。

中川淳司，2013，『WTO──貿易自由化を超えて』岩波書店…WTO 存続のためには，生産ネットワークの形成という21世紀型貿易に対応できるような新たなルールづくりの必要性を提起する。

『通商白書』（各年），経済産業省および『我が国の経済外交』（各年），外務省経済局…双方とも毎年発行される日本政府による日本や世界各国の通商政策，WTO や FTA/EPA（RTAs）に関する分析であり，政府の立場を代弁している。日本政府の進める通商政策を知ることができる。

（山本和人）

▶▶ コラム5 ◀◀

WTO の紛争解決制度

　GATT のもとでは，加盟国間に生じた貿易問題は，法に依拠して解決されるというより，加盟国間の直接的交渉に委ねられていた場合が多かった。これをGATT のプラグマティズムと呼ぶ。GATT は原則を掲げはしたが，緩やかなルールの下で運営されてきた。そもそも GATT 創設から70年代にかけて，GATT には専門の法律顧問団が存在していなかったという指摘がある。しかし，本文でも述べたとおり，70年代後半より，GATT には国際（経済）法を専門とするスタッフが加わり，彼らを中心にして GATT 改革が進められた。そして GATT の法体系を整備，補強し，法的側面から新自由主義的な方向に向かわしめたのは彼らの存在であった。彼らは，新自由主義的な法秩序（オルドリベラリズム）を信奉し，貿易のルールを厳格化，詳細化し，GATT 条文を遥かに上回る WTO 文書類を作成，貿易システムを法の支配のもとに置いた。WTO の紛争解決制度（DSU〔紛争解決に関わる規則及び手続に関する了解〕）もその脈絡の中で捉えることができる。WTO には，加盟国すべてが参加する多国間貿易交渉の実施，加盟国の貿易政策に対する監視，加盟国間の紛争の調停と解決という3つの重要な柱がある。第3番目の紛争解決制度の要点は，加盟国間の貿易紛争が当事国の協議で解決されない場合，パネル（一審）に付託され，それでも仲裁が不可能な場合，上級委員会（二審）へ審議の場が移されるという二審制をとっている点であり，国内裁判手続きの国際版といえる。パネル及び上級委員会を，DSB（貿易紛争を解決する機関）と呼ぶ。WTO の下で1995年から2021年（12月現在）までの26年間で，この制度に持ち込まれた案件は607件（GATT 時代は317件），うち350件がパネルまたは上級委員会にもたらされた。この紛争解決制度が，WTO 加盟国から一定の信頼を得てきた証とされている。紛争解決制度は WTO の中で最もうまく機能し，WTO の「王冠の宝石（crown jewel）」と呼ばれた。

　しかし，紛争解決制度も現在機能不全に陥っている。それはアメリカが上級委員会の委員の人事を阻止していることにある。アメリカの主張は，上級委員会がその権限を越えて，新たなルールを作成し，途上国や中国に有利な判決を下しているというものであった。アメリカの主張は強硬で，多国間主義よりも「アメリカ・ファースト」をスローガンにして国家主権を重視することであり，妥協案が見いだせず，改革の具体的な道筋は定かな状態にない。

（山本和人）

第5章 途上国における開発戦略と開発経済学の変遷
―途上国における開発の歴史と開発理論―

世界経済の周辺に置かれてきた途上国の視点に立ち，戦後世界経済が総体としてどのように形成されたのか，またその過程で途上国の国民経済や開発戦略がどのように影響・制約を受け，現在にいかなる影を落としているのかを概観する。さらに開発経済学の理論的変遷とともに，現在の開発経済学の動向について述べ，今後の開発のありうべき方向性を批判的に検討する。

Keywords▶開発の時代，構造主義，NIEO宣言，東アジアの奇跡，累積債務問題，社会主義諸国の崩壊，構造調整プログラム，ワシントン・コンセンサス，新古典派開発経済学，人間開発，SDGs（持続可能な開発目標），RCT（ランダム化比較実験），グローバル・ジャスティス運動，ポスト開発，脱成長

第1節　脱植民地化と「開発の時代」の到来

　第2次世界大戦後の世界経済は，まず植民地を解放することで形成されてきた（⇨第1章第2節）。しかし，その解放後の過程は，必ずしも途上国経済の自立へと向かっていくものではなく，むしろアメリカを中心とする（あるいは資本主義陣営と社会主義陣営からなる）新たな世界経済に再編成される過程であったともいえる。以下，この点についてみてみよう。

　第2次世界大戦後，植民地は次々と独立を果たし，自らの国民経済の構築と自立に向けて，自国のもてる資源と努力を集中した。この動きは，それまで植民地が置かれてきた抑圧的な状況からの解放として歓迎されるべきものであった。しかし，国民経済の建設を急ぐ途上国に対して，先進工業国とりわけアメリカが，国際連合やその他国際機関，あるいは二国間の国際援助を通じて様々に干渉してきた事実は見過ごされるべきではない。

　戦後間もない1949年に行われたアメリカ大統領H. S. トルーマンの就任演説は，

以下のように宣言している。

　「われわれは，新しく，大胆な試みに着手しなければならない。科学の進歩と産業の発達がもたらしたわれわれの成果を，低開発国の状況改善と経済成長のために役立てようではないか。かつての帝国主義，すなわち大国の利潤のための搾取は，もはやわれわれの未来に存在する余地はない。われわれが構想するのは，民主的で公正な関係を基本概念とする開発計画である」（W. ザックス編，I. イリッチ他著／三浦清隆他訳，1996，『脱「開発」の時代』晶文社，18-19頁）。

　トルーマンのこの演説は，それまでの旧植民地諸国を「低開発地域（underdeveloped area）」と呼び，その開発の推進をアメリカの世界政策の中心にすることを明らかにしたという点で，新しい時代を告げるものであった。「開発の時代」の始まりである*。こうして途上国は開発されるべきものとされ，「開発」はいまにいたるまで途上国と先進工業国との関係を規定する概念として重要な意味をもつようになった。この「開発」という目標は，独立間もない旧植民地諸国には拒否できない魅力をもったものであったし，各国の政治的リーダーはこの開発を国家的理念に掲げ，そのための政策を打ち出すことになった。

　＊　森田桐郎編著，1995，『世界経済論──〈世界システム〉アプローチ』ミネルヴァ書房，94頁。

　当然，この演説には冷戦の始まりを意識して，独立後間もない途上国が社会主義化・共産主義化することを防ぎ，資本主義陣営に留め置くといったアメリカの意図があったが，このことは結果として，アメリカを中心とした先進工業国の周辺に途上国を位置づけることで，戦後の世界経済を再編成することになった。そして，それ以後の途上国の経済発展は，この再編成された世界経済の構造内で行われることになったのである。さらに，1961年の国連総会では，第1次「国連開発の10年」が決議されるなど，国連をはじめ様々な国際機関もこれに加わり，途上国の開発を重要な課題として世界経済は展開していくこととなる。

第2節　NIEO の盛衰と政府主導的な開発戦略

［1］ 構造主義の登場

　こうして開発が実際上の課題となると，これを経済学的に理論づける動きが現れたが，途上国の経済的な特質を考慮に入れたものは，構造主義の登場まで待たねばならなかった。

　アルゼンチンの経済学者 R. プレビッシュを代表とする構造主義は，途上国の視点から世界経済の構造上の問題を指摘し，途上国の経済発展の困難さを指摘した。構造主義は，そもそも途上国経済は先進国経済とは異質の構造をもつという認識から出発している。そして世界経済の構造を「中心」と「周辺」からなる一つのシステムとして分析する枠組みを提示した。「中心」とは工業製品を輸出する先進工業国を指し，「周辺」とは先進工業国への原材料や食糧・資源など 1 次産品供給の役割を与えられた 1 次産品輸出国である。この中心と周辺の間の貿易パターンに関しては，長期的な 1 次産品価格の下落傾向によって途上国の交易条件が悪化し，工業製品に対して 1 次産品輸出が不利化していくというプレビッシュ・シンガー命題が提出された。長期的な 1 次産品価格の下落傾向については，需要の所得弾力性が小さいという 1 次産品の特性や 1 次産品従事者の価格交渉力の弱さなどが原因とされた。

　　＊　交易条件とは，1 単位の輸出財に対する輸入財の数量を表すもので，「輸出財価格÷輸入財価格」として測ることができる。

　こうして構造主義では，不利化する 1 次産品輸出ではなく，国内に工業を興し，それまで輸入に依存していた工業製品を国内生産で代替し，それをもって成長のエンジンにしようという輸入代替工業化戦略が描かれた（⇨第10章第 2 節 ［2］）。

　さらにプレビッシュは，以上のような構造的な問題を抱える 1 次産品輸出国たる途上国の開発のために国際的な協力と連帯を呼びかけ，古い経済構造を変革し，新しい世界秩序の構築の主張へと向かっていく。その熱意は，1964年 3 月第 1 回 UNCTAD（国連貿易開発会議）の開催へと結実した。このとき提出された「プレビッシュ報告」では，交易条件の悪化によって対外収支が長期的に不均衡化する周辺国の現状を脱するために，①先進工業国による 1 次産品輸入目標の設定，②国際商品協定の拡充，③途上国からの工業製品輸入に対する特恵関税，④交易条

件の悪化に対する補償融資，⑤対外債務の再調整などが重要な課題として提案された。そして，同年12月，UNCTAD は国連総会直属の機関として設立が認められた。

　以上の提案は世界貿易の基本原則であった GATT（関税及び貿易に関する一般協定）にも取り入れられることとなった。まず，GATT 第4部「貿易および開発」が新設された。ここで先進国と途上国間では相互主義（互恵主義）を前提としないことを確認した。また UNCTAD に結集した途上国グループ（G77〔77カ国グループ〕という）は，第2回 UNCTAD の直前にアルジェ憲章をまとめ，GSP（一般特恵関税制度〔途上国からの輸入品に対する関税率の優遇措置〕）を要求し，UNCTAD での合意を経て，1971年に GSP が創設された。これによって途上国のすべての関心品目について特恵が供与されることとなった。この GSP は GATT の MFN（最恵国）待遇規定に反するものであったので当初は義務が免除されていたが，GATT 東京ラウンドにおいて採択された授権条項（先進国に対する途上国の「S&D（特別のかつ異なる待遇）」を認める条項）によって承認された（⇨第4章第1節 1 ）。

　構造主義の思想・分析手法は，異質な経済構造の中に現状の不均等な経済発展の原因があることを指摘し，途上国と先進国を同質の経済構造とみなす GATT に象徴される世界貿易体制を批判した。プレビッシュはこの GATT 体制に対する途上国の不満を吸い上げ，国際的な連帯を謳うことで，UNCTAD 設立にこぎ着けた。こうした動きは，当時の国際社会において先進国優位の既存の世界経済構造を変革することを目指した一大運動として第三世界運動を牽引していくものとなった。グローバルな格差拡大が解決すべき喫緊の課題である現代においても，かつて第三世界が有していた世界経済への問題意識と理念は FTA（自由貿易協定）をテコに進む新自由主義的グローバリゼーションの目指すものへの批判的視点として，依然参照すべきものを内包しているといえよう。

2 新国際経済秩序 NIEO へ

　1973年10月，第4次中東戦争に関わって，イスラエルを支援するアメリカなどへ石油輸出制限と原油価格の引上げが行われた。この結果，石油価格は以前の4倍に高騰し，同時に，アメリカ系石油会社の国有化が行われていく（第1次石油危機）。これは石油資源のメジャー（国際石油資本とも呼ばれる，上流から下流まで

を一貫して行う巨大企業複合体）による支配への批判，あるいは資源ナショナリズムに基づいて，OPEC（石油輸出国機構）諸国により石油戦略が発動されたものであった。

　この動きはさらに1974年4月の第6回国連特別総会（国連資源総会）開催へと進んでいく。この総会において，資源に関する途上国の主権の確認だけでなく，途上国の直面する問題を解決するために，現在の世界経済秩序を変革することを目指す「NIEO宣言（新国際経済秩序樹立に関する宣言）」が採択された。同年12月の国連総会では，この宣言に一定の拘束力を与えることを目指して「NIEO憲章（国家間の経済的権利義務憲章）」が採択され，途上国を中心とした第三世界運動は，その頂点を迎えたのである。

　このNIEO宣言は，現在の国際経済秩序の不平等さを指摘し，現状の下では均衡ある世界経済の発展は不可能であるという認識に立っていた。こうして第三世界の視座から世界経済の構造を問題視し，その変革を強く訴えたプレビッシュの理念はNIEOへといたることになった。そしてNIEOは，資源の恒久的主権，多国籍企業への規制・監督，途上国輸出品交易条件の改善，途上国への資金流入を促す国際通貨制度改革，技術移転の促進，途上国間の協力強化などを主張した。

③　途上国の分裂とNIEOの崩壊

　しかし，このNIEOへと続いてきた第三世界運動の高まりは長続きしなかった。第1に，石油戦略の発動によって巨額の外貨収入を得た産油国と，石油価格の高騰と同時に先進国経済の低迷によって経済停滞に陥る非産油国との亀裂が明らかになりはじめた。資源ナショナリズムと結びつき，OPECによる石油戦略の発動に力を得た第三世界諸国であったが，その資源を持つか持たざるかが分裂の契機となってしまった。第2に，アジアのNIES（新興工業経済地域）の成功である。アジアNIESの開発戦略は，先進国向けの輸出を主軸にした輸出指向工業化を特徴とし，後の開発戦略や開発理論の動向に大きな影響を与えることとなった。これらアジアNIESは，既存の世界経済秩序の変革を求めるNIEOとは違って，むしろ既存の世界経済秩序に統合される方向で経済発展を目指すことを選んだのである（⇨第10章第2節②）。また第3に，GATT第4部新設のようにUNCTADの要求がGATTルールに取り込まれ，一部認められたことによって，GATTルール自体への抗議や反対意識が薄れていったこともある。

　こうして南の国の間に政治的な連帯では解決できない分裂が生じていった。この南南問題ともいわれる，南の途上国内部での経済的格差による分裂状況が形成されたことがNIEOの崩壊を決定的なものにした。しかし，NIEOの提起した問題意識はグローバル化の進む今日において，いまだ重要な意義をもっているといえよう。「弱小国の国際的な発言を有効なものとして認める新国際経済秩序を米ソのいずれにも属さない新興国の結束によって創り出そうという思想[*]」が第三世界運動を規定していた。世界経済の周辺に置かれた弱小国あるいは最貧困国の声を国際社会に届け，具体的な行動計画にまで落とし込んでいく運動もしくは仕組みが必要とされている状況は，今も変わっていない。

　＊　本山美彦，1991，『南と北　崩れ行く第三世界』筑摩書房，142頁。

第3節　新自由主義的開発戦略への転回

［1］累積債務危機と社会主義の崩壊

　こうした中で，1980年代にはラテンアメリカ諸国を累積債務危機が襲った（⇨巻末資料5）。この経緯をオイル・ダラーの動きとあわせて確認しよう。オイル・ダラーとは，石油産出国が石油輸出によって得たドル建の資金である。経常収支赤字を膨大に積み上げていたアメリカが世界中に供給したドルは，70年代の石油価格高騰によって産油国へオイル・ダラーとして流れ込んだ。このオイル・ダラーは，その後，ニューヨークやロンドンの金融市場に集中し，さらにそこから途上国への開発資金貸付やアメリカ国債購入へ向けられた。慢性的な資金・資本不足である途上国は，これを官民両方で受け入れ，対外債務を積み上げていくこととなった。

　このとき，途上国への貸し手として中心的な役割を果たしたのは，多国籍化した欧米の巨大金融機関であった。石油危機によって先進国経済が受けた打撃によって先進国の資金需要は細り，還流したオイル・ダラーという過剰資金をもて余したこれらの金融機関は，折しも先進国の援助疲れに取って代わるように途上国開発資金への貸付を増加させたのである。

　こうして膨れあがった累積債務は，R.レーガン政権によるドル高政策とインフレ抑制のための高金利政策によって決定的な影響を受けた。このドル高・高金利政策は，累積債務国の債務負担を激増させ，その返済を不可能なものとしたの

資料5-1　ワシントン・コンセンサス

1．厳格な財政規律
2．公共支出に関する優先順位の変更（歳出削減）
3．税制におけるフラットな限界税率と課税ベースの拡大
4．利子率の自由化と正の実質利子率
5．輸出促進的な競争力のある為替レート
6．貿易自由化，特に輸入への規制除去
7．海外直接投資の自由化
8．公営企業の民営化
9．規制緩和
10．財産権の保障

（出所）Williamson, J., 1990, "What Washington Means by Policy Reform", Williamson, J. ed., *Latin American Adjustment : How Much Has Happened ?*, Washington, D. C.: Institute for International Economics. より筆者作成。

である。そして，ついに1982年メキシコ政府による債務支払猶予宣言を契機として，累積債務危機が顕在化し，中南米は以後「失われた10年」ともいわれる経済停滞を余儀なくされることとなった。この債務危機はアフリカ，アジア，旧ソ連・東欧諸国にも広がっていく。

　この危機に対して，アメリカをはじめとした先進国は，ベーカー提案，ブレディ提案などで累積債務問題の解決を図った。またIMF（国際通貨基金）・世界銀行は財政赤字削減，インフレ抑制，経常収支改善をコンディショナリティとした資金支援ばかりでなく，経済自由化，規制緩和，国営企業の民営化，政府の役割の縮小，金融制度改革，貿易・対外投資の自由化といった構造調整プログラムを債務危機国へ突きつけ，新自由主義的政策を強要した。この構造調整プログラムに反映されたIMF・世界銀行のマクロ経済安定化と経済自由化への信念は，J.ウィリアムソンによって10項目にまとめられ，ワシントン・コンセンサスと呼ばれる（⇨資料5-1）。

　また，1990年代初めのロシア・東欧など旧社会主義諸国の移行経済化に際しては，IMFエコノミストの立案したワシントン・コンセンサスに基づく政策パッケージが適用・実施された。社会主義計画経済による経済開発路線は，汚職など政府による非効率性を露呈し，経済停滞をもたらした。そしてIMFの指導の下で行われた構造調整によって，経済への政府介入は極力控えるべきとして，国有企業の民営化など急進的な経済自由化改革が行われた。しかし，その結果，ロシア・東欧諸国は深刻な経済停滞を経験することになった。このロシア・東欧の急進的な経済自由化改革は「ショック療法」と呼ばれている（⇨第11章第2節）。

2　東アジアの開発経験と新古典派開発経済学の台頭

　上述の通り，1970年代，80年代の国際経済の混乱の中，アジアに位置する

NIES は輸出指向工業化によって急速な成長を続けた。輸出指向工業化に基づく東アジアの経済成長は，比較優位（⇨第2章第2節 ②）に従って市場の自由な作用に委ねることで資源の最適配分を達成したものとして，市場メカニズムへの信頼厚い新古典派経済学から支持され，東アジアの奇跡と呼ばれた（⇨第10章第1節）。こうして，経済自由化と規制緩和に代表されるワシントン・コンセンサスを理論的に支える新古典派開発経済学が途上国への開発政策や危機への処方箋の主流となっていく。

　しかし，最新の研究において，ラテンアメリカ諸国の経済的パフォーマンスについて輸入代替工業化の時期はその後の新自由主義的改革の時期に比べて劣っていたとはいえないという研究結果も蓄積されており，輸入代替工業化に対して安易に失敗の評価をすることには慎重になる必要がある。また，東アジアの高成長は，政府の介入を廃して市場メカニズムを十分に機能させた結果ではない。東アジアの産業政策の特徴は，パフォーマンス基準を用いたコンテストの採用，補助金による価格操作とインセンティブ付与，政策金融における低金利によるレント（超過利潤）の発生と企業誘導といえる。これらは，経済発展を動態的な過程ととらえ，その外部効果に注目して政策立案・実施されたものであり，長期的な開発戦略における政府の役割の重要性を示すものである。開発主義国家としてのNIES，ASEAN（東南アジア諸国連合）は，産業政策によって比較優位をつくり出したのであって，「静態的な比較優位を拒否した[*]」のであった。

　＊　アリス・アムスデン／原田太津男・尹春志訳，2011，『帝国と経済発展──途上国世界の興亡』法政大学出版局，127頁。

　したがって，輸入代替工業化が失敗し，輸出指向工業化が成功したとして，開発戦略に関して後者の優位性を判断するのは早計であろう。アジア NIES の経験のように，輸入代替による工業製品生産の経験が，輸出指向工業化を成功へ導くのであり，これは二者択一の戦略ではない。輸入代替は，工業化のもつ外部効果や産業間の連関効果の利用を狙ったものであり，輸入代替とそこから展開される工業製品輸出は，分かちがたく結びついているのである。さらには，現下のグローバリゼーションにおいて世界経済全体の需要不足が指摘される中（⇨終章第1節 ①），こうした輸出指向はその海外市場をどこに求めるのかという問題を生じさせざるを得ない。有望な海外市場の争奪戦が先進国・途上国入り乱れて繰り広げられているという現状に対して，一般庶民の生活を担保する賃金と雇用を保

証しつつ国内市場の成熟と充実を図る開発戦略を検討する必要があろう。

　加えるならば，輸入代替にせよ，輸出指向にせよ，工業化を開始する途上国は，国内貯蓄の不足と外貨の不足という二重の重荷を背負っている。国内貯蓄不足は，国内投資の源泉が不足することであり，そのため資本投資が十分になされず，生産も過少になり，所得の上昇を阻害する。これは，低開発の罠と呼ばれる状態である。また，さしたる輸出財のない状況での外貨不足は，生産に必要な原材料，資本財，投入財を海外から調達できないことを意味する。したがって，対外収支の赤字をいかにファイナンスするかが課題となる。これらを解決するために海外からの援助や外国からの借り入れを利用するのが途上国の常態であるが，特に外国資本の導入が東アジアでは積極的に利用された。この外資導入は，特に短期資本流入をも増大させ，90年代末の東アジア通貨危機を招く要因ともなった。

　また，多国籍企業からすれば，サプライ・チェーンをグローバルに再編成する際に，稠密な人口をもつアジアの低賃金は魅力であった（⇨第6章第4節）。先進国内では余剰労働力に限界が生じ，賃金の上昇が避けられなくなった。そこで多国籍企業は生産拠点をアジアに移し，生産工程を世界的に再編成しようとした。受入国側は，輸出加工区を設置し，課税面など外資への優遇措置を講ずることで，積極的な外資導入を図った。そして，先進国，特にアメリカは海外生産された製品に自国市場を提供したのである。1985年のプラザ合意によるドル安誘導以後は，自国通貨高となった日本，アジア NIES から ASEAN への企業進出も盛んに行われた。しかし，多国籍企業依存の経済成長は，生産基盤が国内に定着しないまま，輸出加工区は地元経済とのつながりの薄い「飛び地」となった。こうした飛び地状の地域をつなぐグローバルなネットワークが現在のグローバリゼーションにおける成長の極を形成しているのだが，このネットワークから外れた地域に対してグローバリゼーションは鉱物資源を乱開発しつつ環境を破壊し，現地住民を収奪するという暴力的な顔をみせている。

③　ポスト・ワシントン・コンセンサスの登場

　以上の経緯によって開発経済学の主流において新古典派が台頭し，実践的な開発戦略としてもこれに沿ったものが提示されるにいたった。どのような経済においても適用する経済学は一つと考えるモノ・エコノミクス*のもと，ワシントン・コンセンサスに基づいた画一的な政策提言がなされた。こうした状況は，90年代

末の東アジア通貨危機に際しても同様であった（⇨第10章第4節　1　）。

　　＊　モノ・エコノミクスという指摘は，A. O. ハーシュマンによる。

　しかし，このIMFによる東アジア通貨危機への画一的対応に対する批判が世界銀行内部から提出された。それを主導したのは当時の世界銀行上級副総裁兼チーフ・エコノミストであったJ. スティグリッツである。彼によれば，そもそも東アジア通貨危機の原因はIMF・世界銀行（世銀）グループがグローバルに推し進めてきた金融・資本市場の拙速な自由化にあり，これによって流入した莫大な短期資金が不動産市場でバブルを引き起こし，ついにこれが弾けたときに短期資金の資本逃避とともに国内金融収縮をもたらすという資本収支危機であった。しかし，この新しいタイプの危機に対するIMFの政策提言は昔ながらのマクロ経済安定化策（財政赤字，経常赤字削減という緊縮的政策と構造調整政策）であり，危機の実情をふまえたものではないとスティグリッツは批判した。

　スティグリッツはチーフ・エコノミスト着任以来，継続してワシントン・コンセンサスへの批判的な主張を展開していた。そして世銀総裁J. ウォルフェンソンの提唱する「包括的な開発フレームワーク」と軌を一にするような主張を続けてきた。「包括的な開発フレームワーク」とは，これまでのマクロ経済安定化のみではなく，途上国の構造的・社会的・人間開発的側面という非経済的側面にも注意を払った開発の枠組みである。スティグリッツは経済的要因のみではなく非経済的要因に注目する必要があること，市場の未発達な国においては制度整備や政府の介入があってはじめて途上国の開発が可能になること，またそうした開発がすべての社会階層の人々を包摂したものであることを主張し，「新しい開発パラダイム」として提唱した。この「新しい開発パラダイム」が世銀のその後の開発援助戦略の変更に影響し，それまでの構造調整融資から貧困削減戦略へと世銀は舵を切った。しかし，こうしたポスト・ワシントン・コンセンサスへの世銀の転換は，スティグリッツのチーフ・エコノミスト辞任後はその熱を失っているようにみえる。世銀の新たな開発戦略も，ワシントン・コンセンサスの延長上に非経済的側面も取り込むといった程度であり，ワシントン・コンセンサスからの抜本的な方向転換までは期待できない。＊また，欧州債務危機に際して，その赤字体質を指弾されたギリシャやポルトガルに突きつけられたトロイカ（欧州委員会，IMF，ECB〔欧州中央銀行〕の協議体）からの要求は，まさにワシントン・コンセンサスに基づいた緊縮財政，規制緩和，民営化のパッケージであった。スティグ

リッツの指摘にもかかわらず，このコンセンサスはいまだ新自由主義的グローバリゼーションの推進力であり，揺るぎない影響力をもつものとして国際開発援助機関に現存している。

　＊　大野泉，2000，『世界銀行　開発援助戦略の変革』NTT出版，213-215頁参照。なお同書では，スティグリッツ辞任の経緯やその影響についても詳しく論じられている。

第4節　現代開発経済学（開発のあり方）の批判的検討

［ 1 ］ 開発の見直しと新たな開発アジェンダの設定

　戦後の旧植民地の独立に伴う実践的な要請によって開発経済学という分野が確立して以来，貧困は常に解決するべき問題の最たるものであり続けている。構造主義の問題意識はすでに述べたが，1970年代には人々の生活の基礎的必要を満たす必要があるというBHN（ベーシック・ヒューマン・ニーズ）が国連を中心に採用された。その内容は，衣服，住居，雇用，医療，教育などの充足である。その後，1980年代のIMF・世銀の構造調整融資への批判（有名なものとしては，UNICEF〔国際連合児童基金〕による「人間の顔をした調整」）から，前節で述べたように，1990年代には開発の問題として貧困そのものに再度注目してこれを撲滅することが志向されるようになった。

　例えば，世界銀行は1990年版と2000／2001年版の『世界開発報告』において「貧困」をテーマに取り上げ，経済成長と貧困削減を両立させることを訴えた。1995年にはコペンハーゲンで社会開発サミットが開かれ，ここでも人間の置かれた状況や社会環境を改善する必要が注目され，平均余命や識字率，就学率などの社会開発指標が目標とされるようになった。

　またUNDP（国連開発計画）は，1990年より『人間開発報告書』を発行し，開発の主要な目標を人間自身の状況に定めた。人間開発とは「人間の選択の幅の拡大」であり，人間開発が人間の自由の拡大につながるとして，これを促すような開発政策を提唱した。同時に，人間開発指数（Human Development Index）など人間開発や貧困状況を所得のような経済的要因のみではなく多面的にとらえる試みがなされるようになった。さらに1994年の『人間開発報告書』では「人間の安全保障（Human Security）」という概念が提出され，人間の生活を脅かす様々な不安を減らし，可能であればこれを排除することが目的とされた。

　この人間開発や人間の安全保障にはA.センの理論的影響がある。「開発とは，人々が享受するさまざまな本質的自由を増大させるプロセスである[*]」（訳文は筆者による）と考えるセンは，財やサービスを所有・消費することよりも，そのことによって個人はどのような状態になり，何が可能になるかということを重視する。センはこれを個人が達成できる機能（functioning）と定義し，この機能の集合を潜在能力（capability）と呼ぶ。そして，貧困を所得の少なさととらえるのでは不十分であり，貧困とは所得以外にも生活環境や社会制度，公共政策の欠如などによって各自のもつ潜在能力を十分に発揮できず，個人の自由が剥奪されている状態であるとする。

　　＊　アマルティア・セン／石塚雅彦訳，2000，『自由と経済開発』日本経済新聞社，1頁。

　こうしたセンの理論は，開発の実践において従来重視されがちなGDP（国内総生産）や失業率などのマクロ的な経済指標から個々人の具体的な生活状態というミクロ的な視点を重視することにつながった。同時に，後述するように，開発政策の実施において貧困者を具体的にターゲットにすること（ターゲティング）とその政策のインパクト評価（効果を測定・評価する）という手法を広めることになった。

　21世紀になってからは一層貧困撲滅への機運が高まり，これを具体的に目標として設定したのが，2000年のMDGs（ミレニアム開発目標）であり，また2015年にこれを引き継いだのがSDGs（持続可能な開発目標）である（⇨終章第3節）。MDGsは8項目，SDGsは17項目の目標を設定し，さらにそれらを細分化してターゲットが設定された（⇨終章コラム16）。ここでも政策立案においてエビデンス・ベースト（evidence based）の議論が重視され，かつこうした政策への資金の出し手（例えば納税者やドナー）への説明責任を果たす意味合いからも，目標設定とその達成度の確認という枠組みが利用されている。

　SDGsの設定には多くの専門家が関わり，具体的に有用な政策に直結する目標やターゲットが選ばれている。地球環境を意識した持続可能性概念を基盤としてSDGsが設定されたことは一定程度評価することはできる。しかし，A.エスコバルが指摘するように，現下の新自由主義的グローバリゼーションにおいては，あらゆる点から考えて，どんな国も「持続的に開発する」ことなどできないことは明らかである[*]。この観点からすれば，SDGsは環境破壊や貧困・格差問題をもたらした開発というあり方を根本から批判するものではありえない。そうではなく，

SDGs はこの開発を受け入れたうえで，そのあり方を若干見直すという弥縫策によって「開発の夢を生きながらえさせ続けている」といえる。

　＊　アルトゥーロ・エスコバル／北野収訳，2022，『開発との遭遇　第三世界の発明と解体』新評論，2頁。

　また SDGs は「パートナーシップ」＝官民連携を強調することで，民間の企業や資金を開発に巻き込むことで，大きく注目されている。これには2000年からの MDGs が政府による公的支援に大きく傾斜した結果盛り上がりを欠いたという反省があろう。これから途上国・新興国が必要とする基本的な生活インフラの整備に必要な金額を政府の公的援助のみで賄うことはできないという指摘もある。しかし，例えば再生可能エネルギーへの移行による電化製品の増加がこれに必要な資源である銅・ニッケル・コバルトなど鉱山開発の激化による途上国での自然破壊を助長するといったように，17の総花的な目標が相互に衝突するという問題が生じている。こうした途上国での開発にまつわる現状は通常広く知るところにはなりにくいので，SDGs はこれに取り組む企業の背後にある問題から人々の目を逸らせることになる可能性もある（SDGs ウォッシュともいえる現象）。この点をさらに言えば，開発に絡む世界経済の構造や権力関係の変革には踏み込まれておらず，誰が開発計画を策定するのか，誰が開発の主体であるのかといった本質的な問題は等閑視されている。その意味で，SDGs は現行の資本主義世界経済システムへの批判的視座を欠いている。我々に求められるのは，こうした世界経済のありかたによって貧困・格差問題，自然破壊が生じているグローバル・サウス（⇨第11章第4節 [2]）からの異議申し立てにしっかりと耳を傾けることであろうし，これと連帯してそれぞれの社会が固有の文化のもとに良き生を享受することが可能になる多元的な世界経済を目指すことであろう。

[2]　現在の開発経済学とその課題

　開発経済学における現在の分析手法として主流になっているのは RCT（ランダム化比較実験）である。これは新薬の治験と同様の手法を用いて，ある政策のインパクトを直接に測定しようというものである。具体的には，特定のターゲット集団からランダムに二つの集団を選び出し，一方には政策を実施し，他方には実施しないことでその差を確認する手法である。有名なものとして，マラリア予防のために防虫剤を練り込んだ蚊帳を無料で配布するべきか有料で購入してもら

▶▶ コラム 6 ◀◀

グローバルな公正を求める運動（オルター・グローバリゼーション運動）

　市民のレベルで連帯を呼びかけ，グローバリゼーションそのものを拒否するのではなく，「別の」グローバリゼーションを求める運動が広がっている。この運動は「オルター・グローバリゼーション運動」あるいは「グローバル・ジャスティス運動」と呼ばれ，ワシントン・コンセンサスに基づく現在の「新自由主義的グローバリゼーション」を拒否し，貧困，飢餓などをなくすためにグローバルな公正あるいは正義を求めるNGO（非政府組織）やNPO（非営利組織）の広範なネットワークによって成り立っている。そして毎年ダボスで開かれる世界経済フォーラムに対抗して，2001年以来「もう一つの世界は可能だ！（Another world is possible!）」を合言葉に，「世界社会フォーラム」が開催され，運動の中心となっている（2022年5月にはメキシコにて開催）。

　例えば，「フェアトレード」はより公正な国際貿易の実現を目指して，南の阻害された生産者や労働者の人々の権利を保障し，彼らによりよい交易条件を提供することによって持続的な経済発展に寄与しようとするものである[*]。国際NGOであるOXFAM（オックスファム）は，1次産品や医薬品などに関するフェアトレードに取り組み，また世界経済における富の格差に関するレポートを発行し，99％の人々のための経済を唱道している（⇨第11章第4節 [2]）。また，かつてOXFAMの上級研究員を務めたこともあるK.ラワースは社会を支える土台を示す小円と環境面での上限を示す大円という2つの同心円を用いた「ドーナツ経済」を提唱し，経済成長にこだわらないで，このドーナツの内部で経済を営むことを主張している[**]。

　[*]　渡辺龍也，2010，『フェアトレード学──私たちが創る新経済秩序』新評論，3頁。
　[**]　K.ラワース／黒輪篤嗣訳，2021，『ドーナツ経済』河出書房新社。

　世界社会フォーラム開催を呼びかけたATTAC（市民を支援するために金融取引に課税を求めるアソシエーション）は，特に投機的な外国為替取引に国際的に課税し，その収入を途上国支援や不平等の是正，環境問題の解決に使用することを狙った「トービン税（Tobin tax）」の導入を求め，この運動全体の牽引役となっている[*]。トービン税は，1970年代にJ.トービンによって構想された国際的な税制であるが，その後UNDPにおいてもその導入可能性が議論された。そして現在，このトービン税をアイデアの起源とする国際連帯税構想が，国連MDGs（ミレニアム開発目標）以降議論されており，気候変動や貧困・格差などの問題解決，途上国の開発支援に役立てることが目指されている。こうした国際連帯税構想は，タックス・ヘイブン問題（⇨第6章コラム7）が大きく注目されるようになったことからも，早期の実現に向けて取組みがなされているが，世界全体で一斉に導入する必要があるなどの実施上の問題も依然抱えたままである。

　[*]　推薦図書，ジョージ，2004，103頁。　　　　　　　　　　　　　（山本勝也）

うべきかという問い（無料配布の場合は有効に活用されない，あるいは金銭的負担が
ある方が利用率が上がるのではないかという疑念）に対する RCT がある。結果は，
無料か有料かは蚊帳の使用には大きな影響を与えず，無料配布することはむしろ
蚊帳の利用を浸透させていく上で有効というものであった。先に述べたインパク
ト評価もこの RCT を用いた社会実験によって政策の効果を測ったものである。
またこうして得られた結果をエビデンス（根拠）としてどのような政策を選択し
実行すべきかを決定する「エビデンスに基づく政策立案」にも RCT は用いられ
ている。この RCT を用いて貧困削減に貢献した A. バナジー，E. デュフロ，
M. クレマーの3人は2019年にノーベル経済学賞を受賞している。

　　＊　推薦図書，デュフロ，2017，85-87頁。

　現代の開発経済学は，ミクロ経済学や計量経済学を主要な分析ツールとして理
論的展開をみせており，RCT による社会実験によって新たな知見を蓄積すると
同時に，行動経済学からの貢献も登場するなど，非常に幅広い内容になってきて
いる。このことは開発に関わる研究領域の広さを示しており，開発経済学はまさ
にその研究対象を拡大させつつ，経済学の主要な応用分野になっているといって
よい。

　ところがこのために，構造主義者らによって伝統的な研究対象とされてきたマ
クロ的な開発戦略や世界経済全体の構造への眼差しが開発経済学の内部において
希薄化しているようにみえる。もちろん個々の貧困者の生活状況（福祉〔well-
being〕）に注目し，これへの有効な対処を考えることは重要な課題である。しか
し，そうした問題を超えてグローバリゼーションのもつマクロ経済的な要因が構
造的に貧困者を生み出しているのではないかという疑念が提示されているのが現
下の状況であろう。例えば，もはや途上国・新興国に限らず，先進国内でも顕著
になっている格差問題はグローバルに展開しており，個々への対処的療法では解
決しないグローバリゼーションのもつ構造の中で再生産されていると国際 NGO
（非政府組織）など市民社会から糾弾されている。そして新自由主義的グローバリ
ゼーションに対して，別のグローバリゼーションを目指す運動がグローバル・ジ
ャスティス運動として草の根で進んでいる（⇨本章コラム6）。

　また，先に参照したエスコバルは批判的開発学の立場から「ポスト開発」を主
張する代表的論者である。ポスト開発論は「開発のためのオルタナティブ」では
なく「開発に対するオルタナティブ」を模索する。SDGs は「開発のためのオル

タナティブ」に相当しよう。これに対して，開発を当然とせず，その発想がもつ思考の枠組み，開発が実践される構造やそこでの権力関係に注目し，これを解体することで，より地域や現地住民に根ざした良き生の実現を目指すのがポスト開発論であると言える。さらに，「ポスト開発」と共通の関心を持つものとして「脱成長」がある。脱成長論は経済成長を追求することをやめて，より良き生や人々の福祉に目を向けようという主張である。持続可能な開発は経済成長を前提とし，その経済成長志向がこれまでに発生した問題の原因であるにもかかわらず，問題への解決策として依然として経済成長が支持されていることを脱成長論は批判するのである。これらの「ポスト開発」「脱成長」ともに社会正義に関心を持つ点で，上記のグローバル・ジャスティス運動と連動している。

　貧困を撲滅するという崇高な使命に加えて，世界経済が孕む不公正な経済構造を解明し，これを是正する取組みもまた開発経済学に課せられているといえる。開発経済学がこうした市民運動を支える理論的基盤を提示し，一般庶民の生活の安定に貢献するものとしてますます理論的発展を遂げていくことが期待される。

[推薦図書]

サラ・ロレンツィーニ／三須拓也・山本健訳，2022，『グローバル開発史――もう一つの冷戦』名古屋大学出版会…「開発の時代」前史から1980年代後半までの開発に関する包括的なグローバル・ヒストリー。冷戦構造がいかに開発のあり方を規定し，現在に続いているかを明らかにする。

エステル・デュフロ／峯陽一，コザ・アリーン訳，2017，『貧困と闘う知――教育，医療，金融，ガバナンス』みすず書房…ランダム化比較実験（RCT）の手法を用いた各種研究を紹介しつつ，開発全般にわたる重要な問題を考察する。

スーザン・ジョージ／杉村昌昭・真田満訳，2004，『オルター・グローバリゼーション宣言――もうひとつの世界は可能だ！もし…』作品社…グローバル・ジャスティスを求める運動を紹介しながら，現在のグローバリゼーションをより公正なものへ変えていくための提言がなされる。

（山本勝也）

第6章　対外投資と生産のグローバル化

──何がグローバル化を突き動かしているのか──

　　　　多国籍企業が成長して直接投資が拡大し，各国で貿易と投資の自由化が進んで，生産のグローバル化が急速に進展した。かつては先進国に集中していた一連の生産工程が分割されて国境を越えて展開し，組立工程などを担う新興工業国が急速に発展する一方で，多国籍企業の中枢に利益が集中する傾向が強まっている。

Keywords▶直接投資，間接投資，多国籍企業，第1次所得収支，企業内貿易，サプライ・チェーン，グローバル・バリュー・チェーン，アウトソーシング

第1節　対外投資とは何か

　1　企業はなぜ国外に投資するのか

　投資は生産力を高め，雇用を創出する。また所得を増加させて需要を拡大させる。一国にとって国内の投資は自国の経済成長の基礎である。一方，企業が投資を行う目的は自社の利益拡大である。企業はしばしば，本拠地を置く国から遠く離れた国に投資を行う。例えば，国内では企業が求める賃金水準で十分な労働力を確保できなければ，企業は低廉な労働力が豊富な国に投資して生産拠点を設立する。また，企業は自社が生み出した財やサービスの販路を国外に広げるために，国外に投資して営業拠点を設立する。このほか，原料調達を確保するために国外に投資が行われることもある。歴史的にみて，最初に盛んになったのはこの目的による投資であり，農業国や植民地と工業国との間の貿易を創出し，拡大させた。低廉な労働力を求めて生産拠点を設立する投資が活発になったのは1980年代以降であるが，それ以降，著しく増大して新興国発展の原動力となり，そして先進国と新興国の生産構造と貿易を大きく変容させている。

　さらに，企業は，国家による関税やその他の輸入障壁の設定や撤廃に対応して，

国外に投資を行う。途上国が自国産業育成のため保護貿易政策をとっていれば，企業は本国から最終財を輸出する代わりに，組立拠点を途上国に設けて，その国の国内市場向けの最終財を生産することもある。また，1980年代に日米経済摩擦が激化した際は，日本の自動車メーカーはアメリカ国内に工場を設けて現地生産を拡大させた。近年では，FTA（自由貿易協定）などの地域経済統合に対応した投資が盛んになっている。FTA によって特定の国家間で関税や非関税障壁が撤廃されると，その域内への製品の供給は，域外の生産拠点から行うよりも，域内に新たに設けた生産拠点から行う方が有利となる場合がある。このとき，域内でも相対的に賃金コストが低い国が進出先として選択されることが多い。アメリカ・カナダ・メキシコの3カ国による FTA（旧 NAFTA，現 USMCA）ではメキシコに投資が集中した。

［2］企業はどのように国外に投資するのか

　以上のような企業活動を国外で展開するために，企業は，既存の外国企業の株式の一部を取得して，経営に関与する場合がある。さらに M&A（合併・買収）を行って，株式を100%取得して完全子会社としたり，自社に吸収したりする場合もある。これによって，外国企業がもつ技術やブランド，取引先，経営資源を獲得し，経営規模を拡大することができる。国内企業に対する M&A と区別するために，国境を越えた M&A をクロスボーダー M&A ともいう。また，外国企業を利用せずに，自社単独で外国に支店や子会社を設立することもある。新規に子会社などを設立するための対外投資をグリーンフィールド投資という。

　このように国外で企業活動に長期的に関与することを目的として行う投資を直接投資という（⇨第2章第3節）。IMF（国際通貨基金）の定義では，この目的で国外の企業に投資し，その議決権の10%以上かそれに相当する権限を得た企業が，その企業に対して行う投資を直接投資という。この国外の企業には，保有する議決権が過半数を上回る子会社，保有する議決権が過半数以下の関連会社の他，自社の支店も含まれる。また，子会社設立時の出資などの当初の投資だけでなく，その後のこれらの企業への投資も直接投資に含まれる。直接投資を行って，世界各地に拠点を置いて企業活動を展開する企業を多国籍企業と呼ぶ。直接投資を行った企業は，世界各地の子会社や関連会社が生み出した利益を，保有するこれらの会社の株式の配当や，親会社が供与した技術やノウハウの使用料などによって

資料 6 - 1　主要国の対外直接投資および対内直接投資残高（2021年）

（単位：億ドル）

	対外直接投資残高（A）	対内直接投資残高（B）	(A)/(B)
日本	19,839	2,570	7.72
韓国	5,515	2,633	2.09
ドイツ	21,413	11,391	1.88
フランス	15,450	9,780	1.58
イギリス	21,664	26,342	0.82
アメリカ	98,135	136,190	0.72
中国（香港を除く）	25,818	20,640	1.25
中国（香港のみ）	20,823	20,222	1.03
タイ	1,770	2,791	0.63
インド	2,064	5,143	0.4
メキシコ	1,853	5,788	0.32
ベトナム	118	1,926	0.06

（出所）　UNCTAD, *World Investment Report 2022*, pp. 214-217.; Annex table 2.
FDI stock, by region and economy, 2000, 2010 and 2021. より筆者作成。

受け取る。

　なお，企業活動への長期的な関与は目的とせずに，もっぱら債券や貸付の利子，株式の配当，証券の売買差益の獲得を目的とするような対外投資を間接投資（証券投資／ポートフォリオ投資）という（⇨第 2 章第 3 節）。IMF の定義では，直接投資に当てはまらない対外投資は，通貨当局による外貨準備資産の取得や運用に関わる投資を除いて，間接投資に分類される。間接投資は，各国の金利や為替の動向に影響されやすく，年によって変動が大きくなることがある。

　3 　対外直接投資と対内直接投資

　自国から外国への直接投資を対外直接投資，外国から自国への直接投資を対内直接投資と呼んで区別することもある。資料 6 - 1 に示されているように，両者の残高（ストック）の比率（(A)/(B)）は，国によって大きく異なっている。アメリカとイギリスは対内直接投資が多く，その他の先進国は対外直接投資残高の方が多くなっているが，日本以外では両者の比は 2 倍前後であり，相対的に見て，対内直接投資残高も少なくない。一方，日本は，対外直接投資残高の方が極端に多いのが特徴である。もっとも，近年ではアジアの新興国の企業による日本企業の買収や出資のほか，日本での営業拠点，生産拠点や研究開発拠点の設置が増え

つつあり，新たな対内直接投資の動きがみられる。

　日本とは対照的に，メキシコ，インド，タイ，ベトナムでは対内直接投資残高の方が多くなっている。これらの国々は低賃金労働力が豊富で，また先進国とFTA（自由貿易協定）を締結しているため，多くの世界的な企業が輸出向けの生産拠点を設けている。そして，中国の対内直接投資残高は他の途上国を大きく上回っており，改革・開放政策に転じてからの40年間に巨額の直接投資が流入したことが数字にも表れている。一方，近年，中国企業は資源や食糧確保，輸送インフラ整備を目的とした途上国への投資や，技術やブランド，取引先，経営資源の獲得を目的とした先進国企業への投資を増大させており，中国の対外直接投資残高は対内直接投資残高を上回ってきている。

［ 4 ］ 直接投資と国際収支

　国際収支には，IMFが定めた定義や規則に沿って，国境を越える経済取引が体系的に記録されている（⇨第2章第3節および巻末資料1～3を参照）。国境を越えた投資の流れ（フロー）は，金融収支に計上される。このうち，「直接投資」の項目には，前述のIMFの定義を満たす取引が計上される。取引の形態としては，株式の取得や資金貸借のほか，海外子会社の内部留保が親会社の出資比率に応じて計上される。内部留保は，親会社に帰属してすぐに再投資されたとみなされてこの項目に含まれている。資料6-2には，日本からの対外直接投資額が示されている。グラフに表れているように，2008-09年の世界金融経済危機と新型コロナウイルス感染拡大による落ち込みを除くと，2000年代初頭からおおむね増加が続いていることがわかる。

　直接投資と間接投資に伴って利子や配当などの所得が発生するが，この流れは，第1次所得収支に計上される。このうち，「直接投資収益」の項目には，前述のIMFの定義を満たす直接投資から生じる収益が計上される。収益の形態としては，株式の配当，支店の収益，資金貸借で発生する利子の他，海外子会社の内部留保が出資比率に応じて親会社に帰属するものとみなされて計上される。なお，海外子会社が親会社のデザイン，商標，技術を利用すると親会社への支払いが発生するが，この額はサービス収支の「知的財産権等使用料」の項目に計上される。

　経常収支は，貿易収支・サービス収支・第1次所得収支・第2次所得収支の総和である。日本の経常収支とそれを構成する各収支の推移を示す資料6-3をみ

資料 6-2　日本からの対外直接投資額の推移

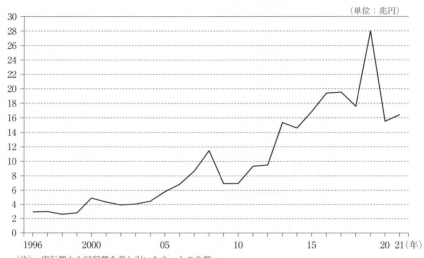

（注）　実行額から回収額を差し引いたネットの金額。
（出所）　財務省「対外直接投資の総括表」より筆者作成。

資料 6-3　日本の項目別経常収支の推移

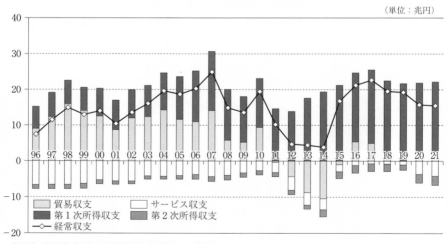

（出所）　財務省「国際収支総括表」（暦年）より筆者作成。

資料6-4　日本のサービス収支とその主な項目の収支の推移

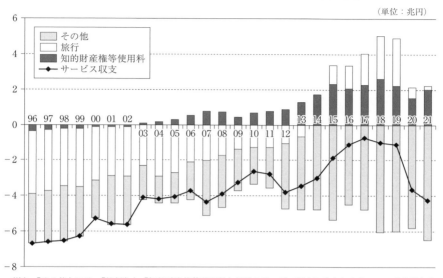

（単位：兆円）

（注）　「その他」には，「旅行」と「知的財産権等使用料」以外のサービス収支に含まれるすべての項目が含ま
　　　れる。単独の項目としての「その他サービス」とは異なる。
（出所）　財務省「サービス収支」（暦年・半期）より筆者作成。

　ると，貿易収支の黒字は減少傾向にあり，2010年代前半は赤字となっているが，
一方で第1次所得収支は黒字が拡大している。折線で示されている経常収支は黒
字が続いているが，それを支えているのは，2000年代前半までは貿易収支の黒字
であったのが，2000年代後半より第1次所得収支の黒字になっている。また資料
6-4をみると，折線で示されているサービス収支全体は赤字が続いているが，
その中の「知的財産権等使用料」の収支を取り出してみてみると，以前は赤字が
続いていたものの，2003年から黒字となり，その後，黒字幅が大きく増大した。
これに加えて，新型コロナウイルスの感染拡大の前は，外国からの旅行者の支出
が計上される「旅行」の黒字が増えたことによって，サービス収支全体の赤字が
縮小した。このように，日本の対外的な経済取引の構造が対外直接投資の増大と
ともに大きく変化してきたことが，経常収支の動きに表れている。

［5］　対外投資が多国籍企業にもたらす利益と本国の利益

　対外投資によって企業が得るのは，配当や利子，知的財産権使用料の受け取りや，子会社の内部留保といった利益にとどまらない。前述のように，企業は，低賃金労働力の利用，国外への販路拡大，原材料調達を目的に直接投資を行う。これによって生産コストが削減され，自社製品の売上げが増え，原材料が安定して調達できれば，大きな利益となる。高度な技術開発能力や経営管理能力，高く評価されるブランドを有していても，生産コストが高ければ利益が圧縮されて，自社の強みが生かせない。しかし，国外で生産してコストを削減し価格競争力が強まれば，自社の高度な能力やブランドを生かして利益を高めることができる。世界的に有名なブランドの家電製品，アパレル，スポーツ用品を生み出す多国籍企業の多くはこうして利益を高めている。

　こうした多国籍企業の利益は，国全体の利益とどのような関係にあるのだろうか。多国籍企業が国外に投資して国内から国外に生産拠点を移転し，さらにそれまで国内で調達されていた部品や材料などの中間財が，移転先で現地や他国からの調達に切り替えられたら，国内の雇用，および国内で生産されていた中間財の需要が減少する。一方多国籍企業にとって，自社が有する生産能力，技術，ブランド，経営管理能力などの優位性を維持し高めるために，国外への投資は不可欠であり，国家にとっても，自国企業の国際競争力の維持と強化は利益となりうる。また途上国にとって，先進国の多国籍企業による投資は経済発展を左右する存在であるため，先進国にとって，自国企業による途上国への投資は，途上国との経済的な連関を高めて，途上国に対する影響力を強める手段にもなる。こうした理由から先進国は，FTA（自由貿易協定）や，投資を自由化する投資協定，その双方が含まれた EPA（経済連携協定）を積極的に締結するようになっている（⇨第 4 章第 2 節［2］，第 3 節［1］）。

　このように多国籍企業の利害と本国の利害が重なる場合もあるが，一方でその乖離も顕著になっている。多国籍企業は，前述の内部留保の増大の他，進出先の税制の違い，さらにはタックス・ヘイブン（⇨本章コラム 7 参照）を利用して，本国での課税を回避しようとするが，これは本国の税収の大幅な減少をもたらしており，各国の税務当局は多国籍企業への課税強化に乗り出している。この他，生産拠点移転に伴う雇用や中間財需要の縮小によって不利益を被る人々や地域の存在は目につきやすいのに対し，利益は多国籍企業以外に誰がどれだけ得ている

▶▶ **コラム 7** ◀◀

タックス・ヘイブン

　世界には，税率が極端に低いところがある。タックス・ヘイブンと呼ばれる。有名なのはケイマン諸島やバミューダ諸島である。カリブ海やヨーロッパにあるイギリス領やオランダ領の島や小国などに多いが他にもいくつもある。ヘイブン（haven）とは避難港・回避地のことで，タックス・ヘイブンは租税回避地ともいう。企業がここにペーパーカンパニーを設立して，世界中で稼いだ利益を集中させれば，利益に課される税を回避できる。しかしその一方で，多くの国家が税収を失う。

　この問題は近年ますます深刻になっている。企業活動のグローバル化が進んで，様々な国の事業拠点間での資金のやりとりが増えたこと，金融自由化が進んで，国境を越えた資金移動が活発になったこと，ICT 技術の発展により，こうした移動が容易になったことがタックス・ヘイブンへの利益移転を促進している。国境を越えた利益移転を防ぐ規則も存在するが，各国の課税規則の隙間が巧妙に利用されている。このようにタックス・ヘイブンに企業の利益が移転して，一国の税源が浸食されることを，BEPS（税源浸食と利益移転）という。OECD の見積もりによると，BEPS によって年間1000〜2400億ドルの税収が消失しており，これは世界全体の法人税収額の 4 〜10％に及ぶ。危機感を抱いた主要国は，OECD や G20 などを通じて対策に乗り出している。規制の隙間をなくすには各国ごとの対策では限界があり，国家間の協調が必要となる。

　この問題は主要国の税収の喪失にとどまらない。タックス・ヘイブンでは金融取引は自由で，取引に関する情報は秘匿される。小国や植民地の税務当局は取引を十分に捕捉できていない。世界中に資金を動かして利益を狙う投資家にとって，この上ない魅力となる。世界的な金融危機の際には巨額の資金がタックス・ヘイブンから出入りするといわれている。

（松永　達）

のかはみえにくい。欧米では不利益を被る人々の不満が高まって，社会の分断も起きている。アメリカがトランプ政権の時に，かつて自国が推進した FTA の見直しを相手国に要求したのも（⇨第 4 章第 3 節），これが大きな要因である。また EU でも，中東欧も含む域内全体での市場統合が強化され，また域外国との自由貿易協定や投資協定の締結が増えたことにより，多国籍企業の生産拠点の西欧からの移転が進んでいるが，工場閉鎖が相次ぐ地域では EU に反対する立場をとる政党への支持が高まっているところがある。

第2節　なぜ直接投資は拡大し，企業は多国籍化するのか

［1］ ハイマーの多国籍企業論

　第2次世界大戦後，製造業の生産拠点設立を目的とした対外投資が北米や西欧で増大していった。この重要性を認識して，直接投資と間接投資の区別の重要性を提起したのがS.ハイマーである。両者はいずれも外国に投資し配当や利子を受け取るという点では似ているため，以前は明確に区別されておらず，対外投資とは外国との証券売買であり，それを行う理由は自国と外国との利子率の違いにあるとみなされていた。たしかに，間接投資の主な要因はこの内外金利差であり，将来の為替相場の予想を勘案した上で金利の低い国から高い国に資本が移動する。しかし直接投資の場合，投資の流れは双方向の場合が多く，投資を行う国にもしばしば多額の投資が流入する。第1節でみたように，対外直接投資と対内直接投資の額はほぼ同じか，大きな差はない国が多い。したがって，金利格差では直接投資は説明できない。また，対外投資を証券売買だけで説明すると，対外投資を行う主体は証券市場で外国証券を売買する個人としての投資家で十分であり，特に企業の役割はなくなってしまう。しかし直接投資を担う企業は，各国に業務拠点を設立して事業を拡大し，多国籍化する。

　そこでハイマーは，「なぜ直接投資が行われるのか」「なぜ企業は多国籍化するのか」という問いを立てて考察した。その理由としてふつう挙げられるのは労働コスト削減であるが，それだけでは不十分である。進出先の現地企業も同じ労働コストで生産できるはずであり，現地企業と異なる能力がなければ，競争は厳しくなる。しかし実際は，多国籍企業は現地企業を凌駕する高い競争力をもつ。それをもたらすのは，技術，原材料の調達，販売先の確保，ブランド，マーケティング，他社に対する交渉力，大量生産に伴う「規模の経済」などの面で，多国籍企業が有する優位性である。これによって企業規模が拡大し，それに伴う市場の独占や寡占は，独占的な利益を企業にもたらす。ハイマーは，この市場の不完全性が企業の多国籍化の背景にあることを重視した。優位性を有する企業は，国内のみならず国外の市場でも自社の優位性を発揮してさらに独占的な利益を得るために直接投資を行い，多国籍化するのである。直接投資によって移転するのは資金だけではない。技術，生産管理や労務管理，マーケティングなどの経営ノウハ

ウも移転する。直接投資は，間接投資と異なり，企業間の直接的な支配関係もつくり出す。そして階層的組織を構築して，本社中枢のコントロールのもとで全体を運営する。この関係を通じて市場を介さずに経営資源を国外に移転し，利益を獲得する。

2 企業内貿易と内部化

　多国籍企業が行う拠点間の原料，中間財，最終財の貿易は，多国籍企業のネットワークの中で行われる。この多国籍企業の拠点間で行われる企業内貿易が現代の貿易の多くを占めている。以前からある貿易では，輸出と輸入の担い手は別々の企業や個人である。輸出側も輸入側も，取引する商品やサービスの価格や品質や支払いをめぐって，より有利な条件を求めて交渉する。互いに条件を満たす相手をみつけて交渉が成立するまでに費用と時間がかかる。取引開始後も，事前に情報が十分開示されなかったり，合意が守られなかったりして，商品の品質や支払いをめぐってトラブルが起き，さらに費用が発生するときもある。しかし企業内貿易では，輸出側も輸入側も多国籍企業の中の一組織であり，このような費用は普通は発生しない。また，取引きされる価格は，各拠点の税制も考慮しながら，多国籍企業のネットワーク全体の中で利益が大きくなるように設定される。

　このように多国籍企業は外部の市場ではなく自社の内部での取引によって優位性を高めている。技術の利用についても同様である。企業は，外部の市場を介して技術を移転し，利益を獲得することもできる。すなわち，自社の技術を他社に売却することや，他社に自社の技術を供与してその対価にライセンス料を受け取ることがある。あるいは逆に，自社で技術を開発せずに，他社から技術を購入したり，ライセンス料を支払ったりして生産することもある。しかし大企業ならば，このように外部の市場で技術を売買するより，自社の内部で技術を利用する方が有利になる場合も多い。生産技術に限らず，企業経営に関する様々なノウハウや，部品や材料といった特定の中間財の利用を，外部の市場からの調達ではなく自社の内部での移転によって行うことを内部化という。これらの技術やノウハウ，中間財を外部の市場で調達すると取引費用が大きい場合，内部化による利益が大きくなる。多国籍企業は，国境を越えた内部化によって優位性を利用し利益を高めている。

3　ダニングの折衷アプローチ

　多国籍企業はこのように世界の各地で自社の優位性を発揮して事業を展開している。しかし，世界のどこでも同じような事業を展開しているわけではない。多国籍企業は特定の立地で特定の生産を行い，ある国の拠点で生産した中間財を別の国の拠点に移動させ，そこで生産した製品をまた別の国に移動させている。すなわち，生産地や生産する製品，拠点間の分業の仕組みは，いくつもの優位性が取捨選択されて組み合わされた上で決定されており，優位性は折衷して利用されることを提起したのが J. ダニングである。ダニングは，多国籍企業が利用する優位性を所有（ownership）優位，立地（location）優位，内部化（internalization）優位の三つに分ける。この三つの優位性は，それぞれの頭文字をとって OLI 優位という。所有優位とは，企業が有する優位性のうち他国の拠点に移転できるものであり，技術やノウハウ，研究開発能力，経営管理能力，人材・原料・資金・情報の調達能力などがもたらす。立地優位とは，特定の立地に固有の優位性で他国には移転できないものであり，生産に投入される労働力・原料・エネルギーの費用や質，輸送費用，インフラストラクチャーの状況，現地の貿易障壁や税負担の程度，投資優遇措置の状況などがもたらす。内部化優位とは，外国での事業展開に当たって，外部の市場を利用せずに内部化することによって得られる優位性である。多国籍企業は，OLI 優位を巧みに組み合わせて多国籍化を進めて利益を拡大し，競争力を高めるのである。

第3節　直接投資と発展途上国の急速な工業化

1　植民地への対外投資と国際分業の形成

　対外投資はすでに19世紀には活発に行われていた。この時期の対外投資の目的は，原料調達の確保とそれに関連するインフラの整備であった。工業国は，世界各地で植民地を領有し，植民地の鉱物資源採掘，農産物生産，鉄道などの輸送設備の開発を行う企業を設立した。これらの企業は本国などの証券市場で株式や社債を発行して資金を調達し，植民地開発に資金を投じた。これによって植民地で輸出向けの鉱物や農産物の生産が増大し，工業国は，工業原料や食料の調達先を獲得した。工業国が植民地から原料や食料を輸入すると，植民地で開発を行った企業に利益が発生する。この利益は株式の配当や社債の利子という形態で本国に

還流する。また，この利益によって社債の円滑な償還も可能となる。さらに，工業国は植民地に工業製品を輸出して，製品の販売先を獲得し，原料や食料の輸入で支払った通貨を工業製品の輸出によって本国に回収することができた。このように工業国から植民地への投資は，工業国と植民地の間の国際分業を確立させて，工業国に多くの利益をもたらした。一方，植民地には，輸出向けの特定の鉱物や農産物といった 1 次産品生産とそれに関連するインフラ整備に投資が集中し，製造業への投資が抑制された結果，輸出の大半が特定の 1 次産品で占められるようになり，輸出向けの 1 次産品生産が経済活動全体に占める比重が著しく高くなった。こうした経済をモノカルチャー経済という（⇨第 1 章第 2 節 ⬜1⬜ ）。

⬜2⬜ 輸入代替工業化と輸出指向工業化

　植民地が宗主国の支配から脱して独立国となった後も，経済構造はなかなか変わらなかった。1 次産品は価格が不安定で，工業製品に対して交易条件が悪化する傾向があるため，1 次産品輸出に依存した経済は工業国と比べて著しく不利であった。したがって独立後の途上国は，この不利な状況から脱却して自国経済を発展させるために，保護貿易によって工業製品の輸入を制限し，国内市場向けの工業製品を自国で生産する政策をとった。このような途上国の工業化を輸入代替工業化という（⇨第 5 章第 2 節，第10章第 2 節も参照）。自国の工業を育成するために国内で様々な保護や規制が行われ，外国からの投資受入は制限された。これによって非耐久消費財の生産は伸びたものの，この工業化には限界があった。まず工業製品の市場となる国内市場は狭く，生産拡大を阻害した。また必要な技術や資金が途上国には不足していた。技術は先進国の企業から高額の対価を払って導入された。資金は外貨建で先進国から借り入れたが，その返済は不安定な 1 次産品輸出による外貨収入に依存していた。1 次産品価格の低下が顕著になると，借り入れた資金の返済が困難になって，世界経済を揺るがす累積債務問題が発生し，国際的な信用不安をもたらした。この事態を処理する役割を担った IMF と世界銀行は，金融支援の見返りに途上国に構造調整プログラムの実施を要求した（⇨第 5 章第 3 節も参照）。これには外国からの投資受入の自由化，貿易自由化，自国工業育成のための補助金の撤廃や国営企業の民営化が含まれ，輸入代替工業化の継続は困難になった。

　一方，これより前に韓国や台湾は輸出指向工業化を推進し，成功を収めていた。

これは，輸出を目的として生産拡大を図る工業化である（⇨第10章第2節）。ここでは，保護や規制の設定と緩和が巧みに使い分けられた。競争相手の外国製品の輸入は抑制し，一方で工業化に必要な機械や資材の輸入は認められた。そして輸出加工区が設定されて，この中では輸出入の規制を大幅に緩和し，対内直接投資を税制面で優遇して，加工貿易を目的とした投資の受入れを促進する一方で，生産された製品の国内での販売を制限して国内企業を保護した。輸出加工区に進出した多国籍企業は，機械や材料を国外から持ち込んで低賃金労働力を利用して低コストで製品を生産し，国外に輸出した。また韓国の場合，輸出を伸ばす戦略的部門が国家によって選定され，その部門を担う自国の民間企業に，外国から借り入れた資金が低利で融資された。選定に当たっては，外国市場で価格が低いと製品への需要が大きく増える見込みがあって，労働コストが低い自国の強みを生かすことができるかどうか，また自国の生産性上昇や技術進歩の可能性が高い部門かどうかが基準となった。こうした政策によって国内企業が輸出を伸ばして成長した。

3　直接投資の規制緩和と生産のグローバル化の拡大

　輸入代替工業化の行き詰まりと輸出指向工業化の成功によって，途上国の工業化政策は大きく変化し，多国籍企業の直接投資を受け入れて，輸出向けの工業化を推進する国が増大した。しかし，途上国には，多国籍企業に対する警戒も根強く，多国籍企業によって国内市場が支配されるのではないか，また低賃金労働力が利用されるだけで現地の製造業への波及効果があまり得られないのではないか，多国籍企業が現地で得た利益が国外に流出し，途上国内の再投資に回らないのではないか，完成品の輸出が伸びないのに機械や部品の輸入が増えたりするのではないかといった懸念が強かった。このため，途上国は，多国籍企業に対して，現地子会社の出資比率の一定以下への制限，自国の中で生産された部品や材料の一定以上の割合での利用を義務づけるローカルコンテント要求，国外への利益送金の規制，輸出額に応じて輸入できる金額を認める輸出入均衡要求，輸入に必要な外貨の調達の制限を通じた輸入数量制限を行った。しかしこうした規制は多国籍企業の自由な展開を阻害するため，多国籍企業が本社を置く先進国の不満が高まった。GATT（関税と貿易に関する一般協定）のウルグアイ・ラウンドでの協議の結果，先進国が途上国の反発を押し切ってTRIMs（貿易に関連する投資措置に関

資料 6 - 5　途上国の対外資金調達形態の推移（2011-2021年）

単位：10 億ドル（左目盛り）

（出所）　UNCTAD, *World Investment Report 2022*, p. 11.

する協定）が制定され，ローカルコンテント要求，輸出入均衡要求，外貨調達制限を通じた輸入数量制限が禁止された（⇨第 4 章第 2 節）。

　こうして，直接投資に関する規制が大幅に緩和され，労働コスト削減を求める多国籍企業によって，低賃金労働力が豊富な途上国への直接投資がさらに拡大し，一部の途上国の工業化と生産のグローバル化が急速に進展した。資料 6 - 5 に示されているように，途上国に流入する対外資金の形態を直接投資，送金，間接投資，ODA（政府開発援助）に分けると，最大は直接投資であり，また間接投資に比べると比較的安定していて，途上国に流入する資金の源泉として重要な位置を占めていることがわかる。

　第 1 節でみたように，特に製造業の直接投資の場合，貿易障壁がないことが投資収益を高めるために重要な条件となる。直接投資は新たな貿易を生み出す。組立拠点が新たに設立された国は，必要となる部品や機械を新たに輸入し，組み立てた完成品を輸出する。この輸入先や輸出先の国との間に貿易障壁がなければ，部品や機械と完成品の取引の費用が削減され，完成品の価格競争力が高まる。直接投資の受入国は，自国企業の利益を確保するために，TRIMs 協定成立後も直接投資に様々な規制を課す場合が多く，多国籍企業にとっては，現地での事業が

制約され，コスト高となっていたが，近年では，特定の国家間で協定を締結して，こうした規制の緩和や撤廃を行う場合が多くなっている。貿易と投資がセットになって自由化されることが投資のリターンを高めるのに必須となるため，多国籍企業にとって，本拠地を置く自国が，FTA（自由貿易協定）や投資協定，その双方が含まれた EPA（経済連携協定）をどのような国と締結するかが重要になっている。

第4節　生産のグローバル化と国際貿易の変容

［1］　先進国と新興工業国との工程間分業の拡大

　こうした生産のグローバル化とともに，工業国に集中していた生産工程が細分化されて，各々の工程がその生産に優位性をもつ拠点に立地するようになった。例えば家電製品を例にとると，かつて日本企業は高付加価値の精密部品の生産から労働集約的な最終製品の組立に至るまで一貫して国内で行ってきた。この中から労働集約的な工程が切り離されて，低賃金労働力が豊富な途上国に移転した。これとともに，先進国と新興工業国の貿易が大きく変化した。先進国からは最終財の輸出が減少し，代わりに高付加価値の精密部品などの中間財や，製造に必要な機械の新興工業国への輸出が増大し，一方で新興工業国からの最終財の輸入が増大した。こうした分業体制を工程間分業ともいう。原材料や中間財の調達から，最終財の生産と販売までの製品の一連の供給のつながりをサプライ・チェーンというが，工程間分業の拡大により，サプライ・チェーンも細分化し，地理的にも拡大することになった。資料6-6と資料6-7に示されているように，こうした変化が2000年以降，日本と東アジアや東南アジアとの間で急激に進展した。このように，中間財の貿易が増えるにつれて，各国の輸出額に占める自国での付加価値額の比重が下がり，外国での付加価値額の比重が上がっている。特に新興工業国の場合，自国の付加価値額の比重がさらに下がり，先進国などの外国で付加された価値の比重が高くなる。先進国からみると，新興工業国からの輸入額には，先進国での付加価値額がかなり含まれていることになる。

［2］　多国籍企業の展開とグローバル・バリュー・チェーン

　製品開発，製造，販売管理までの一連のプロセスが国境を越えて空間的に分離

資料6-6　世界の主要地域間の貿易フロー図

【1990年】

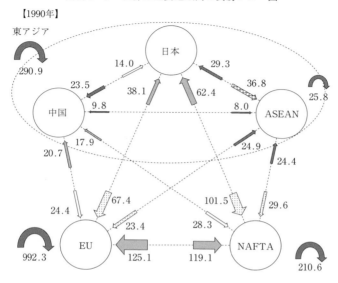

【2000年】

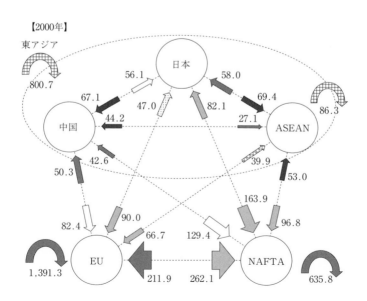

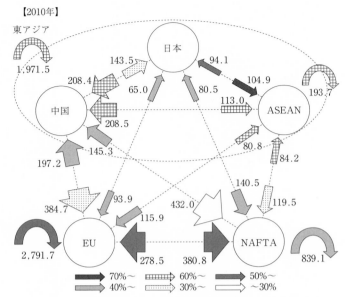

【2010年】

（注）　矢印の色の濃淡は，それぞれの地域間の貿易に占める中間財の割合を示す。
　　　　上記の矢印の右側の％で示された数字が，その割合である。
　　　　矢印の太さは，貿易額の大きさを示す。図の中のそれぞれの矢印の横や下の
　　　　数字が貿易額（10億ドル）である。
　　　　矢印の向きは，貿易の流れの方向を示す。例えば，日本から中国に向かう矢
　　　　印は，日本から中国への輸出である。
（出所）　経済産業省『通商白書（2012年版）』第2章第2節，第2-2-1-1(a)～(c)図。

され，様々な拠点に分散して世界各地に立地するようになると，多国籍企業によるこのプロセスの統合にも変化が生じた。かつては国境を越えた多数の拠点が多国籍企業の内部で統合され，本社中枢が階層的組織をコントロールしていた。これに対して，特定のプロセスの作業を外部の企業に委託するアウトソーシングを活用し，委託先も含めた多数の拠点を巧みに利用して，素早く低コストで新製品を供給する多国籍企業が現れ，巨額の利益を得て急成長するようになった。こうした変化が顕著なのは，家電製品の生産である。この分野では，多国籍企業は，しばしば全体のプロセスの出発点である製品の設計や開発と，最終地点であるマーケティングや販売管理を自社の中枢が立地する拠点で担っていて，この特定のプロセスで独占的な利益を得ており，結果としてこうしたプロセスの付加価値が最も高くなっている。製品の性能を左右する精密部品や製造機械の生産は日本や

資料 6 - 7　東アジア地域におけるサプライ・チェーンの実態（2017年）

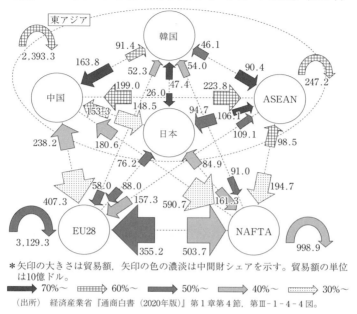

＊矢印の大きさは貿易額，矢印の色の濃淡は中間財シェアを示す。貿易額の単位は10億ドル。

　70%〜　　60%〜　　50%〜　　40%〜　　30%〜

（出所）　経済産業省『通商白書（2020年版）』第 1 章第 4 節，第Ⅲ- 1 - 4 - 4 図。

韓国などの企業が担うことが多いが，付加価値の評価としてはしばしばその次に位置する。最終的に製品を組み立てる部門の付加価値の評価は低くなっている。

　このように，それぞれのプロセスは出発点から最終地点まで連鎖しつつ，それぞれのプロセスで価値が付け加えられていく。これを価値連鎖（バリュー・チェーン）というが，生産のグローバル化の中で展開するグローバル・バリュー・チェーンでは，プロセスによって付加価値が大きく異なるのが特徴である。家電の場合，EMS（電子機器製造受託サービス）と呼ばれる電気機器の組立を専門に請け負う企業に生産が委託される場合が多い。EMS は特に，工程全体の中で労働集約的な組立工程を中心に担当し，主に成熟化した技術をもとに，大量生産による「規模の経済」と低賃金によって，低コストで生産することにより，新興工業国で急成長した。なかでも台湾に本社を置いて中国大陸に直接投資を行って大規模な生産設備を所有している大規模な EMS は，有名ブランドのスマートフォンなどの電子機器の組立を引き受けて，世界全体に向けて莫大な量を製造している。こうして製品組立を一手に引き受ける企業が登場する一方で，大量生産のための

工場を自社ではもたず，製造は外部に委託する企業も多くなっている。こうした企業は，製品の設計や開発・取引先管理・製品販売といった付加価値が高いプロセスに自社の資源を集中し，それ以外の生産プロセスは外部に委ねる。これによって利益が高い部門に集中できるだけではなく，製造に伴うリスクも回避することができる。大量生産のための工場は「規模の経済」を獲得するために大規模化し，工場建設に必要となる投資額は巨額となる。また急速な技術発展も投資額を膨張させる。一方で，技術発展の速度によっては，既存の投資の陳腐化が想定よりも早くなるリスクが大きくなる。巨額な投資が回収できなくなると大企業といえども打撃は大きい。しかし，大量生産を低コストで引き受ける EMS のような企業が登場したために，多国籍企業によっては，大規模な生産設備への投資は避けて，知的財産権で守ることができる製品設計・技術・ブランド構築などに投資を集中して独占的な利益を得ている。

　さらに，ICT 技術の急速な発展を通じて，巨額の独占的な利益を得る企業も現れた。この代表例が，GAFA と総称される Apple, Google の親会社の Alphabet, Facebook を提供する Meta, Amazon である。特に Alphabet や Meta は，インターネットを通じて世界中に提供している様々なサービスの利用に関するデータや，第三者のサイトやアプリの利用に関する膨大なデータを蓄積している。そして，個々の利用者のデータを統合し，それを解析して，利用者ごとに的を絞ったネット広告を配信することによって，巨額の利益を得ている。GAFA がもつ膨大なデータと高度な解析手法は，それぞれの企業の内部で独占的に利用されており，他社が新規に参入して追随するのは容易ではない。GAFA は，この独占的な優位性を通じて充実させたサービスを，無料ないし低価格でも提供してアクセスを増やすことによって，サービス利用に関するデータをさらに蓄積している。そしてそのサービス提供から得られた巨額の利益を，自社の研究開発や，新興のICT 企業への出資や買収に投じて，さらに優位性を高めている。

　このように多国籍企業は製品やサービスの開発から生産，販売管理までの一連のプロセスを統括し，世界中の拠点で投資とアウトソーシングを巧みに組み合わせて，自社の利益が最大になるようにグローバル・バリュー・チェーンを構築し，莫大な利益を生み出している。

3 　グローバルなサプライ・チェーンの脆弱性と経済安全保障

　世界各地で貿易自由化が進展し，連鎖状につながった世界各地の様々な生産拠点で，原料や中間財・最終財を分担して生産し，最終財を消費地に供給するしくみが多国籍企業によって構築された。この前提は，それぞれの生産拠点で生産が計画通りに行われて，そして生産された財が次の生産拠点や消費地に滞りなく輸送されることである。

　しかし近年，国家間の対立によって，サプライ・チェーンの中で特定の財の供給が滞って，その財を組み込んで生産される財の供給が停滞する事態が発生するようになった。国家間の対立のほか，パンデミックの発生や，大規模な自然災害の発生も，こうした事態をもたらす。このようにサプライ・チェーンが混乱して，一国の経済にも大きな影響が出てくると，このリスクを抑えようとする経済安全保障政策が，近年各国で重視されるようになった。例えば，サプライ・チェーンで重要な位置を占める財の生産が，自国との関係が不安定な国に集中している場合，その調達を，自国との関係が安定している国に拡げようとする動きや，国内での生産能力を高めようとする動きが高まっている。半導体の生産は新興国での生産が主流であるが，先進国での生産を増強する計画が進展しているのはこの一例である（⇨終章第 2 節）。生産の最適化と利益の最大化を目指して拡大してきた生産のグローバル化は，国家間の対立，そして自然災害やパンデミックの影響によって，脆弱性が目立つようになり，変容を迫られてきている。

推薦図書

グラツィア・イエットギリエス／井上博監訳，2012，『多国籍企業と国際生産──概念・理論・影響』同文舘出版…多国籍企業論を全体的に詳しく学ぶことができる。

『通商白書』（各年版）…経済産業省が毎年発行している日本の貿易と世界経済の報告書。ネットで無料で入手できる。

UNCTAD, *World Investment Report*（各年版）…世界の直接投資に関する英文報告書。UNCTAD（国連貿易開発会議）が毎年発行している。最新の図表も得られる。ネットで無料で入手できる。

（松永　達）

第Ⅱ部

現代世界経済の諸相
──各国・地域──

第7章 第2次世界大戦後のアメリカ経済の展開
——グローバル化と金融化の帰結——

　本章では，第2次世界大戦後の世界経済秩序を作り上げてきたアメリカ経済の展開について，大戦後の世界史を織り交ぜつつ学んでいく。グローバリゼーションにより経済の「空洞化」と「金融化」が進行したアメリカ経済は，今日経済格差と人種・宗教等による差別により，社会的分断の危機にある。20世紀，自由と民主主義を掲げ世界の政治経済をリードしてきたアメリカは，この後何処に向かうのだろうか？

Keywords▶ケインズ主義，軍産複合体制，偉大な社会，スタグフレーション，レーガノミクス，双子の赤字，経済の金融化，包括的貿易政策，アメリカ発世界金融経済危機，オバマケア，文化戦争，CARES，大退職時代，インフレーション

第1節　戦後アメリカ経済小史

1. 1950～60年代：高度経済成長下のアメリカ経済——軍産複合体制と「偉大な社会」

　第2次世界大戦後，「自由・無差別・多国間主義」をスローガンに IMF（国際通貨基金）・GATT（関税及び貿易に関する一般協定）体制という戦後の世界経済秩序を打ち立てたのがアメリカであった。もっとも，当時民主党政権を支えた政策ブレーン集団である「ニューディーラー」が懸念していた事態は，戦時中大きく膨らんだ軍需産業設備の遊休化と全世界から帰還する復員軍人の雇用問題であった。第1次世界大戦の記憶も残る当時，ケインズの経済思想に影響を受けた彼ら「ニューディーラー」は，1920年の戦後不況の再来を憂慮したのである。当時副大統領職に在った H. S. トルーマンは，急逝した F. D. ルーズベルト大統領の後を継ぎ，1946年「雇用法」を成立させ，連邦政府の経済過程介入に法的根拠を与えた。併せて，大統領府に3名の専門家からなる経済諮問委員会が設けられ，議

会には上下両院合同経済委員会が設置されて，今日にいたっている。

　さて，戦後のアメリカ経済の一つの特徴は「軍産複合体制」といわれる。これは，1961年大統領職2期を務めた共和党 D. D. アイゼンハワー大統領（元連合国遠征軍最高司令官，元コロンビア大学学長）が退任演説で述べたものである。実際，第2次世界大戦の連合国を統括したアメリカは，冷戦下1947年トルーマン・ドクトリン（当時，ギリシャは左派と右派による内戦の最中であった）をもって西欧復興のためのマーシャル援助計画を行う一方で，1949年西側同盟諸国の集団安全保障条約である NATO（北大西洋条約機構）を創設した。アジアにあっては，アメリカは1950年朝鮮戦争に国連軍の主力として参戦，1955年ディエン・ビエンフーの戦いに敗退した植民地宗主国フランス軍の後を引き継ぐかたちで，1961年南ベトナム政府に軍事顧問団を送り，1964年にはアメリカ地上軍を派遣するなど，世界各地で戦火を交える歳月が続いた。また，1957年世界初の人工衛星スプートニクを社会主義国・ソ連が打ち上げたことにショックを受けたアメリカは，翌1958年に NASA（アメリカ航空宇宙局）を設置して宇宙開発に着手，1961年には人類を月に送るアポロ計画を策定した。そして1962年のキューバ危機では，全面核戦争の一歩手前にまで米ソ冷戦の緊張はエスカレートした。

　このように大戦後のアメリカ経済は，「雇用法」に象徴される通り，国民経済の安定と高福祉社会の実現を目指す一方で，経済活動の中に軍需産業が深くビルトインされ，これがその後のアメリカ歴代政権の政策運営に深い影響を与えることになったのである。「軍事ケインズ主義」といわれる理由も以上のような背景があり，1950年代前半には，反共産主義運動の「赤狩り」と称した人権抑圧の策謀＝マッカーシズムがアメリカ社会を震撼せしめた。

　とはいえ，1960年 J. F. ケネディ民主党政権が成立し，「黒人公民権運動」（これが *I have a dream* で有名な1963年8月のワシントン大行進におけるキング牧師の演説に繋がった）も大きく進むなど，アフリカ旧植民地の独立運動や世界の反人種差別運動に大きな影響を与えることになった。しかし，その矢先の1963年11月，ケネディが銃弾に倒れた。だが，後継に就いた R. ジョンソン大統領も，白人と黒人の人種差別撤廃に取り組み，1964年7月公民権法（白人と黒人の法の下の平等）が成立した。こうした社会的流れを受けつつ，1965年1月ジョンソン大統領は年頭教書において，教育・社会保障・人種差別廃止・環境保全・都市開発ならびに生活環境改善を主な内容とした「偉大な社会」の実現（高齢者向けの医療保

険メディケアと貧困層向けの医療保険のメディケイドもこの時期に創設）を政策に掲
げた。

　ところで，1950〜60年代にかけて，アメリカの経済政策には二つの転換点があ
った。

　第1は，戦時経済から平時経済への転換である。大戦中 FRB（連邦準備制度理
事[＊]）は，戦争遂行のために発行された巨額の国債の価格支持政策をとっていた。
しかし，「雇用法」が制定され巨額の財政支出が過剰流動性となってインフレを
招く危険性を認識するや，財務省との間で国債管理につき対立するようになった。
1951年3月，FRB と財務省は「合意（accord）」に達するも，インフレが少しず
つ忍び寄る中，「通貨の番人」として通貨価値の安定性維持に配慮した金融政策
の復活を主張する FRB と財政政策を通じ平時経済への転換を図り，併せて長短
期金利の低位安定の中で戦時中の既発国債の借換えを進め，国債費軽減化を図り
たいとする財務省の対立は続いた。財政金融政策と往々にして一括りにされるが，
財政政策と金融政策は本来一線を画すべき政策論争として，当時大いに脚光を浴
びた。

　　＊　アメリカの中央銀行制度には，金融政策を決定する FRB（連邦準備制度理事会，Fed-
　　　　eral Reserve Board）と全米50州をニューヨーク，シカゴ，リッチモンド，テキサス，サ
　　　　ンフランシスコなど12地区に分け，各地区の決済システムを所掌する FRB（連邦準備銀
　　　　行，Federal Reserve Bank）が存在する。

　第2は，上記の「偉大な社会」を実現すべく経済政策として積極的財政政策が
取られたことであった。その政策ブレーンとして動員されたのがケインズ派の経
済学者群で，彼らは「ニュー・エコノミクス」と呼ばれた。60年代当時，すでに
朝鮮戦争は終結し，大戦中に控えられたペントアップ（繰越）需要も一巡し，ア
メリカ経済は景気後退に入りつつあった。加えて，1958年西欧諸国通貨の交換性
回復を契機に，アメリカの輸出競争力に陰りがみえはじめ，貿易収支黒字幅も次
第に減少しはじめていた。そこで「ニュー・エコノミクス」がとった政策が，個
人所得税減税による最終消費需要の喚起であり，固定資本設備投資減税を柱とし
た法人税減税による競争力強化であった。こうしてアメリカは，ベトナム戦争[＊]遂
行のための巨額の財政スペンディングもあって，1965年の失業率は高雇用目標水
準4％に低下，大量生産・大量消費の高度経済成長を謳歌した。

　　＊　1964年8月，北ベトナム沖トンキン湾で北ベトナム軍哨戒艇がアメリカ海軍駆逐艦に魚

雷を発射したとされる事件を契機に，アメリカはベトナム戦争への軍事介入を本格化させた。だが1971年6月，アメリカ政府の極秘文書であったいわゆる「ペンタゴン・ペーパーズ」を入手した『ニューヨーク・タイムズ』紙は，事件の一部はアメリカ側が仕組んだものであったことを暴露した。つまりベトナム戦争の悲劇は，アメリカ軍のでっち上げ事件によって始まったのである。

　だが，そうした *American Dream* も，早々に対外的側面から徐々に蚕食されつつあった。1957年ローマ条約により共同市場に歩みを進めていたEEC（欧州経済共同体）に対し，域内自由貿易のメリットを利用すべくアメリカ系企業の直接投資が始まっていた。また，復興・高度経済成長によりアメリカに比して相対的高金利にあった西欧諸国向けの証券投資も増大し，直接投資と合わせ金融収支は大幅な資産超過（対外資金流出）であった。

　こうして早くも1960年代の初めには，国際通貨＝ドルの信認が問われはじめ，以降数次に及ぶ「ドル危機」が発生した。悪化する国際収支に対し，アメリカ政府は「ドル防衛策」を講じた。例えば，1960年，アメリカ政府は1933年成立のBuy-American（アメリカ製品購入義務）政策を再導入したし，1963年には金利平衡税（アメリカ国内で発行される外国証券および商業銀行の対外長期貸出に対し，金利1％に相当する税を徴収）の導入を決定した。また対外的には，第3章第2節に記された「金プール協定」によって「ドル防衛策」を講じた。

　だが，1960年代後半ともなるや，インフレは加速し，アメリカの輸出競争力も一段と低下して貿易収支はさらに悪化し，ベトナム戦争などの対外軍事援助も増大して，経常収支は急激に悪化した。こうしてアメリカの対外支払いは激増し，世界中に散布されたドルは各国為替市場に巨額の過剰流動性として滞留するようになった。当時国際通貨システムは固定相場制下にあって，各国通貨の為替相場変動は為替平価の上下1％幅しか認められていなかった。だが，過剰流動性として世界の為替市場に積み上がっていくドルは，たび重なる「ドル危機」となって発現した。これに対しアメリカは，1971年8月ニクソン声明によって金・ドル交換停止と10％の輸入課徴金導入を発表，ここに戦後のIMF体制は終焉を迎えた（⇨第3章第2節 1 ）。この年アメリカの貿易収支はついに赤字に転じた。

　 2 1970年代：スタグフレーションとレーガノミクス
　とはいえ，1970年代アメリカは国際収支調整策を導入したわけではなかった。

むしろアメリカは「慇懃なる無視（Benign Neglect）」政策（⇨第3章第2節　2　）
を決め込んだため，経常収支はいよいよ悪化，世界の為替市場にはドル建過剰流
動性が蔓延することになった。1973年3月に先進主要各国が変動相場制に移行し，
ドル為替相場は大幅下落となった。

　ドル下落は輸入商品価格を引き上げて，ただでさえ高進していた国内のインフ
レは一段と悪化した。インフレに直面した労働者・サラリーマンは，賃上げを求
めたストライキを打ち，これに対し企業は賃上げを受け入れる一方で，これを販
売価格に転嫁させたため，コスト・プッシュ・インフレが広がっていった。これ
に対し，労働者・サラリーマンは実質賃金のさらなる賃上げを求めていった。こ
うして「賃金―物価」のインフレ・スパイラルは続き，政府は「賃金―物価」引
上げを凍結する所得政策をも導入した。

　他方で，この間もアメリカの国際競争力は一段と低下し，輸出企業は不況色を
強めていった。こうしてアメリカ経済は，インフレと失業が併存するスタグフレ
ーションに陥っていった。加えて外交面では，ウォーターゲート事件で大統領弾
劾を受けたR.ニクソン大統領の後を継いだ共和党J.R.フォード政権下の1975年
4月，アメリカ軍はベトナムから撤退し，敗北を喫した。続く民主党J.カータ
ー大統領時代には，1979年2月イラン革命，同年6月中米ニカラグアにサンディ
ニスタ左派革命政権が成立した。1970年代，アメリカは政治経済的にもそのプラ
イドが大きく傷ついた時代であった。

　こうした状況を打開すべく「強いアメリカ」の復活を掲げて登場したのが共和
党のR.レーガン大統領であり，その経済政策のバックボーンがマネタリズムと
サプライサイド経済学（いわゆる新自由主義・市場原理主義の経済学）で，レーガ
ノミクスとネーミングされた。マネタリズムの理論的骨子については第12章第4
節で記している通りであり，要するに商業銀行から実体経済向けのマネー供給を
絞り，インフレを抑え込もうというのである。これを実現すべくFRBは，銀行
間短期金融市場の代表金利で政策指標金利であるF. F.（連邦準備預金）金利[*]を大
幅に引き上げた。高金利政策であり，当時のFRB議長名をとって「ボルカー・
ショック」といわれた。金利は一時期20%を超え，さしものインフレも沈静化し
ていった。だが，インフレ抑止が実現するには，労働組合の賃上げなど最早言語
道断であるし，市場メカニズムに介入する政府の経済活動については原則反対，
規制緩和と「小さな政府」（レーガンが「政府は我々の問題の解決策ではない。政府

こそ問題である。」と表明したことは余りにも有名）が唱えられた。また，サプライ
サイド・エコノミクスは，ミクロ経済学の需給均衡原理を労働市場に適用し，失
業者を減らすには名目賃金を引き下げればよいと主張した。このことは賃金の下
方硬直性を一方的に労働組合に帰すイデオロギー的攻撃を支援することにもなっ
た。実際1980年1月，経営危機に陥ったクライスラー救済のために政府資金が投
入された際には，当時最強の団体交渉力を誇っていた UAW（全米自動車労組）
に対し厳しい合理化案が突き付けられたし，1981年8月，レーガン大統領は，航
空管制官組合のストライキに参加し職場復帰命令を無視した1万1359人の航空管
制官を全員解雇した。

> ＊　F. F. 金利とは，アメリカの商業銀行が連邦準備銀行に預けている準備預金を銀行間の
> フェデラル・ファンド市場で無担保オーバー・ナイトで貸借する際の金利で，FRB の政
> 策金利である。日本の無担保オーバー・ナイト物コール市場金利に相当する。（⇨第3章
> 補論1）。

　他方で，アメリカ経済再興のためにレーガノミクスが打ち出した政策は，「ラ
ッファー・カーブ」なる論法（所得税率が一定水準を超えると，労働意欲が減退し
所得水準が減少するという考え）をもって個人所得税減税を策定し，併せて合理化
投資を促す法人所得税減税，金融資産減税を実施した。このときの経済成長論仮
説が「トリクルダウン（trickle-down effect）」仮説（富裕層がまず潤えば，富は貧
困層にも“涙の如く”こぼれ落ち，経済全体が豊かになるという仮説）であり，以降
個人所得減税を支える論拠として流布していった。また「強いアメリカの復活」
を目的に巨額の軍事支出が行われ，宇宙空間での ICBM 迎撃といった Star
Wars 構想もこの時代に始まった。これ以降，政府財政には大幅な歳入欠陥が生
じ，経常収支赤字と併せ「双子の赤字」問題が浮上してきた。その結果，第1次
世界大戦を契機に1914年対外純資産国に転じ，1982年史上最大の純資産高を計上
したアメリカは，1986年対外純債務国に転じてしまった。このようにアメリカの
対外純債務国への転落の最中，1985年9月プラザ合意が結ばれるものの，1987年
10月19日「ブラック・マンデー」が発生し，ニューヨーク証券取引所のダウ平均
株価は，1929年10月24日の「暗黒の木曜日」の下落率を上回る22.6％の大幅下落
をみた（⇨第3章第4節 1 ）。

3　アメリカ系多国籍企業の世界展開と「経済の空洞化」

　国際収支調整策を採ることなく，「慇懃なる無視」政策を決め込んだアメリカは，1974年対外投融資規制を撤廃し，以降アメリカ企業は世界各地に海外直接投資を大々的に開始し多国籍企業へと転じていった。ときは1972年ニクソン訪中，1975年ベトナム戦争終結，1979年米中外交関係樹立という時代であった。

　こうしたアメリカ企業の多国籍化に一段の弾みをつけたのが，上記高金利政策であった。高金利政策は，世界中からマネーを吸引した。特に貿易収支黒字を計上し，輸出競争相手でもあった日本，西ドイツからの資金流入は，変動相場制下，円とマルクの為替相場下落＝ドル為替相場上昇を招いた。かくてアメリカ企業の国際競争力は一段と低下し，その対外進出と多国籍化が一段と進んでいった。こうして「経済の空洞化」が始まり，製造業が集積する五大湖周辺の重化学工業の淘汰再編が大きく進んでいった。今日いわれる「ラストベルト（錆びついた地帯）」も，この時代に端を発する。

　もっとも，今日のアメリカの対外・対内直接投資は，規模および内容ともに1980年代の比ではない。1982年0.2兆ドル程度であった直接投資の対世界残高は，WTO発足時の1995年でさえ0.7兆ドルであったが，その後2010年海外直接投資残高は3.7兆ドル，2020年6.1兆ドルと激増した（うち，対ユーロ地域19カ国2.5兆ドル，39％）。他方，対内直接投資にしても，1980年0.08兆ドル，1990年0.39兆ドル，2000年1.3兆ドル，2010年2.3兆ドル，2020年4.6兆ドルへと激増（うち，対ユーロ地域19カ国から1.9兆ドル，42％）した（数字はアメリカ商務省BEA資料より）。

　こうしたグローバルな対外直接投資を背景に，アメリカはこれまで自由貿易を掲げて関税引下げ・非関税障壁撤廃・知的財産権保護をGATT・WTO加盟国に求めてきた。加えて近年では，アメリカとEU（欧州連合）は連携しつつ，投資先の制度や施策によって損害を受けたとする外国企業が進出先政府を相手に制度や施策の変更や廃止，損害賠償を求める訴えを起こすことができるというISDS（投資家対国家の紛争解決）条項を，投資協定やEPA（経済連携協定）に盛り込むよう要求している（⇨第4章第3節　2　）。実際，2017年アメリカ自身は離脱を宣言したとはいえ，TPP（環太平洋パートナーシップに関する包括的及び先進的な協定）にも当該条項が含まれている（⇨第4章資料4-8）。

　ところで，資料7-1の通り，アメリカの貿易・経常収支は1980年以降，ほぼ一貫して赤字であり，その結果国際投資ポジションの負債超過額も年々拡大する

資料7−1　アメリカの貿易・経常収支と対外投資ポジションの推移（1960年−2021年）

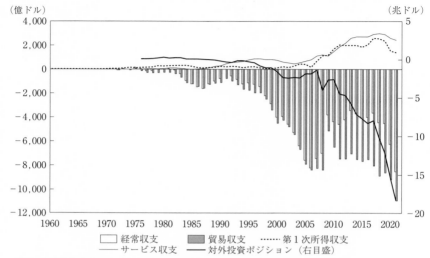

（注）　対外投資ポジションは，1976年からの数値である。それ以前の統計データはない。
（出所）　The US Department of Commerce, Bureau of Economic Research 資料より作成。

ばかりである。但し，「知的財産権使用料」等が含まれるサービス収支，海外子会社からの利益配当や債券投資の利子収入が計上される第1次所得収支をみると，この間黒字を計上している（⇨巻末資料2）。これら収支項目がアメリカの貿易・経常収支赤字の削減効果を一定程度有していることについては，第3章第4節 ② で指摘された通りである。

第2節　アメリカ金融革命と世界金融経済危機——「経済の金融化」の末路

1 アメリカ金融革命と「経済の金融化」

　1970年代，アメリカ経済もまた高度経済成長に終止符を打ち，スタグフレーションに陥るや，企業は投資を抑制した。この事態を企業財務の観点からいえば，企業は減価償却積立金および内部留保を手元資金として蓄積していくことになる。こうして企業は，手元余剰資金の蓄積により，次期設備投資や新規事業開拓にあたって銀行借入ではなく，自己資金で着手することが可能となっていった。いわゆる自己金融化という事態である。こうした企業財務のあり方に一段の変化を促

したのが規制金利下のインフレーションであった。

　1970年代当初，アメリカで最も代表的な金融規制は，連邦準備法第19条のレギュレーション Q（要求払い預金への付利禁止と定期性預金及び貯蓄性預金の金利上限規制）並びに1933年銀行法（通称グラス・シュティーガル法）の銀行業と証券業の分離＝「銀証分離」規制であった。同法の背景には，商業銀行が高利を付して預金獲得の過当競争に走った挙句，ハイ・リスク／ハイ・リターンの株式等証券に投資し，ついには1929年10月にニューヨーク株式市場が崩落し，その後1930年代初頭，深刻な銀行危機を経験したという歴史の教訓があった。

　だが，インフレが蔓延する中でレギュレーション Q が課せられている以上，銀行はインフレ率を上回る金利設定によって預金を集めることが困難となった。他方，企業・家計等の資金余剰主体は，インフレ・ヘッジのため銀行預金を避け自由金利型金融商品を選好した。かくて1970年代中盤以降ともなると，インフレーションの進行によって，いわゆる金融のディスインターミディエーション（規制金利下の銀行預金から自由金利型の証券化商品へと資金運用先がシフトすることで，銀行を資金仲介機関とした間接金融から証券を通じた直接金融へと金融のあり方が大きく変化すること）が急速に進展していった。アメリカ金融革命の幕開けであり，いわゆる「金融化（financialization）」はこうして始まった。

　銀行分野では，1980年3月「80年金融制度改革法」が成立し，レギュレーション Q は撤廃，預金金利の自由化が方向づけられた。また，貯蓄金融機関は預金を獲得するために，決済性を有し金利設定が自由な MMDA（市場金利型連動預金，82年12月導入）や NOW（譲渡可能払戻指図書，81年1月導入）を開発した。つまり銀行側において，インフレ・ヘッジが可能な自由金利商品，あるいは貯蓄性定期預金に類似しながら決済手段として譲渡可能な金融商品の提供が始まったのである。それに対抗して証券会社は，MMF（マネー・マーケット・ファンド）と CMA（資金総合口座）を開発した。これらは換金自由な高利回りの小口投資信託であり，小切手の振り出しも可能であったため，市場金利＝利回りの上昇につれてその販売額は大幅に伸びた。ここから銀行対証券会社において「利益相反[*]」というビジネス・ルールにも係る業際問題が先鋭化することになる。

　　＊　例えば商業銀行が貸出不良債権を抱える企業に債券・株式を発行させ，これら証券を同
　　　じ金融持ち株会社傘下の証券会社経由で銀行の顧客に販売したらどうなろうか。顧客は商
　　　業銀行に預けていた預金を使って債券・株式を購入するも，後日当該企業が破綻した場合，

　これら証券は紙屑となる。その間に商業銀行が証券発行企業から貸出債権を回収したとなれば，結局のところ商業銀行は顧客から預金を詐取したことになり，反社会的ビジネス行為というべきである。これが「利益相反」問題である。なお，ドイツやフランスの金融機関には伝統的に銀行業務と証券業務を兼業する金融機関＝ユニバーサル・バンクが多くみられるが，同一機関内において厳格な業務分離（ファイアー・ウォール）が問題となる。

　他方，証券の分野では，1970年代に企業のエクイティ・ファイナンス（株式資本の増加を目的とした資金調達）の手段が多様化していた。すなわち，新株引受権付き社債や転換社債のような金融商品が開発されたし，優先株式（議決権は制限されるが，配当や残余財産の分配では普通株式より優先される）や劣後株式（配当や残余財産の分配は普通株式より後回しになるが，議決権は保証される）というように，同一企業でありながら，株主としての権利内容の異なる複数の株式発行が普及して資金調達方法の幅が広がった。新興のベンチャー企業が主に株式上場しているNASDAQ（ナスダック）（ニューヨーク証券取引所とは異なり，コンピューター・ネットワークを利用し，距離の離れたマーケット事業者が売買気配値を提示する取引の一形態）が開設されたのも，1971年であった。

　決定的であったのは，債権を資産担保証券などの小口有価証券に分割して他者に譲渡する証券化（securitization）の手法（「シャドー・バンク」のファイナンス手法となる）が開発されたことである（⇨コラム4）。これにより，市場性に乏しい各種資産（企業の売掛債権や金融機関の貸付債権）を流動化することが可能となり，債権所有者にとっては貸付資金の効率的回収，証券の買い手にとっては資金運用の選択肢を増やすことになった。

　1970年代，この手法は連邦住宅抵当公庫（通称ファニー・メイ〔Fannie Mae〕）や連邦住宅貸付抵当公社（通称フレディ・マック〔Freddie Mac〕）といった政府関連機関の後押しもあって，RMBS（住宅ローン債権担保証券）として盛行し，CMBS（商業用不動産ローン担保証券）と合わせてMBS（不動産担保証券）として広く流通していった。その後貸付債権の証券化は，自動車ローン，売掛金，リース債権，奨学金貸付債権等にも適用され，次にこれら各種貸付債権は小口に切り分けられ混在組成されたCDO（債務担保証券）として，国際投融資活動の投資対象となった〔OTD（Originate-to-Distribution）モデルという〕。

　1980年代ともなると，上記のグラス・シュティーガル法で規制してきた「銀証分離規制」に対し事実上の骨抜きというべき事態が相次いで発生した。すなわち，

「アメリカ金融革命」の寵児として脚光を浴びた投資銀行[*]が，バンク・オブ・アメリカやJ. P. モルガンといった大手商業銀行の子会社として設立されたからである。続く1990年代に入ると，今度はヘッジ・ファンドが脚光を浴びるようになった。同ファンドは，資金を社会的に広く募る公募形式とは違い，世界の大手金融機関や王室・富裕層から私募形式で資金を募る（「シャドー・バンク」の一種）ため社会への情報開示の必要はなく，ファンド・マネージャーは比較的自由に資金運用を行った。その手法は，担保資産の数倍もの資金を借り（「レバレッジ」という）つつ，先物・オプションの金融派生商品，レポ取引，空売り等多様な金融手法を駆使して，高い運用利回りを追求するものであった^{**}。

　　　**　投資銀行は，企業の証券発行引受けやIPO（新規株式上場）のサポート，M&A（合併・吸収）の仲介，自己勘定での証券取引を行い，基本的に個人とは取引しない。

　　**　特に注目すべきはICTを駆使したオフバランス取引である。オフバランス取引とは，貸借対照表に計上されない簿外取引であり，フォワード取引，オプション取引，信用デリバティブ，スワップ等の金融派生取引（デリバティブ）が典型的な取引例である。銀行はBISの自己資本比率規制（⇨第12章第3節　1　）により資産規模が制限されるため，収益拡大の手段として店頭デリバティブ取引（取引所外で行われる相対取引）を積極的に活用しようとした。店頭デリバティブ市場では，MBS（不動産担保証券）やCDO等の証券化商品が活発に取引され，金融の証券化と投機化が進んだ。

　そして1999年，「金融サービス近代化法（通称「グラム・リーチ・ブライリー法」）」が成立した。同法により，「銀証分離」を規定したグラス・シュティーガル法は失効し，商業銀行，投資銀行，証券会社，保険会社の間で経営統合が可能となった。1970年代に始まるアメリカ金融革命は一つの山場を迎えた。

　もっとも，同法の成立の過程において，1997年東アジア通貨危機そして1998年ロシア通貨危機が発生し，ノーベル経済学賞受賞者を擁したヘッジ・ファンド大手LTCM（ロングタームキャピタルマネージメント）が1998年8月に経営破綻した。LTCM破綻は，その資金調達において深く関与していた商業銀行に大きな打撃を与えた。これに対しFRBは信用不安を払拭するために緊急融資を行うとともに，同年9月以降3回にわたり誘導金利を計0.75％下げるなど金融緩和政策に転じ，辛うじてシステミック・リスク（金融システムの支払い決済危機）は回避された。

　　2　貿易赤字の累増と包括的貿易政策への転換──トランプ政権誕生まで

　アメリカ経済が金融化・サービス化の途を突き進む過程で，1970年代後半以降，貿易収支には毎年巨額の赤字が計上されていった（⇨資料7-1および巻末資料2）。アメリカは，こうした財（モノ）の貿易赤字の解消のために，従来型の貿易政策として，モノに関する輸出促進策や輸入制限策を導入していく。また1974年通商法301条を盾に，相手国の不公正な行為によってアメリカが損害を被る場合，相手国と交渉し，その交渉がアメリカの思い通りにならなかった場合，対抗措置をとることを政府に義務づけた（⇨本章コラム8）。従来型貿易政策は，典型的には1980年代の日米間の貿易・経済摩擦をめぐる一連の交渉に表れた（⇨日米貿易・経済摩擦については第12章第2節　3　および同章のコラム14）。しかし，1980年代後半以降（本格的には90年代から），アメリカの貿易政策は，モノの貿易を対象にした従来型から，その範囲を拡大させていくことになる。そのカバーする新たな分野とは，金融，保険，通信，知的財産権，紛争解決措置，政府調達，投資などであった。

　その背景には，本章で述べてきたアメリカ経済の構造変化，つまり金融化，サービス化，製造業の空洞化と深く関係していた。ここでアメリカ経済の構造変化を反映するサービス貿易[*]収支の推移をみておくことにしよう。資料7-1より，1970年代後半以降の貿易収支の赤字の膨張と対照的に，サービス貿易は，1980年代後半以降，傾向的に黒字幅を拡大させている。もっとも，2010年代中ごろ以降，その増大は頭打ちとなり，コロナ禍で縮小していることが見て取れる。さらにサービス貿易の中身を見ると，「金融サービス」項目や「知的財産権の使用料」項目の黒字が大きく，コロナ禍直前の2018年をみれば，サービス貿易の黒字総額3001億5500万ドルのうち，両項目で黒字総額の約56％に相当する1670臆200万ドルを計上していることが判明する（アメリカ商務省 BEA の U. S. Trade in Service より引用）。

　　*　アメリカ商務省 BEA の公式統計表に従えば，アメリカのサービス貿易は，1）保守・
　　　修繕サービス，2）輸送，3）旅行，4）保険，5）金融，6）知的財産権の使用料，
　　　7）電気電信・コンピュータ・情報，8）その他のサービス，9）政府部門の財・サービ
　　　スの9項目に分類されている。

　かくして，アメリカの貿易政策は，1980年代後半から，モノだけでなく，金融，各種サービス，知的財産権さらに投資の分野を包括するかたちで展開することに

資料7-2　アメリカの包括的貿易政策（対国際機関，FTA 対象国・地域）

		対象国・地域	発効・交渉状況
多国間協定	WTO	164の国と地域	1995年1月発効。その後の交渉は停滞
広域FTA	NAFTA	カナダ・メキシコ	1994年1月発効（メガFTAの一つ）2020年7月に協定内容を変更。USMCAとして再出発。
	CAFTA-DR	中米5カ国（コスタリカ・エルサルバドル・グアテマラ・ニカラグア・ホンジュラス）とドミニカ	2006〜07年に発効
	TPP	日本・オーストラリア・チリ・ペルー・ニュージーランド・カナダ・ベトナム・メキシコ・シンガポール・ブルネイ・マレーシア	2016年調印。2017年にアメリカは離脱（メガFTAの一つ）
二国間FTA		イスラエル	1985年9月発効
		ヨルダン	2001年12月発効
		チリ	2004年1月発効
		シンガポール	2004年1月発効
		オーストラリア	2005年1月発効
		モロッコ	2006年1月発効
		バーレーン	2006年8月発効
		オマーン	2009年1月発効
		ペルー	2009年1月発効
		韓国	2012年3月発効。トランプ政権見直し
		コロンビア	2012年5月発効
		パナマ	2012年10月発効

（出所）　アメリカ通商代表部（USTR）のホームページ（https://ustr.gov/trade-agreements/free-trade-agreements）を中心に，WTOのRTAs関連資料を参考に筆者作成。

なる。これを「包括的貿易政策」と呼ぶことにする。そしてそれは，アメリカが得意とするサービス，金融，投資などに関するルールをつくり出すことであった。

　こうした「包括的貿易政策」に基づくルールづくりを，80年代後から2010年代中頃までアメリカは三つのレベルで推し進めたことが資料7-2より明らかになる（⇨第4章第3節 1 ）。

　第1は，多国間レベル，すなわち1986年に開始されたGATTウルグアイ・ラウンドにおけるWTO設立をめぐる交渉（⇨第4章第2節 2 ）である。アメリカは，サービス貿易についての国際ルールを新たに制定しないと各国が勝手な行動をとり，自由化が進まなくなってしまうという認識により，サービス貿易分野におけるルールの作成をウルグアイ・ラウンドにおける最重要項目と位置づけ，サービス貿易の入らない新ラウンドには参加しないという強硬なスタンスをとっ

た（筑紫勝麿編著，1994，『ウルグァイ・ラウンド——GATT から WTO へ』日本関税協会，18-19頁）。アメリカは国際競争力をもつ自国のサービス貿易に有利な自由化を基本とする多国間ルールの策定を目指していたのである。それに対して，途上国，特にブラジルやインドを中心とするグループはサービス貿易をウルグァイ・ラウンドの交渉項目に入れることに反対した。また知的財産権についても同様な対立の構図がみられた。しかし，アメリカの主張が基本的に通ることになった。WTO 協定は，年代的にみてアメリカが取り結んだその他の協定に先行したこと，サービス貿易に関して MFN（最恵国待遇），内国民待遇に加えて透明性の原則が打ち出されており，WTO 協定の内容がその後のアメリカの包括的貿易政策のサービス貿易分野での基礎，規範となったといわれている。

　第2は，広域自由貿易協定（FTA）である。第2の広域レベルでは，1991年に交渉が始まり，2004年に発効した NAFTA（北米自由貿易協定），2003年から交渉がスタートし，2006～07年に発効した CAFTA-DR（中米・ドミニカ自由貿易協定）が入る。なお，トランプ大統領が2017年に離脱を宣言した TPP（環太平洋パートナーシップ）協定は第2の広域レベルの自由貿易協定に属する。特にNAFTA や TPP はメガ FTA（⇨第4章第3節 2 ）と呼ばれている。

　そして第3は，21世紀に入って本格化する二国間レベルの FTA（自由貿易協定）である。12カ国がその対象となっている。第2，第3レベルの協定では，WTO 協定で約束された範囲や水準を超えたサービス貿易や投資に関する規定が存在するとともに，アメリカの関わる FTA では，高度の市場開放度を求められるネガティブ方式（一定の例外分野を明記し，それ以外はすべて開放の対象とする）が採用されており，サービス貿易の市場開放の義務度が高いのが特徴である。かくして，アメリカは，産業構造の変化と競争力をもつサービス分野と投資の分野において，包括的貿易政策を通じて，各国の市場開放を三つのレベルで求めたといえる。

　このように1980年代後半以降の包括的貿易政策への転換は，金融化・サービス化・グローバル化するアメリカの経済的利害（ウォール街，ICT 産業，海外展開を加速させたアメリカ系多国籍企業）に沿うものであり，両者を結びつけて考えるべきである。だが，サービス貿易はともかく，財（モノ）の貿易収支の赤字の縮小，解消という点ではその効果は統計的にみればなかったといってよい（⇨資料7-1）。

［3］　1990年代ICTバブルと2008年アメリカ発世界金融経済危機

　1980年代のレーガノミクスによる規制緩和・競争原理の強化の帰結として，1990年代にはICT分野を中心とする新たな産業が成長してきた。1970年代に産声を上げたマイクロソフト社，アップル社以外にも，グーグル社，アマゾン社などは1990年代に急成長を遂げた代表企業（これに2000年代に誕生したFacebook（現Meta）社を加えて，後ろ4社を総称して最近ではGAFAと呼んできた）である（⇨第6章第4節［2］）。これらICT関連企業は周辺産業を牽引し，アメリカ経済を1990年代初頭の不況から脱出させる役割を演じた。株式市場でも，こうしたICT関連のベンチャー企業はIPO（新規株式公開）で脚光を浴び，海外から資金を引き寄せつつ，株価高騰を支えた。

　こうして民主党B.クリントン政権下の1990年代中盤，デジタル面で最先端の技術を有するICT企業がアメリカ経済自体に再び活力を与え，不況・景気後退とは無縁の新たな経済循環が始まったかのようにみえた。「ニュー・エコノミー」時代の到来と謳われた。しかも，1991年12月にソ連の崩壊によって冷戦は終焉し，アメリカへの一極集中，「歴史の終わり」（F.フクヤマ）といわれた時代であった（⇨第1章第2節［2］）。旧ソ連や旧社会主義体制の諸国は市場開放のための経済改革を進め，次々と外資を導入し，アメリカ資本もまた現地での合弁事業・企業買収・業務提携といった方法で積極的に進出していった。ニューヨーク，ウォール・ストリートのダウ平均株価は上昇し，ついに1万ドルの大台を突破した。

　しかし，ICT企業に牽引された好景気の実態は，モジュール化した部品・中間財の世界大での調達であり，アメリカの貿易収支赤字は90年代後半再び増勢に転じた（⇨資料7-2）。その過程で2000年にはICTバブル（dot-com bubble）が破綻し，「ニュー・エコノミー」の幻想は剝落した。そこに勃発したのが2001年9月11日のニューヨーク同時多発テロであった。

　テロを契機に，2001年1月に成立した共和党G. W.ブッシュ政権は世界大でのテロとの戦いに傾斜し，安全保障上の対外政府援助額の増加は財政支出の膨張要因となった。その最中，1990年代に総合エネルギー取引とICTビジネスを行う企業として成長したエンロンの不正経理・巨額不正取引による粉飾決算が明るみに出て，2001年12月に破綻に追い込まれた。その後，戦端が開かれたイラク戦争[*]による原油価格の高騰やエンロン事件による信用不安を背景にして，アメリカ証券取引所の株式相場は大幅に下落した。これに対し，レーガン政権以来長きにわ

たって FRB の議長職にあった A. グリーンスパンは，同年11月，合計4.75％
（6.5％→1.75％）の金利引下げ決定を行い，2003年 6 月〜2004年 5 月にかけて1.0
％という超低金利政策を実施した。こうしてサブプライム・ローンによる住宅バ
ブルの下地が敷かれていった。

>　＊　2001年 9 月の「9・11同時多発テロ」を受け，ブッシュ政権は「テロとの闘い」を宣言，
>　　　テロ首謀者とされるビン・ラディンが逃げ込んだアフガニスタンを攻撃してタリバン政権
>　　　を倒した。次にアメリカは，1991年の湾岸戦争の相手国であったイラクに照準を合わせ，
>　　　大量破壊の生物・化学兵器を隠匿していることを理由（国連査察団は未確認）に2003年 3
>　　　月イラクを空爆し，同年末大統領のフセインは逮捕され，2006年12月死刑となった。その
>　　　後2011年 2 月英紙 *The Guardian* はこの大量破壊兵器情報が反フセインのイラク人情報
>　　　員からのニセ情報であったことを報じた。ちなみに当時イラクは，サウジアラビアに次ぐ
>　　　原油埋蔵量を誇り，国際決済手段にドルではなくユーロを利用するという情報が流れてい
>　　　た。

　サブプライム・ローンとは返済不履行や自己破産の経歴者，また借入額がフロ
ー所得の一定基準を超えている者等信用力の低い顧客向けの住宅ローンを指す。
そのため通常は貸付リスクが高い分だけ貸出金利も高く設定されることになる。
ところが，この住宅ローンの場合，借入当初の 2 〜 3 年は金利を低く抑え，最優
遇金利期間が終了するや返済額が増加する仕組みであった。むろん，ローン借主
の返済が可能であれば問題はないし，購入した住宅価格が上昇していれば住宅を
転売して差額を懐に入れることも可能ではある。こうして，低金利下，2000年代
から住宅価格が加速的に上昇し，サブプライム・ローン層向け貸出しを含めた住
宅ローン市場全体が拡大していった。マクロ経済的にも「貯蓄─投資バランス」
からみて，この当時家計部門の純貯蓄もマイナスに転じ，財政赤字・経常収支赤
字と併せて「三つ子の赤字（triple deficits）」ともいわれる事態となった。

　ところで，アメリカの住宅市場の拡大を資金面で支えたのが住宅ローンの「証
券化」であり，この点すでに記した通りである。ファニー・メイ，フレディ・マ
ックや民間住宅ローン会社等が発行する MBS（不動産担保証券）の発行残高は拡
大を遂げ，2000年には国債を抜いて発行残高で首位となり，2007年には約 9 兆ド
ルに達した。これに資金を供給したのが，アメリカはもとより，イギリスやユー
ロ地域の年金・保険・投資信託などの機関投資家であった。

　だが，景気過熱感からインフレの兆候が明確にみえてきた2004年 6 月末，
FRB は F. F. レートを0.25％引き上げて1.25％とした。金利引上げへの転換であ

り，以降17回の小刻みな金利引上げで，2006年6月 F. F. レートは5.25％にまで引き上げられた。金利引上げは，当然ながら住宅ローンの借入を難しくした。住宅販売件数・着工件数ともに2006年中頃から減少し，住宅価格の下落も始まる一方で，住宅ローン延滞率・差し押さえ率は上昇していった。住宅価格の下落は，ローン借入者にとっては資産価値の下落であり，その一方で負債の支払金利は上昇をはじめた。家計の純資産はプラスからマイナスへと転じはじめ，逆資産効果が発現するようになった。

　GDP 支出の7割を占める個人消費である。その落込みは企業の設備投資および生産稼働率に決定的な影響を及ぼした。2007年，実質 GDP 成長率は一段の落ち込みをみせ，同年12月アメリカ経済は2001年3月以来はじめての景気後退局面に突入した。こうした中，2007年に入ると MBS の市場価格も明らかに下落をはじめ，夏場頃にはサブプライム・ローン関連の住宅金融会社が相次いで破綻をはじめた。同年8月，欧州屈指の金融機関 BNP パリバ傘下の投資ファンドが投資資金の償還凍結を発表した（いわゆる「パリバ・ショック」）ことを契機に，欧米金融市場では急速に資金繰りが悪化していった。同年9月イギリス大手住宅金融会社ノーザンロックで取付け騒ぎが発生した。この頃になると，各種貸付債権を切り分けて混在組成させていた CDO にも，いまや不信の目が向けられるようになった。なぜなら，CDO をみても，リスク評価はおろか，リスクの真のありかも判然としなかったからである。こうして MBS も CDO も一切の証券化金融商品は市場から厳しい評価を受けるようになった。そして2008年3月アメリカ投資銀行ベア・スターンズが破綻（同月末大手商業銀行 J. P. モルガンに吸収される）し，7月には住宅貸付機関のファニー・メイ，フレディ・マックが政府に救済された。9月17日，大手投資銀行リーマン・ブラザーズもついに破綻，同日同じ大手投資銀行のメリル・リンチは大手商業銀行バンク・オブ・アメリカに吸収された。これがアメリカ発世界金融経済危機である。

第3節　世界金融経済危機後のアメリカ経済

1　「最後の貸し手」としての FRB と超金融緩和政策

　金融危機の進行を抑えるべく，共和党ブッシュ政権はあらゆる手段をとった。9月16日，政府は保険大手 AIG に対し850億ドルの融資枠（11月に融資枠は1230

億ドルに拡大）を設定し，AIG株79.9％を取得した。9月21日，大手投資銀行ゴールドマン・サックスとモルガン・スタンレーが，銀行持ち株会社への転換を承認され，FRBの緊急融資対象機関となった。大手商業銀行であるシティ・バンクも総額で3500億ドル以上の政府支援を受けた。こうして「アメリカ金融革命」の寵児として世界の注目を浴びた投資銀行は消滅した。だが投資銀行向け融資に深く関与しつつ，全米そして全世界のドル建決済システムの中核を担う大手商業銀行は「大きすぎて潰せない（too big to fail)」という理由から，政府公的資金とFRBの特別融資を受けつつ生き延びた。

　2008年10月，「緊急経済安定化法」が成立し，7000億ドル規模のTARP（不良資産救済プログラム）が創設された。同法に拠り12月GM（ジェネラルモーターズ）の金融関連会社に50億ドルの公的資金注入が決定された。その他にもアメリカン・エキスプレスと金融大手CITグループに対しても公的資金が注入された。他方FRBは，政策金利であるF. F. 金利の誘導目標を引き下げ，実質ゼロ金利政策をはじめた。それでも2008年わずかに25件であった破綻金融機関数は，2009年には140件へと急激に増加した。また企業の設備投資も，2007年後半から既に低下傾向を見せていたとはいえ，2008年第3四半期に対前期比マイナス9.4％，2009年第1四半期にはマイナス11.5％を記録した（数字は住宅投資を除いた民間設備投資の対GDP比で，アメリカ商務省BEA資料より）。

　2009年1月民主党B.オバマ政権が誕生した。政策課題は金融危機という「負の遺産」処理と経済再建であった。2009年2月「金融安定化プラン」が早速成立し，①新たな資本注入，②財務省，FRB，FDIC（連邦預金保険公社）が共同で不良資産買取りの官民投資ファンドを設立するなど，新たな金融安定化策が発表された。また同月には，教育・保健・社会基盤・再生可能エネルギーへの投資，失業給付拡大やその他社会福祉拡充策を盛り込んだ総額7870億ドルに上るARRA（アメリカ再生・再投資法）を成立させた。2010年は中間選挙の年であった。オバマ政権は，「ウォール・ストリートからメイン・ストリートへ」をスローガンに，同年3月「雇用創出減税」を含む雇用対策法案，7月ARRAに盛り込まれていた失業給付の延長法を成立させ，雇用と社会給付に軸足を置いた施策を打ち出した。併せて，同年7月には商業銀行の投資銀行への融資などリスクの高い金融取引に規制を課した「金融規制改革法（いわゆるドッド・フランク法)」，同年12月には8580億ドルのブッシュ減税延長法（期間2年）を成立させた。

資料7-3　アメリカのマネタリー・ベースとマネー・ストックの推移（1985-2022年）

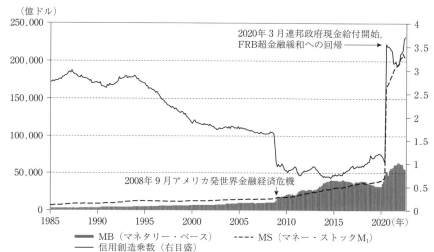

（注）　マネー・ストック M_1 は，①アメリカ財務省，FRB 保有分および預金取扱機関保有の準備金を除いた
　　　通貨，②ノンバンク機関の発行する旅行小切手，③預金取扱機関・アメリカ政府・FRB・海外の銀行お
　　　よび公的機関の保有分を除いた要求払い預金，からなる。信用創造倍率は，マネー・ストック／マネタ
　　　リー・ベースとして算出している。
（出所）　Federal Reserve Board の資料より筆者作成。

　こうした中，公的資金の注入を受けた GM は法的整理において退職者年金・
医療費を大幅に削減し，2011年の純利益は過去最高額となった。フォードにおい
ては，同年 GM の 3 倍の利益を上げ再建を果たし，クライスラーも黒字転換し
たものの，2014年イタリアの自動車メーカー・フィアットに買収された。
　ところで，危機に際し，FRB は「最後の貸し手」として大規模な流動性供給
策を実施してきた。2008年12月，FRB は F. F. 金利の誘導目標を史上最低の 0 ～
0.25％に引き下げて以来，超低金利政策を維持し，2009年 3 月には1951年以来半
世紀ぶりという長期国債の買い切りオペを決定した。併せて MBS や政府機関債
の購入額も大幅に増やした。これが QE（量的緩和）の第 1 弾であり，2008年11
月～2010年 6 月まで長期国債3000億ドル，MBS 1 兆2500億ドル等計 1 兆7500億
ドルの資金供給を行ったことを皮切りに QE は第 3 段まで続き，事実上のゼロ金
利政策は2015年半ばまで延長された。
　こうした FRB の量的緩和策による流動性供給の増加傾向を資料 7 - 3 で確認

しておこう。同資料は1985年からの長期データである。もはや多言は要しまい。2008年9月のリーマン・ショックを契機に，アメリカのMB（マネタリー・ベース）およびMS（マネー・ストック）は従来のトレンド線から大きく外れ急増した（⇨第3章補論1）。すなわちMBは，2008年9月の9096億ドルから翌10月には1兆1364億ドルへ，2009年12月2兆262億ドル，2014年12月3兆9344億ドル，2018年6月3兆6505億ドルへと増大した。またMSも，2008年9月の1兆4607億ドルから2018年6月には3兆6557億ドルへと2.5倍に増大した。とはいえここで注目すべきは，世界金融経済危機を契機にMSがMBを下回り，アメリカ商業銀行部門の信用創造倍率が1以下となる時期が続いたことである。つまり，FRBが供給したMSは，突発的に発生するかもしれない支払い決済に備えて，その大部分が銀行・金融機関の連邦準備預金として積み上げられるにとどまり，対非銀行部門貸出には大きくブレーキがかかっていたのである。

　いずれにせよ，こうした一連の積極的財政政策と超低金利の金融政策に支えられて，アメリカ経済は，辛うじてシステミック・リスクを回避しつつ，早くも2009年6月には回復軌道に乗り，2010年の実質GDP成長率は3.1％となった。もっとも，ブッシュ減税延長法成立後から約半年後の2011年5月，財政赤字が法定上限に達し，その打開策として共和・民主の両党は延長期限の切れる2013年1月より財政赤字削減を実施することで合意した。

　だが，減税打ち切りは家計にとり実質増税となるだけでなく，公共事業・社会保障費・国防費等の大幅削減が景気を急速に悪化させると予測された。こうした事態を，当時のFRB議長B.バーナンキは「財政の崖（fiscal cliff）」と形容した。実際，資料7-4に示される通り，2008年財政年度（前年10月～当年9月）0.45兆ドルであった財政赤字は，2011年度1.3兆ドルとなり，政府債務残高も期間中に9.9兆ドルから14.6兆ドルと激増した。

［2］ オバマノミクスの社会経済政策

ところで，オバマ政権には特筆すべき社会経済政策が二つある。

　第1は，2010年3月に成立した医療改革保険法（通称，オバマケア）（2014年1月より保険適用）である。その骨子は次の通りであった。①国民に民間保険への加入を義務づけ，非加入者（メディケイドにもメディケアにも加入できない低所得層）には罰金を科す。この措置により4600万人の無保険者は3200万人に減少，医

資料 7 - 4　アメリカの財政収支と政府債務残高（1960年-2020年）

（出所）　FRB, of St. Louis, Federal Reserve Economic Data より作成。

療保険加入率も83％から95％となる，②総費用は今後10年間で4400億ドルが見込まれるが，これを歳出抑制・実質増税でカバーしつつ，財政赤字は期間中に1380億ドル削減，③高額医療保険は消費課税対象，年収25万ドル超の高所得層は増税，④公的支援の保険取引市場を創設し，民間保険への規制を強化し低所得者の加入を促進等，であった。

　しかし，アメリカの医療保険制度は，日本の公的皆保険制度とは異なり，営利民間企業の保険会社と個人との保険契約をベースに組み立てられてきた。したがって診療報酬と薬価は公的に決定されるのではなく，保険会社が決定する。こうなれば高度医療や高価な医薬品に対する保険料引上げ，あるいは保険適用範囲を制限することで，保険会社は利益を追求するだろう。こうして，皆保険制度の下，保険加入者と医療費は増大し，ビジネス・チャンス拡大の機会は民間保険会社ばかりか，製薬会社や利益重視の大手医療機関にも及んだ。その一方で，自助努力が広く社会的コンセンサスとして行き渡った社会における公的資金の投入である。そのためオバマケアに対しては，富裕層や「小さな政府」を主張し個人主義を最優先させる Tea Party（茶会）からの猛烈な反対運動に直面し，連邦裁判所に違憲判決を求める提訴もなされた。こうして2017年１月，大統領に就任した共和党のトランプ政権の下，オバマケアの実質的な骨抜き法案が相次いで立案されたが，2021年６月の連邦最高裁は改めてオバマケアを支持する判決を下した。

　第２は，前述の「ドッド・フランク法」である。同法には，金融危機再発を防

止するため，銀行によるリスクの高い取引を制限する「ボルカー・ルール」が盛り込まれた。その主な内容は次の通りである。①米国債取引を除き，商業銀行の自己勘定での証券取引は原則禁止する，②銀行本体によるリスクの高いデリバティブ取引禁止，③公的資金での金融機関の救済を止め，破綻処理を円滑化，④FRB に大手金融機関の監督を一元化する，⑤一定規模以上のヘッジ・ファンドはアメリカ証券取引委員会に登録を義務づける等，である。

ちなみに，この「ボルカー・ルール」についてはトランプ政権下で改正が図られ，2020年10月から銀行はベンチャー・キャピタルへの出資が認められるようになった。「銀証分離」規制は今後再び緩和されるかもしれない。

3 引き裂かれたアメリカ経済社会とトランプノミクス

このようにみれば，オバマ政権の第 1 期目は，2008年 9 月に勃発したアメリカ発世界金融経済危機対応に追われてきたといってよいであろう。そのため銀行・金融機関及び大手企業への救済策に対し，社会的公平性を訴えた「ウォール街を占拠せよ！」の運動が起こったこともあった。こうしたことを背景に，2013年からの 2 期目の就任演説に臨んだオバマ大統領は， 4 兆ドルの財政赤字削減に向けた政策の一つとして世帯収入45万ドル以上の富裕層への増税，最低賃金の引上げを含む「強固な中間層と強いアメリカを目指す大統領計画」と銘打った政策綱領（2012年には最低賃金を時給15ドルに引き上げる運動 Fight for $15が始まる）を一般教書演説において発表した。

しかし，2010年の非営利団体であるシチズンズ・ユナイテッド対 FEC（アメリカ連邦選挙委員会）裁判を契機に，Tea Party など共和党強硬派は強力な反対キャンペーンを展開するようになり，2014年11月の中間選挙において民主党は惨敗，残り任期 2 年となったオバマ政権はいわゆる「lame duck（死に体）」に陥った。何が起きたのか。

＊ 本選挙60日以内及び予備選挙30日以内に，組合・営利団体・非営利団体が TV コマーシャルを放映することを禁止している「超党派選挙改革法」の一部規定が，合衆国憲法の「表現の自由」に反するとして連邦最高裁は違憲判断を示した。その後2014年 6 月連邦選挙での個人献金の上限撤廃を最高裁が決定したことで，アメリカではロビー活動を通じた金権政治に拍車がかかったといわれている。

　第1は，「経済の空洞化」をもたらしたグローバル化と世界金融経済危機につながった金融化により，オバマ政権が復活を期待した中間層がもはや壊滅状態になってしまったことである。例えば，2000年の名目GDPは10.2兆ドル，2010年15.4兆ドル，2015年18.2兆ドル，2020年20.9兆ドルと増大していった。しかし，GDPに占めるシェアを製造業対金融・保険・不動産・リース業でみると，2000年15％対19％，2010年11％対19％，2020年10％対21％であった[*]。こうして，本章第2節[1]で記した通り，1970年代に始まり今日まで滔々と続くアメリカ経済の「金融化」の裏面は製造業の後退に他ならなかったのである。

　　＊　数値はアメリカ商務省BEA資料より。

　そして留意すべきは，製造業の衰退に伴い，最低賃金は過去四半世紀以上にわたり，「賃金の上方硬直性」ともいうべき状態が続いてきたことである。たしかに，オバマ政権下の2009年7月に最低賃金は7.25ドル／時間に引き上げられた。だが，上記の通り，2010年から2015年に名目GDPは20％増大しているものの，2010年連邦最低賃金は6.55ドルから10.7％の引上げにとどまったのである[*]。これでは富が貧しき者に滴り落ちることはない。「富める者が富めば，貧しい者にも自然に富が滴り落ちる」というトリクルダウン効果に期待した新自由主義的経済社会思想は，確実にアメリカ社会を蝕んできたのである。

　　＊　数値はアメリカ商務省BEA資料より。

　実際，FRBの一つであるセントルイス連銀の調査「アメリカのジニ係数（所得再分配前の当初所得）」によると，1979年0.345であったジニ係数は，1986年0.375，1994年0.402，2000年0.401，2010年0.404，2019年0.415であった（⇨終章第3節[1]，資料終‒10）。ちなみにジニ係数が0.4を超えると社会騒乱が発生し，0.6を超えると暴動が発生するといわれる。つまり，アメリカの海外直接投資と金融のグローバル化が本格化しはじめた1980年代以降ジニ係数は上昇し，ICTバブルとサブプライム・ローンが流行した住宅バブル時代においても，ジニ係数は0.4を超えて高止まりをしたままであった。このように，勤勉な労働による人々の希望の実現というかつての「アメリカン・ドリーム」ははるか昔日のこととなって久しい現実がある。1世代に等しい30年間のうちに，アメリカの中間層の多くは姿を消してしまったのである。まさに「格差社会」であり，没落した中間層は，住宅ローン，自動車ローン，消費クレジット・カード，学資ローンに走ることになる。この点，第1章の「エレファント・カーブ」（⇨第1章コラム2）

▶▶ コラム8 ◀◀

アメリカ通商法301条の過去と現在

　1974年のアメリカ通商法301条は，外国の不公正な貿易慣行に対して，報復措置を定めた条文である。不公正な貿易慣行とは，アメリカからの輸入に対して不合理な関税，その他の輸入制限を課している外国，またはアメリカ産の競合品目の販売を実質的に損なうような効果をもつ補助金をその輸出品に供与している外国のことで，不公正かどうかはアメリカが判断し，輸入関税引上げなどの対抗措置を発動するというものである。つまりアメリカによる一方的措置である。301条は，アメリカの圧倒的経済優位が揺らぎ，貿易収支が慢性的赤字に転落しはじめた70年代に導入された。301条が注目されるようになったのは，1980年代の日米貿易摩擦においてであった。とりわけ，アメリカは，1988年包括通商協定法において，日本を標的にした301条の改正版，スーパー301条（1989年と90年の時限立法）を設け，日本市場の開放を迫った。その結果が1989年から開催された「日米構造協議」であった。また同法において，301条が知的財産分野や電気通信分野，政府調達（物品・サービスを含む）分野へ拡大されることが明文化された。こうして，アメリカは，モノの分野を超えて，サービスや知的財産分野において，301条を活用するようになった。

　その後アメリカはWTO発足後，WTOにおける紛争手続きへの配慮から，301条の発動を差し控えてきたが，トランプ政権は，2018年に301条の適用に打って出た。すなわち，中国がアメリカの知的財産権を侵害しているとして，301条に基づき，2018年7月，一部の中国製品の輸入に対して一方的な追加関税の賦課を開始，その後立て続けに8月に第2弾，9月に第3弾の制裁関税賦課を発動した。さらに2019年9月には第4弾の制裁関税が発動され，ほぼすべての中国原産品が制裁の対象となった。中国側もそれに対して報復関税で応酬，米中貿易戦争は泥沼化の様相を呈している（⇨終章第2節）。

（参考文献『不公正貿易報告書』（各年），JETRO「米国の対中通商関連政策」など。）

（山本和人）

に戻って再考するとよい。

　*　アメリカ連邦議会予算局は，全米1億2800万世帯，総所得額15.4兆ドルを5段階に分けた所得分配の現状を推計している。それによれば，2019年の政府補助金による再分配前所得の最下位1/5の平均所得は2.3万ドルで，最上位1/5のそれは33.21万ドルであった。上位1％，120万世帯の平均所得は約200万ドル，上位0.01％，1万2千世帯の平均所得は約4300万ドルであった。ストック・ベースでは，2013年全米の世帯資産総額は67兆ドル（同

年の GDP の約 4 倍）で，中位世帯の資産は約8.1万ドルであった。しかし，上位10％の
世帯が資産総額の76％，百分位51〜90位の中・上位世帯層が同23％を占め，下位50％のそ
れは僅かに 1 ％を占めるに過ぎなかった［'The Distribution of Household Income, 2019',
CBO Report, Aug. 2021，および 'Trends in Family Wealth, 1989-2013', *CBO Report*,
Aug. 2016］。

　第 2 には，そうした厳しい現実に直面してきたアメリカ中間層が大きく期待し
た民主党オバマ政権であったが，その目玉施策たるオバマケアも裏口は保険会
社・製薬会社・大手医療機関と通じているとなれば，人々の期待は萎まざるを得
ない。加えて，「ウォール・ストリートからメイン・ストリート」へと銘打った
オバマ政権ではあったが，第 2 期後半ともなると，ウォール・ストリートの巻き
返しがはじまったことは先にみた通りである。
　こうして厳しい所得格差に直面したアメリカ社会は，極端な個人主義に走り，
銃規制と増税に反対する共和党右派と，富裕税推進・社会保障や公教育の充実を
掲げる民主党左派とに分裂しつつ2016年秋の大統領選挙を迎えた。大統領候補指
名争いでは，共和党穏健派の J. マケイン上院議員がトランプ候補に敗北し，民
主党主流派 H. クリントンは民主社会主義者 B. サンダース上院議員に辛くも勝利
するも，本選挙でトランプ候補に敗北を喫した。
　2017年 1 月に発足した共和党トランプ政権は，連邦法人税率の35％から21％へ
の引き下げ，平均1600ドルの個人所得税減税，そして高額所得者の最高税率を
39.6％から37％へと引き下げた。アメリカの財政赤字は続いているにもかかわら
ず，またしても減税である。こうして超金融緩和と減税により，アメリカ経済は
再び好景気の波に乗り，2016年1.7％であった実質 GDP 成長率は2017年2.3％，
2018年2.9％となった。また非農業者雇用統計の失業率も，2016年12月4.1％から
2017年12月3.9％，そして2019年12月3.6％へと低下し，ほぼ完全雇用状態となっ
た。
　しかし，資料 7 - 4 で改めてアメリカの財政収支をみると，世界金融経済危機
対応が一段落した2015年度，財政赤字は0.44兆ドルまで縮減したが，トランプ政
権の 1 年目である2017年度0.69兆ドルへと増勢に転じ，コロナ禍前の2019年度に
は0.98兆ドルとなった。財政赤字による景気拡大であったことは明らかであった。

4　トランプ政権の通商政策

　トランプ政権の通商政策についてみると，柱は二つあった。

　一つは，大統領就任早々に TPP 交渉から離脱し，既存の貿易協定の改正と二国間貿易交渉に踏み切ったことである。2017年 5 月，アメリカは NAFTA の改正交渉を開始し，2020年 7 月に USMCA として発効した（⇨第 4 章第 3 節 2 ）。2018年 9 月には韓国との間でも米韓 FTA 協定の改定にも合意し，2019年 1 月に発効した。また2018年 8 月には日本との間でも交渉が始まり，2019年 9 月日米貿易協定及び日米デジタル貿易協定が締結された。日本との協定についていえば，アメリカ側は工業製品を中心に関税の撤廃・削減を行い，日本側は豚肉や牛肉等農産品や加工食品の関税について，TPP と整合する範囲内で撤廃又は削減（例えば米産牛肉の関税は38.5％から段階的に9.0％へ引下げ）することとなった。その一方で，日本側が最も求めていたアメリカの自動車輸入関税2.5％（トラックは25％）の撤廃は見送られた（日本の米国車輸入関税は 0 ％）。

　デジタル貿易協定については，デジタル貿易（インターネット経由での物品売買・ホテル予約や音楽配信サービス等）への関税賦課禁止，外国企業へのサーバーなど IT 関連設備の設置強要の禁止，国境を越えた自由なデータ流通の確保，機器を動かすソフトウェアの設計図であるアルゴリズムやソースコードの開示要求の禁止，である。まさにインターネットを通じた国際間電子商取引の自由化であり，そこで得られた顧客情報は GAFA 等アメリカの巨大 ICT 産業に流れることにもなる。

　もう一つは，米中貿易不均衡を理由に，2018年以降，中国に対し関税率引上げや輸入数量制限策を仕掛けたことである。米中貿易摩擦については，終章第 2 節で記す通りであるが，オバマ政権第二期の2015年，アメリカの貿易収支赤字に占める中国のシェアは実に48.2％に達していた点に注目したい。こうした現実を踏まえた時，トランプ前大統領が主張してきた「製造業の復活」と「強いアメリカの再生」が容易でないことは当初より自明であった。

　実際，アメリカ労働省のレポートによれば[*]，製造業の雇用がピークに達したのは1979年 1 月で1960万人が雇用されていた。そして2008年のアメリカ発世界金融経済危機から10年間にも製造業の雇用は失われ続け，1255万人に減少（－12％）となった。これに代わって雇用を大きく増やしている産業分野は，高齢社会を反映して医療看護・社会扶助といった業種であり，その他には運輸・倉庫業，そし

て情報・金融といったサービス産業には該当しない専門的ビジネス・サービス業（Professional and Business Services ［企業の中核事業に経営資源を集中すべく，製造業関連から法務・経理・広報サービス等まで多岐に亘る周辺事業を社外の企業にアウトソーシング＝業務委託することから増大してきた］）である。

 * Wander Cedeño, "How did employment fare a decade after its 2008 peak?", *Monthly Labor Review*, U. S. Bureau of Labor Statistics, October 2018.

 このようにトランプ大統領は，経済の空洞化と雇用条件の悪化に苛立つ民衆の不満を受けて，包括的貿易政策から従来型の貿易政策への一部回帰を図ったといえよう。事実アメリカは，現在，多国間レベルでは WTO に対して消極的姿勢，広域 FTA に関しては TPP からの離脱，NAFTA の USMCA への改定による保護政策の導入，そして二国間レベルでは2012年のパナマとの協定を最後に協定の締結は行っていない。第4章の資料4-5に示した2022年8月時点でのアメリカの RTAs 締結数は14であるが，この数字は資料7-2の協定数と一致するものである。つまり，トランプ政権誕生以来，バイデン政権も含めて，アメリカは，多国間，広域そして二国間レベルにおいて，自国市場の開放を伴うような貿易協定，FTA 協定の締結に消極的，否定的になっていることを表している。製造業を国内回帰させ，もって没落する中間層を復活させることがその目的であろう。さらにコロナ禍，米中対立の激化，ウクライナ侵攻などが加わり，アメリカの貿易政策は，自らが唱道してきた新自由主義的グローバリゼーションから大きく後退し，不透明さを増しているのが現状である。

第4節　コロナ禍のアメリカ経済とその行方
──急膨張した財政赤字と引締め策に転じた FRB ──

 2020年に入りコロナ禍が急速に世界に拡大，半導体等工業製品のサプライ・チェーンが混乱する中，同年3月トランプ前大統領は2.2兆ドル規模（2019年名目GDP 21.4兆ドルの約1割）の CARES（コロナウイルス支援・救済・経済保障法）を成立させた。CARES の最大の特徴は個人・世帯への現金給付支援（成人一人に1200ドル，17歳以下の未成年に500ドル，米国歳入庁振出の小切手が郵送された）にあり，併せて失業保険金も週600ドルが所定金額に加算され，法律施行から3カ月後には家計所得はコロナ禍前の水準にまで回復した。また CARES には，中小企

業向け支援策として給与保護プログラム（融資額の75％以上を給与支払いに充てる）も設定され，企業がいつでも任意に雇用契約を解除できる「解雇自由」のアメリカ企業社会において雇用の維持が図られた。そして2020年12月には成人及び未成年一人に600ドルの追加支給が，2021年3月には成人一人に1400ドルが追加支給された*。

　*　これら一連の支援策により，個人消費が大きく伸びたのが所得分類下位10パーセント・タイルと25パーセント・タイルの層であった（IMF, *Fiscal Monitor*, p. 7, 2022）。また家計貯蓄率は2020年12月7.3％であったのが，2021年4月に33.8％となり，2022年7月には5％となった。ちなみに2008年4月には2.9％であった（FRB of St. Louis 資料より）。

　加えて FRB も，3月以降政策金利である F. F. 金利を引き下げ，4月からは史上最低の0.05％とした。また FRB は，連邦準備法13条3項を活用した様々な資金供給ファシリティを次々と設定し，通常の貸出対象先である銀行を超え，その他金融機関や企業に直接貸出が可能となる融資枠を設けた。

　こうして財政・金融双方からの経済支援策により，資料7-3にみられる通り，2020年4月以降 MS（マネー・ストック）は急増することになった。その水準たるやアメリカ発世界金融経済危機時の水準とは一桁違っていることに注意されたい。こうして企業の資金繰りと雇用確保，そして家計所得が維持されたことにより，2020年夏場過ぎには個人消費は危機前の水準にまで戻り，アメリカ経済はコロナ禍における景気過熱という事態を迎えることになった。

　だが新型コロナウイルスは，接触・対面型のサービス業の需給両面において抑制的作用する。このため個人消費の6割以上を占めるサービス支出の内，交通，娯楽サービス，外食・宿泊への支出回復は大きく遅れ，2020年の経済成長率は－3.5％となった。逆に2021年の成長率は，1984年以来といわれる5.7％の高水準を記録した。

　ところで，コロナ禍が蔓延する中，労働力人口（非農業部門就業者数）に占める完全失業者（就業を希望し，過去4週間以内に一度でも求職活動をしているか又は就業可能な人）の割合でみた失業率は2020年4月に14.7％に達したが，2022年7月時点では完全雇用に近い3.5％となった。その背景には，コロナ感染を危惧した特に中高年を中心に労働市場には戻ってこない自主退職者が急増したためといわれ，「大退職時代」の到来ともいわれている。また労働市場での求人数は，コロナ禍前の2019年12月640万人（求人数／（雇用者数＋求人数）＝求人率4％）であ

ったが，2022年 3 月の求人数は1150万人（同7.1％）であった。つまり，企業側は現在の従業員数よりも 1 割近い人手不足感にあり，タイトな労働市場の需給は賃金上昇圧力となって噴出した。実際，全米平均の時給は2015年 1 月24.73ドル，2019年12月28.37ドル，2022年 6 月32.12ドルであった。[*]

> ＊　数字は The US Department of Labor の資料より。なお，2022年 1 月には連邦政府契約企業で働く労働者の最低賃金を時給15ドルとするいう大統領令が発布された。

　2022年 2 月，ロシア軍のウクライナ侵攻が始まり，対ロシア制裁に踏み切った西側先進諸国には原油・天然ガス等のエネルギーや小麦等食料の供給制約が懸念された。アメリカはシェール・オイル及びガスの掘削・精製を手掛け世界最大の原油産出国であったことから，ロシア産原油・天然ガスの輸入禁止措置の影響は小さいとみられていた。しかし，バイデン政権は発足早々環境保護政策の観点から，シェール関連の掘削にブレーキをかけていたことから，アメリカ経済もまた世界の原油・天然ガスの価格高騰の直撃を受けた。加えて，トランプ政権が課した対中輸入関税率引上げと世界のサプライ・チェーンの寸断，幾度となく襲来する巨大ハリケーンによる生産・物流システムの混乱は，上記の「大退職時代」の到来とも重なって，一大インフレ圧力となっている。実際，前年同月比の消費者物価指数（CPI）は2020年 5 月以降上昇を続け，2022年 3 月には1981年12月以来の水準である＋8.5％となり，10月でも＋7.7％であった。

　こうした事態を受け FRB は，2022年 3 月以降，政策金利である F. F. 金利の段階的引上げに踏み切り，引上げ前コロナ・シフトで0.08％であった F. F. 金利を 9 月末には3.0〜3.25％水準に設定した。これに合わせて FRB は，2022年 3 月末から 9 月末の間に財務省証券の保有額を 5 兆7689億ドルから 5 兆6394億ドルへと減らしている。[*]

> ＊　FRB, H. 4.1, Factors Affecting Reserve Balances of Depository Institutions より。

　だが FRB による財務省証券の売オペは，国際準備資産としての役割も有する短期米国債の流通価格を引下げ（金利上昇）て，その流動性が懸念されるようになっただけでなく，2022年 4 月35,160ドルにまで上昇していたダウ・ジョーンズ平均株価も下落に転じ，10月初めには 3 万ドルの大台を切るまでになった。また超低金利から再燃していた住宅価格ブームにも，ブレーキがかかった。このように2022年秋以降景気回復に急速にブレーキがかかったことで，FRB の金利引上げ政策にも批判の声が聞かれるようになった。[*]

 ＊ Federal Reserve Act, Section 2A, Monetary Policy Objectives では，FRB の金融政策の使命として，生産増大による雇用の最大化が記されている。

　2022年 8 月，バイデン大統領は，4300億ドル（約57兆 7 千億円）規模の「インフレ抑制法案」に署名した。同法案は気候変動対策に約3700億ドルを計上し，再生可能エネルギーへの投資，電気自動車（EV）や太陽光パネル等への税優遇策を講じ，一般家庭の生活費を抑えるべく薬価の引下げも盛り込んだ。他方で，財政健全化に向け，巨大企業に対する最低税率15％を導入し，併せて富裕層への課税も強化することで，7 千億ドル規模の歳入増を見込んでいる。また同月バイデン政権は，学資ローン一人当たり最大 2 万ドルを支払い免除とする決定を行った。

　ブレトン・ウッズ体制が崩壊した1970年代以降，アメリカはグローバル化を加速化させた。しかし，グローバル化によりかつての「アメリカン・ドリーム」を牽引してきた製造業は「空洞化」し，その裏返しとして経済の「金融化」が進んできた。そうした経済社会が住宅バブル崩壊を引き起こし，2008年アメリカ発世界金融経済危機を勃発させた。

　だが，危機から10年以上を経るも，アメリカの産業構造・就業構造に大きな変化はみられないままである。むしろトランプ政権下において，アメリカ社会は共和党対民主党，BLM（黒人の命は大事だ）運動への賛否に象徴される人種差別と宗教差別，ひいては銃規制や女性の人工妊娠中絶の権利に関わる社会観を巡って，左右両派の対立（「文化戦争」といわれる）は深刻の度合いを増すばかりである。その間にも，かつてアメリカの製造業を支えながらも，今や「錆びついた地帯（Rust Belt）」と呼ばれる地域の中産階級労働者の没落は決定的となった。彼らこそはトランプ政権を熱烈に支持し，2021年 1 月 6 日，民主党のバイデン新大統領就任を阻止すべくアメリカ議会議事堂襲撃に参加・援護した社会階層であった。

　こうした現実を前にバイデン政権が目標に掲げる課題は，民主主義を支える中産階級の再建であり，そのための製造業の国内回帰と育成策である。とはいえ，インフレ・ファイターとしての FRB のタカ派的金利引上げが続き，コロナ禍の影響を受けた家計等への補助金削減が進むとなると，次の大統領選挙まで 2 年間を切る中，米中経済摩擦との関りでも，バイデン政権はいかなるアメリカ経済社会を作り上げることができるだろうか。

　本章の最後に改めて資料 7 - 1 と資料 7 - 4 をみてみよう。アメリカの「双子の赤字」が世界経済を揺るがしていたプラザ合意の1985年，財政赤字と経常収支赤

字は各々2123億ドルと1181億ドルであった。2008-09年の世界金融経済危機後の2010年には各々1兆2943億ドルと4320億ドル，トランプ政権成立が成立した2017年には6654億ドルと3610億ドル，コロナ禍に見舞われた2021年には2兆7753億ドルと8463億ドルであった。そして期間中に政府債務残高は1兆8136億ドルから28兆6670億ドルへ，対外投資ポジションは純資産1042億ドルから純負債18兆1242億ドルとなり，アメリカは財政と対外バランスの資金繰りを付けるべく，ドルの発行を半永久的に続けざるを得ないのが現実である。世界最大の債務大国にして社会的分断が深刻化するアメリカ社会である。ドル建マネーの行方はアメリカ経済社会の生命線である。

[推薦図書]

渡辺靖，2022，『アメリカとは何か——自画像と世界観をめぐる相克』岩波新書…2021年1月のアメリカ議事堂襲撃において一つのクライマックスに達した分裂したアメリカ社会の現実を記した最新書である。

河崎信樹他編著，2021，『現代アメリカ政治経済入門』ミネルヴァ書房…1990年代以降の現代アメリカ社会について，政治学・経済学・国際関係論の観点から記した好著である。

マシュー・C・クレイン＆マイケル・ペティス／小坂恵理訳，2021，『貿易戦争は階級闘争である』みすず書房…米中貿易摩擦にみられる国民経済間の対立は，実は貿易黒字国である中国やドイツ・日本の労働者・退職者を犠牲にした数十年来の富裕層優遇策の帰結である。各国の国内所得分配の不均衡がアメリカの巨額な貿易赤字を生み，国民国家間の対立を招いていると論じる。国内の所得格差が民主主義を毀損し，グローバル経済の繁栄や国際平和をも脅かすことに警鐘を鳴らす国際政治経済学書である。

ピーター・テミン，2020，『なぜ中間層は没落したのか——アメリカ二重経済のジレンマ』慶応義塾大学出版会…発展途上国の経済社会開発を分析すべくアーサー・ルイスが提起した二重経済論（近代的生産部門である資本主義経済部門と土地・自然資源に比して多数の農民が小規模農業に従事し低賃金に喘ぐ“生存部門”）モデルをベースに，アメリカの人種とジェンダーの差別が経済社会の格差と分断をもたらし，かつての中産階級が没落してく構図を示したケインズ派経済史家の書である。二重経済の分断化された格差社会は金権・専制政治と民主主義の破壊を招来するという警鐘は，傾聴に値する。

レオ・パニッチ＆サム・ギンディン／長原豊監訳，芳賀健一・沖公祐訳，2018，『アメリカ資本主義の形成と現在——いかにアメリカは，世界的覇権を構築してきたか』作品社…第2次世界大戦後の世界経済秩序の構築づくりにおいて，アメリカがいかにしてヘゲモニーを掌握してきたかを詳細に論じた書である。

（鳥谷一生・山本和人）

第8章　EU 経済・通貨統合の現実
――統合の進展と経済・政治的危機――

　　第1節は，欧州統合の発展を簡単に整理した上で，EU（欧州連合）の基本的な性格や主要な機関の役割を解説している。第2節は，統合の発展を単一市場の拡大・発展とそれを支える共通政策を述べている。第3節は，EMU（経済通貨同盟）の発展を明らかにし，欧州中央銀行について解説している。第4節は，金融・経済危機の発生と原因を解説し，危機に対するEU の政策と危機後の経済動向を述べている。第5節では，イギリスの EU 離脱について，離脱派が勝利した原因を社会・経済的な視点から分析している。第6節は，COVID-19 とウクライナ危機が欧州経済に及ぼす影響を説明する。

Keywords ▶ EEC（欧州経済共同体），EC（欧州共同体），SEA（単一欧州議定書），四つの自由，単一市場（域内市場），EMU（経済通貨同盟），マーストリヒト条約，シェンゲン協定，アキ・コミュノテール，ユーロシステム，トロイカ体制，ESM（欧州安定メカニズム），ユーロ危機，ポピュリズム，Brexit，UKIP（イギリス独立党），次世代 EU，EU タクソノミー，ウクライナ危機

第1節　EU とは何か

1　欧州統合の発展

　現在世界には多くの地域的な統合体が存在しているが，最も高度な統合を実現しているのが EU（欧州連合）である。はじめに EU がどのように成立してきたのかをごく簡単にみておこう。

　第2次世界大戦終了後，西欧諸国は冷戦体制を背景としたアメリカによる1947年のマーシャル援助の下で短期間のうちに復興をとげた。経済が回復する中でドイツとフランスを中心に欧州統合が進んだが，その原点は1950年5月9日のシューマン宣言であった。戦争で敵と味方に分かれて戦った両国の和解のもとに，経

済発展の共通の基盤として石炭・鉄鋼を共同管理する提案で欧州統合の第 1 歩となった。こうして1952年，ドイツ，フランス，イタリア，ベルギー，ルクセンブルク，オランダの 6 カ国からなる ECSC（欧州石炭鉄鋼共同体）が発足した。

　さらに1958年にローマ条約に基づいて EEC（欧州経済共同体）および EURATOM（欧州原子力共同体）が発足し，経済全体の統合が推進されることになった。EEC は不戦の共同体の形成とともに，財・人・サービス・資本の自由移動（4 つの自由）を実現する共同市場を目標とした。それは，戦後の大量生産＝大量消費システムにふさわしい欧州規模の経済圏の形成を図るもので，1968年 7 月には関税同盟が完成した。関税同盟とは，域内では自由貿易（数量制限および関税の撤廃）を実現し，対外的には共通関税を設定するものであった。

　また同時期に労働者の自由移動が実現した他，CAP（共通農業政策）も確立した。CAP は，農産物に域内の最低保証の統一価格を設定して，この価格が世界価格より高い場合には輸入課徴金を課す農業保護政策であった。他方，余剰農産物は，公的に買い取られるか，補助金つきで輸出された。

　このように高度成長を背景に通商面などを中心に統合が進み，1967年には 3 つの共同体の主要な機関も統一され EC（欧州共同体）が成立した。

　1970年代初頭には早くも通貨統合の動きがみられたが，ドル危機や IMF 体制の動揺の中で挫折した。その後，1979年に変動相場制のもとで欧州通貨の安定を目指す EMS（欧州通貨制度）が発足した。それは域内諸通貨の間では固定相場制をとり，対外的には変動相場制を採用する共同変動（フロート）制であった。

　他方，共同市場のいっそうの進展は直接投資の自由化などを除き，ほとんど進まなかった。各国の利害の対立，直接的には全会一致の意思決定方式に妨げられたことによるが，その背景にはアメリカや日本に比べても深刻な1970年代半ば以降の経済停滞と高インフレがあった。

　しかし，1987年には　J. ドロール EC 委員長のもとでローマ条約を改正する SEA（単一欧州議定書）が発効した。それは技術革新に立ち遅れていた EC が，競争力の低下を打破するための新自由主義的な競争戦略を中心とするものであった。4 つの自由の内容をより明確に規定して，1992年末までにそれを実現する市場統合戦略である。この 4 つの自由つまり域内市場を実現するために，人の移動や税制などを除くほとんどの分野で特定多数決制が採用された。そして物理的障壁，技術的障壁，税障壁の 3 つの障壁を除去することになった。

　物理的障壁とは，国境における規制で，税関における商品取引の手続き，パスポート管理，動植物の検疫などである。技術的障壁とは，各国における法制度などの様々な相違である。例えば，財における工業規格や認証制度などの相違の他，職業資格や企業税制の相違，サービス分野などの外国企業の市場参入の制限・排除である。税障壁とは，国ごとに異なる税制によるもので，主として VAT（付加価値税）の標準税率や課税ベースの大きな相違である。

　税障壁の除去は特定多数決を必要としたためほとんど進まなかったが，その他の障壁はほとんど撤廃された。以下，4つの自由についてもう少し触れておく。

　パスポート管理など域内の国境管理の撤廃を中心とする人の自由移動は，EC の枠外で始まった。1985年のドイツ，フランスなど5カ国によるシェンゲン協定の調印である（90年に実施協定，95年から実施）。財の分野では，最小限の調和化のもとで相互承認する原則によって，各国の工業規格などの相違にもかかわらず自由移動が実現した。サービスの自由化とは，個人・企業が EC 域内で子会社などを設立し，サービスを提供する自由のことである。ここでは，金融・運輸（鉄道を除く）・映像などの新分野において自由化が進んだ。これらの自由移動を補完し域内市場を基礎づける資本移動についても，全面的な自由化が1990年6月までにほぼ実現した（ただし，ギリシャなど一部諸国では EU 成立後となった）。

　こうして1980年代後半市場統合が進む中で景気回復も実現し，1992年末までに域内市場はほぼ完成した。そして，ドイツとフランスを中心に6カ国で出発した EEC は，1973年のイギリス，デンマーク，アイルランドの加盟，1980年代のギリシャ，ポルトガル，スペインの加盟により，12カ国にまで拡大した。

　経済的に立ち遅れたこれら南欧諸国の加盟は，経済的な同質性の強かった欧州統合の変容を示すもので，EC 域内における「南北」問題として注目された。地域格差の拡大の懸念を背景に，SEA は，域内の経済的・社会的結束を新たな政策領域とした。地域への支援を通じて様々な地域間の格差を縮小することを規定し，さらに1988年には結束政策という名称のもとで，地域政策が改めて EC の政策の中に位置づけられた。

2　EU の基本的な性格と統合の進展

　1992年末までに域内市場（現在では一般に単一市場の語が用いられる）がほぼ完成したことを受けて，1993年マーストリヒト条約が発効した。ここに統合の新た

な段階を画する EU が12カ国で成立し，1995年にはスウェーデン，フィンランド，オーストリアも加盟し（第 4 次拡大）15カ国となった（EU15 と称された）。2004年には中東欧 8 カ国（およびマルタ・キプロス），その後さらにルーマニアなどが加盟して28カ国となった。しかし，2016年の国民投票の結果2020年 1 月末にイギリスが EU から正式に離脱した（Brexit; Britain と Exit の造語）ことで，EU の加盟国は現在27か国である（EU15 の呼称も使用されなくなった）。

　政治的な統合をも視野に入れた EU は，超国家的性格を有する EC を第 1 の柱としながら，政府間協力としての共通外交・安全保障政策そして警察・刑事司法協力を含む三つの柱により構成された。その後，2009年のリスボン条約により 3 本柱の構造は解消し，EU として単一の統合体となった。

　この EU の最大の基盤は単一市場であるが，それは国境を越えて公平な競争を保障する競争法の他，CAP，共通通商政策，地域政策等によって補完されている。EU の下で単一市場はさらに拡大・進展し，制度および経済の実態の両面において‘EU 資本主義’としての特徴が強まった（⇨本章第 2 節）。

　こうして EMU（経済通貨同盟）が単一市場の発展を基盤に完成し，単一通貨ユーロが導入された。1999年に11カ国で出発したユーロ圏は，2023年 1 月にクロアチアが加入し現在20カ国で構成されている。通貨統合の実現後，EU レベルでの中期経済戦略である「リスボン戦略」（2000〜10年）が，その後「欧州2020」戦略（2010〜20年）が策定され，知識・イノベーションを基盤としたスマートで包摂的（経済的・社会的・地域的結束の強化や雇用の促進など）かつ持続可能な成長（より資源効率的で環境にやさしいなど）が目標に掲げられた。現在は，欧州グリーンディール，デジタル時代に適合する欧州，人々のために機能する経済など 6 つを優先課題とする戦略（2019〜2024年）の下にある。

　これらの戦略を推進するものとして，主として各国の GNI（国民総所得）に基づいて算出された EU 財政が重要な役割を演じている。それは農業保護のための CAP 支出を中心としていたが，市場統合以後は地域的な格差の是正のための構造基金支出の他，成長・雇用のための競争力強化などの比重が増大している。この EU 財政の規模は EU 全体の GNI 比で 1 ％程度にすぎないが，南欧や中東欧などの小国にとっては重要である。

　さらにアムステルダム条約（1999年発効）では，大量失業を背景にはじめて「高水準の雇用」が目標に掲げられ，労働者の基本的権利などを保障する社会政策協

定も EU 全体のものとなった（それまでは反対していたイギリスを除く EU 諸国に社会政策協定は適用されていた）。さらに非労働力化していた人も含めてより多くの人々を労働市場に包摂する‘フル就業’を目標として，労働市場のフレクシキュリティ（フレキシビリティ＋セキュリティの造語）原則がうたわれた。しかし，実際には労働市場のフレキシビリティが重視され，雇用形態の多様化は派遣労働や有期雇用などの低賃金の非典型雇用（非正規雇用）の増大としてあらわれた。また解雇規制の緩和も追求された。

　単一市場における競争重視の下で，各国の所得格差は総じて拡大した。また不安定な雇用が増大し，労働条件の‘上方への 収 斂’（より良好な改善と各国間の格差の縮小）は実現しなかった。それは‘社会的な赤字’とされる EU レベルの強力な社会的規制の欠落を示す統合の負の現実の一面であり，EU 統合が基本的に新自由主義的なプロジェクトであることを示すものであった。ただし，部分的，限定的な社会的規制ですらイギリス（の保守派）にとっては，主権を侵害し自由な労働市場に反するとされ，Brexit の遠因の一つともなった（⇨本章第5節）。

［3］　EU の統治構造——主要な機関

　EU は新しい政体とされるように，通常の国家とは異なる独特の統治構造を有している。まず第1に重要なのは EU 全体の方向性を定める欧州理事会で，EU 各国の首脳と欧州委員会委員長および常任議長で構成される。常任議長はときとして EU 大統領と訳されるが，実質的な権限を有するわけではない。第2は，各国の閣僚レベルで構成される（EU）理事会である。主要な立法機関であり，EU 予算の編成や経済政策等の調整の他，EU を代表して国際協定を締結する。第3は，各国の直接選挙で選出される欧州議員から構成される欧州議会で，国家を超えて政治会派が結成されている。現在は理事会とともにほとんどの分野で共同の立法機関としての役割を果たし，EU の予算編成も行っている。第4は EU 法の発議権を有する唯一の機関で，行政・執行的な機能を果たす欧州委員会である。マルチ・ガバナンスとも特徴づけられるこのような統治構造の下で，多くの問題が特定多数決制（加盟国の55％以上および全人口の65％以上の二重の要件を満たす必要がある）によって決定されている。

　そのほか ECJ（欧州司法裁判所）やユーロ圏の中央銀行として金融政策を一元的に管轄する ECB（欧州中央銀行），投資資金を融資する欧州投資銀行，さらに

諮問機関であるが経済社会委員会や地域委員会などがある。

　このような統治構造は，各国政府による「共同主権」の行使などとみなされた。しかし，民主的正統性の強い欧州議会の権限は強化されてきたが，なお共同決定などの権限を有するにすぎない。また各国政府が国家代表権を帯びる中でのEUの管轄範囲・権限の拡大は，各国政治の形骸化につながるものであった。さらに金融危機以降新しいガバナンスの導入などにより，行政への過度の権力集中また‘民主主義の赤字’として批判されてきた欧州委員会の実質的な権限は一層強大になり，ECBの影響力も増大した。EU統合に批判的な（主権を重視する）ポピュリズム台頭の政治的背景の一つには，このような統治構造の非民主的性格があることを無視してはならない。

第2節　単一市場の拡大・発展と共通政策

［1］単一市場の拡大──中東欧諸国の加盟

　ベルリンの壁の崩壊に象徴される東欧民主革命とその後のソ連の解体を背景に，中東欧諸国は複数政党制などの政治的民主化や市場経済への移行を急速に進めた。「欧州への復帰」を掲げたこれら諸国のEU加盟の条件（コペンハーゲン基準）とされたのは，政治的基準としての民主主義や法の支配，競争的な市場経済，EU法の総体系（アキ・コミュノテール）を受け入れることである。

　社会主義から資本主義への体制転換という歴史的な過渡期の1990年代初期に，中東欧諸国は深刻な経済危機を経験した。しかし，1994年には危機からほぼ脱し，2004年には8カ国の加盟が実現した。

　それが実現したのはEUが東方への拡大を最大の外交政策とみなし，経済成長の有力な手段として位置付けたことが大きい。その後3カ国が新たに加盟する一方でイギリスが離脱したが，EUの人口は約4億5000万人，GDP（国民総生産）は世界全体のおよそ6分の1でアメリカ，中国に次ぐ巨大経済圏を形成している。EU加盟により中東欧諸国はEU市場に一層包摂されることになったが，それは巨大な経済格差を背景に，単一市場における中枢＝周辺構造を確立することでもあった。

　EU企業の進出により垂直的産業内分業が広がり，中東欧はEUにおける新たな輸出＝生産拠点として再編されたのである。例えば，2013年以降のポーランド

では，対外直接投資に対する対内直接投資の比率は約1.5倍から３倍であった。これら諸国への最大の投資国はドイツであり，ドイツを中心としたEUのコア諸国と中東欧諸国との生産ネットワークが構築されていった。

　生産ネットワークの形成は，中東欧諸国のEU域内貿易の増大に表れる。中東欧諸国のEU域内貿易の輸出シェア（GDPに占めるEU域内貿易の輸出依存度）は，2000年26.5％，2010年34.3％，2015年40.5％と増加し，同様に輸入シェアも2000年29.1％，2010年33.6％，2015年38.6％と増加した（IMF, *Direction of Trade Statistics* より）。それに加えて，EUの大銀行も中東欧諸国へ海外拠点の設置と国際貸付を広げていった。

　労働市場は，巨大な賃金格差が示すように国境における分断が顕著で，これら諸国はEU15の労働条件に負の圧力をもたらすものであった。さらに労働力の移動はEU15間では低調であるが，所得格差を背景に，中東欧諸国の多くの労働者がイギリスやドイツなどを中心にEU15へ向かった。ただし，すでにふれたBrexitの決定以降，イギリスへの移動は大幅に縮小することになった。

［２］ 単一市場の発展と共通政策

　経済のグローバル化の中でEUが目指すものは，生産性の向上による国際競争力の強化とそれによる雇用と所得の安定的成長である。その最大の基盤は単一市場であるが，EU成立以降，残された障壁だけでなく新技術・製品の登場などによる新たな障壁の除去が追求された。税障壁ではVAT税制の調和化が進まなかっただけでなく，法人税については競争の激化の下で各国の引下げ競争に歯止めがかからない状況にある。しかし，他の分野では単一市場は大きく進展した。

　人の自由移動はEU法の下で保障されることになり，サービス分野でも，金融関連などすでに特有の法規制でカバーされている分野や非経済的な公益サービスやAV（Audiovisual）サービスなどを除く大部分で自由化が進んだ。また，鉄道，エネルギー，水道，郵便サービスの開放・自由化が課題とされ，必ずしもEUの強制によるものではないが，各国で民営化などが進んだ。それは新自由主義的な規制緩和路線に沿うものであった。さらに近年では単一欧州特許制度も導入され，デジタル経済に対応したデジタル単一市場の形成などを重要な課題としている。

　このような単一市場の発展を補完するものとして共通政策が推進された。

　まず，単一市場を推進する最も基礎的な手段としてEU競争法がある。それは

基本的に日本の独占禁止法などと同様の内容をもつものである。すなわち，①競争制限行為を禁止するカルテル規制，②市場支配的地位の濫用の規制，③企業結合に対する規制，の3つである。その他，国家補助の規制を含む点がEU競争法の特徴である。

次に，EUが排他的権限を有するとされた共通通商政策を取り上げよう。グローバル化が進展する中でのWTOのドーハ開発アジェンダ（ラウンド）の実質的な挫折を背景に，特に「高度で包括的な」通商関係が追求された。それを代表する一つが，EUと日本との「日EU・EPA（経済連携協定）」である（2019年1月発効）。それは，サービス貿易や投資の原則自由化の他，電子商取引のルール整備，知的財産権の高度な保護などを含んだ（⇨第4章第3節）。

CAPも，特に1992年以降大きな政策的な転換をみた。その背景には，1980年代以降過剰生産が慢性化し，EC財政が圧迫されたことや，GATTウルグアイ・ラウンドでアメリカなどに農産物の自由化を迫られたことがある。

1992年のCAP改革の主な点は，過剰生産の抑制，農産物価格の大幅引下げ，農家への所得補償（直接支払い），環境保全型農業の促進である。市場（価格）支持政策から生産者支持への転換は，2003年に直接支払いを生産から切り離す“デカップリング型”となった。それはCAPの共通政策としての性格を弱めるものであった。他方，環境問題なども背景に，農村開発政策も重要な柱となった。

地域政策においても，既存の欧州地域開発基金や欧州社会基金などとは別に，相対的に所得水準の低い加盟国に対する公的支援を目的とする結束基金が新たに創設された（1994年）。現在の中期財政枠組みのもとでは，これらを含めた5つの基金を包括する欧州構造投資基金を通じて，地域的・経済的・社会的結束の強化や各国の連帯が図られている。

第3節　EMU（経済通貨同盟）の発展とECB（欧州中央銀行）の始動

1 EMUの発展

1980年代後半以降の市場統合は通貨統合と共に深化を遂げた。1989年4月に「ECの経済通貨同盟に関する報告書」（ドロール報告）が公表され，欧州理事会はこの報告書を承認した。それは1999年1月に開始予定のEMUの第3段階を方向づけるものであった。EMUの第3段階である単一通貨導入は取引費用の削減

や市場の効率化による競争強化を目指す通貨政策であり，単一市場の完成形態と位置づけられた。

　その後 EMU の完成を最大の目的とするマーストリヒト条約が1993年に発効した。単一通貨導入に関する合意の概要は次の通りである。①1994年 ECB（欧州中央銀行）の設立を骨格とする EMU の第2段階に入る。②1996年までに加盟国の過半数の国が単一通貨導入の条件（収斂基準）を充足しているかどうかについて評価し，EMU の第3段階に入ることが適切かどうかを決定する。③1997年末までにその日程が未定となる場合には，1999年1月1日に ECB が設立され，収斂基準をクリアした加盟国で単一通貨を導入する。この合意は，EMU の第3段階の具体的日程を明確にし，単一通貨導入が不可逆的政策であるとのメッセージを欧州市場に示した。

　上記の②の収斂基準として，①物価の安定，②政府の財政赤字の均衡（財政赤字がフロー・レベルで対 GDP 比3％以内，累積債務がストック・レベルで対名目 GDP 比60％程度），③為替相場の安定，④低水準での長期金利の安定，が決定された。

　この基準には，物価水準の安定に比重が大きく置かれており，所得の増加，雇用状況や貿易・経常収支という実体経済面の条件は含まれていなかった。この基準は，物価，金利，為替の安定が価格メカニズムを通じ，生産と雇用の水準に均衡をもたらすというマネタリズムの理論によるものであった。だが，この理論に基づく参加条件の問題点は，欧州金融危機によって露呈することとなる。

　1996年12月のダブリン欧州理事会で，ユーロ参加予定国には財政の健全化（収斂基準のうちの財政赤字を対 GDP 3％以内，債務残高を対 GDP 比60％以内に収める）を義務づける基本合意を決定した。それに続き，1997年6月アムステルダム欧州理事会で通貨統合後の財政規律を定めた「安定・成長協定」が正式に採択された。

　EMU は通貨同盟と経済同盟から構成される。通貨同盟は単一通貨と単一中央銀行からなり，経済同盟は単一市場，EC 競争政策，EC 構造政策といった EC レベルのマクロ経済政策からなる。そして EMU を実現する上で，経済同盟は通貨同盟（単一通貨導入）の前提条件をなすという観点から進められた。

　経済同盟を進めるに当たり，参加予定国は単一市場内で競争を促すべく，サービス取引ルールの一元化，金融・資本取引規制の緩和・自由化による市場開放，国営企業の民営化，それによる国家による産業への介入の排除等の構造改革が求められた。こうした構造改革の背景にあるのは，国境の経済障壁をなくし単一市

▶▶ コラム 9 ◀◀

EMU の制度改革

　2010年10月末の欧州理事会は，ギリシャ危機を契機として，財政危機の再発防止とユーロ安定化について包括的に議論した結果，経済ガバナンス改革について合意した。その目指す方向は，EU の①内発的成長と市場改革による持続的競争力の維持，②財政ガバナンスの強化である。それらの方向の根底には，構造改革の促進が債務国の市場効率を高めることで経済成長を促進し，ひいてはユーロ圏構成国の財政基盤を強化させるという新自由主義への信奉がある。

　ただし，ギリシャの事例が示すように，新自由主義に基づく構造改革と緊縮財政を求める EU の政策が債務国の持続的経済成長に役立っていないのは明らかであろう。欧州金融危機以前にユーロ圏諸国の 1 人当たり GDP 格差は縮小したが，危機後は債務国の低成長により格差は拡大した。それに加えて，債務国では緊縮財政のため社会福祉予算や社会資本整備予算の削減により市民の生活水準が低下し，VAT（付加価値税）や小規模企業を対象とした法人税の増税は国内需要を引き下げて景気回復を遅延させてきた。それゆえ，新自由主義に基づく競争政策を強化するほど，EU 地域間経済格差は広がる傾向にある。

　EMU の制度改革に関して，ドイツやフランスなどのコア国が先行して通貨統合を超える財政・政治統合を目指す「2 速度式欧州」が議論されてた。ただし，コア諸国間で財政・政治統合が進んでも，ユーロ圏内のコア諸国と周辺諸国の間の格差は依然として残されるため，単一通貨圏を維持するのであれば，国家間の財政移転のような，生産性格差による経済格差を是正ないし緩和する制度を整備する必要がある。また，コア諸国はユーロ圏を維持しながら，周辺国を単一通貨圏から切り離す方向も模索された。こうした議論が今後続くであろう。　　　　　　（松浦一悦）

場を形成すれば，競争の結果として，生産要素が自由に移動して産業間の賃金水準や利潤率が平準化するという均衡化作用に他ならない。つまり EU 当局が求めた一連の構造改革策は，市場価格メカニズムを重視する新古典派経済学（その政治的表現が新自由主義思想）の影響が強く反映していた。

　予定通り，1998年 5 月に収斂基準を満たしたと認定された11カ国のユーロ導入が決定された。EMU の第 3 段階の開始である。1999年 1 月から非現金分野（銀行口座振替により使用）でユーロが導入され，2002年 1 月からユーロ現金の流通が開始した。なお，ギリシャは 2 年遅れて2001年からユーロを導入した。その後ユーロ導入国は徐々に増えて，2023年 3 月時点で20カ国となった。

　しかし，通貨同盟の前提条件としての経済同盟が完成していたわけではない。むしろ，通貨統合の完成によって経済同盟を進めるという考えが強まった。ユーロ導入によりユーロ圏で単一政策金利による短期銀行間市場が形成され，ユーロ圏の雇用・所得等の経済収斂は進むと期待されたのである。

　もっとも，ユーロ導入は，為替取引費用の削減というメリットを生み出す一方で，為替相場変動による貿易収支調整機能の喪失というデメリットを生み出したことには留意が必要である。貿易収支の不均衡は，変動相場制下であれば為替相場の変動によって調整されるといわれる。そうした調整効果が完全に発揮されるかどうかは別にしても，ユーロ単一通貨が導入されたことで，ユーロ導入国は為替相場の変動がもつ調整機能を失うことになったのである。かくて，このデメリットこそはユーロ圏の最大の弱点となったのである（⇨コラム12）。

［2］ ECB（欧州中央銀行）の始動

　ユーロを発行し金融政策を実施する単一中央銀行制度を EU ではユーロシステムと呼ぶ。ユーロシステムは上部機関の ECB（欧州中央銀行）と下部機関の NCBs（ユーロ導入国中央銀行，2023年時点で20行）からなる。EU は一つの国家ではなく国民国家の連合体である以上，ユーロシステムは通常の中央銀行とは異なる特徴をもつ。例えば，①「政府の銀行」の機能は ECB には存在しない，② ECB は民間銀行とは取引を行わず，ユーロ導入国の中央銀行が自国の民間銀行に対して貸付取引を担う，③「発券銀行」の機能は，ECB に政策決定権があるが，実際に通貨発行を行うのは NCBs である。

　ユーロシステムの別の特徴は，TARGET（ターゲット）と呼ばれる決済システムである（⇨国内の決済システムについては，第3章補論1）。TARGET はユーロ圏の銀行間の決済システムであり，ユーロ圏の国際決済の役割を果たす。つまり，A 国の a 銀行，B 国の b 銀行はそれぞれの中央銀行にこれまで国内決済用に預金をもっていたが，それを使ってユーロ圏の国際決済ができるようになった。例えば，a 銀行が b 銀行に対して決済する際，ECB が管理する TARGET バランスを使って A 国中央銀行にある a 銀行の預金が引き落とされ，相当額が B 国中央銀行にある b 銀行の預金に振り替えられる。

　この点を国際収支との関わりで説明しておこう。A 国のユーロ建・経常収支赤字よりもユーロ建・金融収支負債超過（資金流入）が少なければ，A 国の TAR-

GET・バランスは債務超過の状態が続く。当該国の銀行等は「中央銀行預け金」を補充するために，当該国中央銀行を経由してユーロシステムから借り入れを行わなければならない。その場合，当該国中央銀行の TARGET・バランスは債務超過のままである。

　このことはユーロ構成国のユーロ建・「国際収支」が，当該国中央銀行のユーロシステムに対する債務で当面埋め合わされていることを意味する。このように，各国中央銀行を経由しての ECB による民間銀行への信用供与は，そのまま当該国のユーロ建・国際収支赤字の補塡につながっている。もっとも，当該国は経常収支赤字の返済義務があるため，対外債務の国際決済が繰り延べされていることを意味する。つまり，ユーロ圏内のマクロ不均衡の是正が先送りされたまま，「国際収支（外貨準備）の天井」が表面化しないことで，経常収支不均衡が継続することになる。

　こうして TARGET バランスによりユーロ導入国の国際収支赤字は常に補塡されるため，通常国民経済にみられる持続的な経常収支赤字に因る外貨準備不足，ひいてはこれに起因する通貨危機は生じない。しかし後に，南欧諸国は財政赤字の多くが外資によって補塡されていたため，外資の急激な引き揚げにより，ソブリン（政府）債務危機に陥り，この段階で改めて経常収支赤字も問題視されるにいたったのである。

第4節　欧州金融危機の発生と経済動向

［ 1 ］ 欧州金融危機の発生と原因

　2000年代，EU は域内の金融市場の統合が進展すると同時に，世界的な金融のグローバル化を進めるアクターでもあった。EU 全体の実質経済成長率は，2000年代半ばには 3 ％程度で推移し（Eurostat, database, Real GDP growth rate），失業率は低下した。しかし，2008年 9 月にはじまったアメリカ発世界金融経済危機は欧州へ伝播し，国内の不動産融資とアメリカのサブプライム・ローンに深く関わっていた欧州の銀行は，不良債権の処理に直面し経営難に陥った。金融機関の経営難は貸付取引の減少による信用収縮を生み出し，それが実体経済を低下させた。EU 28カ国の実質経済成長率は2008年に対前年比で大きく落ち込み，2009年にマイナス4.3％を記録した（⇨終章，資料終‐1）。また，2000年代前半から低下

していた失業率は2008年の7％で下げ止まり，2009年から上昇し始めた（Eurostat, database, labour market）。

　欧州の周辺国は，不況対策のための支出増加と銀行救済のための公的資金の投入の結果，財政収支が急激に悪化した。そのため，ソブリン・リスク（国債の信用リスク，政府が財政赤字の財源を確保できないリスク）が顕在化し，デフォルト（債務不履行）の懸念が高まった。また，ソブリン債務危機（財政危機）の発生により，多額のソブリン債を保有する銀行は資産の劣化により融資が減少したため，信用市場は収縮し，実体経済に悪影響を及ぼした。こうして欧州の金融危機は，銀行危機と財政危機の複合的なものとして表れ，さらにこれがユーロ危機（対応困難なユーロ暴落）に転じたのである。

　では，ユーロ危機の原因をどのようにみることができるのか。債務危機に陥った国が南欧に集中していたことを重視すれば，EMU はコア国と周辺国の経済格差を伴った通貨同盟であるという点が浮かび上がる。経済格差があるにもかかわらず，ECB の TARGET システムにより「国際収支（外貨準備）の天井」が緩和されたため，周辺国がマクロ的構造調整の問題を半ば等閑視できる決済システムをつくり込んだこと，そして自由な資本移動が周辺国の貿易・経常収支赤字の補塡を容易にしてきたため，コア国と周辺国の工業生産力や生産性の格差が放置されたままとなってきたからだと考えられる。

　現にソブリン債務危機国（南欧諸国）にみられる共通した特徴は，大幅な経常収支赤字が金融収支負債超過によって補塡される状況が継続したことである。ユーロ導入により短期の単一金利がユーロ圏に適用され，南欧諸国にはコア国から潤沢な資金が投融資を通じて流入し，長期金利はドイツ並みに低下した。外資の流入が民間部門と政府部門の赤字を補塡し続けたことで，旺盛な消費と投資が支えられた。ドイツを筆頭とするコア国の銀行は積極的な融資を通じて関与しており，銀行が引き起こしたという意味で「欧州銀行危機」ともいえる。かくて南欧諸国の危機は，通貨危機としてではなく，ソブリン債務危機として噴出し，それは同時に「欧州銀行危機」であったのである。

　このようにみると，通貨統合の実現により経済統合を進めるというアプローチには限界があったといわざるをえない。つまり，単一通貨の導入はユーロ圏内の財・サービス価格の裁定取引を活発化させ価格競争を激化させた一方，資本の取引費用の低下により国際資本移動を大きく促した。そして単一金利が設定されて，

ユーロ圏内に共通の短期金融市場が成立したことで，本来であればリスク・プレミアムがついて相対的に高い金利での資金調達を余儀なくされていた国の企業群が，比較的低金利で資金調達が可能になったのである。これを背景に，コア国から周辺国への投融資が拡大し，ユーロ圏内には垂直的産業間分業を生み出し，生産ネットワークが構築されていった。だが，このようなユーロ圏内の投融資によって，関係国間の経済構造の差異や国民的生産性の格差は必ずしも是正されることはなかった。

[2]　ソブリン債務危機の連鎖とトロイカの政策

　2009年10月のギリシャ総選挙で新政権が誕生し，旧政権下での財政赤字規模の隠蔽が明るみに出ると，デフォルト・リスクが市場に広がった。その後ギリシャ国債の格付けが引き下げられたことで，同国債が投げ売りされて国債価格は暴落し，国債利回りは同年末から上昇を続けた。これはソブリン債務危機リスクへの市場反応であった。

　2010年 2 月にギリシャ政府とユーロ圏諸国政府は金融市場の混乱を鎮静化すべく，協議に入り，同年 5 月には EU（欧州委員会），ユーロ圏（ECB が代表），IMF が交渉を重ねて財政支援を決定し（三つの協力体制は「トロイカ体制」と呼ばれる），ユーロ圏と IMF の合計で1100億ユーロのギリシャ金融支援が決定された。トロイカによる金融支援は，年限を区切って支援プログラムを組み，被支援国に対して財政緊縮や構造改革など様々な条件をつけて，デフォルト危機の再発を防ぐことを目的とするものである。併せて，EFSF（欧州金融安定ファシリティ），EFSM（欧州金融安定化メカニズム）を設置し，南欧諸国への融資体制を整備した。

　2010年11月，危機はアイルランドに飛び火した。アイルランド政府は，不況対策として財政支出を増やしたほか，不動産ブームの終焉で不良債権を抱え込んだ銀行を支援・救済するため財政赤字が急増した結果，ソブリン・リスクが高まり国債の流通利回りが高騰した。同政府は自力での財政再建を断念し，EU と IMF による緊急支援を申請し，支援が発動された。さらに，2011年 5 月にはポルトガルにもソブリン債務危機は広がり，EU と IMF による緊急支援が発動された。その後ギリシャは，2011年 7 月にトロイカによる追加支援プログラムが合意されたが，それでも結局市場の懸念は払拭されず，2012年 3 月ギリシャは再び事実上のデフォルトに陥った（第 2 次ギリシャ金融危機）。

　2012年にはスペインとイタリアも不況対策の支出増加と不良債権処理のための政府公的資金支出の増加と歳入減が重なることにより，財政収支が悪化した。スペインへの支援は2012年7月に決定され，2013年12月まで続けられた。この支援はEFSFを通じて最大1000億ユーロの資金援助となり，その後，ESM（欧州安定メカニズム[*]）へ引き継がれた。

　　＊　ESMは2012年10月，債務危機に陥ったユーロ圏諸国を支援する目的で政府間協力機構
　　　として設置された（資金規模は7000億ユーロ）。加盟国を支援するかたちをとっていた
　　　EFSFに対してESMは，加盟国の国債を直接購入でき，銀行への資本注入も当該国政府
　　　を経由しないで実施できる。

　2015年，ギリシャのソブリン債務危機が三度（みたび）顕在化する。同年1月に発足したチプラス政権はトロイカに金利減免・元本削減を求めたのに対し，トロイカはギリシャへ緊縮財政を要求したため，両者の軋轢は深まり，ギリシャは同年6月に3度目のデフォルト危機を迎えた（第3次ギリシャ金融危機）。同年7月にギリシャは国民投票によりトロイカが要求する緊縮財政を拒否する民意を示した。しかし，最終的にチプラス政権はトロイカの要求に屈し，ユーロ圏によるギリシャに対する71億ユーロのつなぎ融資を受け入れた。辛うじてデフォルトは回避され，同年8月にはギリシャに対し最大860億ユーロ（約11兆円）の支援で合意した（第3次支援）。だがすでに緊縮財政と構造改革を課せられ，実質賃金の切下げと物価下落の圧力が加わっていたため，第3次支援の条件受入れで，ギリシャ経済の不況色は一段と濃くなっていった。

　以上のように，一連のソブリン債務危機に対して，EUとIMFはその都度緊急支援を実施すると同時に，ECBは大規模な民間債券および政府債の購入を通じたマネタリー・ベースの供給とマイナス金利政策を実施した。ECBのこのような金融政策はNSMP（非標準的金融政策）と呼ばれる。こうしたトロイカの危機対策はソブリン債務危機の終息に功を奏したとはいえる。実際，他の債務国のアイルランド，スペインおよびポルトガルは，徐々に金融支援プログラムを脱却し，成長軌道に戻っていった。とりわけアイルランドは2014年からきわめて高い実質経済成長率を示し，スペインも相対的に高い水準を維持している。2017年，ギリシャの経済成長率はようやくプラスへ転じた。そうした中で，第3次支援が2018年8月に期限切れを迎えた。その後，ユーロ圏の財政負担を伴う新たな「第4次支援」は行われず，ギリシャは自力再建を目指すことになった。ただし，コ

ア国とギリシャの労働生産性や工業力の格差は残されたまま，ギリシャの債務返済が繰り延べられた状況は変わらない。ギリシャ危機に端を発したソブリン債務危機は，EUにEMUの制度改革を迫ることとなった（⇨本章コラム9）。

［3］金融危機後のEUの経済と政治

　EU（27カ国）全体の実質経済成長率は14年からプラスに転じ，19年までは1％～3％台で推移した（資料8-1）。景気回復を支えた要因は，雇用情勢の改善を背景とする個人消費の堅調な推移，設備投資の緩やかな増加と輸出の増加であった。ただし，国別にみると濃淡はあり，オランダ，スペインとアイルランドはユーロ圏の中で比較的高い成長をみせた一方，フランス，イタリア，ギリシャは低成長に留まった。

　EU（27カ国）全体の失業率は，2013年にピーク（7.3％）に達した後，景気回復を反映して，2019年（4.4％）まで緩やかな低下傾向が続いた（資料8-2）。ただし，国別に見れば，ドイツとオランダが低下する一方で，イタリア及び南欧諸国は，ユーロ圏全体を上回る水準にあり，おおむね横ばいで推移した。重債務国のギリシャやスペインは高止まりのままである。

　2010年代にドイツは好調な輸出増加の結果として，貿易黒字が大幅に増加した。同様に，イタリアとオランダも貿易収支の黒字が継続した。これに対し，重債務国だったギリシャ，スペイン，ポルトガルは貿易赤字が概して拡大した。

　このように，金融危機後の経済成長，雇用回復の動向および貿易収支不均衡が示すように，コア諸国と南欧諸国・イタリアの間には根強い経済的不均等が存在する。金融危機以降，EUは生産性格差による構造問題の改善に取り組んだが，その成果は表れていない。さらに，資料8-3に示されている通り，ジニ係数でみたEU各国内の経済格差は，2009～2021年の間にスペイン（0.329→0.33），イタリア（0.318→0.329），ドイツ（0.291→0.312）が上昇し，スペインを除く重債務国が低下した（⇨終章第3節［1］）。

　なお，ECBは金融危機以降にユーロ圏のデフレ対策としてNSMP（非標準的金融政策）を実施してきた。消費者物価上昇率（総合からエネルギー及び非加工食品を除いたもの）は2012年以降低下を続けたが，15年以降下げ止まり約1％程度で推移した（ECB, Statistical Data Warehouseの統計資料より引用）。2018年末にECBが目標としている消費者物価水準の2％には達していないが，資産価格の高騰等

資料 8-1　EU 各国の GDP 成長率（単位：％）

	2010年	2012年	2015年	2019年	2021年
EU27 カ国	2.2	−0.7	2.3	1.8	5.4
ドイツ	4.2	0.4	1.5	1.1	2.6
アイルランド	1.7	0	24.4	5.4	13.6
ギリシャ	−5.5	−7.1	−0.2	1.8	8.3
スペイン	0.2	−3	3.8	2.1	5.1
フランス	1.9	0.3	1.1	1.8	6.8
イタリア	1.7	−3	0.8	0.5	6.6
オランダ	1.3	−1	2	2	4.9

（出所）Eurostat, database, Real GDP growth rate.

資料 8-2　EU 各国の失業率（単位：％）

	2011年	2013年	2015年	2019年	2021年
EU27 カ国	6.3	7.3	6.4	4.4	4.5
ドイツ	3.6	3.3	2.9	2.1	2.5
ギリシャ	10.7	16.4	14.8	10.7	8.6
スペイン	14.2	17.3	14.5	9.1	9.6
フランス	5.8	6.6	6.5	5.3	4.9
イタリア	4.6	6.8	6.7	5.7	5.3
オランダ	4.4	6	5.7	3.3	3.1

（注）就労可能人口に対する失業者の比率。
（出所）Eurostat Database, total umemployment rate.

資料 8-3　EU 加盟国のジニ係数の変化

	2009年	2012年	2015年	2018年	2021年	2009-2021の変化
ユーロ圏	0.303	0.305	0.307	0.306	0.305	0.002
ドイツ	0.291	0.283	0.301	0.311	0.312	0.021
フランス	0.299	0.305	0.292	0.285	0.293	−0.006
アイルランド	0.288	0.304	0.297	0.289	0.269	−0.019
ギリシャ	0.331	0.343	0.342	0.323	0.324	−0.007
スペイン	0.329	0.342	0.346	0.332	0.330	0.001
イタリア	0.318	0.324	0.324	0.334	0.329	0.011
ポルトガル	0.354	0.345	0.34	0.321	0.330	−0.024

（注1）年金を含めた社会保障給付後の調整済の可処分所得を示す。
（出所）Eurostat, database, Gini coefficient of equivalised disposable income - EU-SILC survey.

の副作用を考慮して，ECB は資産購入による QE をいったん終了と発表した。だが，ECB は米中貿易戦争やイギリスの EU 離脱による欧州経済への負の影響を懸念して，2019年 9 月に QE を再開し，政策金利をマイナス0.4%から0.5%に引き下げた。こうした QE の継続は，欧州の株式価格と不動産価格の上昇を支えることにより，所得格差と資産格差を広げていった。

　経済格差は政治的不安定性を生みだす背景となっている。2017年のトランプ政権誕生以降の貿易制限的な通商政策のほか，Brexit 問題やポピュリズムの台頭によって，EU 経済・政治は動揺し不確実性を強めた。ポピュリズムはフランスの「国民連合」（2018年「国民戦線」から改称）に代表される排外主義的（反移民・差別的）で，反 EU の右派的な潮流が主流である。しかし，金融危機以降は，反緊縮を掲げ形骸化した民主主義の回復を求める左派的な動きもみられる（⇨終章第 3 節）。

第 5 節　イギリスの EU 離脱（Brexit）

［ 1 ］ 単一市場の利益と自国の主権の制限をめぐるイギリスの葛藤

　2016年 6 月，イギリスで EU 離脱か残留かを問う国民投票が実施された。離脱支持は52%で，残留支持の48%を上回った。この結果にしたがって，イギリスは EU からの離脱を決定し，EU との交渉を経て，2020年 1 月31日23時（イギリス時間）に EU から離脱した。このあと2020年12月31日までは移行期間として，イギリスには単一市場と関税同盟のルールが適用され，EU 加盟国との商品・人・サービス・資本の移動の自由は継続された。そして，移行期間終了後の EU とイギリスとの経済関係を定める協定が協議され，移行期間の終了間際に「貿易協力協定」として合意に達し，2021年 1 月 1 日から，この協定で定められた新たなルールに基づいて，EU 加盟国とイギリスとの間の経済取引が行わることになった。

　EU から加盟国が脱退したのは，イギリスが初めてである。もっとも，イギリスには，以前から欧州統合に懐疑的な人々が多く，政府も統合の進展に距離をおく傾向が強かった。欧州統合の特徴は，加盟国が，一国の主権を超えて，主権を共有する領域を広げて統合を進めていくことである。しかし，イギリスは，国境を越えた経済活動の障壁の撤廃は歓迎する一方で，自国の主権の制限につながる統合にはたびたび異議を唱えてきた。

　こうしたイギリスの姿勢は，第2次大戦後の欧州統合が誕生した時から現れていた。イギリスは，EUの前身であるEECが1958年に発足した際，これに加わらずに，一部のヨーロッパ諸国とともに，1960年にEFTA（欧州自由貿易連合）を結成した。EFTAの目的は加盟国同士の自由貿易の促進である。それに対して，EECは域内の自由貿易促進にとどまらず，関税同盟の設立と，域外諸国に対する共通通商政策の確立，そして，商品だけでなく人・サービス・資本も加盟国間を自由に移動できるようにすること，さらには，域内の経済統合の進展のため，必要に応じて国内の法律や制度を加盟国間で調整することを設立の目的として掲げていた。こうした統合は，イギリスが警戒する自国の主権の制限を必要とする。このほか，イギリスは，かつて植民地として支配していた国々との貿易で関税を優遇する政策をとっていたが，関税同盟に参加すると対外共通関税が導入されるため，こうした独自の措置をとることができなくなることも，欧州統合に距離をおく一因となった。イギリスは，世界に広がる旧植民地との間で築いた関係を，第2次大戦後も依然として重視していた。

　しかし，欧州統合の誕生が加盟国にもたらした経済的な成果は，経済活動の自由を伝統的に重視するイギリスに，自国の主権を重視する立場との間の葛藤をもたらした。欧州統合が，ヨーロッパ大陸の豊かな国々の間で商品・サービス・資本の国境を越えた自由な移動を実現させて，加盟国間の貿易が大きく伸びる成果を収めたことは，イギリスの自由主義の理念と合致し，また欧州統合への参加は，イギリスに多大な経済的利益をもたらすことは明らかであった。このほか，当時の冷戦下で西欧諸国との関係を強化するという政治的判断も加わって，イギリスは方針を転換し，1973年に当時のECに加盟した。加盟に伴って他のEC加盟国との関税が撤廃され，そしてその後の欧州統合の進展とともに，国境を超えた経済活動に関する物理的障壁や技術的障壁の撤廃が進展し，単一市場（⇨第1節）が実現して，イギリスと他の加盟国との経済活動に要するコストが大幅に削減された。また，イギリスの旧植民地との貿易は，EC全体と発展途上国との貿易を優遇する制度に組み込まれた。この制度はしばらく存続し，対象となった旧植民地の途上国は，ECという巨大な市場に有利な条件でアクセスすることができた。

　しかし，依然として，自国の主権を重視するイギリスの立場は変わらなかった。イギリスは，欧州統合への参加によって経済的利益を確保する一方で，他の加盟

国が統合を進めている領域でも，自国の独自の権限や方針を維持する必要があると判断した場合は，それには参加しない道を選択した。このイギリスの独自の姿勢は，欧州統合が進展するにつれて，しばしば他の加盟国との激しい対立をもたらすようになっていった。特に対立を深めたのは，社会政策と金融政策及び財政政策にかかわる統合であった。

　まず対立があらわになったのは，社会政策にかかわる統合であった。1980年代後半に，域内での商品・人・サービス・資本の自由移動を実現する単一市場の実現に向けての準備が進む中で，これが実現すると，加盟国全体に大きな経済的利益がもたらされる一方で，資本と人が域内を自由に移動できるようになるため，域内の競争が激化して，特定の地域の雇用や労働条件が悪化し，不利益を被る労働者が多数でてくることが懸念された。これを防ぐには，域内全体で労働者の基本的権利を法的に保障する必要性が生じる。しかしイギリスは，労働条件や労働者への給付の条件などの決定が自国の権限から離れることを拒否し，域内全体での法制化に強く反対した。とりわけ，1980年代のイギリスは，保守党のサッチャー政権の下で，新自由主義に基づいた政策を推進していた。この立場では，雇用の増大は，労働組合と対決して，労働者の権利の保護ではなく労働市場の規制撤廃によりもたらされることになる。また，失業は，労働市場の規制が撤廃されれば，個人の責任となる。いずれも，労働者の基本的権利の保障を強化しようとするECの方針と真っ向から対立する考え方であった。

　1993年に発効したマーストリヒト条約には，当初，労働条件，雇用機会と労働待遇の男女平等，労働市場から排除された人への対策などの社会条項が条約本体に導入される予定であったが，イギリスの反対により，社会条項は条約の付属議定書として制定され，さらにイギリスは特別にこの適用から除外された。その後，1997年に保守党政権に代わって労働党政権が18年ぶりに誕生すると，イギリスはEUの社会条項の適用除外を撤回し，新しく制定されたアムステルダム条約の本体への導入にも賛同した。しかし，イギリス国内では，その後もEUの社会条項の適用への反発が続き，EU残留か離脱かを問う国民投票でも争点の一つとなった。EU離脱に伴い，イギリスの社会政策は，EUの基準を満たす義務はなくなったため，労働者の権利や保護の水準を緩めようとする動きが高まっている。

　次に対立があらわになったのは，金融政策及び財政政策にかかわる統合である。1999年からのEMU（経済通貨同盟）の第3段階の開始に先立って，加盟国が単

一通貨ユーロを導入する基準（収斂基準；第3節参照）を満たしているかどうかをEUが審査し，イギリスは基準を満たしているという結果が出たものの，イギリスはユーロを導入しない決定を下した。さらに，ユーロ導入のために加盟国の金融政策や財政政策に課される制約は，イギリスには適用されないこと，そしてイギリスは金融政策を自国の法律に基づいて実施することについて，EUから合意を取り付けた。これらの例外規定は，EUの条約を修正する付属書として明文化された。

　欧州金融危機の後，危機の主因となったソブリン債務危機の再来を防ぐために，「安定・成長協定」がより厳格化されることになった。各国の財政赤字を最小限度に抑えて財政をほぼ均衡させるか黒字にする義務を負い，達成できない国に対しては自動的に是正のための措置が発動されて，制裁が科されることを定めた「財政協定」が，2013年に発効した。一国の歳出をほぼ税収の範囲内に抑えることを義務付けて，抑えられない国には制裁を科すというこの規則は，一国の主権を大きく制約する。当初この規則は，EUの条約を改正して導入される予定であったが，イギリスが強硬に反対したため，全加盟国の承認が必要となるEUの条約の改正はできなくなり，加盟国間の協定という形で導入された。規則が適用されるのはユーロ導入国であり，イギリスのようにユーロを導入していない国は，希望しない限り適用から除外されるが，イギリスはこの協定にも参加を拒否した。

［2］ EU域内からの移民流入の増大とイギリスの欧州懐疑派の伸長

　欧州金融危機の対応を巡って，EU加盟国はしばしば相互に激しく対立したものの，おおむねイギリス以外の加盟国は協議を重ねて，最終的にEUの枠組みのもとで危機を処理して，そして同様の危機の再来を防ぐためのさまざまな協定に合意した。一方，合意を拒絶したイギリスでは，以前から欧州統合に対して批判的な人々が多かったが，さらにその割合が高まっていた。2012年末にイギリスで行われた世論調査によると，EU脱退を問う国民投票が行われたらどう投票するかという質問に対して，「絶対に脱退に投票する」が36％，「たぶん脱退に投票する」が15％で，あわせて過半数を占めた。また，2014年に実施された欧州議会選挙で，EU離脱を主張するポピュリズム政党のUKIP（イギリス独立党）が，イギリスで最も多くの得票と議席を得た。この政党は，以前から反EUを唱えて活動していたものの，二大政党の保守党と労働党が強いイギリスでは，小選挙区制の

資料 8 - 4　イギリスへの移民の純流入（1991〜2015年）

（単位：1 万人）

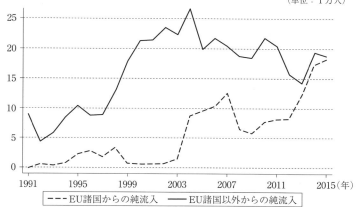

（出所）　"Figure 2: Net Long-Term International Migration by citizenship, UK, 1975 to 2016（year ending June 2016）"，*Migration Statistics Quarterly Report : Dec 2016*, Office for National Statistics（UK）のデータより作成。

国政選挙で議席を得ることは難しかったが，欧州議会選挙は比例代表制で実施されることもあって，二大政党を抑えて，一挙に躍進した。

　欧州金融危機の発生とその伝播に対して EU が効果的に対応できなかったことは，こうした欧州懐疑派の伸長の一因となったが，EU 離脱を主張する政治家が特に問題視したのは，EU の他の加盟国からの移民流入の増大であった。EU 加盟国の国民は，域内のどの国にも住んで働く権利がある。また，域内の人の自由移動は，商品・サービス・資本の自由移動とともに，EU の単一市場の前提条件である。しかし，イギリスでは，人の自由移動という EU の基本的な原則の制限を求める声が高まった。

　資料 8 - 4 に示されているように，EU 加盟国からの移民の流入が急増したのは事実である。2003年以前は低い水準にとどまっていたが，その後は増大し，2010年代に入るとさらに大きく増えている。この急増の背景にあるのは，2004年と2007年の中東欧諸国の EU 加盟である。この新規加盟国のほとんどが旧社会主義国で，賃金水準が既存の加盟国をかなり下回っていたため，賃金水準が高い国への労働力移動が増大した。2004年の10カ国の新規加盟の際は，労働力移動の急増を見込んで，多くの既存の加盟国が 7 年間の経過措置として，新規加盟国から

の移民の就労を制限したが，イギリスは制限しなかったため，移民流入が急増した。2007年の2カ国の新規加盟の際は，イギリスも他の国とともにこの新規加盟国からの移民就労に制限を設けたが，7年間の期限を経て2013年末に制限が撤廃されてから，移民の流入が急増した。

　新規加盟国からのイギリスへの移民は，主として，都市では様々なサービス業務に，農村では農産物の収穫作業や食品加工などの業務に従事した。EU 離脱が決まると EU 域内出身の労働者がイギリスを離れて，新規の流入が激減したため，イギリス全土で深刻な労働者不足が起きて，特に農産物の収穫や加工，飲食店などでのサービス提供，物資の流通が停滞し，経済が打撃をこうむった。このことによって，移民がイギリスの労働力不足を補って，イギリス経済に大きく貢献していたことが誰の目にも明らかとなったが，離脱が決まるまではこれがよく理解されていなかった。UKIP は，移民はイギリスに貢献していないのに，基本的に無料で医療を受けられる NHS（国家医療制度）や，失業手当や児童手当などのその他の社会保障の恩恵を受けているため，イギリス国民の納めた税金が移民に使われて，イギリス国民の NHS や社会保障の利用が圧迫されているとして攻撃した。そして，EU 加盟国から制限なく移民が流入してイギリス国民と同じように社会保障制度を利用できるのは，EU の規則のせいだと非難して，移民への反感を EU への反感に結びつける戦略を展開した。UKIP は特にイングランドの中部や北部の経済的に衰退した地域で，組織的な政治活動を積極的に行い，二大政党の保守党と労働党の双方の支持層に食い込んで支持を広げていった。これに対抗して，当時の政権政党の保守党内の欧州懐疑派も UKIP と同様の主張を行った。

［3］ 保守党政権の EU 残留の戦略と誤算

　当時の保守党政権はこうした状況に危機感を抱いていた。首相の D. キャメロンは，EU 離脱には反対の立場であった。EU のもとでの加盟国の主権の共有は警戒し，前述のように「財政協定」の導入には強く反対したが，単一市場がもたらす経済的利益と，EU の一員としての政治的利益は，イギリスにとって極めて重要であり，離脱は国益に反すると考えていた。また，2015年に総選挙を控えていたキャメロン首相は，UKIP の勢力拡大を抑えて，そして EU 離脱を求める自党内の欧州懐疑派を納得させる必要があった。このため，総選挙の公約として，総選挙で勝利すれば，EU レベルで共有されている主権の一部をイギリスに戻す

交渉を EU と行い，その結果を国民に示して，イギリスの EU 加盟継続の是非を問う国民投票を実施することを2013年に発表した。キャメロン首相は，EU との交渉で主権の一部を取り戻して，その成果をもとに政府が国民に説得すれば，国民投票で EU 残留を決定できると考えていた。この想定通りに進めば，国民投票の結果によって，EU をめぐって長年続いた国内の政治的対立が抑えられ，そして，新たな EU との合意に基づいて，他の加盟国との主権の共有を今後拡大することなく，単一市場がもたらすメリットを享受できるようになる。しかし事態は想定に反する展開となった。

　2015年の総選挙で保守党が予想を超えて勝利し，続投したキャメロン首相は公約通りに EU との交渉を行った。そして，今後 EU のもとでの主権の共有の深化にイギリスは加わらないこと，移民労働者が急増した場合，社会保障の給付を一時的に制限できること，ユーロ圏の国々に対してユーロを導入しない国が不利な扱いを受けないこと，ユーロ圏の安定のための緊急措置が必要になった時でも，ユーロを導入しない国は資金を拠出する責任を負わないことなどの合意を2016年2月の EU 首脳会議で取り付けた。その直後に，キャメロン首相は，EU 離脱か残留かを問う国民投票を同年6月に実施すると発表し，そしてイギリスは EU の中で特別の地位を獲得したとして，国民に残留支持を訴えた。しかし，保守党内部でも，従来の姿勢を変えずに，離脱支持を訴えて積極的に活動する有力議員が少なくなかった。国を二分する論戦が数か月間続き，どの世論調査でも賛否が拮抗する中で国民投票が実施された。結果が発表されるとすぐに，キャメロン首相は辞任を表明し，首相辞任後まもなく議員も辞職した。

　すでに述べたように，離脱支持は52％で，残留支持の48％をやや上回ったが，地域による違いが大きくなっていた。スコットランドと北アイルランドでは，地域独自の政治的要因が作用し，残留支持が過半数となった。イングランドとウェールズでは，離脱支持が過半数となったが，大都市ではおおむね残留支持が過半数となり，とりわけロンドンでは多くの区で残留支持が離脱支持を大きく上回った。一方農村部や小都市のほか，かつては鉱工業で栄えていた地域では，離脱支持が残留支持を大きく上回った。この違いには経済的要因が作用している。イギリスはかつて中部や北部で発展した鉱工業が衰退し，その一方で，ロンドンを中心とした地域は，ヨーロッパを統括する国際的な金融業務の拠点や研究開発拠点が集中して立地し，繁栄している。

　こうした経済的な地域間格差は，経済のグローバル化が進む中で，世界の特定の地域に特定の業務が集中する一方で，衰退産業は，関税や補助金を通じた国家による保護措置が得られなくなることで，世界的に進行しつつある。とりわけイギリスは，80年代からの新自由主義政策によって，雇用の安定や貧困軽減につながる支出や地方への公共投資が削減され，一方で富裕層の税負担が軽減されたこともあって，格差拡大が顕著になり，ヨーロッパ諸国の中でも飛び抜けて地域間格差が大きな国になっている。

　国民投票の頃に実施された健康調査によると，イギリスでは，男性の平均寿命が，最も豊かな地域の83.3歳に対して，最も貧しい地域では74.0歳であった。この格差の原因は，貧しい地域の可処分所得の低さと，医療保健に関する社会資本の不足にある。離脱支持の背景は多様であるが，こうした貧困への対策を自国の政府に求める地方の声が離脱支持に反映していたことが指摘されている。

［ 4 ］ Brexit 後のイギリスと EU との経済関係と，イギリス経済のゆくえ

　国民投票後，政治的な紆余曲折を経て，イギリスは2020年 1 月末に EU から離脱した。このあと2020年12月末までの移行期間を経て，2021年 1 月 1 日からは，新たに締結された「貿易協力協定」に基づいて，EU 加盟国とイギリスとの経済取引が行われることになった。この新しい協定の下では，イギリスと EU との輸出入に関税と数量制限は賦課されない。但し，原産地規則を満たすことが条件となり，イギリスと EU 以外で生産された投入財の価値が一定以上含まれると，輸入品に関税が賦課される。また，生産にあたっての補助金や労働条件，環境面での条件が EU の基準を満たすことも必要となる。

　商品・人・サービス・資本が国境を越える際の障壁も復活した。まず，単一市場の下で撤廃されていた物理的障壁が復活し，物品が国境を通過する際の各種の手続きが必要となった。またイギリスは離脱前から，ヨーロッパ内での国境検査を撤廃するシェンゲン協定には加盟しておらず，EU からの入国の際も国境検査を通過する必要があったが，離脱までは，移行期間も含めて，EU 加盟国の国民に対する国境検査は簡素化され，単一市場の基本的原則により，EU 加盟国の国民は，長期滞在や就労目的でも入国は自由であった。しかし移行期間終了後は，人の自由移動は認められなくなり，長期滞在などの場合は EU 域外の国の国民と同様に査証が必要となり，イギリスが設定した基準を満たさなければ入国が拒否

されるようになった。イギリスは就労目的の入国者に年収や英語力などを基準に
ポイントを付けて，一定の点数以下の場合は低技能労働者として就労を許可しな
い制度を導入した。また，EU 加盟国の国民はイギリスの NHS を自動的に利用
できなくなったが，イギリス国民も同様に，EU 各国での公的医療サービスを自
動的に利用できなくなった。このほか，EU に加盟していた時は，イギリスの金
融当局が発行した金融業務の免許は EU 全域に適用されたが，この単一免許制度
はイギリスには適用されなくなり，国境を越えた金融サービスに制限が加わった。

　一方，EU の関税同盟から脱退すると，FTA（自由貿易協定）や EPA（経済連
携協定）を独自に締結することが可能となる。イギリスは，ヨーロッパを越えて
世界各国との関係を強化する「グローバル・ブリテン」戦略を標榜して，その一
環として EPA の締結を重視し，EU 離脱前に EU と EPA を締結していた日本と
二国間の EPA を締結したほか，多くの国と協定を締結した（⇨第 4 章資料 4 - 7）。

　こうした制度面での変化が，実際の経済取引にもたらした影響は，新型コロナ
ウイルス感染拡大と，ウクライナとロシアの戦争によって，わかりにくくなって
いる。しかし，貿易での物理的障壁の復活により，輸出入に関わる作業とコスト
が増大して，EU 各国との貿易の停滞や減少，それに供給不足に伴う物価上昇が
起きていることは明らかである。また，イギリスからの輸出が続いていても，コ
スト増により，輸出側の利益が減少しているケースが多いことも指摘されている。
そして，前述のように，EU 域内からの移民労働者が帰国し，新規流入も減った
ことによって，労働者が不足して混乱が起きている。特に，介護の現場や飲食店
での人員不足や，トラック運転手不足による物流の停滞，農場労働者不足による
作物の収穫や家畜の出荷の遅れなどが深刻な問題となり，イギリス政府は，トラ
ック運転手や農業労働者を対象とした就労ビザの追加発給を迫られるに至った。

　一方，金融サービスの単一免許制度が適用されなくなると，ヨーロッパを統括
する金融拠点が数多く立地するイギリスにとって不利であり，こうした金融拠点
がヨーロッパ大陸の主要都市に移転してしまうのではないかという懸念が当初広
がったものの，実際には予想されたほどの影響は出ていないといわれており，国
際的な金融拠点が集中するロンドンでの業務のメリットが依然として大きいこと
がわかる。

　また，EU 域外のいくつもの多国籍企業がイギリスに生産拠点を設けて EU 市
場に製品を輸出しており，こうした企業への影響も懸念されていたが，EU とイ

ギリスが輸入品に関税と数量制限を賦課しないことに合意したため，イギリスで生産と輸出を継続し，新規投資を実施する企業も現れている。イギリス北東部の主力工場でEU市場向けに乗用車の生産を行っている日産は，「貿易協力協定」締結後の2021年7月に，電気自動車生産に対応した大規模な投資を主力工場の近くで実施する計画を発表し，イギリスで次世代の投資を実施して，EUで強化される自動車の環境基準に対応することを表明した。

　このように，金融や製造業の大企業には，イギリスとEUとの新たな関係に対応して事業を展開しているところもある。しかし，多くの企業にとって，物理的障壁を始めとする非関税障壁の復活は大きなコスト増となり，EUとの貿易への打撃は大きくなっている。EU以外との貿易が「グローバル・ブリテン」戦略とともに徐々に増大するとしても，EUとの貿易に比べると規模はずっと小さいため，全体としてみると，離脱に伴う貿易への影響が大きくなるのは避けられない。EU離脱がイギリスにもたらしたデメリットは，期せずして，EU統合がこれまでイギリスにもたらしていたメリットを示すこととなった。

　前述のように，国民投票での離脱支持の背景のひとつには，政府に貧困対策と地域間格差是正を求める地方の声があった。EU離脱の顛末は，イギリスのこの課題の重要性を示している。主権の共有を拒絶し，EU離脱を選択したイギリスにとって，この自国の課題の解決は必須となっている。これを解決して，何がしかのEU離脱のメリットを示すことができなければ，そもそも，EU加盟のデメリットが何であったのかが問われることになるであろう。

第6節　新型コロナウイルス危機とウクライナ危機への対応

1　緊急時失業者支援策と「次世代EU」

　2020年から新型コロナウイルス感染は世界的なパンデミックを引き起こし，欧州経済にも様々な影響を及ぼし始めた。EU各国はばらばらに移動制限，入国禁止，国境封鎖などの措置をとったため，物資輸送やサプライ・チェーンが分断された結果，産業企業は必要部品の調達が困難となり，生産の中断（稼働停止）に追い込まれた。生産の縮小は失業者の増加と所得の低下を招き，また，人流の制限は需要の減少を通じて交通，ホテル，外食等の観光産業に大きな打撃となった。資料8-1と資料8-2が示すように，EUの実質GDP成長率は大幅に落ち込み，

失業率は上昇した。

　こうした状況に対応すべく，欧州委員会は2020年5月に経済対策の一環として，SURE（緊急時失業リスク緩和を一時的に支援するための仕組み）を創設する規則を施行した。SURE は，新型コロナウイルス感染症の流行により深刻な経済的混乱を経験している加盟国及びその恐れがある加盟国に対する融資形態による財政支援である。支援対象となるのは，各加盟国が労働者を失業と所得喪失から保護するため，被雇用者の労働時間を短縮する代わりに公的な所得補助を行う措置を行う場合である。欧州委員会は SURE に充用する資金調達のため900億ユーロのソーシャル債（SURE 債）を発行した。

　次に EU は，2020年7月の EU 首脳会議を受けて，コロナ禍の EU 復興と将来の EU ビジョンの確立を目的として7500億ユーロの復興基金の創設を発表した。EU 復興基金の正式名称は NGEU（次世代EU）であり，RRF（復興・強靭化基金），他の EU プログラムへの拠出から成る。

　RRF は「新型コロナウイルス危機」からの復興を目的とした復興基金の中核となる政策を支援する制度であり，総額6725億ユーロ（返済不要の補助金3,125億ユーロおよび融資3600億ユーロ）が充てられる。

　欧州委員会は2020年9月に RRF の実施に関する戦略的ガイダンスを公表した。RRF 計画案は，(1)ヨーロピアン・セメスター（EU 加盟国間の経済・財務政策の協調枠組み）における国別勧告で指摘された課題に対して効果的に取り組むこと，(2)環境への配慮やデジタル化への移行に貢献する効果的な措置を含むこと，(3)加盟国の潜在的な成長，雇用創出，社会・経済的なレジリエンス（しなやかで強靭な回復・対応能力）の強化に貢献すること，などを求めている。

　他の EU プログラムへの拠出は，環境とデジタル化の他に，地域間の不均衡是正，公正な移行，農村開発，近隣開発・国際協調政策等の EU 中期予算（2021～27年多年度財税枠組み）の項目に資金（775億ユーロ）を追加するものである。

　NGEU の7500億ユーロは EU の債券発行による資金調達で充用され，債券発行は2021年に始まり26年まで実施される。EU 債の返済に年間130～150億ユーロが充てられる予定で，その財源は，①加盟国が EU 予算に拠出する GNI（国民総所得）の独自財源の引上げと②新規財源である。新規財源には，デジタル課税，炭素税，プラスチック新税，金融取引税などが充てられる。なお，復興基金は1回限りとされたが，返済は2028年から30年間の長期に渡る。

[2]　欧州グリーンディールとサステナブル・ファイナンス

　欧州委員会は2019年12月に「欧州グリーンディール計画」を発表した。2050年までに「気候中立」を達成するために，資源効率的で競争力をもつ経済への移行を行うとし，50の行動計画を提唱した。気候中立とは温室効果ガスの実質的な排出をゼロにするという意味で，「炭素中立」（カーボン・ニュートラル）ともいう。

　次に，EUは2020年1月に気候中立的な経済への移行のため，「欧州グリーンディール投資計画」を発表した。この投資計画の一つは「公正な移行メカニズム」であり，炭素集約経済から脱炭素経済への移行にあたり，市民の職業訓練や雇用機会の創出により地域経済を支援する制度である。移行により最も影響を受ける地域の社会的変化を軽減するために，EUは2021年から7年間で約1000億ユーロの支援を対象地域に行う。

　欧州委員会は，2020年3月10日に新産業戦略を公表した。(1)欧州産業の競争力の維持，(2)「欧州グリーンディール」が掲げる2050年までの気候中立の実現，そして(3)「欧州デジタル化」への対応，が3本柱に挙げられている。

　気候中立およびデジタル化は，従来型エネルギー産業からデジタル関連を含む新産業への移行と転換を促す仕組みが不可欠と指摘し，先述の「公正な移行メカニズム」の活用により産業構造の転換を目指している。産業の競争力の維持は，化石燃料に依存する地域や産業の転換を促し，循環型経済の推進を通じて域内中小企業を中心に雇用の創出を目指す計画である。

　さらに，欧州委員会は2021年7月14日に2030年の温室効果ガス削減目標を設定し，1990年比で少なくとも55％削減を達成するための政策パッケージ「Fit for 55」を発表した。欧州気候法が同年6月に欧州議会で採択されたことにより削減目標は法的強制力を得た。これを背景に，「欧州グリーンディール」を包括的に推進する同パッケージが提案された。主な提案内容は，① ETS（排出量取引制度）の改正，② ESR（加盟国の排出削減の分担に関する規則）の改正，③ CBAM（炭素国境調整メカニズム）に関する規則案（排出制限が緩やかな国への産業の流出を防止するため，排出量の多い特定の輸入品に対し課金するメカニズムを導入する新規提案），などである。

　脱炭素・グリーン産業の成長へのアプローチは金融面での支援が重要な要素である。2018年に欧州委員会はSFAP（サステナブル・ファイナンス行動計画）を採択した。EUは，本行動計画に基づき，EUタクソノミー（環境目的に貢献する経

済分野の分類システム），開示制度（サステナブル投資の選択に必要な情報を投資家に
提供する制度），ツール（ベンチマークやグリーンボンド基準など）を整備すること
で，サステナブル・ファイナンスへ資金の流れをつくることを目指している。

　EU タクソノミーは，6 つの環境目的（気候変動の緩和，気候変動への適応，水
資源と海洋資源の持続可能な利用と保全，循環経済への移行，汚染の防止と管理，自
然・生態系保全）に資する経済活動を示した分類枠組みで，投資家や企業が環境
に優しい経済活動に投資を決定する際の一助となるツールとされている。EU は
2020年7月に EU タクソノミーを法制化し，2021年7月に EU タクソノミーに基
づく債券発行基準「EUGB（欧州グリーンボンド）基準」の設置規則案を公表した。
EUGB 基準には主に，債券発行で調達した資金が環境面で持続可能な事業に割
り当てられているか（EU タクソノミーが規定する環境目的に貢献するか）という債
券自体の要件と，調達資金の割り当ての透明性や外部評価に関する要件からなる。

　一方，ECB は欧州委員会のサステナブル・ファイナンスを支援するべく，野
心的な気候変動関連の行動計画に関与し，情報公開，リスク評価，民間企業債券
購入および担保の枠組み等の関連で，金融政策の枠組みのデザインを採用すると
述べている。こうした ECB のグリーン金融は ESG（環境・社会・ガバナンス）に
則ったものであるが，気候変動対策を ECB の責務とする政策（例えば ECB がグ
リーン選好による債券購入を行う）は，市場の中立性に反するという見方もできる
ため，こうした点から今後議論されるであろう。

3　ロシアによるウクライナへの侵攻の対応

　ところで，2022年2月に始まったロシアのウクライナ軍事侵攻は欧州経済・社
会に深刻な影響を及ぼしている。欧州とウクライナ・ロシアのサプライ・チェー
ンの寸断により，欧州は鉱物資源，工業製品の部品，小麦・トウモロコシ等の食
料品の輸入に制約が生じている。それに加えて，EU のロシアへの経済制裁は，
相互の特定製品の交易を禁止するほか，ロシア製の物品とサービスに対する貿易
上の MFN（最恵国）待遇の停止という措置に展開した。このような措置は供給
制約を通じて欧州における物価上昇の要因となった。賃金引上げを伴わない消費
者物価の上昇は実質賃金を引き下げる。

　また，「カーボン・ゼロ」を目指す EU は，脱炭素のつなぎ役としてロシア産
の天然ガスの輸入を増やしていたが，侵攻後，ロシアへの依存度（約4割を占め

る）を下げる政策を検討している。しかし，ロシアへの依存度を下げる反面，化石燃料の消費が増え，脱原発政策を見直すことになれば，欧州グリーンディール政策は転換を迫られるであろう。

　2021年からの世界的資源高にウクライナ危機が重なることで，EUは2022年3月以降物価水準の上昇が続いた。急速な物価上昇に対応するため，ECBは2022年7月にAPP（債券購入計画）を終了し，政策金利の引上げを決定した。しかし，景気後退が見られる中での利上げは，QE下で膨らんだ金融資産と不動産の価格下落と生産・雇用の減少を通じて実体経済にマイナスの影響を及ぼすことが懸念される。しかも，南欧諸国やイタリアの累積債務の悪化はソブリン・リスクを高め，国債利回りは上昇傾向がみられる。金融市場の金利上昇圧力は景気を抑制する作用として働くであろう。そうした中で，ECBは政策金利を引き上げながら，ソブリン・リスク対応としてAPPを一部取り入れるという矛盾した政策を迫られている。

[推薦図書]

田中素香・長部重康・久保広正・岩田健治，2022，『現代ヨーロッパ経済（第6版）』有斐閣…ユーロ危機を終息させた諸要因，ポスト・ユーロ危機における制度改革の展開，危機に対するEU・ユーロ圏・EU各国の対応と新たに生じた諸問題，ユーロ圏の将来の課題などを包括的に取り上げている。

尾上修悟，2018，『BREXIT「民衆の反逆」から見る英国のEU離脱』明石書店…緊縮政策の経済的社会的帰結から国民投票について分析した上で，その後のEUとの離脱交渉まで包括的に取り上げている。

嶋田巧・高屋定美・棚池康信編著，2018，『危機の中のEU経済統合』文眞堂…欧州金融経済危機において，どのような背景があり，EUはどのように危機を乗り越えようとしたのかを多角的に考察している。また，危機以降のEU内でのポピュリスト勢力の成長，Brexitの原因とEUに与える影響を論じている。

（嶋田　巧・松浦一悦・松永　達）

第9章 現代中国経済と人民元「国際化」・「一帯一路」戦略
——「改革開放」政策の経緯と行く末——

　　　　本章では，2010年に日本を抜き，世界第2位のGDPを擁するにいたった中国経済について，1949年の建国以来の歩みを学ぶ。1978年「改革開放」に大きく舵を切り，2001年末のWTO加盟を契機に「世界の工場」「世界の市場」に躍り出た中国であるが，2008年アメリカ発世界金融経済危機は中国経済を直撃した。その後中国は，人民元「国際化」，「一帯一路」といった新たな世界経済戦略を打ち出し，世界から注目を集めた。しかし今日，国内の不動産バブル破綻が金融システムを揺るがし，米中経済摩擦とゼロコロナ政策は中国経済の先行きを不透明なものとしている。

Keywords▶社会主義，大躍進政策，文化大革命，改革開放，国有企業改革，社会主義市場経済，人民元為替相場制度改革，外資導入・輸出指向工業化，人民元「国際化」，「一帯一路」戦略，双循環，共同富裕

第1節　現代中国略史——1949年革命から「改革開放」まで

1　新中国成立と「大躍進」政策の挫折

　第2次世界大戦を間に挟みながら，抗日を目的とした2度の国共合作と2度の内戦を経て，1949年毛沢東率いる中国共産党は中華人民共和国を成立させた。

　しかし，中国における「革命後の社会」は，容易ならざる変遷を経てきたといわざるをえない。「社会主義」を標榜する共産党である。旧政府の腐敗した官僚の処罰，旧地主からの土地没収，半ば植民地状態にあって外国政府・資本に通じた民族資本＝買弁ブルジョワジーが設立した銀行・企業の閉鎖等の措置は当然であったとしても，それ以上に困難をきわめた政策課題が経済構造の重化学工業化であった。

　もっとも，19世紀半ばK.マルクスとF.エンゲルスが提唱した「社会主義」は，近代技術を駆使した機械制大工業を前提としていた。すなわち，産業革命を経て

大量生産が実現した資本主義社会において周期的に襲来するようになった金融経済恐慌下，失業に喘ぐ労働者と一般大衆の貧困を打開するには，機械制大工業を支配・指揮する資本制所有制度を廃絶し，社会的公的所有制度に移行する必要があると提唱したのである（⇨第11章第2節　1 ）。

　ところが，中華人民共和国を樹立した毛沢東以下，"革命第1世代"が直面した現実は，マルクスとエンゲルスが前提とした工業生産力それ自体の構築であった。そのためには資源配分の浪費を避けるべく，土地はもとより一切の生産手段を国有化し，計画的に工業生産力を構築していく必要があった。この課題に取り組むべく，早くも1953年には第1次5カ年計画が策定（今日その任に当たる政府＝国務院の機関が国家発展改革委員会）された。

　だが，第1次5カ年計画の末期，1958年10月に毛沢東が音頭をとった「大躍進政策」は，惨憺たる結果に終わった。例えば，煉瓦製溶鉱炉という土法炉を用いた鉄鋼の大増産策では，煉瓦調達を目的に全国の寺院・仏塔・城郭が破壊された一方で，原料となる鉄鉱石の代わりに，農民に鋤・鍬・鎌の供出が命じられた。そのため，粗悪な鉄製品が産出されただけでなく，農業用の耕作・収穫の手段が奪われかつ農民自身が各種運動に動員されたことから，農業生産力は大きく落ち込み，数千万人に及ぶ餓死者を生んだともいわれている。他方，こうした強権を用いた工業化の食料生産を支えたのが人民公社（共産社会 commune の中国語訳）であった。革命後，旧地主から没収された土地は農民による集団所有とされ，農業生産は集団化された。これをふまえて，農業生産共同組合である「合作社」と農業・工業・商業・学校・医療・民兵の各組織，さらには地方行政機関を一体化して結びつけたのが，人民公社であった。*

　　*　1964年に提唱されたスローガンは「農業は大寨に学べ，工業は大慶に学べ」であった。
　　　大寨は山西省の村であり，人民公社発祥の地である。大慶は黒竜江省の地方都市であり，
　　　石油の産出地である。ともに労働力の大量投入という人海戦術であった。

　ところで，都市の場合，土地は原則国有である。しかも，1960年代当時，「三線建設*」のスローガンの下，重慶・成都・武漢・長安等，内陸部の都市に相次いで国有企業が設立されていった。こうして，都市部には重化学工業を担う国有企業が立地し，そこで働く都市労働者は，計画経済の下，国有企業が提供する住宅や社会保障制度の恩恵に浴するだけでなく，国・省が設置する教育機関のサービスを受けることができた。都市部の国有制度に対する農村部の集団所有制度，今

日，戸籍制度に鋭く表れている都市と農村との対立は，こうしたことにも由来している。

> ＊　一線は戦争の危険度が高い沿海部・東北部，三線とは戦争の危険度の低い内陸部，その中間が二線であり，全面的核戦争に突入した場合でも，内陸部で抗戦が可能なように軍需工場を建設するという国土計画である。

［2］中ソ論争から文化大革命の混乱へ

　対外関係をみると，冷戦下，革命直後の一時期こそ蜜月関係にあった中国とソ連であったが，1956年のソ連共産党大会におけるフルシチョフの「スターリン批判」を契機に，両者の関係は急速に悪化していった。極論すれば，核戦力をアメリカとともに独占するソ連の平和共存戦略（1970年代のデタント〔Détente，緊張緩和〕という国際政治力学もここから出てくる）に対し，当時未だ核戦力を有していなかった中国は，アメリカ帝国主義に対する世界的階級闘争を堅持すべきという強硬路線を主張した。

　その後も中ソ論争は深刻化し，1960年代に入るとソ連は中国から技術者を引き上げ，対中債権の一括返済を中国に求めた。中国の対外関係が大きく軋む中，「大躍進政策」失敗の責任を取って政治の中枢から降りていた毛沢東が，1966年対右派・走資派＊（その中には，毛沢東の後継で第2代国家主席となった劉少奇や1990年代の「改革開放」政策の立役者である鄧小平も含まれていた）の一掃・社会主義体制の堅持をスローガンに，「プロレタリア文化大革命（略して，文革）」の政治運動を引き起こした。毛沢東は民衆を扇動して造反派を組織し，全国の高校・大学には紅衛兵が結成された。彼らは，『毛沢東語録』をかざし，「造反有理（謀反する側に道理があるという意味）」・「革命無罪」を叫びつつ，全国の行政機関・工場職場・学校等で実権を握っていた共産党員を攻撃していった。こうして，ソ連経由で欧米の科学技術や文化思想に通じていた行政職員・大学教員およびインテリ層は職を追われ，大学で学ぶ学生は地方の寒村に「下放青年」として追いやられ強制労働を強いられた。かくて西側先進諸国が高度経済成長を謳歌した1960年代，中国の経済発展は決定的に立ち遅れることになった。

> ＊　1950年代後半，毛沢東は「百家斉放百家争鳴」運動を主唱し，「共産党への批判を甘んじて受ける」とした。これを契機に共産党内外で共産党批判の声が渦巻き，毛沢東はこの機会をとらえて自由言論派・共産党批判派を一斉に弾圧した。1965年，工業化・近代化に

　　向け共産党内で実権を握る有力者に対し，毛沢東は「資本主義の復活を企てている」として批判し，以降文化大革命が始まった。

　このように，大混乱に陥った文革期1960年代から1970年代末まで，中国は今日いう輸入代替工業化政策の下，西側先進諸国はいうまでもなく，ソ連から輸入していた工業製品までも国産化することで，工業化と経済発展を進めようとしたのである。当時の「自力更生路線」といったスローガンは，こうした事態を象徴している。

　しかし，中国もようやくそうした路線から決別するときがきた。1976年毛沢東が没し，文革路線を主張する「四人組」問題への政治的処理が一段落したことを契機に，中国は「改革開放」へと大きく舵を切っていった。

第2節　「改革開放」政策と社会主義市場経済への移行

1 「改革開放」政策の始動

　1978年，中国は農業，工業，国防，科学技術の「四つの近代化」を実現すべく，「改革開放」路線への転換，外資導入・輸出指向工業化路線へと大きく舵を切った。そして1979年には，いずれも海洋に面した深圳*・珠海・仙頭・厦門が「経済特区」に指定された（1988年には海南省が追加指定）。それとともに農村部から都市部への労働力移動が始まり，これを契機に都市部に出てきた出稼ぎ「農民工」問題，次には「農村戸籍」と「都市戸籍」の問題が噴出していくこととなった。また，1979年には「一人っ子政策（計画生育政策）」が導入（2015年末，第13次5カ年計画において「少子高齢化」に直面して廃止）された。

　　＊　当時，深圳は人口わずか3万人程度の寒村であった。今日深圳は1300万人以上の人口を擁する中国有数の大都市となっている。

　「改革開放」に向けて大きく舵が切られた当時，「鳥籠理論」（経済特区や資本主義は，いわば鳥籠の中の鳥のように，計画経済全体の中でコントロールされなければならない）といった考えも広がってはいた。しかし，市場経済の導入を決した中国は，この後商品経済・マネーの波に洗われていくことになる。

　農業では，1978年に生産責任制が導入され，一定の作物を政府に上納するが，それ以外の作物は自己収入とすることが認められた。こうして農業の集団化は次第に形骸化し，各地に「万元戸」といわれる豊かな農家が次々と生まれていった。

そして1980年代も中盤となると，郷鎮政府（地方の県レベルの末端自治区のことで，中国では市よりも県の方が行政レベルは下がり，日本の郡部に相当する）が各地で独立に行政機能を担うようになり，人民公社は解体されていった。

「改革開放」への転換とともに金融制度改革も着手された。革命1年前の1948年に発足していた中国人民銀行であったが，当時まで単一銀行制度の下，同行には強大な金融権限が集中していた。だが，改革を契機に今日四大国有商業銀行と呼ばれる中国銀行，中国建設銀行，中国農業銀行（いずれも1979年設立），中国工商銀行（1984年設立）が設立され，中央銀行たる中国人民銀行と商業銀行が分離した「中央銀行制度」が確立するにいたった。もっとも，1990年代まで，人民銀行の地方支店は地方政府の共産党委員会の指導下にあったし，人民銀行は今日もなお国務院の傘下にある。

だが，1989年6月4日の「天安門事件」は，中国と西側先進諸国との外交関係を急速に冷え込ませただけでなく，対中輸入制限と対中投資抑制策といった西側の経済制裁措置によって，中国の経済成長に急ブレーキがかかることになった。

［2］　1992年「南巡講話」と社会主義市場経済への移行

政治的社会的安定を最優先とした中国ではあったが，中国はかつての旧体制に戻ることはなかった。そうした中国が，再び西側世界経済との接点を求めて大きく旋回することになったのが1992年であった。三つの主要な政策展開がみられた。

第1は，同年1～2月にかけて武漢・深圳・珠海・上海を視察し，「改革開放」の堅持と経済成長の加速化を呼びかけた鄧小平総書記（当時）の「南巡講話」である。当時中国では，「中国は一体資本主義なのか社会主義なのか」を問うた「姓資姓社」論争が起きていた。鄧小平は，各地を歴訪しつつ保守派の主張を牽制すべく，「白猫黒猫論（白い猫でも黒い猫でも鼠を捕るのはいい猫だ，由来は1960年代の人民公社のあり方をめぐる毛沢東との論争に遡る）」「先富論（富める条件の地域から先に富むべし）」を宣し，「改革開放」の大号令を改めて発した。

第2に，同年7月には，「全人民所有制工業企業経営メカニズム転換条例」が公布された。同条例により，従来の国営企業は"所有と経営の分離"原則の下，国有企業（全人民所有制企業）と称されることになり，国有企業の株式制度への転換，市場経済に即した経営手法の導入等が図られることとなった。国有企業改革の始まりである。

　第3に，同年10月の中国共産党第14回全国代表大会において，「社会主義市場経済」路線が打ち出された。つまり「社会主義」の理念を掲げつつも，市場経済をベースとした経済発展のあり方への転換を宣言したのである。そして1993年11月の第14期三中全会において「社会主義市場経済体制確立の若干の問題に関する党中央の決定」が採択され（⇨巻末資料5），5年を期限に国家によるマクロ調整の下，資源配分における基礎的役割を市場に委ねること，国有企業の経営メカニズムの転換をさらに進めること，行政と企業を分離し，市場経済のニーズに適応し，財産権および権限と責任が明確な現代的企業制度を構築するとした。

　だが，こうした中国の経済戦略の一大方針転換は，「移行経済諸国」（旧来の社会主義体制下の国家主導型経済から市場経済への転換を目指す東欧・ロシア諸国を元来は指す）と同じく，様々な問題を噴出させることは必至であった。だからこそ中国は高度経済成長を疾駆し，共産党独裁政権の正統性に批判の矛先が向かわないようにしたのである。中国における権威主義的国家資本主義への道はこうして敷かれていった。

3 「二重為替相場制度」の廃止と IMF 8 条国への移行

　ところで，社会主義経済の時代，貿易は「計画貿易」の下，政府設立の国営貿易会社を通じて一元的に行われており，資本取引は原則全面規制，外貨は政府による集中管理下にあった。為替レートは，外貨獲得と輸入代金節約のために，外国旅行者の両替や国営貿易会社の会計などに使われる割高な「公定レート」が存在していた。そのため，当時中国に旅行した外国人は，著しく割高に設定された「公定レート」で人民元を手に入れねばならない一方で，人民元を外貨に換えて持ち出すことには厳しい規制が課されていた。

　だが，「改革開放」路線の下，市場経済への転換が徐々に進むにつれ，「計画貿易」は縮小し，「自主貿易」が拡大していった。これに伴い，為替相場制度の改革も必要となった。政府は1981年に，計画貿易に適用される「公定レート」とは別に，「自主貿易」などに適用される内部決済レート＝「市場レート」（後に外貨調整センター・レートに変更）を新設し，二重為替レート制を導入した。そして1994年，この二重為替レート制も「公定レート」が「市場レート」に収斂する水準になった段階で廃止され，単一為替レートが採用された（1980年1ドル＝1.5元が1994年に8.7元，対日本円は1元＝151円から12円へ）。その後1996年，中国は IMF

8条国（貿易・経常取引に係る為替取引の自由化）に移行した（⇨巻末資料5）。

[4] 国有企業改革と金融・資本市場の整備

　外資導入による重化学工業化の道を選択した中国ではあったが，下落する為替相場は国内にインフレを引き起こすだけでなく，割高な「公定レート」の下，辛うじて命脈を保っていた国有企業は次々と行き詰まっていった。1990年代末これが今度は四大国有商業銀行の不良債権問題となって噴出するにいたった。政府は，4行ごとに AMC（資産管理会社）を設立し，四大商業銀行はこれら AMC に不良債権を売却した。不良債権を買い取った AMC は，これを DES（債務の株式化）を梃子に株式に転換させ，後日株式を市場売却する機会を探ることになった。

> ＊　この不良債権処理策にアメリカ FRB と投資銀行ゴールドマン・サックスが深く関与していたことは，同投資銀行元 CEO，J. W. ブッシュ政権で財務長官を務めた H. M. Paulson の *Dealing with China, An Insider unmasks the new economic power*, Headline Publisher Book, 2015, chap. 9に赤裸々に記されている。同書に収録されている写真からも，ポールソンが当時の中国政府・共産党首脳部だけでなく，習近平と懇意であったことが窺われる。「米中蜜月」，「米中金融合作」の時代であった。

　ところで，この不良債権問題の背景には，指令経済・計画経済の下での四大国有商業銀行と国有企業との間の密接な関係が控えていた。当時の国有企業には，経営の自主権はなく，資産は「全人民所有」とされた。企業長は政府から任命されるだけでなく，経営現場には必ず共産党書記が配置されて，党の規則・規律が遵守されているかどうか目を光らせていた。こうした企業経営のあり方においては，生産性上昇のための技術革新や自主的な組織改革への意識は乏しいし，またそのような必要性も求められてはいなかった。過剰設備・過剰人員を抱えた不採算企業が淘汰されることもなく，国有企業全体が「親方日の丸」ならぬ「親方五星紅旗」意識に包まれていたといってよい。実際当時の国有企業といえば，政府の指示に従う生産単位であるだけでなく，学校・病院・消費物資の小売り・各種の生活サービス業そして年金にいたるまでをも供給する組織であった。国有企業には失業者は原則おらず，まさに「揺りかごから墓場まで」の共同体であった。

　だが，「改革開放」路線に舵を切った1978年以降，「放権譲利」（経営自主権や利益留保を認めることによって経営層・従業員らにインセンティブを与えようとする改革）の下，国有企業の改革が進められた。しかし，改革は遅々として進まず，

1987年「経営請負制」の導入，1990年上海・深圳に証券取引所開設，そして1993年「現代企業定立」路線への転換を経て，国有企業は株式上場を開始し，株式所有制企業への脱皮が始まった。こうして国有企業改革問題と証券市場の育成・発展は，車の両輪のごとき関係に置かれることになった。もっとも，それは証券市場の自律的発展ではなかった。あくまで「党・政府部門」が掌握する国有企業の「改革」であり，そのための証券市場である。この基本線がその後の中国経済の行く末のカギを握っていることは，後にみる通りである。

　さて，1995年第14回五中全会後の「抓大放小（大をとらえて，小を放す）」政策，1997年9月の第15回共産党全国代表大会における「国有企業の戦略的調整」を経て，小数の大型国有企業のみ政府の直属に配置し，政府保有の中小国有企業株売却という政策が取られることになった。こうして全国に数十万社とあった国有企業は，国務院国有資産監督管理委員会直属の「中央企業（央企）」約120社と地方政府出資の国有企業等とに分かれていくことになった。

第3節　WTO加盟，高度経済成長へ

［ 1 ］ 2001年 WTO 加盟と2005年人民元為替相場制度改革

　2001年末中国は WTO に加盟した。これを契機に，中国は毎年巨額の貿易収支黒字を実現するとともに，高度経済成長を疾駆していった。実際，巻末資料3の通り，2000年当時依然として135億ドルの赤字を計上していた貿易収支は，2005年には1301億ドル，アメリカ発金融経済危機が発生した2008年に3599億ドルにまで黒字幅は激増した。また経済成長率も2003年13％，2004年18％，2007年23％であった。まさに輸出主導型経済成長である。

　もっとも，輸出主導型経済成長は米中貿易摩擦の始まりでもあった。実際，早くも2000年代前半，アメリカ議会はスーパー301条等保護貿易措置の対抗措置を掲げ，中国の対米貿易黒字を槍玉にあげていた。そこで中国は，対中批判をかわすべく，2005年7月，人民元為替相場制度を従前の対米ドル固定為替相場制度から，バスケット通貨制度を参照とした管理フロート制に変更した。

　こうして成立したのが資料9-1にある現代中国の金融経済システムである。中国共産党が立案計画する経済体制の下，中央・地方の国有企業と四大国有商業銀行がいかなる関係にあるかが理解できよう。まさに中国版国家資本主義（新興

資料9-1 政治経済学的観点からみた中国の金融経済システムの構図

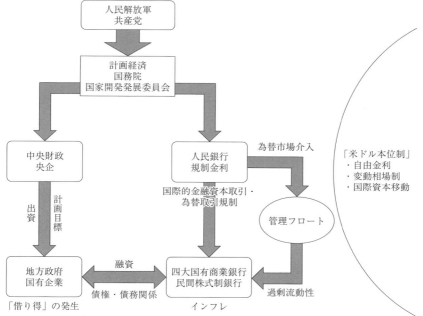

(注) 国有企業は国務院国有資産監督管理委員会直轄下の央企と省・市・県の地方政府の管轄企業に区分され，国有持株会社である国有控股企業もある※。2022年末時点で央企は98社（上記管理委員会資料），2021年の数字で国有企業約7万社，国有支配企業は約32万社（民間及び外資系企業も含む企業総数は約2866万社）であった（『中国統計年鑑2022』より）。中国財政部の資料では，2021年の国有及び国有支配企業の総営業収入は75.5兆元，利潤総額は4.5兆元であった。軽々な比較はできないが，2021年の中国のGDPは114.3兆元であったから，全企業数の約1％でしかない国有及び国有支配企業だけで，売上ベースでGDPの約63％，利潤ベースで約4％を占めている。
※股は株式のこと。
(出所) 筆者作成。

経済諸国の開発独裁体制とも多分に共通する特徴を具えている）であり，いわゆる私企業経済はこの図以外の領域に存在している。

さて，管理フロート制下，人民元為替相場の急激な上昇を抑えるべく，この間人民銀行は裁量的に為替市場介入を行ってきた。その結果，人民銀行の外為保有額は，2005年7月5兆6346億元，2009年1月に15兆784億元となり，2014年5月には27兆2998億元の最高額に達した。その後，同行の外為保有額は，2015年8月に26兆885億元，2016年9月には22兆9108億元と減少に転じたが（資料9-2を参照），その理由については，本節の 4 で説明している。

資料 9-2　人民銀行の外為保有額とマネタリー・ベース，人民元の対ドル為替相場

（出所）　中国人民銀行資料より筆者作成。

　ところで，人民銀行保有の外為残高（中央銀行資産）の反対側は，人民元建
MB（マネタリー・ベース，中央銀行負債）の増大である（⇨第 3 章補論 1 ）。資料
9-2 の通り，MB は，2005年 7 月に 5 兆8271億元，2009年 1 月に12兆9653億元
となり，外為保有が最高水準に達した2014年 5 月は27兆3929億元であった。この
ように，巨額の MB 供給の担保が外国為替（その大半は米ドル）であるとすれば，
中国の通貨供給体制は「米ドル建為替本位制」であったともいえよう。

　2　規制金利下の過剰流動性と株式バブル

　さて，急激な MB の拡大によって，M$_2$（M$_1$ ［現金通貨＋預金通貨］＋準通貨）
でみた MS（マネー・ストック）も大きく拡大してきた。M2 は，2005年約29.9兆
元，2008年約47.5兆元，2012年約97.4兆元，2013年約110.6兆元，2015年約139.2
兆元と激増し，M$_2$/MB でみた信用創造乗数は約 5 倍に達した。蔓延する過剰流
動性の問題がこれであり，溢れかえったマネーはインフレを引き起こす（北京オ

リンピックと上海万博が開催された2008年と2010年の対前年比消費者物価指数と企業購買者物価指数は各々105.9と106.9，103.3と105.5）か，株式・土地不動産等の資産価格上昇といったいわゆるバブル経済の温床に転じていった。

　ところで，中国の預貸金利はこれまで厳格な規制金利下にあった。たしかに，2004年10月貸出金利の上限と預金金利の下限が事実上撤廃されたことを契機に，いわゆる金融「自由化」も進んではきた。それでも2015年12月段階で，1年物定期預金金利は1.50％，貸出期間1年の金利は4.75％で，年率3.25％の利鞘が保証されていた。こうした規制金利が続く限り，四大国有商業銀行は既存の大手国有企業への融資に安住するだけで，巨額の利鞘収入が転がり込むことになっていた。したがって，預貸金利規制の撤廃，ひいては金融「自由化」とは，こうした銀行中心の間接金融体制に変化を迫るものであった（⇨資料9-1）。

　加えて，蔓延するインフレは借り手たる国有企業に借入元本の実質目減りという "借り得" をもたらす一方で，規制金利下の預貯金等はインフレ・リスクにさらされることになった。そのためリスク・ヘッジを求めた企業・家計は，より高利回りの金融商品あるいは変動金利型金融商品に群がっていった。こうした背景があればこそ，2000年代，溢れ返ったマネーは株式市場に向かったのである。人民元為替相場改革が実施された2005年7月，1083であった上海証券取引所総合株価指数は，2007年1月に3145，そして同年10月には最高値6429をつけた。

　中国の株式市場については，機関投資家が十分に育っておらず，「全民炒股（全国民が株式投機に熱狂）」と揶揄される個人投資家主体であるため投機性が強いといわれてきた。しかし，ここで留意すべきは，90年代末の国有企業改革問題において，国有企業の出資者たる中央政府や地方政府が保有し市場への売却が見合わされてきた「非流通株」の市場売却が，2005年8月からの試行期間を経てまさに2007年1月から本格化したことである。加えて，前述の資産会社 AMC が DES（債務の株式化）後に保有していた株式（⇨本章第2節 ④ ）の売却も控えていた。こうした中，2006年後半ともなると，上海証券市場株価は高騰していったのである。株価高騰に踊らされた個人投資家は高値で株式を購入するも，株式の市中消化が一定程度進む中でアメリカ発世界金融経済危機が勃発し，2008年12月上海の株価指数は2208まで大暴落した。

　危機は中国の輸出先第1位と第2位である欧米経済を直撃し，中国の輸出主導型高度経済成長にも一大転機が到来した。実際，巻末資料3の通り，中国の貿易

収支黒字は2008年3599億ドルに達したが，危機後の2010年2464億ドル，2011年2287億ドルと大幅減となった。

3 2008-09年世界金融経済危機後の4兆元公共投資——不動産バブルと地方政府債務

　世界金融経済危機を受けて，2008年11月，中国政府は4兆元（約60兆円，同年GDP約30兆元の13％に相当）の財政出動を発表した。その特徴は次の通りである。

　第1は，よく知られている通り，このときの景気対策は鉄道・道路・空港・送電網整備等の重要インフラ整備1.8兆元，四川地震の復旧対策費等の災害復興1兆元等公共事業中心であった。もとより，農村部から都市部への労働力移動が一段と激しさを増す中，都市部の住宅・上下水道等公共施設の生活基盤整備と都市内外を繋ぐ公共交通体系整備のニーズは間違いなく存在する。また，「経済特区」が集中し高度経済成長の牽引役であった上海・深圳等の東南沿岸地域に対し，労働力の供給地域でありながら経済発展が遅れた西部内陸地域（甘粛省，貴州省，青海省，陝西省，四川省，チベット自治区，新疆ウイグル自治区，雲南省および重慶市等）の開発が，2000年に始まる第10次5カ年計画で「西部大開発」として，そして2006年から始まる第11次5カ年計画では，山西・河南・湖北・湖南・江西・安徽の6省の大規模開発が「中部崛起」として計画された。

　もっとも，これら公共事業のすべては石炭・石油・天然ガス・電力・鉄鋼・セメント・造船・機械等，重厚長大の大型国有企業総動員の大規模プロジェクトである。そのため，公共事業を通じた景気対策を実施するとなると，これら国有企業部門中心の巨大プロジェクトが組まれ，民間企業への梃子入れは後回し（いわゆる「国進民退」）となった。これを反映して，支出面からみたGDPの最終消費需要対資本形成（含む，在庫投資）の比率は，2007年50.1％と41.2％，2011年49.6％と48.0％となり，消費主導型経済への転換といわれながらも，2017年でさえ構成比は53.6％と44.2％であった。もっとも，この消費主導型経済への転換に当たっては，この間西部内陸部から供給されてきた余剰労働力の減少もあって，最低賃金が漸次引き上げられてきた（「ルイス転換点」の到来）という事情もある。

　　＊　イギリスの開発経済学者 A. ルイスが提唱した概念である。工業化以前の段階では農業部門に余剰労働力が存在したが，工業化が始動すると，農業部門から都市部工業部門・サービス部門へ余剰労働力の移転が起こり，経済社会は高成長の軌道に乗る。だが，工業化

が進展するにつれ，農業部門の余剰労働力は底をつき，工業部門への労働力供給が限界に達することになる。この段階が「ルイス転換点」である。

　第 2 に，事業規模である 4 兆元は，中央政府が1.18兆元（全体の30％）を負担し，地方政府が1.25兆元（同31％），銀行・企業が1.57兆元（同39％）を負担することになった。だが，1994年税制改革により，省・自治区・市・県・郷鎮レベルの地方政府は財源の多くを中央政府に移譲したため，慢性的な財政不足に陥ってきた。加えて，地方政府には地方債の発行も禁止されてきた。そこで地方政府は，別働隊として LGFV（地方政府融資平台）を設立して景気対策事業を推進してきた。その資金調達手段が，理財商品や信託商品といった変動金利型証券化商品であった。地方政府の影響下にある四大国有商業銀行の地方支店や各地域を拠点とする株式制商業銀行等は，銀行の貸借バランスから外れるこれら金融商品を販売して手数料収入を得る（中国版「シャドウ・バンク」⇨第 3 章コラム 4 ）一方で，企業・家計は，インフレに対する新たなリスク・ヘッジ商品として，これら金融商品に群がっていった。今日中国経済を揺さぶる「土地本位制」ともいうべき不動産バブルの根源がこれである。

　ところで，中国のマネー統計には，中央銀行‐商業銀行との関係で示す MB‐MS 統計以外に，人民銀行が発表する社会融資規模がある。これは金融機関から非金融機関である企業および家計の実体経済へのマネーの流れを把握した独特なマネー統計であり，人民元貸出，外貨建貸出，委託貸付（銀行仲介の企業間貸借），信託貸付，銀行引受手形，社債，株式からなる。上記の通り，巨額のマネタリー・ベースが供給され，市中に溢れ返ったマネーは，この社会融資規模残高の増大としても現れた。資料 9 ‐ 3 によれば，2015年と2017年の社会融資規模残高は138兆2800億元，174兆7100億元，GDP は各年69兆9109億元と81兆5260億元であったから，両年の社会融資規模残高／GDP 比は各々197％と214％であった。いま 1 元＝日本円17円で換算すれば，2017年 GDP は約1385兆円，社会融資規模残高は約2970兆円であった。この融資残高の一部が，各種公共事業で近代化を遂げた中国の高層ビル，地下鉄，高速鉄道・道路であり，一部廃墟化した宅地開発に流れていったのである。まさに「債務主導型経済成長（debt-driven economic growth）」といわざるをえない。2016年末の中央経済工作会議において，共産党指導部は「住宅は住むためのものであり，投機の対象ではない」，「マクロ的な意味で融資を統制する必要がある」とした。しかし，第 5 節に記す通り，外需依存

資料9-3　GDPと社会融資規模の推移

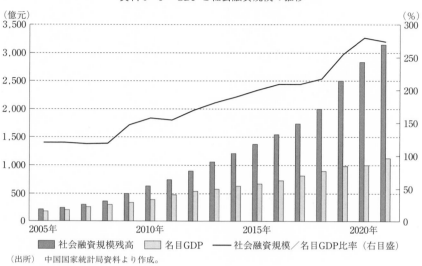

（出所）　中国国家統計局資料より作成。

　の経済成長シナリオが限界に達した時，不動産投機が絡んだ都市開発に改めて成
長のエンジンを求めていくことになった。国家統計局資料によれば，2000年全国
の1平米住宅平均価格は1948元，2010年4725元，2020年9980元であった。多くの
都市住民が一軒目，二軒目，三軒目の住宅投資に向かい，投資家が共産党員であ
ることも珍しくはなかった。

　＊　数字は中国国家統計局および中国人民銀行に拠る。

4　株価崩落と人民元為替相場切下げ

　しかし，公共事業の巨大プロジェクトと過剰流動性の協奏曲もその後大きな転
換期が訪れた。まず2013年6月，各種の支払い決済が集中したことから，短期金
利が急騰したことを契機に金融不安が広がりはじめ，その後も株価は低迷を続け
た。2014年11月，人民銀行の金融緩和策が再開され，株価梃子入れ策として香港
と上海の両証券市場の相互交流策，すなわち「沪港通」が始まった。それでも株
価上昇の気配がみられないためか，2015年4月共産党の日刊紙『人民日報』に株
価高騰を煽る記事が掲載されるや，改めて株価上昇に大きな弾みがついた。しか
し，それも長続きはせず，同年6月末株価は大暴落し，これを受けて資本流出が

始まった。8月中旬人民銀行は，人民元為替相場を実勢に合わせるべく前日比2％切り下げて以降，毎日発表される基準為替相場を引き下げていった。これを契機に，為替市場では人民元売が殺到し，人民銀行はドル売・人民元買の為替介入を行った。そのため，一時3兆ドルを超えていた外貨準備は大きく減少していき，中国内外で金融危機の不安が広がっていった。

　＊　沪（滬，hu）は上海の略称で，「沪港通」とは上海と香港が通じることを意味する。

　そこでこの時期の国際収支を巻末資料3でみると，輸出は2014年に2兆2438億ドルでピーク・アウトし，輸入は2015年に対前年比2422億ドル減少して1兆5666億ドルとなった。そのため2015年貿易収支は5762億ドルを計上し最大となったものの，以降減少に転じた。また注意しておくべきは，旅行収支が含まれるサービス収支の赤字であり，貿易収支黒字の約5割にも達する。金融収支にしても，直接投資をみると，外資の対中国直接投資を示す負債は2013年に2909億ドルで一旦はピーク・アウトし，その後大きく減少している一方で，中国企業の海外直接投資である資産では，2014年以降1000億ドルを超えてはいるが，その内実は後に記す通りである。証券投資では，上海株式市場が大暴落した2015年を契機に対外証券投資に弾みがつく一方で，2017年には負債すなわち海外からの対内証券投資増大も1000億ドルを超えるにいたっている。銀行部門の取引を示すその他投資では，2015年対前年比で資産が大きく減少する一方で，負債が3515億ドルのマイナス，つまり対外借り入れの巨額返済が行われていることに注意したい。そしてマネー・ロンダリング等当局が把握できない不透明な資金流出入も含む誤差脱漏が，2015年，2016年，2017年，各々－2018億ドル，－2185億ドル，－2065億ドルで，いずれも経常収支黒字額を大きく上回るマイナス＝資金流出をみた[*]。こうして，2000年代，右肩上がりで進んできた中国の経済成長も，2008年アメリカ発世界金融経済危機を契機に大きな曲がり角に差し掛かり，2015年夏の株式・為替下落によって，一大転機を迎えたといってよい。

　＊　誤差脱漏に記載される不透明な国境をまたいだ経済取引として，当時話題になった例としては，次のようなものがある。例えば，マカオのカジノで使うチップをクレジットカードで購入し，購入したチップを香港ドルや米ドルに交換する。香港に行き同じくクレジットカードで外貨建生命保険を契約する。貯蓄性生命保険は，香港の不動産購入に当たっては担保ともなる。あるいは，海外旅行先でブランド物の高級腕時計・バック等をクレジットカードで購入し，質屋等で直ちに売却して外貨を入手する。まさに「上に政策あれば，下に対策あり」といわれるような状況であった。

　こうした中2014年5月河南省を視察した習近平主席は，10％の高度経済成長時代の終焉を指して「新常態（New Normal）」と称した。国家統計局の数字に拠れば，2017年のGDP寄与率は，第1次産業4.9％，第2次産業36.3％，第3次産業58.8％である。経済の物的基盤を支える第2次産業がGDP成長の牽引車役の座を降り，第2次産業の発展充実を前提にサービス産業等比較的労働集約的な第3次産業がGDPを支えている。また，最終消費支出＋資本形成総額（固定資本形成および在庫形成）＋財・サービス輸出からなるGDP構成比をみると，資本形成総額は2010年の47.9％から2017年の44.6％まで低下し，代わって最終消費支出は2010年48.5％から2017年53.6％に上昇した[*]。投資主導型経済から消費主導型経済への転換が徐々に進んでいる。こうした背景の下，2014年9月天津で開催された世界経済フォーラム・夏季ダボス会議において李克強首相は，国民的な企業イノベーションを謳った「大衆創業，万衆創新（大衆の起業，万人の革新）」を発し，2015年9月には世界の技術革新のリーダー・「製造強国」を目指す「中国製造2025（made in China 2025）」計画が発表された（⇨第10章第5節）。そして今日，世界最大の自動車市場を擁する中国は電気自動車規格の世界標準化を企図し，G5（第5世代の移動通信）技術開発に国の命運をかけている。

　＊　GDP項目の表記および数字ともに中国国家統計局に拠る。

第4節　中国経済と世界経済──人民元「国際化」と「一帯一路」戦略

［1］ 過剰生産力を抱えた中国経済と対外貿易

　近年の中国経済の一大転換点が2015年夏の中国金融経済危機にあったことは，先にみた通りである。その後遺症は今日も依然として尾を引き，この間外貨獲得を目的とした輸出ドライブによって，中国は欧米先進諸国との間で経済摩擦を引き起こすようになった。そうした輸出ドライブの背景に控えるのが中国の過剰生産力である。この点については，イギリスの週刊経済誌 *The Economist* の2016年2月12日号（記事のベースは EU Chamber of Commerce in China のレポートであった）が，鉄鋼・セメント・化学製品・石油精製・板ガラス・造船・紙パルプといった産業種の2008年と2014年の稼働率を比較しながら報じている。

　問題は，過剰生産力を抱えるこれら重厚長大産業のほとんどが共産党政権の基盤ともいうべき国有企業ということである。それゆえ中国政府が景気刺激策を講

じる場合，常にこれら国有企業総動員型の公共事業であったり，地方政府による LGFV 経由の不動産開発・都市開発事業であったりした。そして，四大国有商業銀行がこれら事業をメインバンクとして支えてきたのである（⇨資料 9 - 1 ）。

もっとも，過剰生産力を抱えたこれら中国の国有企業には，もう一つ生き残る術がある。それはダンピング（不当な廉価販売）輸出である。上記の在中国 EU 商工会議所の報告書の焦点もじつはここにあった。実際，近年の中国と EU およびアメリカとの貿易摩擦も，このダンピング問題から始まった。その対応として，中国はこうした重厚長大型国有企業の再編整理を進めてきた。

こうした経緯を経ながらも，近年中国の貿易にも変化がみられるようになった。中国の税関である海関総署の資料を使いながら，次の二点を指摘しておこう。

第 1 に，輸出入における加工貿易のウェイトである。2015年の輸出14兆1255億元の内，増値税が還付される一般貿易 7 兆5456億元（53%）であるのに対し，来料加工貿易（中国の企業が原材料や部品等を無償輸入し，加工生産後の製品を総て加工委託先企業へ輸出する加工貿易）と進料加工貿易（海外の発注者と中国の生産委託受注者が，その商品の生産委託契約を行う際に，原材料・部品などを有償にて提供する委託加工生産方式）を加えたいわゆる加工貿易が 4 兆9552億元（35%）であった。輸入では，総額10兆4485億元の内，物品ごとに異なる関税と13%の増値税を支払う一般貿易 5 兆7322億元（55%），加工貿易 2 兆7771億元（26%）であった。ところが2021年ともなると，輸出21兆7347億元の内，一般貿易13兆2444億元（61%），加工貿易 5 兆3378億元（25%），輸入17兆3660億元の内，一般貿易10兆8395億元（62%），加工貿易 2 兆9178億元（18%）であった。このように，中国の輸出入において加工貿易が低下し，一般貿易のウェイトが大きく高まってきている。

＊　増値税は日本の消費税に相当する。

第 2 に，企業タイプ別でみた輸出入である。2015年の輸出・輸入をみると，国有企業11%と24%，外資系企業（出資法人として設立する合弁企業，事業契約ベースで設立する合作企業，100%外資の独資企業の三形態がある）44%と49%，民間企業43%と24%であった。これが2022年になると，国有企業 8 %と24%，外資系企業34%と37%，民間企業56%と36%であった。つまり期間中に国有企業は輸出ウェイトを下げつつ輸入のウェイトはそのまま，外資系企業は輸出入ともにウェイトを下げ，代わって民間企業が大きくウェイトを伸ばしてきた。民間企業には，米中貿易摩擦でアメリカの制裁対象となった華為（Huawei）や ZTE（中興通訊）

以外にも，携帯電話メーカーとして新興諸国等で売上を大きく伸ばしている小米
や Oppo, vivo，家電メーカーでは美的集団，Haier（海尔）や Haisense（海信），
電気自動車メーカー BYD や Geely（吉利，スウェーデンの自動車メーカー・ボルボ
の大株主でもある），EV 車載電池メーカーの CATL（寧徳時代新能源科技），ドロ
ーンのリーダー的企業である DJI（大疆創新科技）が世界ブランドを確立しつつ
ある。またこれら以外にも，ICT 領域には多くのユニコーン企業（企業価値10億
ドル以上の未上場企業）が存在する。

　このように中国の貿易において，石炭・鉄鋼・原油等の素材産業を擁する国有
企業が輸入において一定の割合を占めている一方で，輸出の主体は外資系企業と
民間企業であり，特にこの間中国民間企業の輸出入に占めるウェイが大きく高ま
ってきている。

　しかも今や世界最大の貿易大国（⇨終章資料５，巻末資料４）となった中国の貿
易である。米中貿易摩擦に対し2019年６月中国政府は「关于中美经贸磋商的中方
立场（中米経済貿易協議における中国の立場について）」という白書を発表し，互恵
的且つ多国間主義的通商関係の発展を主張した。とはいえ，外資導入・輸出指向
工業化戦略という中国の従来の経済発展戦略において，外資の役割が後退してき
ている現実を背景に，中国は自国企業の活動に軸足を置いた「双循環」という新
たな戦略を打ち出してきた。

［2］ 中国の対外投資と世界経済

　まず中国の直接投資について UNCTAD の資料を使ってみていこう。中国の
対内直接投資は2015年1356億ドルで世界第５位，2020年1493億ドル，2021年1809
億ドルでいずれも世界第２位であった。この間確かに直接投資の流入規模は落ち
着きをみせてはいるものの，外資の大々的な撤退がみられる訳でもなく，2021年
にはハイテク部門を中心に過去最大規模の直接投資が流入した。残高ベースでみ
ても2010年5868億ドルから2020年１兆9199億ドルへと3.3倍増であった。こうし
た対内直接投資の内，日本企業を除いた外資企業では[*]，韓国の総合電子電機メー
カーである SAMUSUN（三星），日本のシャープを買収した台湾・鴻海精密工業
の傘下にある富士康（Foxconn, Apple の組立下請け企業として有名で，深圳，山東
省威海，河南省鄭州に工場を有する）や同じく台湾の半導体受託製造（ファウンド
リー）メーカー TSMC, UMC，韓国の半導体大手 Samsung Electronics と SK

Hynix, アメリカ・テキサス州オースティンに本拠を置く電気自動車メーカー・テスラが有名である。

> ＊ 日本企業に限っていえば，2022年6月時点で中国本土に1万2706社が進出していたが，この数字は2020年調査より940社少なく，進出が最大であった2012年の14394社より1000社以上の減となっている（帝国データバンク『日本企業の「中国進出」動向調査（2022年）参照』）。

　次に中国の対外直接投資である。中国は早くも1999年に海外資源確保と販売市場開拓のために，中国企業の対外進出を推進する「走出去（Go Global）」政策を打ち出した。この間中国の対外直接投資も大きく伸びて，2016年1961億ドルでピークに達し，2021年には1451億ドルで世界第4位であった（World Bank, *World Investment Report*, 2022より）。このようにみれば中国の対外直接投資は，今日世界経済に大きな影響を与えているようにみえるが，中国商務省の『中国対外直接投資公報2020』から対外直接投資を地域別及び産業別にみていくと，現実はかなり偏った様相を示している。

　まず地域別にみると，2019年の中国の対外直接投資フローは1369億ドルで，アジア1108億ドル（80.9％，前年比5.1％増），南米63.9億ドル（4.7％，同56.3％減），北米43.7億ドル（3.2％，同49.9％減），欧州105億ドル（7.7％，59.6％増）であった。アジアの突出ぶりは明らかであり，内訳は香港81.7％，シンガポール6.1％であった。これを2019年末残高でみると，アジア1兆4602億ドルで，内香港1兆2753億ドル（87％），シンガポール526億ドルであった。その他としては，ケイマン諸島2761億ドル，イギリス領ヴァージン諸島1418億ドル，アメリカ770億ドルであった。

　産業別には2019年フローで第2次産業202億ドル（15％），第3次産業1142億ドル（83％）で，アジア向けのみ残高ベースでみると，第1位リース及びビジネス・サービス業6059億ドル（41％）で，順に卸小売業2197億ドル，金融業1864億ドル，製造業1200億ドル，鉱山業806億ドルであった。

　確かに中国の海外直接投資は，この間急激な勢いで伸びてきた。だが，その実態はリース業等ビジネス関連サービス業，卸小売流通業，そして銀行・保険業等の金融業である。そのため投資地域としてもこれまで対中国ビジネスの「窓口」として機能してきた香港やいわゆるカリブ海タックス・ヘイブン地域（⇨第6章コラム7）向け直接投資が突出している。

資料 9 - 4　中国の地域別対外証券投資残高（2021年末）

（億ドル）

	各国計	株式	債務証券		
				長期	短期
アメリカ	2,045	1,368	676	619	58
香　港	4,342	3,543	800	605	194
英領ケイマン諸島	830	651	179	177	2
英領ヴァージン諸島	700	21	678	651	28
イギリス	246	130	116	91	25
日　本	164	85	79	35	44
オーストラリア	109	58	50	29	21
ドイツ	146	44	102	99	3
ルクセンブルグ	204	158	47	35	12
シンガポール	112	13	98	52	46
カナダ	69	34	35	32	3
スイス	47	40	7	5	1
（小計）	9,014	6,146	2,867	2,431	437
総計	9,797	6,484	3,313	2,717	596

（出所）　国家外汇管理局資料より作成。

次は証券投資である。資料 9 - 4 によれば，2021年末現在の対外証券投資資産残高は9797億ドルで，内訳は2045億ドルがアメリカ，香港が4342億ドルである。対アメリカの場合には，証券投資残高の内，株式投資の占める割合は66％，対香港の場合には81％となっている。中国の対米投資の背景には，この間中国企業のニューヨーク証券取引所への上場が続いたこともあるだろう。もっとも，米中経済摩擦との関りで，最近では中国の対米株式投資に大きな変化がみられることは後述する通りである。債券投資について，アメリカ財務省 Treasury International Capital System の米国債投資資料でみれば，2022年 5 月現在，非居住者による米国債保有残高は 7 兆4215億ドルで，国別では第 1 位日本 1 兆2128億ドル，第 2 位中国9807億ドル，第 3 位イギリス6340億ドルであった。2008年10月，それまで世界最大の米国債保有国であった日本（保有額6175億ドル）を中国（同6182億ドル）が凌駕したが，2013年11月最大保有額 1 兆3167億ドルをピークに調整が進み，2019年 6 月再び日本（同 1 兆1228億ドル）が中国（ 1 兆1125億ドル）を上回る世界最大の米国債保有国となっている。*

＊　財務省理財局『債務管理レポート』によれば，2020年末中国からの我が国の国債等への債券投資は16兆円で第 4 位，第 1 位はアメリカで37.1兆円であった。

対香港証券投資においては，本社は中国大陸であるが，香港取引所で株式上場している H 株，あるいは同じく本社は中国大陸にあるものの，別途香港等オフショア地域に法人を設立して，当該法人名で香港取引所に株式上場しているレッド・チップ株，これら大陸内中国関連企業株の香港取引所での上場が背景にある。実際，今日香港取引所の上場株の過半が，大陸内中国関連企業株式で占められて

▶▶ **コラム10** ◀◀

香港のカレンシー・ボード制

　1983年以降，香港では1米ドル＝7.8香港ドルの固定為替相場制（現地では the Linked Exchange Rate System といわれている）が敷かれている。中央銀行に当たる HKMA（香港金融管理局）は1米ドルを受け取る代わりに7.8香港ドルの債務証書を発行し，これを発券担保に発券銀行3行（すなわち HSBC〔香港上海銀行〕，スタンダート・チャータード銀行，中国銀行・香港）は，各行名の入った香港ドル建銀行券を発行する。こうして，香港ドルは米ドルと固定レートで結びついている一方で，国際金融資本取引と為替取引を全面「自由化」している。したがって，米ドル建金利が上昇（下落）すれば香港ドル建金利も上昇（下落）し，両通貨建金利が反対方向に動けば，「一物一価」の法則通りに，そこに金利裁定取引が発生する。したがって，HKMA は独自の金利政策をもち合わせていないことになる（⇨第10章コラム12）。但し，対米ドル為替レートが7.85─7.75香港ドルを超える場合，HKMA は為替介入を行っている。

　上記発券銀行3行の内，前2行はイギリスの旧植民地銀行，残る1行は中国四大国有商業銀行の一つである中国銀行の香港現地法人であり，2021年末の発券額のシェアは順に56％，9.6％，34.4％となっている（数字は HKMA, *Annual Report of 2021* より）。但し，今日 HSBC の筆頭株主は中国四大保険会社の平安保険（本社・深圳）となっている。

　ところで，BIS が3年に一度4月に実施している世界の主要為替市場調査 Triennial Central Bank Survey に係わって HKMA が発表した資料によると，2019年1423億ドルであった米ドル／香港ドルの取引は2022年944億ドルとなり，代わって米ドル／CNH の取引は990億ドルから1727億ドルへと77％の激増ぶりであった。取引総額6944億ドルに占めるシェアでみても米ドル／香港ドルの取引は22.5％から13.6％へ，米ドル／CNH の取引は15.7％から24.9％となり，香港為替市場における人民元のウェイトが大きく高まっている。ちなみに，日本とシンガポールの一日当たりの為替取引総額は各々4325億ドル，9294億ドルであった。　　　（鳥谷一生）

いる。また香港では人民元建で中国政府債を含む点心債（⇨本章第4節 3 ）等も発行されており，次にみる通り株式と併せて上海－香港，深圳－香港との間に証券投資ルートが設定されている。

　しかし注目されるべきは，「社会主義」中国のオフショア市場向け証券投資である。タックス・ヘイブンといわれる英領ケイマン諸島やヴァージン諸島では，資産管理だけを目的としたペーパー・カンパニーが数多く設立されていることは

半ば常識である。中国の場合，下記 QDII 経由でこれらオフショアの中国系ファンドが発行する株式や債券へ投資することもあろう。

　ところで，中国の対米証券投資やオフショア市場での資金運用が米ドル建であることはいうまでもないが，香港ドルは米ドルとの固定的交換比率で結びついたカレンシー・ボード制（⇨本章コラム10）下にある。こうした通貨制度であればこそ，香港は米ドル建グローバル・マネーのアジア拠点ともいうべき国際金融市場として君臨してきたのであり，中国はそこに香港市場の利便性を見出し，1997年の返還からこの間大いに活用してきた。実際，香港経由で流入してくるグローバル・マネーは，結局のところ一旦中国から流出したマネーの「往復資金投資」ともいわれている。

　だが中国は，そうした米ドル建グローバル・マネーを仕切ってきた現代の国際通貨システムと世界経済のあり方に対し，近年異議を唱えあるいは自己の利益を強く訴えるようになってきた。そうした中国の政策上のあり方が人民元「国際化」と「一帯一路」の戦略である。

［３］　人民元「国際化」の現実と限界

　すでに記した通り，「世界の工場」に転じた中国には，巨額の外貨が累積し，国内にはマネーが溢れ返るようになった。そして世界金融経済危機後の2009年3月，人民銀行周小川総裁（当時）が，SDR（⇨第3章第1節［５］）中心の国際通貨制度改革案を発表して世界から注目を浴びる中，同年6月人民元建貿易取引が発表され，翌7月に早速始まった。取引に当たって，決済勘定は香港所在商業銀行に置かれ，大陸側銀行決済システムと香港側決済勘定との接続を中国銀行（香港）が担うことになった。いわゆる人民元「国際化」がこうして始まったのである。

　だが，人民元の「国際化」とはいえ，中国は国際的金融資本取引に対し厳格な規制を敷いてきたし，人民元建貿易取引とはいっても，それは投機性と資本逃避が多分に絡んだ取引であった。実際，世界の貿易取引の多くはドル建取引という現実において，人民元建貿易取引が食い込める余地はきわめて限られる。

　では，人民元建貿易取引のインセンティブはどこにあるのか。例えば，大陸側輸入企業は香港に貿易企業を設立し，世界各地からドル建輸入取引を行う一方で，大陸側輸入企業とは人民元建取引を行う。というのも，人民元の対ドル為替相場が上昇する環境にあって，大陸側輸入企業が所定の人民元建輸入代金を支払って

も，実際のドル建決済代金は安くて済み，差額は別途ドル建で運用することが可能となるからである。輸出取引の場合，実際のドル建取引額よりも少なめに人民元建輸出申告を行い，所定の人民元建輸出代金は決済勘定に振り込みつつも，ドル建輸出額の残額は別途資金運用するといった取引実態（mis-invoice といわれる）が指摘されてきた。

　このように人民元建貿易取引を推し進める背景には，人民元の対ドル為替相場上昇ということがあったのである。その限りにおいて，香港所在商業銀行には人民元建預金勘定（オフショア預金）が次第に積み上げられ，その資金運用先として注目されたのが香港取引所で発行される人民元建債券，いわゆる「点心債（Dim Sum Bond）」であった。「点心債」は2007年中国建設銀行が発行したことに始まるが，上記の通り，人民元為替相場上昇の環境下，当時は為替差益に期待した投資ブームが広がっていった。

　ところで，人民元建貿易取引が順調に発展し，香港の人民元建オフショア預金残高が増大するにつれ，2010年7月には香港に人民元と米ドルとの自由為替市場が成立した。これを契機に，人民銀行が直接管理する上海の CFETS（中国外汇交易中心）で取引決済され，そこで建てられる為替相場を CNY（Chinese Yuan），香港オフショア市場で建てられる人民元為替相場を CNH（Chinese Hong Kong）と区別して呼ぶようになった。要するに，CNY が人民銀行管理相場であるのに対し，CNH は自由為替相場である。そして2013年6月には，香港に CNH 建短期金融市場が本格的に動きだすことになった。

　他方，中国の金融資本市場の対外開放＝資本取引の「自由化」については，2002年中国政府が適格とする世界の機関投資家が投資枠内で外貨を人民元に交換して，中国国内の株式・債券に投資する QFII（適格海外機関投資家），2006年中国国内の適格とされた機関投資家が，投資枠内で海外の株式・債券に投資する QDII（適格国内機関投資家）として始まっていった。その後2011年12月に香港所在の機関投資家を通じ，人民元建で中国国内の株式・債券に投資する RQFII（人民元建適格海外機関投資家）が設定され，李克強首相の訪日を機縁に2018年5月，日本には RQFII3000 億元の枠（設定枠は香港5000億元に次ぐ。ちなみにアメリカ2500億元，イギリス800億元である）が設定された。これら以外にも，先の「沪港通」に加え，2016年8月には深圳と香港の両証券取引所である株式相互交流策・「深港通」，2017年5月には香港経由で上海証券取引所の債券への投資を可能とす

る「債券通（Bond Connect）」が設定され，2021年には上海から香港向けの債券
投資も始まり双方向となった。また2018年12月ロンドンと上海の両証券取引所の
相互交流策である「伦沪通*」が始まった。こうして中国の株式・債券はグローバ
ル投資家の関心を集めることになり，2018年6月以降 MSCI（モルガン・スタン
レー・キャピタル・インターナショナル），FTSE（フッツィー，Financial Times 社
と London Stock Exchange との合弁会社），S&P（スタンダード＆プアーズ）のグロ
ーバル証券投資指数に組み込まれた。

　なお，2016年10月に人民元は米ドル・ユーロ・日本円・ポンドから構成されて
きた IMF バスケット通貨 SDR に加わった（⇨第3章第1節 5 ）。

　　＊　伦（lún）は，ロンドンを指す。

　このようにみれば，中国の資本取引「自由化」策もこの間着々と進み，SDR
を構成する諸通貨と同じく，人民元もハード・カレンシー（経常取引のみならず
国際的金融資本取引の為替決済にも自由に使える通貨）としての要件を整えつつあ
るかにみえる。

　さて，どのように考えるべきか。いわゆる「国際金融のトリレンマ」命題（⇨
第10章コラム12…「為替相場の安定性」「自由な国際資本移動」「独立した金融政策」の
三つは同時には成立しえない）に従えば，次のようにいえよう。まず，人民元の
「国際化」が実現するには，当然ながら国際的金融資本取引およびこれに係わる
為替取引一切が「自由化」され，非居住者も自由に中国の長短期金融市場と為替
市場にアクセスできなければならない。その結果，世界中のマネーが中国の金融
資本市場と為替市場とを行き来することになる。かかる環境下にあっては，中国
の国内金利を変動する海外諸金利の影響から遮断することが難しいだけでなく，
固定相場制を放棄し変動相場制に移行せざるをえない。つまり，国際的金融資本
取引の自由化は，長短期金融市場金利の「自由化」と変動相場制への移行と連動
するのであり，その「政策順序づけ」は1997年東アジア通貨危機を契機に世界的
論争ともなった。後は，金利の「自由化」が進んだ金融市場に対する中央銀行の
「独立した金融政策」が課題となる。

　問題は，このような段階に至った時，資料9-1で示した中国の金融経済体制
は持ち堪えることができるかどうかである。現実には，上海債券市場で非居住者
が発行するパンダ債は規制の対象であるし，非居住者が点心債を香港市場で自由
に発行することができる訳でもない。また点心債や RQFII といった，これら資

▶▶ **コラム11** ◀◀

一国の国民通貨の「国際化」と「国際通貨」化

　一国の国民通貨の「国際化」とは，IMF 8 条国のいう貿易・経常取引に係る為替取引の自由化のみならず，当該国の金融資本市場で国内外の企業・金融機関が自由に資金調達・運用をするに当たっての為替取引も自由化していることである。だが，中国は非居住者による金融資本取引・為替取引を規制していることから，人民元「国際化」は依然道半ばといわざるをえない。

　そこでオフショア市場（国内の銀行支払準備率規制や各種取引規制・税制が及ばない市場）を別途設置し，同市場で自国通貨の「国際化」を図る考え方もある。「一国二制度」下の香港の場合，本土側オンショア市場と香港側オフショア市場との間には国境と同格の境界がある。しかし，香港金融資本市場で取り引きされる人民元建債券や RQFII も中国本土への資金還流窓口でしかないとなれば，同市場の盛衰は本土側金融経済次第となる。もちろん，非居住者による人民元建債券等発行は中国当局の厳格な規制下にある。この点を指して，「管理された人民元の国際化」といわれる場合もある。

　他方，一国の国民通貨が「国際通貨」に転じるとは，上記の「国際化」を通じ，当該国国民通貨建為替手形が国際決済手段としても利用されることである。そうした国際通貨となった各国国民通貨のうち，広く第三国間取引にまで国際決済手段として利用され中心的役割を担うようになった通貨を基軸通貨といった（⇨第 2 章第 4 節 ③，第 3 章資料 3 - 1）。この場合，例えば中国の経済主体が直接関与しない国際取引において，人民元が海外の為替市場で自由に売買されることになる。だが，もし海外の為替市場で人民元が為替投機により売り浴びせられたら，どうなろうか。人民銀行が相手国為替市場に乗り込んで為替介入することはできない。もちろん，海外の中央銀行とのスワップ協定により，人民元買い介入操作を依頼することもできるが，為替相場暴落を食い止めた後の人民元残高を人民銀行はいかなる資産で決済するのか。米ドルであろうか。もしそうであれば，人民元は「国際通貨」とはなっても，「基軸通貨」としての米ドルを凌駕したことにはならず，「米ドル本位制」は続くことになる。

（鳥谷一生）

　本取引「自由化」策は，香港オフショア市場に流出した人民元を中国国内に「還流」させる策ともいえる。しかも，2015年夏の上海株式市場大暴落と人民元為替相場を契機に，「沪港通」と「深港通」では，上海及び深圳から香港への資金流出が長い間続いてきた。また前記の通り，この間国際収支表の誤差脱漏項目でも巨額の資金流出をみてきた（⇨巻末資料 3）。

　こうした背景の下，人民銀行の管理相場であるCNYに対し自由為替相場である CNHは，CNYに先行して下落し，これに連動してCNH金利も上昇してきた。そのため香港オフショア市場金利は上海短期市場金利を上回るようになり，点心債の発行環境は急激に悪化してきた。そうした最中に始まったのが上記「債券通」である。しかし，「債券通」の投資先である債券市場では，LGFVが発行する債券（城投債）やLGFVへの財政支援を目的に2015年に発行を許可され地方政府債が取引されていることに留意せねばならない。つまり，一連の資本取引「自由化」策とは，株式バブルが崩壊し不動産バブルが行き詰まってきた中国の金融経済に資金繰りを付けるための外資導入策ともいえる。

　他方，中国は，上記の中国銀行（香港）の役割に倣い，世界各国の金融市場に進出した四大国有銀行の現地支店を人民元建取引決済銀行に指定してきた。例えば，イギリス‐中国建設銀行，シンガポール‐中国工商銀行，タイ‐中国工商銀行，オーストラリア‐中国銀行，アメリカ‐中国銀行，である。また中国人民銀行は，各国中央銀行との間で人民元と相手国通貨との為替スワップ協定を締結してきた。目的は人民元建貿易の決済手段が相手国で不足した場合の流動性供給にある。最近では2021年1月カナダ，11月イギリス，2022年1月インドネシアとの間で協定更新となっているが，人民元建貿易取引が世界中で進展しない以上，協定の意義は大きく殺がれよう。

　資料9‐5は，人民元建国際取引の推移をみたものである。2015年夏の上海株式市場の崩落とその後の人民元為替相場下落により，人民元建国際取引は大きく落ち込むことになり，現在はその回復過程にはあるが，確認すべき点がある。

　同資料の出典である人民銀行の報告書によれば，2021年人民元建国際取引は36.6兆元（昨年比29％増），受取18.5兆元，支払18.1兆元であった。その内，経常取引7.9兆元（同16％増），貿易取引5.8兆元，サービス取引等2.1兆元であった。同年の経常取引は47.9兆元，貿易取引は37.8兆元であったから，経常取引の16％，貿易取引の15％が人民元建取引であったに過ぎない。これに対し資本取引は28.7兆元（同33％増）で，直接投資5.8兆元，証券投資21.2兆元であった。つまり人民元建国際取引36.6兆元の内，証券投資が58％を占め，貿易取引は16％でしかないことに注目しよう。これは上記の上海・深圳‐香港間の株式・債券取引の影響である。もしこれがタックス・ヘイブンのカリブ海地域等に設定された中国系投資ファンド会社による香港経由の対中国国内証券投資，つまり上記の「往復資金投

資料9 - 5　人民元建国際取引の推移（2010年—20年）

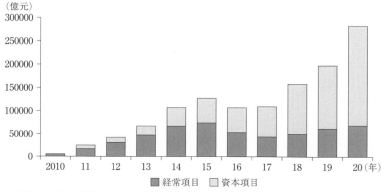

（出所）　中国人民銀行『2021年人民币国際化報告』，7頁。

資」であるとすれば，ここでの人民元「国際化」とは何か，いま一度冷静に視る必要がある。

　もっとも，2022年2月に勃発したウクライナ戦争を契機に，2015年に稼働を開始したCIPS（人民元国際決済システム）に注目が集まっている。なぜなら米ドル建決済システムを支えるSWIFT（本部ベルギー）から外されたロシア系の銀行が，CIPS（技術基盤はSWIFT）経由で人民元建国際決済を行えば，西側の対ロシア経済制裁の効果をかわすことができるからである。CIPSには，2022年6月段階で直接参加行76行，間接参加行1265行，計1341行が参加し，106の国・地域をカバーする。内訳はアジア地域965行（内，中国は547行），欧州185行，アフリカ46行，北米29行，南米17行で，日本のメガバンク3行の現地法人も直接参加行として加わっている（数字はCIPS資料より）。中国人民銀行の『2021年人民元国際化報告』によれば，2020年末累計でCIPSの決済件数は751.35万件，125兆元を超えた。

　たしかに，CIPSによって中国との間で人民元建国際決済を行う銀行業務は格段に効率化が図られることになった。問題は対顧客取引で人民元建為替持高を抱えた為替銀行は，持高調整をどうするのかということである。上海或いは香港の為替市場で人民元を売買しても代価は米ドルである。そのため為替銀行は，米ドルと自国通貨との為替取引で最終的な持高調整を行わねばならない。つまり，CIPSが稼働するようになったといえ，各国が中国とのみ国際取引を行っている

訳ではないこと，また自国通貨と人民元との直接交換が可能な為替市場が存在しないこと，この二つの要因によって人民元建国際決済の発展は制約されている。国際金融決済情報を取り扱う SWIFT の資料では，2022年6月現在国際決済における人民元のシェアは僅かに2.17％で第5位（ドル41.16％，ユーロ35.55％，ポンド5.96％，日本円3.01％）に過ぎない。しかも取引の73.8％が香港との間での取引であり，次いでイギリス6.4％，シンガポール3.6％であった。中国本土‐香港間の意義については，上記の通りであるので確認されたい。

　あるいは，本章第5節 ［2］ で記す通り，スマホ決済が発展した中国において，2020年10月深圳でデジタル人民元（e-CNY）の実験が始まったことにも注目が集まった。その後も江蘇省蘇州や上海でも実験が行われ，2022年2月の北京オリンピックでは外国人の利用も一部認められた。目的は人民元の「国際化」の推進というが，非居住者が中国との取引でデジタル人民元を利用するには，決済勘定をCIPS 参加行あるいは直接人民銀行に開設することになる。中国当局による取引情報の管理，非常時における口座凍結リスク，手段がスマホや電子ウォレットだけに懸念は大きい。

　ウクライナ戦争を契機に，2018年6月に発足した上海原油先物市場では，人民元建のロシア産原油取引が増え，サウジアラビアやイランも人民元建での原油取引を開始したといれる。加えて，インド最大のセメント会社 UltraTech が人民元建でロシアからの輸入を行ったと報道されている。人民元建の第三国間貿易取引である。その一方で，反インフレ策としてのアメリカの金利引き上げは，カレンシー・ボード制の香港ドルに圧力を加え，折からの不動産バブル崩壊により，香港金融資本市場の市況は振るわない。米中経済摩擦は，金融為替取引面で香港市場をも揺るがしつつ，今日中国証券市場からの外資の引上げが続いている。香港は中国への「入口」ではあるが，「出口」でもある。

　［4］「一帯一路」戦略とその行方
　人民元「国際化」が現実には多大な制約に直面するのであれば，これに代わる「中国夢（夢）」が必要である。2013年11月，中国政府は「シルクロード経済ベルト（絲綢之路経済帯）」と「21世紀海のシルクロード（21世紀海上絲綢之路）」からなる「BRI（一帯一路戦略）」を発表した。BRI は，陸路のシルクロードと14世紀末から15世紀に君臨した明・永楽帝の大航海計画を合わせて，「中華民族の復

興」を謳った中国の世界経済戦略である。そして2014年7月，中国政府は
BRICs の枠組みで新たな国際開発銀行（資本金1000億ドル）と1000億ドルの外貨
準備基金を設立した後，10月には AIIB（アジアインフラ投資銀行）の設立を発表
した。また同年秋以降，積極的な海外直接投資戦略である「走出去」政策に改め
てドライブをかけた（⇨本章第4節 ２ ）。

　こうして今日中国は，経済的には人民元の「国際化」を図り，政治的には「一
帯一路」によって太平洋からアフリカ・欧州にまで影響力を拡大し，安全保障面
でも東シナ海・南シナ海そしてインド洋・太平洋で軍事的プレゼンスを強めてい
る。注意すべきは，そのための海外での巨大開発プロジェクト（「対外承包工程業
務（海外プロジェクト契約）」）の背後に，セメント・鉄鋼・機関車製造・電機装置
等々を生産・製造する中国国有企業，これに融資を行う中国国家開発銀行・中国
輸出入銀行等が控えていることである。

　すでに記した通り，中国国内では土地開発・不動産事業を制御する方向にある。
そのためこれら国有企業・金融機関は海外での大規模開発に活路を求めてきたと
いってよい（2019年の新規契約件数11932件，契約額2602億ドル）。

　だが，そうした大規模開発契約の資金計画と費用対効果が明らかになる度に，
関係諸国の「債務国化」が懸念されてきた。例えば，2015年に中国が工事負担を
行うことになったインドネシアのジャカルタ－バンドン間の高速鉄道計画は工事
の進捗が大幅に遅れ，政治問題化している。また，2018年8月には南太平洋の島
嶼国トンガが対中国債務への支払いを拒否し，10月には中国の友邦国であるパキ
スタンが「中国パキスタン経済回廊」における鉄道建設事業規模の見直しを発表
した。加えて，マレーシア東海岸（マレー半島東側タイ国境付近のコタバルと半島
西側マラッカ海峡・インド洋に面したクラン港を結ぶ）鉄道計画とクアラルンプー
ル－シンガポール間の高速鉄道計画についても，2018年5月首相に返り咲いたマ
ハティールが計画中止を発表した。この内前者の東海岸鉄道計画については，中
国側による追加建設費負担を条件に2019年4月復活した。

　他方中国は，2016年12月より中国南部・昆明を基点にラオス・ビエンチャンに
至る工事（中国輸出入銀行による融資）を開始し，2021年末開通させたものの，開
通当初より「債務の罠」が懸念されている。それでも既存のビエンチャン－タ
イ・バンコク間の鉄道とバンコク－マレーシア・コタバルとを結ぶ鉄道が中国版
新幹線である高鉄規格の線路で繋がることになれば，中国は昆明－クラン港間の

鉄路を確保することになり，中国にとっては旧イギリスの植民地であり米海軍の拠点ともなっているシンガポール経由で中東産原油を船舶輸送するリスクがなくなる。またマレーシア，タイ，ラオスにとっても，国境を跨ぐ鉄道が中国まで開通することで，沿線地域の社会経済開発への期待が高まっている。

　加えて2019年3月香港・マカオ・広州・深圳を中核に，珠江デルタの一体開発を目指す「大湾区」計画が発表され，同月末にはEU諸国で初めてイタリアが「一帯一路」関連文書に調印した。そして2019年4月末第2回目の「一帯一路国際会議」が北京で開催され，世界から37カ国の首脳（経済協力協定調印国は123カ国）が参加した。

　中国はアフリカ諸国に対しても，「第三世界」という立場で長年経済開発支援策を講じてきた。2018年9月北京で開催された中国・アフリカ協力フォーラムでは，中国の対アフリカ債務削減と「中国・アフリカ運命共同体」への強い期待が表明された。また2021年11月末には，中国・アフリカ協力フォーラムの第8回閣僚級会議がセネガルの首都ダカールで開催され，王毅外交部長とアフリカ側53カ国の関係閣僚が参加した。会議では，新型コロナウイルス・ワクチンの提供やアフリカの対中貿易赤字の是正に向け，協力することで一致した。

　このように，1980年代以降のグローバリゼーションにおいて，ワシントン・コンセンサスの下，IMF・世界銀行の開発金融から取り残されたアジア，アフリカ，中南米の多くの発展途上国が，この間中国の支援を受け入れてきたのである。その結果，今日中国は世界最大の政府開発援助の債権国となっている。

　だが，2022年5月，スリランカ（中国が海路ペルシャ湾・アフリカ東海岸へと至る「海のシルクロード」において地政学的には‘真珠の首飾り’に位置する）がデフォルトに陥った際には，二国間ベースで最大の債権国であった中国への債務削減が求められた。その一方で，2010年に建設された南部のハンバントタ港の建設（開発資金は当初中国輸出入銀行が金利6.3％で融資し，国有企業・中国港湾工程公司と中国水利水電建設集団が建設）負債削減のため，2017年から99年間中国国有企業の招商局港口に貸出されていることに改めて世界が注視した。他にも，パキスタン，ザンビアが中国の「債務の罠」に嵌り込むのではないかと懸念されている。しかし，「債務の罠」は中国にとっては「債権者の蹉跌」でもある。不良債権を背負い込んだ中国輸出入銀行や中国国家開発銀行等，財務の劣化は必至であろう。

　このように人民元「国際化」策とならび世界から注目されてきたBRI戦略も，

今日様々な制約に直面するようになった。関係国の債務の減免や返済計画のリスケジュールを図るには，IMF や世界銀行からの緊急融資等の問題が絡むが故に，西側の債権国協議体であるパリ・クラブへの中国の参加が求められている。だが，西側のイニシャティブを嫌う中国の態度は判然としない。

第 5 節　内憂外患の中国経済

［ 1 ］ 中国不動産バブルの崩壊

　2018年，中国は「改革開放」から40年目を迎え，2020年に第13次五ケ年計画が終了した。この間中国は格差問題を抱えながらも，人口の過半が都市部に住居するようになり大衆消費社会を迎えるようになった。

　だが，中国の労働力人口は2012年，総人口は2018年に各々減少に転じており，過去二桁台の高度経済成長を支えた「人口ボーナス」は徐々に失われ，「人口オーナス」の時代を迎えつつある。その一方で厳しさを増す米中経済摩擦を受けて，中国は外資導入・輸出指向工業化戦略を看板に据えることは最早難しくなった。こうした現実を受けて2020年 5 月の中国共産党政治局常務委員会で習総書記が発表したのが前出の「双循環」（対内経済と対外経済の二つに経済発展に軸足を置くこと）であった。すなわち，対内的には不動産バブルを制御しつつも，重厚長大産業を主体とする国有企業の生産活動に内需の牽引役を求めることであり，対外的には世界的にも中国ブランドとなった ICT 関連産業企業の発展を期すことであった。

　実際，2019年 3 月の全国人民代表大会における政府活動報告では不動産規制の文言が消えていた。しかも，2015年夏の金融為替市場の混乱が沈静化し，上海銀行間短期金融市場金利も一時は 5 ％近辺にまで上昇したものの，米中経済摩擦による輸出減速を受けて人民銀行は金融緩和を続け，2018年には市中金利は 3 ％台へ，2019年には一時期 2 ％台を割り込む水準にまで下落した。固定資産税に相当する不動産税が導入されていない中国である。改めて不動産バブルが懸念された。

　人民銀行が2019年に実施した都市部住民の資産負債調査によれば，平均資産額は317.9万元（ 1 元16円で計算して約5080万円），その内不動産が 7 割を占め，持ち家比率96％，金融資産は 2 割であった。また家庭の56％が負債を抱え，負債額の上位20％の家庭だけで負債全体の61％を占め，その75％が銀行融資であった。資

産負債比率は平均44%，その内負債を負う家庭だけの平均比率は85%，中位値は117%であった。[＊]

　　＊　「中国城鎮居民家庭資産配置七成為房産 金融資産負債率較高」『路透（Reuters）』2020年4月20日。

　2019年末武漢で新型コロナ・ウイルスの感染拡大が始まった。感染症対策をしながら景気の落ち込みを食い止めるべく，政府は積極的財政金融政策に取り組んだ。だが，不動産バブルを中心とした信用レバレッジが高まっている現実を前に，2020年8月「不動産バブルは『灰色のサイ』である」とされ，不動産開発業者が順守すべき貸借対照表上の三つのレッドライン「三条紅道」が打ち出された。すなわち，①（前受金を除く）負債対資産比率が70%以下であること，②負債／自己資本の純負債比率が1以下であること，③現金に対する短期負債の比率が1より小さいこと（現金有利子負債比率＝現金／有利子負債＞1），である。この条件を満たさない場合，不動産会社は銀行融資や債券発行等による資金調達に制限がかかることになった。そしてこれを契機に不動産ディベロッパー大手の恒大が，9月早々に行き詰った。負債総額1兆9665億元（1元＝16円として31兆円，同年中国の名目GDPの約2%），資金繰りに窮した恒大は国内外で発行する債券の利払いができずデフォルトに陥り，2022年3月には香港証券取引所で株式取引停止，深圳の本社ビルには多くの債権者が押し寄せた。その間にも2022年1月不動産最大手の碧桂園が発行するオフショア・ドル建債がジャンク扱いに格下げされた他，2022年5月前年の住宅販売額で中国3位の融創が，7月には同13位の世茂が，いずれも香港で発行されているドル建債券の利払いができずにデフォルトに陥った。[＊]

　　＊　上記4社は，持株会社の法人登録をケイマン諸島で行っていることに注目すべきである。

　こうして不動産企業は急激に資金繰りが悪化するようになり，不動産建設の中断を余儀なくされるようになった。銀行借入によって住宅投資に走っていた購入者は，購入予定であった住宅が工事中断で入居もできないため（爛尾楼という），契約違反として銀行から借りていた住宅ローンの支払いを拒否するようになった。こうなると内外で債券発行を行って資金調達を行ってきた不動産会社のデフォルト危機が，次に住宅ローン債権の不良債権化に転じ，影響は銀行システム全体に及ぶようになってきた。[＊]しかも，銀行窓口を通じて発行されてきた一連の証券化商品も信用度を落とし，地方の中小商業銀行や農村信用社はすでにいくつも破綻している。

＊　中国の銀行は最悪のシナリオで2兆4000億元（約47兆2000億円）の住宅ローンの損失に
直面する可能性があると指摘されている（'China Banks May Face $350 Billion in Loss-
es From Property Crisis'. *Bloomberg*, Aug. 1st, 2022.）。

2022年7月，政府は地方政府はもとより銀行・国有企業をも巻き込んで，中断
した工事の再開による債権者への不動産の引き渡し策（「保交楼」）を打ち出した。
しかし，こうしたスキームであっても，不動産企業の資金繰りが付くのかどうか，
懸念は拭えないのが現実である。

中国ではGDPの約3割を不動産関連事業が占めるといわれる。不動産産業・
企業の帰趨は，中国経済の先行きを決定する。

２　政府規制下のICT産業

Huawei や ZTE，小米や Oppo, vivo，今や世界的ブランドとなった ICT 通信
機器・携帯電話端末メーカーであるが，前二社はアメリカのエンティティー・リ
スト（貿易上の取引制限リスト）の対象企業となっているし，後者三社の製品も実
のところ半導体次第である。中国は世界最大の半導体市場である。したがって，
made in China の半導体製造装置により世界最先端の半導体チップを製造するこ
とが，西側の技術独占体制から脱却する要件となる。そのためにも多くの最先端
企業を招致し，技術ノウハウの学習・模倣ひいては盗作を図っていくことが必要
となってきた。これこそがアメリカが最も槍玉にあげてきた知的財産権に係わる
案件である。

中国には SMIC（中芯国際集成電路製造）という半導体メーカーがあるが，アメ
リカの制裁対象企業となった。そのためアメリカから半導体製造に必要な部品を
調達できなくなり生産ラインが一部停止し，トヨタ，日産，フォルクスワーゲン
等の現地大手自動車メーカーは減産を強いられることになった。

ところで，中国ではネット・ショッピングはいうまでもなく，飲食店，自動販
売機等々に至るまでキャッシュレス決済が広がっている。これを支えているのが
インターネット検索エンジンである百度（Baidu, 本社北京，登記地ケイマン諸島）
とスマート・フォンであり，ネット・ショッピングとスマホ決済のプラットフォー
ムを提供し爆発的な売上を記録してきたのが Alibaba（本社杭州，登記地ケイマ
ン諸島）であった。企業間電子商取引に始まった Alibaba は，個人向け電子商取
引・天猫を開設し，これを中国消費者向けオンライン支払いサービス最大手 Ali-

pay（支付宝）と結び付け，今日のスマホ決済の爆発的な広がりに繋がった。[＊]
Tencent（腾讯，本社深圳，登記地ケイマン諸島）は世界最大のネット・ゲーム会
社であり，携帯 SMS の WeChat（微信）は今日 QR・バーコード決済の WeChat
Pay（微信支付）として広く利用されており，中国に銀行口座を持っていれば，
今では日本でも利用可能となった。

＊　11月1日を「独身の日」として Alibaba が始めたオンライン・セールスで，2021年11月
　　1日から11日までの売上額は約5403億元（1元＝17円で9兆1851億円）で，電子商取引大
　　手の京東集団（JD. com）の売上額は約3491億元（5兆9347億円）であった。ちなみに，
　　日本最大のスーパー・マーケットであるイオンの2021年の年間売上は8兆6200億円である。

　もっとも，ネット検索エンジンの百度は政府の情報管理下に完全に置かれてい
るし，スマホを使ったキャッシュレス決済技術と銀行取引（いわゆる Fintech）と
が無軌道に連動するようになると，全くのノンバンクであるこれら企業の提供す
るプラットフォームが，中国全土の資金需給を結びつける場となる。新手のシャ
ドウ・バンキングであり，これでは金融秩序の維持はますます困難となる。事態
を重視した銀行保険監督管理委員会は規制を検討し始めたところで，2020年10月
当時の Alibaba 創業者馬雲が当局を批判したことから，予定していた増資を直前
で中止し，公の場から暫く姿を消す事態に追い込まれた。また2021年8月習主席
が格差是正を目的とした「共同富裕」（1990年代に鄧小平が打ち出した「先富論」に
敢えて反旗を翻したともいわれる）を打ち出したことを受け，音楽配信事業で8割
の市場シェアを持つに至った Tencent は，独禁法違反で事業再編に追い込まれ
た。加えて，Tencent 等のオンライン事業を含む民間の塾・予備校は入試競争
の激化を煽り，教育格差が所得格差を産んでいるとして閉鎖に追い込まれた。こ
れにより民間の教育業界を追われた失業者は1000万人に上るともいわれている。
また上記の ICT 企業の代表取締役である薫事長は，「共同富裕」の政府方針に則
って個人蓄財の拠出を要請されもした。

　こうして数年前まで中国の次世代をリードする民間企業 BAT（Baidu, Alibaba,
Tencent の総称）として賞賛を浴びていたこれら ICT 三社は，今日経営戦略の見
直しに直面している。しかも，made in China の半導体製造にアメリカの制裁
の影響が及ぶようになり，中国の ICT 産業自体の先行き見通しも決して明るい
ものではない。加えてコロナ禍が広がる中国において，スマホは個人識別番号
（公民身分番号）とリンクしてコロナ感染者の行動を監視し，感染者を社区或いは

集合住宅全体において隔離するゼロコロナ政策の手段として，当局に利用されてきたのが現実である。

③　先行き不透明な中国経済

2019年，中国の一人当たり GDP は 1 万ドルを超え，いわゆる「中進国の罠」を乗り越えたようではある。だが，中国政府の長きに及ぶゼロコロナ政策によって，サプライ・チェーンの寸断が続き個人消費も冷え込み，地方公務員・教員の給与減額や遅配，国有銀行等金融機関の給与大幅カットも起きている。2022年 6 月に大学を卒業する若者は約1000万人であったが，同月の16歳―24歳の若年都市部失業率は19.3％であった。2022年12月上旬中国政府は突如ゼロコロナ政策を解除したが，目標とした同年の経済成長率5.5％は未達となった。2023年 3 月全国人民代表大会は同年の目標成長率を 5 ％前後と穏当な水準に設定したが，景気浮揚のために再び公共事業総動員の政策を取るのであろうか。しかし，それが中国の金融経済構造にいかなる影響を与えるかは，本章で記した通りである。終章第 2 節で記す通り，米中経済摩擦もいよいよ厳しさを増している。ポスト・ゼロコロナの中国経済の先行きには不透明感が漂う。

推薦図書

小池政就，2022，『中国のデジタルイノベーション――大学で孵化する起業家たち』岩波新書…ICT を駆使した起業が続く中国を支えるのは若き起業家たちである。その成果は産業経済全体の DX（デジタルトランスフォーメンション）をもたらす一方で，共産党政権の社会統制にも利用されている。中国 ICT 社会の現実をレポートした書である。

鳥谷一生，2020，『中国・金融「自由化」と人民元「国際化」の政治経済学――「改革・開放」後40年の中国金融経済史』晃洋書房…人民元「国際化」について中国の国内金融システムとの関りで論じた書である。人民元は国際通貨ドルに取って代わることはできないというのが，執筆段階での評価である。

平川均他，2019，『一帯一路の政治経済学――中国は新たなフロンティアを創出するか』文眞堂…「一帯一路」を中国の外交戦略と開発金融との関りで，また中央アジア，ASEAN，アフリカといった地域的な観点から論じた書である。

A. R. クローバー／東方雅美訳，吉崎達彦解説，2018，『チャイナ・エコノミー――複雑で不透明な超大国　その見取図と地政学へのインパクト』白桃書房…欧米の大学では中国経済論定番の書として有名である。

（鳥谷一生）

第10章　アジア NIES と ASEAN の経済
——アジアはいかにして成長したのか——

　　　第 2 次世界大戦後，アジアの地域はほとんどが貧しい国・地域ばかりであ
　　　った。1960年代から，のちにアジア NIES と呼ばれる国・地域（韓国，台湾，
　　　シンガポール，香港）が目覚ましい経済発展を成し遂げたことから，アジア
　　　地域でダイナミックな経済発展が展開されることとなる。本章では，第 2 次
　　　世界大戦以後のアジア地域での経済発展がどのようなかたちであったのか，
　　　経済発展のかたちが時代とともにどのように移り変わったのかをアジア
　　　NIES と ASEAN に焦点を当てて概観する。

Keywords▶ 東アジアの奇跡，NIES（新興工業経済地域），輸入代替工業化，輸出指向型工業化，
　　　　　　権威主義体制，ASEAN（東南アジア諸国連合），プラザ合意，AEC（ASEAN 経
　　　　　　済共同体），東アジア通貨危機，ヘッジ・ファンド，IMF（国際通貨基金），構造
　　　　　　調整，国際分業，CPTTP（環太平洋パートナーシップに関する包括的及び先進的
　　　　　　な協定），RCEP（地域的な包括的経済連携協定）

第 1 節　『東アジアの奇跡』とアジアの経済発展

　1993年に世界銀行から出された報告書『東アジアの奇跡』で東アジアの目覚ま
しい経済発展が取り上げられた。とりわけ，日本，韓国，台湾，香港，シンガポ
ール，インドネシア，マレーシア，タイの 8 カ国・地域が注目され，奇跡的な成
長とまで評された。1950年代半ばから日本が高度経済成長に突入したあと，1960
年代半ば以降，韓国，台湾，香港，シンガポールが高い経済成長を開始した。
1980年代からはタイ，マレーシアなどの ASEAN 諸国が本格的な経済成長をは
じめた。1990年代になるとインド，中国が高い経済成長を開始した。このように，
アジア地域で連なるような経済成長が展開された（⇨第 5 章第 3 節 [2]）。
　世界銀行の報告書『東アジアの奇跡』で東アジアの経済成長が評価されたポイ
ントは二つある。1 点目は，経済成長が一時的なものではなく，10年以上の持続

的な経済発展であったことである。２点目は所得分配の公平性である。途上国が急速な経済発展を行う初期の段階では所得分配の不平等が起こりやすいが，上記の８カ国は所得分配の公平性も比較的うまく行ったと評された。

　『東アジアの奇跡』で争点になったことに，経済開発における政府の役割がある。東アジアの国・地域の多くは，経済発展の過程で政府が大きく市場に介入したことが指摘されることがある。1980年代からの世界銀行の途上国への支援は，新古典派理論を基礎にした構造調整が主流になっている。1980年代以降「小さな政府」を志向する世界銀行は，東アジアの経済成長における政府の役割を大きくは評価しない。しかし，1993年の『東アジアの奇跡』で世界銀行は，東アジアの経済成長における積極的な政府の介入の有効性を条件つきながらはじめてはっきりと認めた。安定したマクロ経済の運営，教育投資，効率的で安定的な金融制度，各種規制がもたらす価格の歪みの除去，外国からの技術の積極的な受入れと規制の緩和，農業の発展と農業開発を基礎的条件整備に関する政策とし，これらへの政府の介入は，市場に友好的な介入であることを条件に有効であると説明した。さらに，輸出振興政策，金融抑制，政策金融，選択的な産業政策に関しては，企業への明確なインセンティブ，明確なルールを提示した上で企業間競争を促すことを条件に，選択的な介入を行えば経済成長につながるとした。

第２節　アジア NIES の経済発展

［1］アジア NIES の経済発展

　1979年に出された OECD（経済協力開発機構）のレポート『新興工業国の挑戦』で著しい経済発展を成し遂げている新興国10カ国が紹介された。アジア地域からは韓国，台湾，香港，シンガポールが，ラテンアメリカからはブラジル，メキシコが，南欧・東欧からはギリシャ，スペイン，ポルトガル，旧ユーゴスラビアが選定され，NICS（新興工業諸国）と命名された。これらの国・地域の経済成長の共通点として，①外向きの工業化戦略で先進国輸出を伸ばしていること，②工業部門への雇用の比重が上昇していること，③１人当たりの国民所得が上昇していることがあげられた。しかし，1980年代に入った途端，1970年代の２度のオイル・ショックを受けて世界経済が低迷したことの煽りを受けて，ブラジル，メキシコが累積債務国へ転落した。ギリシャ，スペイン，ポルトガル，旧ユーゴスラ

ビアは1980年代に入ると製造業よりも観光業などのサービス産業に重点を移していったため，NICS の定義からは外れた。韓国，台湾，香港，シンガポールは，一時的な低迷はあったものの，すぐに高い経済成長へと回帰した。1980年代になると，OECD が定義づけた NICS に該当する国・地域は，韓国・台湾，香港，シンガポールのアジア NICS だけになった。ちなみに，NICS という用語は1988年にトロントで開かれた先進国首脳会議で，中国への配慮から台湾，香港を国と称することを回避するため，NIES（新興工業経済地域）と改められた。

［2］ アジア NIES の工業化戦略

　アジア NIES の経済発展の共通点として，1979年の OECD のレポートでも指摘されたように，外向きの工業化戦略がある。第 2 次世界大戦直後，多くの途上国は構造主義が提唱した輸入代替工業化を採用していた。輸入代替工業化とは，輸入財を国産化に置き換えることを目的とし，政府が高関税や数量制限などの輸入制限を設けることで国際競争から遮断し工業化を誘発しようとする途上国独自の産業政策である。構造主義が描いていた理想的な輸入代替工業化の流れは次の通りである。①まずは最終財の輸入代替から着手する。最終財に対しては輸入制限を設けて保護育成する。素材，部品，中間製品などの投入財は輸入に依存するため輸入制限は設けない。輸入代替工業化をはじめた段階では輸出は行わず，もっぱら国内で販売する。②規模の経済を達成し，技術力を充分に向上させ国際競争力がついた段階で最終財の輸出を行う。この時点で最終財の輸入代替は完了するので，最終財の輸入制限は解除する。③最終財の輸入代替が完了したら，投入財の輸入代替を始める。最終財の輸入代替と同じ手順で投入財の輸入制限を設ける（⇨第 5 章第 2 節 ［1］ ）。

　アジア NIES のうち早期にレッセフェール政策をとっていた香港を除いて，韓国，台湾，シンガポールは，他の途上国と同様に輸入代替工業化戦略を採用していた。輸入代替工業化は途上国に存在しなかったいくつかの産業を立ち上げたという成果をみせたが，最終財を輸出し最終財の輸入代替を完了するまでにいたった事例は乏しく，輸入代替工業化は途上国の持続的な経済発展にはなかなか結びつかなかった。輸入代替工業化は規模の経済を達成した段階で輸出が行われることになるが，輸入代替工業化戦略を採用していた途上国のすべてが国内に豊富な市場をもっていたわけではない。とりわけ韓国，台湾，シンガポールは人口が少

なく国内市場が狭隘であったため，もともと規模の経済を実現しにくかった。

　1960年代半ばから本格的な経済発展を開始することとなったアジア NIES の経済発展の原動力となったのは，輸入代替工業化ではなく，輸出指向工業化であった。輸出指向工業化は輸出を前提とした工業化戦略である。国際競争から人為的に切り離し国内産業を保護育成する輸入代替工業化が内向きの工業化と呼ばれることがあるのに対して，輸出を前提とする輸出指向工業化は外向きの工業化と呼ばれるように輸出指向工業化は輸入代替工業化と対極的な工業化戦略であり，低賃金を武器に国際市場で輸出を拡大していった。低賃金労働の比較優位を発揮できる労働集約的産業に重点を置き，繊維，履物，雑貨といった軽工業に力を注いだ。人手を多く必要とする労働集約的産業の発展は雇用を増やし失業問題の解決にもつながった。

③　権威主義体制での経済開発

　アジア NIES の経済発展のもう一つの特徴として権威主義体制のもとでの経済発展がある。高い経済成長を続けていた時期のアジア NIES の政治体制は独裁的であった。1970年代当時まだイギリスの植民地であった香港は当てはまらないが，韓国は朴正煕，全斗煥の軍事政権期が，台湾は蔣介石，蔣経国政権が，シンガポールはリー・クアンユー，ゴー・チョクトン政権の人民行動党の一党優位体制が独裁政権期に該当する。韓国，台湾，シンガポールは，これらの時期に最も高い経済成長を実現した。

　韓国，台湾，シンガポールはこのような権威主義的な政治体制を巧みに利用し経済発展に結びつけたと評価する見解がある。権威主義体制下での経済発展は，①強力な指導者が存在し，②それをサポートする優秀な官僚が存在し，③権威主義的な政治体制に正当性を与え国民を納得させるために経済成長を実現し続けるという要件が揃うことで，政府の速やかな意思決定，一貫した経済政策が可能となり経済発展が実現するという。ただし，権威主義体制のもとでの経済発展は永続的なものではなく，経済が充分に成熟した時点でその役割を終え，権威主義体制は終焉するという。実際，韓国は1987年6月に民主化宣言を行い，台湾は1987年7月に戒厳令を解除し，民主化へと移行した。

　果たして現実は上記のような理想的な展開であったのだろうか。韓国の事例をみてみよう。韓国の高い持続的な経済成長は朴正煕大統領の軍事独裁政権下で実

現された。1961年7月に経済企画院を創設し，各部局に散らばっていた政策担当機関をここに集約した。経済企画院は，開発計画，予算編成，外資導入，技術開発など経済開発のほとんどを担った。1962年から経済開発5カ年計画をスタートさせ，朴正煕政権は経済成長を至上目標に掲げることとなった。朴正煕政権が開始した時期にはアメリカからの援助削減が表明されており，自律的な経済建設が求められていた。1961年5月に軍事クーデターという強引なやり方で政権を奪取した朴正煕政権は，国民から支持を受けるための強力な正当性を必要としていた。朴正煕は，初代大統領の李承晩が国民から大規模なデモを起こされて失脚した最大の原因は，一向に充分な経済成長ができないことへの国民の不満であったことを知っていた。このような事情から，朴正煕政権は経済成長を至上目標とし，これまでとはまったく異なったやり方での経済成長を模索した。工業化戦略の主軸を輸入代替工業化から輸出指向工業化へと変えた。貿易自由化，為替改革，金融改革を行い，国際市場とのコーディネートを図った。工業化の資金は大量の外国借款で賄った。1965年に外資導入法を制定し，外国借款導入の交渉や管理は経済企画院が担った。輸出指向工業化に基づいて育成される産業は政府が指定し，これに乗り出した企業は低利な融資，税の免除，外資の優先的な配分などの特恵を受けた。このことから，財閥と呼ばれる企業グループが形成された。

　1979年に朴正煕は暗殺されたが，権威主義体制は全斗煥政権に引き継がれることとなった。しかし，全斗煥が大統領に就任した1980年は，オイル・ショックと前年の朴正煕大統領暗殺による国内不安によってマイナス成長を記録した年であった。権威主義体制下で労働者の賃金を抑制してはいたが限界があったし，低賃金を武器にする工業化戦略は ASEAN などの後発の成長グループに確実に移っていた。高い経済成長を実現するというだけでは，全斗煥政権の正統性を国民に納得させることは難しい状況になっていた。全斗煥は「国民の福祉」というスローガンを多用し，所得分配の公平性に注力することをアピールした。しかし，国民一人一人のことを気遣いながら独裁体制を維持するというのは，理屈の上でも説明が難しく，国民の不満は募っていった。国内では民主化運動が頻発するようになり，1987年の6月民主抗争によって全斗煥政権は終焉した。同年の6月20日に韓国は民主化宣言を行い，民主化へ移行することとなった。

第3節　ASEAN の経済発展

　ASEAN（東南アジア諸国連合）は1964年,「バンコク宣言」によって設立された。ASEAN の設立は,1961年にタイ,フィリピン,マラヤ連邦（現在のマレーシア）で結成された ASA（東南アジア連合）を土台としている。設立当初は,タイ,インドネシア,マレーシア,フィリピン,シンガポールの5カ国であったが,1984年にブルネイ,1995年にベトナム,1997年にラオス,ミャンマー,1999年にカンボジアが加盟し,10カ国に拡大した。

　ASEAN は政治,経済,安全保障,文化など広範囲な事柄を対象とする地域協力機構であるが,発足当初は共産主義の封じ込めを目的とした政治的結束の色合いが濃かった。ASEAN が成立された1960年代はアメリカとソ連が厳しく対立する冷戦下にあり,北ベトナム,ビルマ（現在のミャンマー）は社会主義国となり,ラオス,カンボジアには共産主義勢力が台頭していた。近隣国が共産主義化すれば連鎖的に影響を受けるというドミノ理論に基づいて,ASEAN の発足にはアメリカの介入があった。

　ASEAN に経済協力が企図されるようになるのは,1975年に事実上アメリカが敗退したベトナム戦争終結後の1976年 ASEAN 協和宣言からである。外資を制限しながらの「集団的輸入代替重化学工業化戦略」が試みられた。ASEAN 共同工業プロジェクト,ASEAN 共同補完協定,特恵貿易制度などの政策も打ち立てられたが,各国の利害調整がうまくいかず,成功に結びついたとは言い難い。

　1980年代に入るとタイ,インドネシア,マレーシアなどの ASEAN 諸国の経済発展が本格化することとなる。ASEAN 諸国の経済発展に弾みをつけたことにプラザ合意がある。プラザ合意とは,1985年9月にニューヨークのプラザホテルで開かれた先進5カ国蔵相・中央銀行総裁会議で,主要先進国が為替市場に協調介入することを合意したものである（⇨第3章第4節 1 ,第12章第2節 2 ）。1980年代前半,アメリカはドル高の進行によって経常収支の赤字と財政収支の赤字（双子の赤字）を生じさせていた。ドル危機を防ぐために,主要先進国が為替市場に協調介入することがアメリカから要請された。プラザ合意によって急速な円高ドル安が進行した。プラザ合意直前には1ドル235円だったが,1年後には150円台まで上昇した。日米貿易摩擦で輸出自主規制も行っていた日本の輸出企

業は輸出がさらに困難な状況になった。このことから，自動車産業，家電産業を中心とした日本の製造業の生産拠点を移管するため東南アジアへの直接投資が増加した。また，80年代になると，アジア NIES は低賃金を利用した輸出指向型工業化に限界をもちはじめていたし，GSP（一般特恵関税）が廃止されていくことからも迂回輸出先として ASEAN 諸国に直接投資を始めるようになった。

　ASEAN 各国は外国企業を誘致するため，直接投資を優遇する外資政策を導入した。外国の製造業企業の進出が進み，ASEAN 域内で生産ネットワークが形成された。ASEAN 域内で形成された生産ネットワークを利用し，各国が支援しながら輸出指向工業化に取り組むという新しい協力体制がつくられることとなった。その代表例が BBC スキーム（ブランド別自動車部品相互補完流通計画）である。三菱自動車の提案によって行われた自動車部品の相互補完プログラムは，1988年10月の ASEAN 経済閣僚会議で「BBC スキームに関する覚書」が調印され推進された。このように ASEAN 諸国への外国企業の進出と ASEAN 域内での経済協力が進展した。

　以降，ASEAN の地域協力の主軸は経済協力になった。1992年の第4回 ASEAN 首脳会議では AFTA（ASEAN 自由貿易地域）の創設が決定され，ASEAN 域内での関税は引き下げられていった。さらなる域内経済協力を目指す AEC（ASEAN 経済共同体）が提唱され，2015年11月にクアラルンプール宣言により発足する運びとなった。

第4節　東アジア通貨危機とアジア NIES・ASEAN

1　1997年東アジア通貨危機

　1997年に起こったアジア通貨危機は，タイの通貨バーツの暴落から始まった。なぜこのようなことが起こったのだろうか（⇨第5章第3節 2 も参照）。

　すでに記した通り，タイはアジア NIES の工業化戦略を模して低賃金を武器にする外資導入・輸出指向工業化を進めていた。そのため，輸出が増加する以上に投入財の輸入が上回る構造が定着していた。しかも，1990年代以降，中国が世界経済に本格的に参入してきたことも加わり，東アジア通貨危機の直前にはタイの輸出は停滞し，バーツは過大評価に陥っていた。こうして経常収支赤字が慢性化し，これに対しタイはバーツの対ドル固定為替相場（1ドル＝25バーツ）を維持

したまま，収支ファイナンスのために国際金融資本取引を自由化していった。

　こうした中，タイは1993年に預金準備率規制・金利規制を外したオフショア市場 BIBF（バンコク・オフショア市場）を創設した。もっとも，オフショア市場という以上，同市場を流出入する取引は国内オンショア金融市場に直結しない「外―外」取引でなければならない。しかし，国際金融取引規制が緩やかであれば，その限りではない。オンショア市場およびオフショア市場経由で流入した外貨建短期資金の一部は，対ドル固定相場制の下，ゼロ為替リスクでバーツに転換され，株式投資や不動産投資に向けられていった。バブル経済の道である。だがその下で，タイの金融経済には「外貨借・自国通貨貸」「短期借・長期貸」というダブル・ミスマッチの構造的矛盾が累積していった。

　経常収支赤字，ダブル・ミスマッチ，通貨の過大評価，グローバルかつ大々的な投機を仕掛ける資金運用会社＝ヘッジ・ファンドは，まさにこの状況に目をつけたのである。ヘッジ・ファンドはタイが固定相場制を維持するのは次第に困難になるとみて，大規模な先物バーツ売の投機攻撃を仕掛けてきた。いわゆる「通貨崩し」である。タイ政府はこれに為替介入で対抗したが，慢性的な経常収支赤字である。外貨準備は間もなく枯渇し，1997年7月2日，対ドル固定相場制を放棄，変動相場制へ移行せざるをえなくなった。これを契機にバーツは大暴落し，1ドル＝55バーツ水準にまで下落した。バーツの急落を受けて海外投資家によるタイ向けの投融資は急ぎ回収され，事態が進行するにつれて，上記ダブル・ミスマッチの下に累積してきた構造的矛盾が噴出し，タイの金融経済システムは危機的状況に追い込まれていった。

　通貨危機はタイのみにとどまらず，マレーシア，フィリピン，インドネシア，香港，韓国などへ伝染した。これらの国・地域では，通貨危機が金融危機を引き起こし，経済危機にまで発展した。特に韓国，タイ，インドネシアは自力での経済回復は困難となり，IMF（国際通貨基金）に救済融資を求めた。だが，IMF から融資を受けた場合，当該国は融資条件（コンディショナリティ）を受け入れ，IMF と合意した構造調整を実施しなければならない。構造調整とは，いわゆるワシントン・コンセンサス（⇨第5章第3節[1]および資料5-1）に基づいたマクロ経済の安定を軸とする経済改革で，市場開放，規制緩和などを通じて市場メカニズムを整備するプログラムである。IMF からの融資は構造調整が実行されているかどうかのチェックを受け段階的に実行されるため，IMF と合意した構

造調整には強制力がある。

　第1節の『東アジアの奇跡』でもみたように，東アジア通貨危機が起こる前までの90年代には東アジアの国・地域の目覚ましい経済発展が評価され，東アジアの国・地域でよくみられた政府主導型の経済発展モデルは，世界銀行も限定的ながらも認めたことだった。しかし，韓国，タイ，インドネシアがIMF指導の新古典派理論を基礎とする構造調整を受け入れたことは，アジアにおける経済成長のあり方に変更を迫る転機ともなった。また，東アジア通貨危機を契機に国際マクロ経済学にいう「国際金融のトリレンマ」（為替相場の安定性，独立した金融政策，自由な国際資本移動の三つは同時に成立できない⇨本章コラム12）命題が世界的に再評価もされた。

［2］韓国の金融経済危機

　韓国の事例をみてみよう。1997年1月に韓寶グループが不渡りを出して倒産したのを皮切りに，三美グループ，大農グループ，眞露グループなどの財閥の倒産が相次いだ。7月に起こった起亜グループの経営危機は，韓国が通貨危機になだれ込む決定打となった。起亜グループの経営危機に対し，韓国政府は速やかな破綻処理をせず救済策を講じた。このことが外国人投資家の不安を煽り，10月には外国人投資家の回収圧力が本格化した。韓国の通貨ウォンに対して急激な下落圧力が加わった。韓国は市場平均為替レートという決められた変動幅の中だけでの変動を許容する為替制度を採用していたが，変動幅の下限まで下落し，為替市場が一時的に取引停止になる事態にまでなったこともある。韓国政府は為替介入で対抗していたが，外貨準備は枯渇しデフォルト寸前になった。12月3日，韓国はIMFから救済融資を受けることを決定した。金融支援の総額は550億ドル（IMF：210億ドル，世界銀行：100億ドル，アジア開発銀行：40億ドル，日本：100億ドル，アメリカ：50億ドル，その他：50億ドル）で，IMFの救済融資としては史上最大規模だった。

　翌年の1998年から韓国は，救済融資と引き換えにIMF指導による構造調整を実施することとなった。韓国の構造調整は，金融・財政の引き締め政策というIMFの構造調整プログラムの従来の処方箋だけでなく，金融部門，企業部門，労働市場の改革など広範囲にわたった。IMFから突きつけられた要求は100項目以上にも及ぶ厳しいものだった。

▶▶ コラム12 ◀◀

「国際金融のトリレンマ」命題

　正しくは Impossible Trinity といい，マンデル・フレミング・モデルから演繹された命題（為替相場の安定性・独立した金融政策・自由な国際資本移動の三つは同時に成立できない）である。この命題によれば，自由な国際金融資本取引が行われている以上，中央銀行が国内経済を重視し独立した金融政策を実施するには，固定相場制を放棄し変動相場制に移行せざるをえないことになる。要するに，変動相場制下の金融の「自由化」・「国際化」であり，まさにグローバル金融資本主義の時代にふさわしい。だが，この命題も完全ではない。下の図を使って少し検討してみよう。

○現代の国際通貨システム…2008年アメリカ発世界金融経済危機では，独立した金融政策を採っていた基軸通貨国アメリカが危機の震源地であったし，アイスランド，イギリスでも危機が発生した（⇨第3章第4節 ②）。

○東アジア通貨危機…事実上の対ドル固定為替相場制を維持しながら，国際金融資本取引を自由化したことから，国際短期資本が流出入し，中央銀行の金融政策の独立性が失われてしまった。この命題から東アジア通貨危機をみれば，危機は起きるべくして起きたことになる（⇨本章第4節）。

○ユーロ危機…為替相場の安定性は単一通貨の下に担保されている一方で，各国中央銀行の独立した金融政策はもはや存在しない。したがって，貿易・経常収支赤字のファイナンスは国際資本移動に依存するが，それだけに収支赤字をもたらした長期構造的諸要因は危機にいたるまで表面化することはなかった（⇨第8章第3節）。貯蓄・投資論によれば，国際収支赤字は財政赤字および過剰な国内消費支出・投資と結びついている以上，危機後の調整策の実施は国内経済に猛烈なデフレ圧力を加えることになった。

図　国際金融のトリレンマ

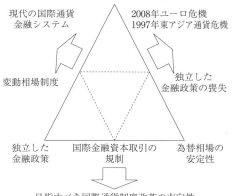

（鳥谷一生）

　韓国は1999年に10％を超える経済成長率を記録し，Ｖ字回復をした。構造調整の成果もあったが，IMF構造調整は韓国経済に負の結果をもたらしたものもある。競争を重視するIMF構造調整は，採算の取れない金融機関や民間企業の速やかな市場からの撤退を促した。高金利政策がとられたことで，企業の倒産をより促進するという「痛みを伴った」改革でもあった。これらのことで失業者がより増加した。労働市場の改革では，会社の経営悪化を理由に正社員を解雇することができる整理解雇制が整備されたり，労働者派遣制が合法化されたことで非正規雇用が増加したりするなど，韓国の労働者の労働環境はきわめて不安定なものとなった。韓国はアジア通貨危機以後，経済格差の拡大が社会問題になっていくが（⇨本章補論2），IMF構造調整による労働市場の改革はその一因となった。また，資本市場の完全開放が行われ，外国資本の急激な流入が起こった。M&A市場も自由化されたことで，外国人投資家による韓国企業の敵対的M＆Aが増加した。東アジア通貨危機以後のIMF構造調整によって，韓国は急速に新自由主義路線へと傾斜した。また，韓国，台湾，シンガポールなどのアジアNIESは1990年代以降，国家主導の経済開発から市場牽引型の経済成長へ段階的な変更を図っていた。こうして東アジア通貨危機は，国・地域によって程度の差はあるものの，国家主導の「アジア型の成長」が否定され，アジア域内に新自由主義路線が急速に普及していく契機となったともいえる。

第5節　グローバリゼーションの進展と地域経済協力

　グローバリゼーションの進展とともに企業の国境を越えた生産・販売活動は当たり前のものとなり，アジアNIES，ASEAN諸国の経済発展のあり方は大きく変わった。60年代，70年代のアジアNIES，80年代のASEANが多くの産業で国産化にこだわっていた時代は今や過去のものとなっている。多くの製品が部品間の調整を必要とする「摺合わせ型」から標準化された「モジュラー型」に移行することで，国際分業での生産がより可能になってきている。部品のモジュラー化はとりわけ電子・電器産業で進み，台湾の鴻海やエイサーは外国企業からの受託生産で躍進した。また，半導体の生産でグローバル企業にまで登りつめた韓国の三星電子の成長は，グローバル・サプライ・チェーンの恩恵を存分に享受したものである。このような国際分業体制が進む中，アジアNIES，ASEANの経済発

展にとって，企業の生産ネットワークにいかに組み入ることができるかが重要なものとなっている。1990年代からは，中国，インドが本格的な経済成長を開始し，企業の生産活動の拠点としてアジア地域の重要性が高まった。とりわけ中国への外国企業の進出が集中した。しかし，中国の賃金高騰などから，中国への投資を別の国へ移管する「チャイナプラスワン」という現象が生じ，その候補先としてCLMV（カンボジア，ラオス，ミャンマー，ベトナム）諸国という新興国が加わることで，アジア域内でグローバル生産ネットワークに組み入るための熾烈な競争が展開されている（⇨第6章第4節 1 ）。

　アジア域内では，東アジア通貨危機以降，アジア域内の地域経済協力の構築が試みられている。東アジア通貨危機の教訓から，再び危機を起こさせないため，アジア各国の協力体制が必要とされているのである。一方，アジア域内で進む地域経済協力は，上述したグローバル生産ネットワークを背景にした国家間の競争と無関係ではない。グローバル生産ネットワークは複数国にまたがることが多く，生産拠点にしている国が，他国，他地域との連関関係をもてなければ，生産ネットワークを築き上げることが難しくなり，場合によっては企業の生産拠点が他国に移管される可能性があるからである。アジア域内の地域経済協力は，いわば「競争」のための「協力」という側面ももち合わせているといえる。

　1997年12月の ASEAN 首脳会議に日本，韓国，中国が招待されて以降，ASEAN＋3の枠組みで首脳会議および蔵相会議が開催されることとなった。なかでも2000年5月に開催された ASEAN 蔵相会議では，通貨スワップ取極のネットワーク構築を図る「チェンマイ・イニシアティブ」が合意されるという成果を得た。2001年の ASEAN＋3 首脳会談では「東アジアビジョングループ（EAVG）」の報告書が提出され，東アジア共同体の実現を視野に入れたアジアの地域経済協力の強化が図られることとなった。

　2000年代以降のアジア域内の地域経済協力は，FTA（自由貿易協定）を基盤として地域経済協力を図ることに特徴がある。2008年に世界金融経済危機が起こったことで，アジア地域の経済協力の必要性はより増した。近年，アジア地域ではRTAs（地域貿易協定，FTA，EPA〔経済連携協定〕，関税同盟の総称）の締結が急増している。これはアジア地域に限ったことではない。なぜなら2001年に開始されたドーハ・ラウンドが頓挫し，WTO（世界貿易機関）主導の多国間貿易交渉が進まなくなったからである。こうして，2000年代以後 WTO 協定の MFN 原則（最

恵国待遇原則）の例外として認められている RTAs での貿易交渉が主流となり，世界で地域貿易協定の締結が急増した（⇨第4章第3節 ⬜1⬜ ）。

　多国間貿易交渉の停滞に伴って RTAs が増加する以前には，アジア域内では AFTA が唯一の RTAs であった。2002年に締結された日本とシンガポールの FTA はアジア NIIES，ASEAN 諸国の積極的な FTA 戦略を誘発した。世界的な FTA の増加を背景に貿易転換効果など FTA を締結しないことの不利益が生じるからだ。2001年に中国が WTO に加盟したことで，外国人投資が中国へさらに集中することも脅威となっていた。こうして2000年代からは，アジア NIIES，ASEAN 諸国の間で FTA 締結競争といえるほど，FTA の締結が加速していった。

　韓国は2004年にチリとはじめての FTA を結んだあと，2006年にシンガポール，EFTA（欧州自由貿易連合），2007年にインド，2011年に EU，ペルー，2012年にアメリカと次々と FTA を発効させた。台湾は，2003年にパナマと FTA を締結したのち，グアテマラ，ニカラグア，エルサルバドル，ホンジュラス，ニュージーランド，シンガポール，パラグアイと FTA を締結している。シンガポールは2000年にアジアではじめてとなるニュージーランドとの二国間 FTA を締結したのち，日本，EFTA，オーストラリア，アメリカ，インド，ヨルダン，韓国，パナマ，中国，ペルー，コスタリカ，GCC（湾岸協力会議），台湾，トルコと締結し，積極的な FTA 戦略を立てている（⇨第4章資料4-7）。

　ASEAN 諸国の FTA は，二国間 FTA だけでなく，ASEAN を軸にして他の国・地域との地域間 FTA を結ぶことに特徴がある。ASEAN の地域経済協力を強化しつつ，域外との経済連携を図る戦略である。2010年に先発 ASEAN（タイ，マレーシア，シンガポール，インドネシア，フィリピン，ブルネイ）の域内関税はほぼ撤廃され，1992年に合意された AFTA は実効性をもつに至った。AFTA を基盤に2015年11月に AEC（ASEAN 経済共同体）の発足が宣言された。ASEAN は，2008年に日本との FTA を結び，2010年には中国，韓国，インド，ニュージーランドとの FTA が実現した。ASEAN をハブにして地域経済協力が広がっていく現象がみられるようになり，アジア域内における地域経済協力の進展は ASEAN が重要な鍵を握る存在となってきている。

　しかし，2000年代から増加したアジア NIIES，ASEAN 諸国の FTA の多くは各国，各地域で結ばれたものであり，アジア全域をカバーする FTA ではない。

各協定で異なるルールは，国をまたいだ企業の生産ネットワークの構築を困難なものとする。各国，各地域の FTA 締結競争がかえって企業の貿易，投資を妨げる側面があるのである。このことから，アジア全域にわたるメガ FTA が求められている。

　2004年11月に ASEAN ＋ 3 首脳会議で中国から，ASEAN，中国，韓国，日本がメンバーとなる EAFTA（東アジア自由貿易圏構想）が提唱された。これに対し日本は，2006年に ASEAN ＋ 3 にインド，オーストラリア，ニュージーランドを加えた CEPEA（東アジア包括的経済連携協定）の構想を提案し，中国の主導権獲得に対抗した。対立する日中の構想案が併存することで，アジアのメガ FTA はなかなか具体的な交渉に進むことができなかった。2011年に ASEAN が RCEP（地域的な包括的経済連携）を提案し，2012年11月に ASEAN 首脳会議で交渉開始が宣言された。EAFTA と CEPEA は RCEP に吸収されるかたちでアジアのメガ FTA 構想は一本化した。こうして RCEP は ASEAN が主導権を得た。

　しかし，2010年から開始された TPP（環太平洋パートナーシップ協定）交渉がアジアのメガ FTA の創設において RCEP とバッティングしたことで，事態は複雑なものとなっている。TPP の参加メンバー国は日本を含む12ヵ国までに拡大したが，メンバーにアメリカが入っていたことと，中国が参加していなかったことから，RCEP とは違った各国の利害関係が存在していた。アメリカの参加は他の参加メンバー国にアメリカという巨大市場を提供するという経済的なメリットがあった一方，アメリカによるアジア経済圏への牽制という狙いがあった。TPP への参加に中国が意図的に外されていたことからも，アメリカは躍進する中国経済への対抗を企図したことがうかがえる。しかし，2017年 1 月にアメリカが TPP から離脱を表明し，日本と二国間貿易協議に移行したことで新たな局面に入った。2017年11月のベトナムでの閣僚会議で，アメリカ抜きの11ヵ国で大筋合意に至り，名称を CPTTP（環太平洋パートナーシップに関する包括的及び先進的な協定）と変更し，2018年 3 月にチリで署名された。2018年12月にメキシコ，日本，シンガポール，ニュージーランド，カナダ，オーストラリア，ベトナムの 7 か国が CPTTP を批准し，2021年 9 月にペルーがこれに続いた（⇨第 4 章資料 4 - 8 ，第11章第 4 節 2 ）。TPP はアメリカという巨大市場を失ったことで規模を縮小させてしまったうえ，当初参加を拒まれていた中国が2021年 9 月に正式に加盟申請をするという動きを見せ始め，新しい各国の利害関係の構図を描くように

なった。

　曲がりながらも実現された TPP は RCEP の交渉を触発しはずみをつけたが，RCEP の各国・地域の利害関係も簡単ではない。2019年11月，参加を表明していたインドが離脱をし，RCEP の規模は大きく縮小した。インドの脱退理由としては，国内製造業への打撃や貿易赤字拡大の懸念から国内から大きな反発があったことにあるが，RCEP の中で存在感を増す中国に対する反発もあった。2020年11月に RCEP 首脳会議でインドを除いた15カ国で署名し，2022年１月に日本，ブルネイ，カンボジア，ラオス，シンガポール，タイ，ベトナム，中国，オーストラリア，ニュージーランドの10カ国が批准し，発効した。また，2022年２月に韓国が，同年３月にマレーシアがこれに続いた。交渉の過程で中国の発言が増し，当初 RCEP を主導していた ASEAN の存在感は相対的に低下し，RCEP の中でも各国・地域の対立が展開されている。

　RCEP はインドの脱退という巨大市場の喪失があったものの，アメリカが脱退したことによる規模の縮小は TPP の方が大きい。TPP にアメリカが参加していた場合（＝TPP12），世界経済に占める参加メンバー国の GDP 比率は38％であったが，アメリカ脱退後の TPP（＝CPTTP）の GDP 比率は13％と大きく低下した。インドの脱退はあったものの，RCEP の GDP 比率は33％であり，規模だけからみれば，RCEP は CPTTP を上回るアジアの巨大経済圏となった。今後は CPTPP と RCEP の両立および対立が展開されるものと思われる。

　このようにメガ FTA の創設のための各国・地域の利害調整は簡単ではないものの，アジア地域におけるメガ FTA の必要性は近年，ますます高まっている。資料10‐1の通り，アジアの域内貿易比率は大きく伸長している。2010年〜2015年の平均域内貿易比率は55.9％であったが，2019年57.5％，2020年58.5％と上昇し，2020年は1990年以降最も高い数値を記録している。これは，北アメリカの39.3％を上回り，EU＋イギリスの63.8％にも迫る勢いである。もっとも，こうしたアジア域内貿易比率の上昇は，グローバル・バリュー・チェーン（⇨第６章第４節 ［ 2 ］）が展開してきことによるものであり，その牽引役が中国である。同資料によれば，中国を外すかどうかで，域内貿易比率の数値が大きく異なっていることからも，この点は明らかである。こうした事態を背景に，2002年11月に「ASEAN 中国包括経済連携協定」，2010年には ACFTA（中国 ASEAN 自由貿易協定）等，中国は対 ASEAN の通商政策を積極的に推進してきた。

資料10－1　域内貿易比率（アジア，EU＋イギリス，北アメリカ）

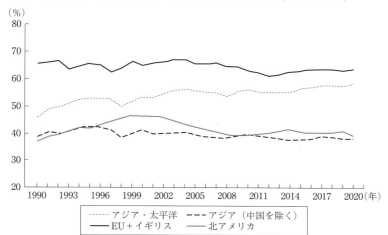

(注)　EU＋イギリスは加盟国27ヵ国全体にイギリスを加えたものである。北アメリカはカナダ，
　　メキシコ，アメリカである。アジア・太平洋はアジア，オセアニア地域を指している。
（原資料）　IMF の *Direction of Trade Statistics* を利用し，ADB（アジア開発銀行）が算出した。
（出所）　ADB, *Asian Economic Integration Report* 2022, p. 20.

　もっとも，巻末資料 4 に示される通り，中国の輸出相手国の第 1 位と第 2 は
EU とアメリカである。したがって，中国に牽引されるアジア地域の域内貿易比
率上昇も，アジア域外の外需に大きく影響を受けることに注意しなければならな
い。このことは，中国に限らず，アジア NIES そして ASEAN が等しく外資導
入・輸出指向工業化の開発戦略を取り入れてきたことの帰結でもある。そして今
日，「中国製造2025（made in China 2025)」（⇨第 9 章第 3 節 ④ ，終章第 2 節
① ）で中国が目指すのは，グローバル・バリュー・チェーンにおける下請加工
の「川下」から先端技術でリードする「川上」への転換である。これを推進すべ
く，中国は「一帯一路」戦略を梃子に ASEAN を軸としたアジアの地域経済協
力でもプレゼンスを高めている。
　アジア域内におけるグローバル・バリュー・チェーンの進展は日系製造業の海
外展開からも窺い知ることができる。日系製造業は中国，ASEAN を主な生産拠
点として中間財輸出を行っているが，資料10－2 の通り，日本，中国，ASEAN,
NIEs の間に強固な相互調達の流れがある。一方で，アジアと北米，欧州との調
達は限定的なものとなっている。もっとも中国の賃金上昇は，日系製造業の対外

資料10‐2　日系製造業の立地・調達

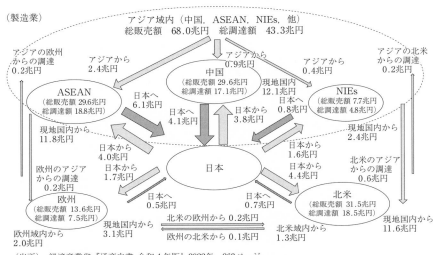

（出所）　経済産業省『通商白書 令和4年版』2022年，263ページ。

直接投資を中国から ASEAN へシフトさせるものとして働いている。

　アジア地域におけるメガ FTA の高まる重要性は，既述したようにグローバル・バリュー・チェーンの再構築にも関わっている。FTA の進展はグローバル・バリュー・チェーンの構築を促進する一方，二国間 FTA がばらばらに複数存在する場合は原産地規制に縛られることによって，状況に応じた生産拠点の移管やグローバル・バリュー・チェーンの組換えが困難になるというデメリットを生じさることがある。原産地規制とは商品の原産地を判定するためのルールのことであるが，複数国にまたがって生産された場合，商品が当事国で最終的な加工が行われることと非原産国の材料や部品が一定水準以下であることが求められる（⇨第4章第3節　1　）。原産地規制に準拠していると認められない場合 FTA の優遇関税が受けられないため，生産や部品調達の先としてより有利な他国を見つけたとしてもグローバル・バリュー・チェーンの組換えを踏みとどまらざるを得ない事態が生じることがある。それに対し，メガ FTA で適用される累積原産地規制は，材料や部品の調達先が複数国にまたがっていたとしても，それらがメガ FTA の締結国・地域の中で行われていたのなら，原産地国生産に加算される。また，FTA の締結国・地域の範囲であれば，生産拠点を移管し優遇関税を受け

ることが可能となる。このように，二国間 FTA よりもメガ FTA の方がグローバル・バリュー・チェーンの再構築の自由度がより高いのである。

　メガ FTA が強く推し進められているのは生産の効率性だけではない。近年台頭している国家の安全を重視する経済安全保障政策の取り組みとして，グローバル・サプライ・チェーンの強化が図られている側面がある。米中貿易戦争やロシアのウクライナ侵攻といった国家間の対立が生じた場合，あるいは新型コロナ感染症（COVID-19）の世界的拡大といった危機が生じた場合，あらゆる産業で生産ネットワーク網が寸断される事態が発生し，特定国のみに生産や材料・部品の調達を依存することへのリスクが起こる。このことが一国経済を危機的状況に陥らせることもある。そうした危機に備えるための結束としてメガ FTA が位置づけられるようになり，メガ FTA は国家間の政治的連携の色彩が強くなってもいる（⇨第 4 章第 3 節，第 6 章第 4 節 3 ）。

　いずれにせよ CPTTP や RCEP の発効はアジア域内のグローバル・バリュー・チェーンの再構築を促していくものとなるだろう。とりわけ RCEP の成立は，日本，中国に市場アクセスを改善し経済的メリットをもたらすものと予想される。また，低賃金を利用した生産分業体制構築のための ASEAN 諸国への直接投資が促進されることとなるだろう。だが，ASEAN 諸国のすべての国に対外直接投資の増加が見込まれるわけではない。対外直接投資の増加が期待されるベトナムがある一方，生産拠点の移管を容易にするメガ FTA は，対外直接投資の引上げという負の効果をもたらす側面もあるため，RCEP によって対外直接投資が減少してしまう国が出てくる可能性がある。ASEAN 諸国の中でも利害は必ずしも一致しているわけではない。

　以上のように，グローバリゼーションの進展とともに国境をまたいだ生産活動が日常的なものとなり，今日ではグローバル・バリュー・チェーンの構築が重要なものとなっている。その基盤となるメガ FTA の動向はアジア NIEs, ASEAN 諸国経済に大きな影響を与えていくことになるだろう。

──────

推薦図書

高安雄一，2020,『解説 韓国経済』学文社…韓国経済の基礎的な知識が身につく入門書。平易な構成，内容ではあるが，確かな情報に基づいて必要な知識が網羅されているので，韓国経済の全体像を知るのには有益な書である。

三重野文晴・深川由起子編，2017，『現代東アジア経済論』ミネルヴァ書房…経済成長，工業化，経済格差，国際生産ネットワーク，経済統合などの分析枠組みから東アジア経済全体の共通した動体を検討した書。

坂田幹男・内山怜和，2016，『アジア経済の変貌とグローバル化』晃洋書房…アジアNIESの経済発展から始まり，ASEAN，中国，インドへと続くアジア地域の経済発展を体系的に分析した書。

渡辺利夫編，2009，『アジア経済読本（第4版）』東洋経済新報社…アジアの主要国の経済発展の過程が国別で取り上げられている。アジア各国の経済発展の基本的な理解が得られる。

清水一史，1998，『ASEAN域内経済協力の政治経済学』ミネルヴァ書房…ASEANの域内経済協力・経済統合について工業化戦略の転換を中心にまとめられている。

（遠藤敏幸）

第10章　補　論

4　韓国の経済と社会

　本章でも触れた韓国は第2次世界大戦後のアジア地域の経済成長の先陣を切った国であり，多くのアジアの国・地域がその成長を模倣したことからも，韓国の経済と社会を知ることはアジア全体の理解の助けになる。

　韓国は1962年に経済開発5カ年計画をスタートして以降，積極的な外資導入と輸出指向工業化政策を梃子にして10％前後の高い経済成長を持続的に記録していった。1970年代初頭の一時的な成長の鈍化や1980年の世界経済後退の煽りと前年度の朴正煕元大統領の暗殺事件による社会不安から生じたマイナス成長も経験したが，早期に乗り切り高い経済成長へ回帰した。1990年代に入ると途上国としての成長から脱却すべく先進国化構想を強く押し出す成長戦略へと転換を図っていったが，その最中，1997年に発生した東アジア通貨危機に巻き込まれたことでIMFという外圧も加わりながら経済改革を実施することを余儀なくされた。1998年にマイナス成長を記録したが，翌年V字回復を成し遂げ三星電子や現代自動車といった国内の有力企業がグローバル企業に成長するという好転をみせた。しかし，2000年以降は3％前後の低成長が定着するようになり，かつてのような高い経済成長を続ける国ではなくなった。2020年には新型コロナの影響で22年ぶりのマイナス成長を記録した（資料補-1）。近年の韓国経済は成長が鈍化したとも解釈できるし，経済が成熟して安定成長に入ったとも解釈できるが，実態はどうなのだろうか。

　OECDの統計によれば2015年以降，韓国の平均賃金は購買力平価ベースで日本の平均賃金を上回ったという。単純比較に注意は必要なものの，長らく賃金が伸び悩んでいる日本に比して韓国の方が人々の暮らしがより改善に向かっているようにも見受けられる。しかし近年，韓国で深刻な社会問題としてあり続けるものとして経済格差問題がある。1997年の東アジア通貨危機以後のIMFプログラ

資料補 - 1　韓国の経済成長率の推移

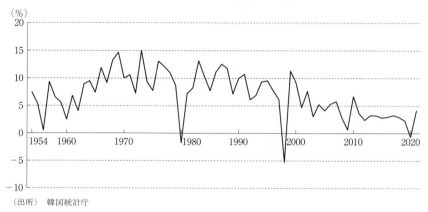

（出所）　韓国統計庁

ムの受け入れによって労働市場の柔軟化が図られ，非正規雇用の割合が増加し，ジニ係数，相対的貧困率は上昇した。

特に若年層の就職困難が問題となっている。韓国統計庁の公表によると2021年の失業率は3.7％であったが，20—29歳の若年層の失業率は7.7％と相対的に高い。それでも失業率は OECD 諸国の中で高くはないが，若年層の非労働力人口の中には就職浪人や就業を諦めた者も含まれ，そうした「潜在失業者」を含めると若年層の事実上の失業率は20％を超えるという試算もある。また失業者ではないが望まないのに非正規職に就かざるを得ない若者も増加している。若年層の就職困難の背景には大企業と中小企業の格差もある。高度経済成長期に大企業育成政策に偏重した韓国では中小企業が育っておらず，大企業と中小企業の賃金，労働条件の格差は非常に大きい。優良な就職先が財閥を代表とする大企業に限られているが，たとえば300人以上の企業の就業率は10.3％と低い。大学進学率は非常に高いため（2021年では79.4％），大学に進学しただけでは大企業への就職は望めないので，よりよい大学に進学するとか資格をとるとかといった若者のスペックを高める競争は年々熾烈になっている。また，投機の影響で不動産価格が上昇しており，多くの若者が若いうちからマイホームを持つことを諦めざるを得ない状況になっている。

高齢者層の経済格差も深刻である。2020年の65歳以上の相対的貧困率は40.4％で OECD 諸国の中で最も高い。かつては儒教的価値観のもと高齢者は家庭内介

護が当たり前とされてきたが，価値観の変化，核家族化，女性の社会的地位の向上などによって，それに代わる社会保障制度の充実がより求められている。しかし，高齢者の社会保障制度の核となる国民年金制度が導入されたのは1988年と歴史が浅いうえ，急速な少子化によってその維持が困難になっている。

　ただし，経済格差は韓国の経済発展の過程で近年新しく生じた現象であるわけではない。途上国が急速な経済発展をするときによく見られるように，韓国の高度経済成長は経済格差の拡大を伴いながらの発展であったし，格差の帰結として形成されたのが財閥である。確かに高度経済成長期には財閥への経済力集中の深化は止まらなかったが，不均等な所得分配ながらも一国経済が拡大することでどの階層にも所得の上昇がもたらされていたという点で，今日の経済格差とは問題の性質が異なると言えるだろう。また，朴正熙政権期の独裁政権下にあっても税制改革などの所得再分配政策は行われており，経済格差をまったく放置していたわけではない事実にも注意する必要がある。1980年代後半から地方の農村家庭へも教育熱が反応することで大学進学率は急上昇したが，これは広く一般国民がよりよい生活を希求することが可能であった時代であったと言える。近年は，よりよい生活を求めるより先に，「普通の」生活を手に入れるためにあらゆる年齢階層で熾烈な競争が展開されているというのが実情である。

　韓国の経済格差問題は財閥問題と連動していることにも特徴がある。韓国経済の財閥への依存度は上位の財閥になればなるほど極めて高い。三星グループ，現代自動車グループ，LG グループ，SK グループの4大財閥だけで上場企業の総売上の50％を占める。財閥は傘下に複数の系列会社を擁しているが，とりわけ製造業は海外進出を展開し国内雇用を減らしているうえ，既述したように非正規雇用の活用が常態化している。財閥は傘下の系列会社すべてを家族が事実上経営支配しており，トップマネジメントには家族関係者が多く占めるという慣行が断ち切られていないことからも，国民の財閥への反発心は強い。一方で，上位財閥への経済的依存が高い現状において，韓国政府は上位財閥の弱体化につながるような大胆な財閥規制はためらわれるため，財閥への規制と規制緩和を繰り返さざるを得ないという苦しい実情もある。

第11章　グローバリゼーション下の新興国経済
――新自由主義的グローバリゼーションの影響と帰結――

　　現下のグローバリゼーションは途上国にも新たな成長機会を提供し，それ
らの一部は新興国として今後の成長に期待が集まった。本章では，ブラジル，
メキシコ，ロシア，インド各国の経験を概観しつつ，これらの国々がグロー
バリゼーションにどのように対応してきたのか，そしてグローバリゼーショ
ンがこれらの国々にどのように作用し，現在では新たな危機の原因となって
いるのかについて述べる。

Keywords▶新自由主義，左派政権，産業連関，移行経済，ショック療法，資源依存経済，経
　　　　済自由化，ICT 産業の集積，貧困と格差，資源の呪い，オリガルヒ，ウクライナ
　　　　侵攻，NATO の東方拡大，メイク・イン・インディア，ルック・イースト政策，
　　　　グローバル・サウス

第1節　ラテンアメリカ新興国――グローバリゼーション下の産業構造

　ラテンアメリカを一括りにして見れば，第2次大戦前に始まった国家主導型開
発・輸入代替工業化が1970年代後半には行き詰り，対外債務危機への対応として
IMF コンデイショナリティーに基づく新自由主義改革（自由化・規制緩和，貿易
と外国投資の自由化，国営企業民営化，実質賃金の引き下げ）が行われた（⇨第5章
第3節資料5-1）。この改革が一定の成果を見せた1990年代がグローバル化の開
始時期といえる。また90年代は民主主義が定着し，各国は（OAS〔米州機構〕に
加盟しているので完全な中立とは言えないが），対外的に中立外交の姿勢をとってきた。
　2000年代に天然資源・1次産品の国際価格が急騰して輸出額が増大し，その恩
恵を背景に登場した「左派・ポピュリズム」政権が資源ナショナリズムを掲げた。
この時から各国は「グローバル化を推進するネオ・リベラリスト」政権か「資源
ナショナリズムと保護主義を掲げる左派・ポピュリズム」か，という二分法で語

られる場合が多い。しかし実際はこのような単純な図式は当てはまらない。

1　貿易と製造業

　ブラジルでは1980年代まで輸入全体に80％以上の高関税が課されていたが，1999年には10.7％まで引き下げられた。貿易総額は1980年代後半から90年代までに5000億ドル以上増加した。メキシコでは輸出入ともに通貨危機（1994年）後に対GDP比が上昇し近年は30％を上回るが，総輸出のうち自動車と家電・コンピューター関連の完成品だけで50％近くを占める。他方で両国とも総輸入の内資本財・中間財が占める比率が高く，メキシコでは近年は53％台，ブラジルでは90年代から低下しているものの2015年以後62％台に上る。

　2000年代には両国とも，天然資源・1次産品の国際価格上昇の恩恵を受けた。ブラジルでは2004-2011年の間に交易条件指数が1.5倍に上昇したので，単純に考えれば輸出増加が国内所得の形成につながるはずだった。しかしこの時国内の供給体制をみれば逆説的な状況がわかる。総固定資本形成の対GDP比は，中国の44.9％，インドの38.5％（2006-2012年）に比べて極めて低い。つまり貿易自由化は，必ずしも資源配分最適化や経済成長を保証しないと言える。

　＊　投資で得られた機械や建築等は，後々もストックとして蓄積される。このストックの総称が固定資本である。「総」とは毎年の減耗分を含む総額を指す。

2　ブラジル

　1985年に軍事政権が崩壊して民政移管した。新自由主義改革に着手したF. コロル政権（1990-1992年）が，アルゼンチンとの非核化協定やMERCOSUR（南米南部共同市場）を合意したことから，同政権下でグローバル化が始まったといえる。

　F. H. カルドーゾ政権（1995-2002年）は穏健な新自由主義を掲げ，鉱山会社の民営化，為替レート管理によるインフレ対策，非正規雇用を認める労働市場の柔軟化などを行った。また1995年の憲法改正によって，石油産業への民間企業の参入が認められ，次いで外国資本による採掘権の獲得も認められた。「左派」労働者党のL. I. ルーラ政権（2003-2011年）は，こうした前政権の路線を引き継いで基礎的財政収支黒字の堅持と名目為替レート安定化を重視しつつも，同時に貧困層への支援や市民参加型予算を実現した。

　その一方で2000年代には，農作物と石油・天然資源・鉱山部門において，外国

資料11-1　ブラジル，メキシコ主要経済指標（％）

		1994-1999	2000-2005	2006-2012	2013-2018	2019/2020
ブラジル	GDP 成長率（年率％）	1.7	3	3.8	−1.1	−3.0
	政府債務/GDP（うち対外債務）	33.3(6.5)	36.2(8.8)	58.4(3.1)	67.1(4.7)	82.1(10.2)
	総輸出/GDP	7.7	13.8	12.2	11.2	12.3
	製造業産出/GDP	15.6	14.2	13	10.6	10.1
	総固定資本形成/GDP	16.9	20.2	18.4	17.2	15.4
	年間直接投資受入（100万ドル）	14,466	16,684	44,463	61,927	43,804
メキシコ	GDP 成長率（年率％）	3.4	2.7	2.6	2.4	−4.3
	政府債務/GDP（うち対外債務）	22.8(16.8)	26.1(14.5)	27.8(7.6)	34.1(7.5)	39.0(8.7)
	総輸出/GDP	21.7	26.2	27.1	30.2	17.7
	製造業産出/GDP	19.5	17.4	16	16.9	17.3
	総固定資本形成/GDP	24.1	23.7	23.7	22.6	20.1
	年間直接投資受入（100万ドル）		21,211	24,826	31,513	31,324

（出所）　*Economic Commission for Latin America and the Caribbean Economic Survey of Latin America and the Caribbean* 各年版

企業が主導で輸出が増加したが，実は輸出額全体は停滞していた。つまり輸出品目では，1次産品への集中が進んだのである。実際，自動車と家電製品が総輸出に占める比率は低下が目立った。この時工業製品輸入に対する関税率は，加重平均で1990年の28.7％から2005年には9.4％，2018年には9.25％まで引き下げられて，輸入金額も2000年代に4倍以上増加した。輸出と輸入の合計がGDPに占める比率（貿易依存度）も，同年に13.0％，21.7％，23.1％と上昇してきた。

　輸入が増加する中で製造業では，資本形成に用いられる資本財を輸入に依存する構造が出来上がった。その結果工業化の進展に伴い外貨準備保有が限界に行き当たり，また輸入財からの技術移転も少なく国内の技術革新も遅れがちで，これらが成長の制約になった。そのため固定資本形成の増加率は低かったのである。製造業付加価値が総付加価値産出に占める比率は2004年の15.7％から2009年に13.8％，2015年に12.0％まで低下した。とくにコロナ禍で外国企業の直接投資が減少すると，ブラジルでは製造業産出も固定資本形成も停滞している。製造業停滞の理由としては更に，40％以上の名目高金利もある。

　労働者党政権の退陣を受け，2016年に保守派政権が誕生して一層のグローバル化・市場原理主義を打ち出した。こうして年金や社会保障費は大幅に削減された

ので，グローバル化推進とは低所得層・先住民を排除する政策としての側面ももっている。他方 J. ボルソナロ政権（2019-2022年）下で連邦政府債務は対 GDP 比88％（2020年）まで拡大し，前のルーラ政権時から倍増した。また同政権は中国資本の進出に対する警戒を表明し，イスラエルを一方的に支持するなど，中立外交の原則をやや逸脱する姿勢を見せた。

　ブラジル，アルゼンチン，パラグアイ，ウルグアイの４カ国で1995年に発足したメルコスールでは，域内関税は原則廃止され，同時に０〜20％の対外共通関税が設定された，現在はチリ，ペルー，コロンビア，エクアドル，ガイアナ，スリナムが準加盟している。さらに1998年の「民主主義遵守に関するウスアイア議定書」で，加盟国において民主主義の秩序が失われた場合は資格停止されると定められ，これに従ってベネズエラが資格停止された。メルコスールは発足当初から域内貿易は増加せず，域内輸出が総輸出に占める比率は2019年には発足当時の半分以下の11.5％まで低下した。この原因としては，各国の主要輸出品目が１次産業のそれで，自動車を始めとする製造業では中間財輸入と製造・完成品輸出を結びつける産業連関が形成されていないことがあげられる。

［3］　メキシコ

　1982年の債務危機以前から財政引き締めが始められ，危機後にグローバル化が開始されて1986年に GATT, 1994年には OECD に加盟した。そしてマキラドーラ（保税加工区*）が外資導入と輸出促進の牽引役と位置付けられ，直接投資受入れと輸出主導で危機克服が目指された。

　　*　特定の外国企業に対し，輸入に課された関税を払い戻す代わりに輸出による外貨獲得を
　　義務付けた制度。

　カナダ，アメリカとメキシコによる NAFTA（北米自由貿易協定）は，新自由主義改革を制度的に総括するものでもあった。農業，製造業他について関税率は段階的引き下げられてほぼ廃止され，外国投資の内国民待遇も確立された。実際工業製品に対する関税率は，加重平均で1996年の12.2％から2005年には3.15％，2017年に1.37％まで引き下げられた。ここで重要なのが原産地規制である。これは最終財を北米産と認め関税を引き下げるための条件で，乗用車では完成品に占める中間財の62.5％以上が北米産でなければならない。一般的に原産地規制率が高いほど，FTA は外部に閉鎖的になる（⇨第４章第３節　［1］）。

　これに対してメキシコ政府は自由貿易の地域的多角化を志向したので，1995年からコロンビア，ベネズエラ，チリ，中米5カ国と，2000年にはヨーロッパ連合EUとのFTAを発効させ，2000年には日本・メキシコ経済連携協定EPA，2012年にはペルーとのFTAを発効させた（⇨第4章資料4-7）。同時にメキシコでは，NAFTAに伴いマキラドーラ企業の新設が廃止されたのを補完し，NAFTA3国がブロック化するのを防ぐ目的で，PROSEC（産業分野別生産促進プログラム）が開始された。これはFTA締結国以外を対象に，輸出向け製造業の部品・中間財の幾つかを選定してほぼ無関税で輸入する措置である。この結果国内製造業の中間財部門（その多くは中小企業）は，輸入財に押されて生産が減ったと言われる。実際最終財に占める国内付加価値産出の比率は，2011年にも自動車産業で56.6％，家電部門では35.9％に過ぎない。このPROSECは2021年6月に，事実上の廃止が発表された。

　2010年代にはメキシコ政府は輸入財依存の方針を修正し，実質賃金を引下げて外国企業誘致を進め，中間財の国内生産と雇用の拡大を図った。実質賃金はドル換算で2012-2016年の間に20％以上引き下げられて，中国のそれを下回った。他方で自動車産業に限れば中間財部門の雇用は同期間に34％増加し，同部門の雇用は2018年には世界金融経済危機前の2.5倍に達した。

　トランプ政権がNAFTAの改定を求めUSMCA（アメリカ・メキシコ・カナダ協定）署名（2018年）に至ったのには，メキシコ政府のこうした多角的な外資導入政策に対する反発があったといえる。ところがメキシコの「左派」政権であるA. M. ロペス・オブラドール政権（2018-）は，アメリカ政府以上に積極的にUSMCA交渉に臨んだ。その特徴として，まずRVC（域内原産比率）規制では乗用車の域内付加価値率は75％以上が求められ[*]，さらに使用する鉄鋼・アルミの購入額の70％以上も北米産でなければならない。またUSMCAでは，NAFTAに無かった中小企業育成，労働者の権利保護も含まれ，環境保全，知的財産権保護や著作権保護の規定も一層複雑になっている（⇨第4章資料4-8）。

　　*　一定の条件下で完成車の域内原産比率75％の達成を2023年から2年延長できることが規定されている。

　USMCA第32条10項で，加盟国の一つが他の「非市場国（non-market country）」とFTAを結ぶ際は前もって他の加盟国に条文全体を示して審査をうけねばならない，と定められている。非市場国とは曖昧な言葉だが，明らかに中国を

指す。ある試算では，メキシコの対アメリカ輸入のうち約40％は中国・アジア製品がそのままアメリカを中継して輸入されている。USMCA 交渉においてアメリカは，アジア製の中間財が中国からメキシコに直接輸入されるのを防ぎ，これらをアメリカ経由の産業内貿易に再編する意図があった。メキシコの輸出は80％近くがアメリカ向けだから，アメリカ企業が各国から中間財を集めてメキシコで生産しアメリカに再輸入する，国際価値連鎖が想定されていると言える。

　以上の点はメキシコ経済にとっては別の問題を含む。A. M. ロペス・オブラドール政権は，「左派」ポピュリストといわれたが，発足後は政策の方向性が不明確である。例えば主要産業の最低賃金は2021年までに約20％引き上げられたが，有効な雇用の拡充策はとられておらず，特に失業保険や各種の権利が認められていないインフォーマル雇用が全体の56％を占めている。インフォーマル雇用はUSMCA の労働者保護でも対象になるか否か不明確である。また石油公社PEMEX に補助金を提供してその対外債務を引き取り，電力部門を再国有化するなど，USMCA の規定に抵触しかねない政策を実施している。以上の通り現政権下のメキシコでは，独自にグローバル化しようとする動きと国家による経済への介入を強めようとする動き，さらにトランプ流のブロック化に便乗しようとする動きなどが複雑に交錯している。

　他方でメキシコ，ペルー，コロンビア，チリの４カ国で2012年に Alianza del Pacífico（太平洋同盟）が発効に至り，エネルギー開発やインフラ整備での協力，ヒトの移動の部分的自由化も定められた。この４カ国は既に２国間 FTA を発効させている国ばかりで，かつアメリカとも FTA を実現していたので，太平洋同盟は当初から次世代のメガ FTA と評価されてきた。さらに2018年の首脳会合で，太平洋同盟とメルコスールとの間で自由貿易協定締結を目指すとする共同宣言が発表された。

［ 4 ］　左派政権と資源ナショナリズム？

　ラテンアメリカの左派・ポピュリスト政権としては L. I. ルーラ政権と A. M. ロペス・オブラドール政権の他には，ベネズエラの H. チャベス政権，ボリビアの E. モラレス政権，アルゼンチンの N. C. キルチネル政権と C. フェルナンデス・デ・キルチネル政権などがあった。さらにブラジルでは，2022年10月の大統領選挙で L. I. ルーラが勝利し第３期ルーラ政権の誕生が決まった。このほかに

は，コロンビアの G. ペトロ政権，ペルーの J. カスティージョ前政権などが左派
と呼ばれる。

　左派政権台頭の最も重要な要因としては，新自由主義改革下での貧困・所得格
差の拡大に対する貧困層の反発が考えられる。各国のジニ係数は，ブラジルでは
2006年の0.509からやや改善したとはいえ2016年に0.481で，メキシコでも2016年
に0.459，2020年に0.420である（⇨最終章資料終‐10の注）。

　同時に上述の各国は石油，天然ガス，レアメタル等の天然資源の輸出国である
ことから，これらの国際価格上昇に便乗した資源ナショナリズムがプロパガンダ
になったといわれる。しかしグローバル化，対外開放化との関連で見れば，ブラ
ジルでもメキシコでも極端な保護貿易や外国企業締め出しを採用した例はほとん
ど見当たらない。むしろメキシコでは2013年に当時の政権下で，石油産業への外
資の参入を認める憲法改正がなされ，現政権もこの路線を引き継いでいる。さら
にコロンビアとペルーの政権も，資源ナショナリズムは掲げていない。その意味
でも，左派・ポピュリスト政権は保護主義，ネオ・リベラリスト政権は自由貿易，
といった図式は当てはまらない。

第2節　ロシア──ショック療法による困難と資源の呪い，ウクライナ侵攻

1　ソビエト連邦崩壊と移行経済
① 社会主義計画経済の挫折

　ロシア経済の歩みを確認するために，まずはその前身であったソビエト社会主
義共和国連邦（以下，ソ連）における経済上の問題を確認しておこう。1917年，
V. I. レーニンの主導する10月革命によって成立したソ連は，世界初の社会主義
国家であった。その経済的特徴は，生産手段の共有（国有化）と計画経済（計画
によって需給調整を行う）である。前者については，土地や天然資源，建物，機
械・設備が共有とされた上に，工業企業の国有化や農業の集団化が行われた。後
者としては，中央の国家計画委員会や省庁といった計画機関によって作成された
生産計画を遂行することが目標とされ，価格も国家価格委員会により設定された。

　しかし，こうした生産手段の共有化と計画経済体制は経済構造が複雑化し，考
慮すべき情報が膨大になることによって中央での管理が困難になっていった。し
かも，中央の計画機関の作成した計画が目指す生産目標は国民一般の要望や要求

と必ずしも一致せず，むしろそれとはかけ離れることさえ多かった。こうした問題から1950年代前半に10％を超えていた成長率は低下し，ソ連末期の80年代後半には２％台にまで低下した。加えてこの頃には，アメリカとの軍拡競争が経済を圧迫し，また政治的な民主化要求も高まっており，進まない民主化を前に国民の反発も大きくなっていた。

　このような状況で1985年に政権を握ったM.ゴルバチョフ大統領は，ペレストロイカ（再編）やグラスノスチ（情報公開）といった改革に取り組むが，国家の窮地を反転させることはできなかった。こうした中，1989年にポーランド政府と独立系労働組合「連帯」が選挙の一部自由化に合意したことをゴルバチョフは容認する。その後のポーランド総選挙における「連帯」の圧勝，1989年12月には「ベルリンの壁」崩壊へと民主化の波は広がった。東欧諸国の社会主義体制放棄を受けて，ついに1991年12月にロシア連邦・ウクライナ・ベラルーシの３共和国がCIS（独立国家共同体）の創設に合意し，ソ連は解体された。

② 急進的な市場経済移行

　1992年１月より，ロシアは市場経済への移行を開始した。それは社会主義的計画経済システムを市場経済原則によって変更し，新たな経済システムをつくり出す試みであったといえる。具体的には，生産手段の共有から私有化へと所有を転換することと，需給調整を計画ではなく市場に任せるための経済システムの転換が目指された。初代大統領B.エリツィンの下で進められた市場経済移行は，IMFのエコノミストがその作成に関わった急進的な経済自由化政策をもとに進められ，その一連の政策はワシントン・コンセンサス（⇨第５章資料５‐１）に根差したものであった。こうした急進的な経済自由化は「ショック療法」と呼ばれ，中国での改革開放政策の「漸進主義」と対置された（⇨第５章第３節，第９章第２節）。

　その急進的経済自由化は次の通りである。1992年１月２日にエネルギー価格や食料品など一部製品を除いた価格の自由化と同時に，商業の自由化，貿易の自由化，為替の自由化が実施された。また1992年からの３年間で合計10万社以上が民営化され（バウチャー方式による大衆への株式譲渡），その後95年以降は有償の民営化（公開の競売）が行われた。

　しかし，こうした急進的な経済移行はロシア経済に大きな混乱を招いた。それまでの計画経済を放棄することは容易であったが，これに代わる自由経済システ

ムが再構築されるまでには時間を要し，材料調達などすべての経済取引関係を新たに取り結ぶことも困難を極めたことなどから生産力は低下し，92年には1500％を超えるハイパーインフレーションを招いた。これに対応するべく，緊縮財政や金融引き締めなどのマクロ経済安定化政策が実施されたが，経済の混乱は容易には収まらず，94年にはルーブルの大暴落に襲われた（暗黒の火曜日）。企業の民営化については，大規模国有企業の民間資本への払い下げが行われたが，不透明な売却が行われたものも多く，少数の大企業に株式が集中した結果「オリガルヒ」と呼ばれる新興財閥が登場することとなった。さらには，こうした不透明な民営化は必ずしも企業経営の効率化や近代的企業経営の導入につながったわけではなかった。

　ハイパーインフレとこれに起因するルーブルの下落を緊縮財政と為替安定化策とで乗り切ったロシアを襲ったのが，1997年の東アジア通貨危機と原油価格の下落であった。これがロシア財政や国債への不安感を高め，1998年にはルーブル危機が生じ，ロシアは再び経済危機に陥った。これへの対応として，ルーブルは大きく切り下げられたが，このルーブル切下げは輸入品価格を上昇させ，国産品への需要を喚起することで国内製造業への刺激となり，ロシア経済は予想に反して98年10月以降は回復し，好調を取り戻すこととなった。とはいえ，市場経済への移行を開始した1990年代を通じてロシアのGDPは約40％も下落するという苦渋を経験したのである。

③　プーチン大統領の登場

　こうした中で2000年に大統領に就任したのが，V. V. プーチンである。彼は自由市場経済から国家統制色を強める方針転換を行った。単一所得税率（13％）の導入による租税制度の簡素化，ビジネス環境改善による経済活性化，燃料エネルギー部門の多国籍化などと同時に，オリガルヒの一角であるガスプロム社に対してロシア連邦政府が過半数を超える株式保有を行う再国有化や，航空機産業やナノテク産業において国家コーポレーションと呼ばれる100％国有の企業グループ（公社）を形成するなど，国家介入の程度を強めた。

　以上のような方針転換はあったが，プーチン政権下の2000年代に経済の好調を主導したのは原油価格の上昇であった。これによってロシア経済は順調な成長を持続させ，BRICS＊の一角としての存在感を増した。2008年5月にはD. メドヴェージェフが政権を引き継ぎ，現代化すべきものとして医療・医薬品，省エネ，原

子力，航空宇宙・通信，情報技術の5分野を選定した。しかし，同年には世界金融経済危機の影響から対内直接投資の減少や海外への資本逃避が生じるなどの混乱を経験し，翌2009年には1998年以来のマイナス成長へと落ち込んだが，2010年には再びプラス成長に転じた。

> ＊　アメリカの証券会社ゴールドマン・サックスのレポートで注目された国々の頭文字からなる造語。ブラジル，ロシア，インド，中国，南アフリカの5カ国を指す。

　その後，後述する2014年ウクライナ危機や中国経済の減速を契機とする資源価格の下落によって，2015年から2年間マイナス成長を経験することになった。プーチンは2012年に再び大統領に返り咲き，現在は通算4期目（任期は2024年まで）の政権運営となっている。

④　東欧諸国とロシアの関係

　かつてヨーロッパにおけるソ連型社会主義圏であった東欧諸国は17〜18世紀の西欧のようには国民国家体制を早期に樹立できず，西欧の経済発展から取り残されていた。東欧諸国が安定的な経済体制を確立することができたのは，第2次世界大戦後に半ば強制的に構築されたコメコン体制*においてであった。ソ連との自給的経済関係の中で，東欧諸国は計画経済体制を整え，経済発展を目指したのである。

> ＊　ソ連と東欧の貿易の枠組みである「経済相互援助会議」のこと。

　このコメコン体制においては，東欧諸国が西欧と経済関係を取り持つことはなかった。しかしゴルバチョフの登場により，この状況が変化する。1988年には当時のECとハンガリー間に経済協力協定が締結された。そして翌年の東欧革命後には，ポーランド，チェコスロバキアなどもECとの経済協力協定を締結し，東欧は一挙に西欧へと引き付けられる。1990年にはリトアニアがソ連からの分離独立を表明し，これにウクライナ，ベラルーシなどが続いた。こうして，東欧諸国は社会主義計画経済体制を放棄し，市場経済体制へと移行した。

　しかし，資料11-2，11-3にも見られるように，これら移行経済国の経済状況はロシア，ウクライナ，ベラルーシにおいて特に当初厳しく，ウクライナにいたっては2020年に購買力平価（2017年基準）換算の一人当たり実質GDPは1990年の経済水準に到達していない。

資料11‐2　一人当たり実質 GDP（2017年購買力平価基準，ドル）

国名	1990年	1995年	2000年	2005年	2010年	2015年	2020年	2021年
ロシア連邦	21,483	13,308	14,570	20,043	23,961	25,488	26,578	27,970
ウクライナ	16,428	7,907	7,497	11,320	12,221	11,216	12,408	12,944
ベラルーシ	8,895	5,805	8,053	11,940	17,301	18,363	19,187	19,751
アゼルバイジャン	7,617	2,977	3,999	7,107	14,082	14,853	13,727	14,421
ジョージア	11,135	3,244	4,919	7,315	9,737	12,605	13,966	15,472
モルドヴァ	..	5,696	5,074	7,231	8,550	10,361	12,270	14,234
エストニア	..	12,731	17,765	26,097	26,016	31,039	35,257	38,207
ラトヴィア	..	9,601	12,992	20,335	21,176	26,628	30,053	31,689
リトアニア	..	10,640	13,847	21,053	23,943	30,748	37,107	38,958
スロバキア	..	13,255	15,667	20,080	25,529	28,720	30,510	31,498
スロヴェニア	..	21,480	26,277	31,129	33,351	33,800	37,051	39,970
チェコ	23,585	22,759	24,977	30,384	33,483	36,168	38,511	39,778
ハンガリー	..	16,618	19,415	24,420	24,486	27,532	31,168	33,518
ポーランド	11,315	12,460	16,258	18,937	23,996	27,797	32,399	34,363
アルバニア	4,827	4,472	5,893	8,040	10,749	11,878	13,254	14,520
クロアチア	..	15,147	18,362	23,772	24,500	24,885	27,077	31,047
コソボ	..	..	..	..	7,628	9,445	10,707	11,579
セルヴィア	..	7,752	8,901	12,278	14,511	15,578	18,255	19,762
ブルガリア	12,508	11,363	10,504	14,779	18,161	19,988	22,379	23,432
ボスニア・ヘルツェゴビナ	..	2,053	7,605	9,351	10,938	12,631	14,521	15,635
ルーマニア	13,302	12,117	12,110	16,771	20,303	23,878	28,926	30,855

（出所）　World Development Indicators より筆者作成。

資料11‐3　実質 GDP 成長率（％）

国名	1990年	1995年	2000年	2005年	2010年	2015年	2020年	2021年
ロシア連邦	−3.0	−4.1	10.0	6.4	4.5	−2.0	−2.7	4.8
ウクライナ	−6.3	−12.2	5.9	3.1	4.1	−9.8	−3.8	3.4
ベラルーシ	..	−10.4	5.8	9.4	7.8	−3.8	−0.9	2.5
アゼルバイジャン	..	−11.8	11.1	28.0	5.0	1.1	−4.3	5.6
ジョージア	−14.8	2.6	1.8	9.6	6.2	3.0	−6.8	10.4
モルドヴァ	..	..	2.1	7.5	7.1	−0.3	−7.4	13.9
エストニア	..	..	10.1	9.5	2.4	1.9	−3.0	8.3
ラトヴィア	..	..	5.7	10.7	−4.5	3.9	−3.8	4.5
リトアニア	..	..	3.7	7.7	1.7	2.0	−0.1	5.0
スロヴァキア	..	5.8	1.2	6.6	6.3	5.2	−4.4	3.0
スロヴェニア	..	..	3.7	3.8	1.3	2.2	−4.2	8.1
チェコ	..	6.5	4.0	6.6	2.4	5.4	−5.8	3.3
ハンガリー	..	1.5	4.5	4.3	1.1	3.7	−4.5	7.1
ポーランド	..	7.1	4.6	3.5	3.7	4.2	−2.5	5.7
アルバニア	−9.6	13.3	6.9	5.5	3.7	2.2	−3.5	8.5
クロアチア	..	..	2.9	4.3	−1.3	2.5	−8.1	10.4
コソボ	..	..	..	..	4.9	5.9	−5.3	9.1
セルビア	..	..	6.1	5.5	0.7	1.8	−0.9	7.4
ブルガリア	−9.1	2.9	4.6	7.1	1.5	3.4	−4.4	4.2
ボスニア・ヘルツェゴビナ	..	20.8	12.8	3.9	0.9	3.1	−3.1	7.1
ルーマニア	..	6.2	2.5	4.7	−3.9	3.0	−3.7	5.9

（出所）　World Development Indicators より筆者作成。

2　ロシア経済の特徴──資源エネルギー産業と「資源の呪い」

　ロシアの産業構造の中心は石油天然ガスをはじめとする資源エネルギー産業であり，原油価格の影響を強く受ける経済構造となっている。ロシアの輸出（品目別）では，原油・天然ガスなどの燃料・エネルギー製品が全体の60％程度を占めている。また，政府歳入の４割以上は原油・天然ガス関連の収入（輸出税や採取税）となっている。したがって，原油価格の高騰は輸出による外貨収入を増加させ，同時に財政黒字を生む。さらにこれが民間消費と投資を刺激し，経済を好転させるという構造的特徴をもっている。しかし，このことは原油価格の騰落が株価，為替，外貨準備，そして国債価格に重大な影響を及ぼす構造であるということも同時に示すものでもある。

　こうした経済構造を反映して，原油価格の推移に歩調を合わせるように１人あたりGDP（国内総生産）は2013年には１万4800ドルを超えていたが，2020年には１万ドル程度に落ち込んでいる（⇨巻末資料４）。

　資源部門の成長が，中長期的に経済発展を阻害することを「資源の呪い」と呼ぶ。資源価格の高騰は輸出収入を増加させるが，これは同時に自国通貨の増価を招き，輸入財価格の低下による外需依存を増し，国内産品への需要を減退させることで，国内製造業の発展を阻害する。2000年代，中国などの新興国台頭による資源ブームが生じたが，これは世界的な需要増加に供給が追いつかないことによって生じた。上述のように，この資源ブームの下でプーチン政権が誕生したロシア経済は高成長を経験した。しかし，2008年に１バレル（約160リットル）147ドルに達した原油価格は，中国経済の先行き不透明感やシェールオイル・ガスの増産（シェール革命）などから2014年秋には急落し，一時40ドルを割り込む事態となり，これに影響されたロシア経済は経済停滞を経験した。

　この資源の呪いから解放されるべく，ロシアでは非資源関連の一般産業部門（鉄鋼，機械，自動車など）の強化，地域経済振興とそのためのインフラ投資，対内直接投資受入れのための環境整備，WTO（世界貿易機関）加盟（2012年８月）による市場開放などの政策を実行してきているが，依然として資源依存経済の体質を維持しており，ロシア経済の軛（くびき）となっている。

　ところで，ロシアにおけるショック療法は市場を制約する諸制度さえ自由化し取り払えば，自生的に市場メカニズムが生成・作用し，安定的な価格体系と市場取引とが成立するという安易な期待に基づいたものであった。しかし，経済シス

テムとは歴史経路依存的に形成されるものである。ある社会の経済はその社会が
それまで歩んできた歴史や置かれている地理的状況，さらには文化や慣習を含め
た経済社会制度によって複合的に構築され，またそのために容易に変えられない
粘着性をもっている。そうした制度を暴力的に廃することはある意味容易ではあ
るが，これを補う新しい安定的な仕組み・メカニズム，あるいは経済的文化が自
生的に生じてくるのは容易なことではなく，それには長い時間が必要である。結
局のところ，ショック療法の安易な期待は現実化せず，IMF の処方箋は経済
的・社会的混乱をただ放置することとなり，ロシア経済にとっては苦難に満ちた
90年代となった。なお，この「ショック療法」対「漸進主義」は開発理論上の論
争にもなり，新古典派開発経済学のもつ経済自由化へのナイーブな期待（ワシン
トン・コンセンサス）を修正することを要請したが，具体的に世界銀行・IMF 内
部でこれを見直す動きが現れるのは90年代末まで待たねばならなかった。

［3］　ウクライナ侵攻とその影響

2022年 2 月24日，プーチン大統領はウクライナ東部のドンバス地方での特別軍
事作戦を開始すると宣言した。この直接的な経緯は，次のようなものである。
2014年にユーロ・マイダン革命によって親ロシア派のウクライナ大統領 V. ヤヌ
コーヴィッチが追放されたことに対して，ウクライナ南部・東部において親ロシ
ア派住民による騒乱が発生した。これを受けてロシアはクリミア併合の賛否を問
う国民投票を実施し，同年クリミアはロシアに編入された。その後もドンバス地
方での紛争は続き，親ロシア派によってドネツク，ルガンスク両人民共和国の建
国が宣言された。2022年にロシアはこの両人民共和国の国家独立承認を行い，ロ
シア軍をドンバス地方へ派遣し，上記の特別軍事作戦へといたった。

　またNATO の東方拡大も懸案となっていた。そもそも NATO の東方拡大に
反対のロシアは，NATO にウクライナが加盟することにも強く反対した。とい
うのも，ウクライナの NATO 加盟により，ロシアが NATO と直接国境を接す
ることになり，安全保障上の大きな脅威となる，とプーチンは認識したからであ
る。加えて，ウクライナは中世の大国キエフ・ルーシの中心となった地であり，
ロシアにとって国の興った場所として聖地とも認識されていることもあろう。他
方でウクライナはロシアからの軍事的脅威への対処として NATO への加盟を望
んでおり，V. ゼレンスキー・ウクライナ大統領はロシアによる侵攻さなかの

資料11‐4　ロシアの経済状況

項目	2000年	2005年	2010年	2015年	2020年	2021年	2022年
総投資（GDP 比，％）	16.4	18.2	20.7	22.1	23.4	22.4	20.1
国民総貯蓄（GDP 比，％）	32.7	28.5	24.8	27.1	25.8	29.3	32.3
インフレ率（対前年比，％）	20.8	12.7	6.8	15.5	3.4	6.7	13.8
財の輸入量（対前年比，％）	12.8	8.5	33.0	− 25.2	− 3.3	14.7	− 19.2
財の輸出量（対前年比，％）	7.3	4.7	8.9	6.4	− 1.5	0.5	− 17.2
失業率（％）	10.6	7.2	7.4	5.6	5.8	4.8	4.0
経常収支（10億ドル）	45.4	84.4	67.5	67.8	35.4	122.3	259.3
経常収支（GDP 比，％）	16.3	10.3	4.1	5.0	2.4	6.9	12.2

（出所）　International Monetary Fund, World Economic Outlook Database, October 2022より筆者作成。2022年は推計値。

2022年 9 月末，正式に NATO 加盟申請した。

　このウクライナ侵攻に対して，アメリカや EU，日本など旧西側諸国はクリミア併合以降課してきたロシアへの経済・金融制裁を強化した。「経済の武器化」であり，その内容は，半導体などの戦略物資のロシアへの輸出停止，ロシア産資源の輸入停止，ロシアの個人・企業・銀行の資産凍結，一部銀行の SWIFT（国際決済網）からの排除などである。

　これらの制裁からロシア経済には大きな影響が出ているが，必ずしも悪い影響ばかりではない。当初ロシアからの資金流出によって一時大きくルーブルは最安値を更新するほど下落した。しかし，ロシア中央銀行による一時的な大幅な利上げもあり，ルーブル相場は回復して逆にルーブル高となっている。またロシア産資源の輸入停止の影響でロシア産原油価格が相対的に下落する中，ロシアは中国・インドへの原油輸出を拡大させており，その結果ロシアの経常収支黒字は拡大しており（⇨資料11‐4），1 人当たり名目 GDP も2021年には 1 万2000ドル台へ上昇しており，ウクライナ侵攻の継続を可能にしていると見られる。

第 3 節　インド──経済自由化の「二つの顔」

1　インド経済の概観

　インドは2022年時点で約14億人，日本のほぼ10倍以上の人口を有するだけでなく，じつはすでに GDP の規模（購買力平価換算〔⇨第 2 章コラム 3 〕）では日本を抜き，中国，アメリカに次いで第 3 位となっているほどの大国である（世界銀行

World Development Indicators より）。しかしながら，同じく購買力平価換算の 1
人当たり GDP は7000ドル台（2021年時点，80万円程度）にとどまり，多くの貧困
人口を抱えるなど社会開発の必要性がいまだ強く残されている。

　この高い経済成長を牽引するのは，ICT（情報通信技術）ソフトウェア産業を
中心としたサービス産業である。世界銀行の World Development Indicators に
よれば，サービス産業が GDP に占める割合は約60％であり，同じく工業（鉱業，
建設なども含む）は26.2％，農業が15.5％となっている。また，財政赤字と経常
収支赤字がインド経済にとってのボトルネックとなっている。

２　インド経済の歩み

① 社会主義的計画経済運営とヒンズー的成長

　独立以前のインドは，イギリス東インド会社による植民地統治下において苦い
経験をした。このことから，独立後のインドは経済自立と貧困の解消を大きな経
済的目標に据えて歩んできた。しかし，長い間インドの経済成長はヒンズー的成
長とも揶揄される低いものであった。

　独立直後のインドでは混合経済体制の形成が目指されたが，主要な工業化を担
うべく公共部門が拡大され，植民地時代の経験から比較的閉鎖的な経済構造が形
成されていった。貿易や海外投資についても消極的であり，特に外資比率につい
て40％を上限とするなどの外資規制を課していた。経済発展を担うべき工業化に
ついては，輸入代替工業化が推進され，産業政策への国家介入が常態であった。

　こうした中，工業は紆余曲折を経ながらも成長を続けたが，1965年にインドを
襲った旱魃と印パ（インド・パキスタン）紛争は，発展から取り残された農業へ
の注目を迫り，農業への重点的な対策がなされた。1967年より新農業戦略として，
一般的に「緑の革命」と呼ばれる多収量品種の作付けと化学肥料の大量投入によ
る集約的農業の導入が正式に着手され，農業生産高は増加した。しかしこうした
農業の近代化の恩恵は必要な資材・技術を導入できる富農に集中し，農村におけ
る格差拡大をもたらした。他方，工業部門は余剰生産能力を持て余し，停滞した
ままであった。

　この工業部門の停滞への反動に力を得て1980年に政権に返り咲いた国民党の
I. ガンディと84年にこれを継いだ R. ガンディは，経常収支赤字に直面し，IMF
からの50億ドルの融資を受けることで経済自由化に着手した。こうして，80年代

にはインドの成長率は再び高まり，工業を中心に回復の傾向をみせた。

　ここまでのインド経済の問題点をまとめれば，社会主義的経済計画運営の非効率性のもとで，多国籍企業による国際分業体制の推進に対応できず経常収支赤字を継続し，さらに80年代以降の多党化の中でポピュリズム化した政治とこれに起因する財政赤字の拡大とが，次項で述べる1990年代の新自由主義的経済改革を準備したといえる。

② 経済自由化への取組み

　1991年，湾岸戦争による原油価格の高騰とこれに伴うインド人出稼ぎ労働者による中東からインドへの送金減少は，インドの対外収支を劇的に悪化させ，外貨準備残高が一気に払底するほどの国際収支危機をもたらした。これを受けて，インドは IMF，世界銀行からの構造調整ファシリティを受け入れ，経済自由化を含む経済構造改革に本格的に乗り出した。ルピーの切下げ，産業許認可制度（産業ライセンス制度）の廃止，外資規制の緩和，独占的取引慣行への規制緩和などの経済自由化政策が断行された。この大胆な経済自由化の結果，インドは高い成長軌道に乗ることができた。こうしたインドの経済自由化はロシアでの急進的な経済移行とは異なり漸進主義的なものであった。その経済自由化に際してはインドの誇る経済学者 M. シン蔵相（後に首相）による政策立案がなされ，インド政府が主体性をもってこの改革に臨んだ。

　2000年代には，一時経済停滞を経験するが，2014年に N. モディが首相に就くと，「メイク・イン・インディア」「スキル・インディア」「TEC インディア」などの政策スローガンを打ち出し，経済のさらなる自由化と発展を目指している。特に，現在のインドにおける「雇用なき成長」への対応として打ち出されている「メイク・イン・インディア」はインド国内へ製造業を中心とした多国籍企業を呼び込み，インドをグローバルに展開する国際生産ネットワークの中に位置づけようという試みである。

　また，インドは90年代の経済自由化に際して，東アジアとの経済関係の取り結びに腐心してきた。これはルック・イースト政策と呼ばれる。モディ政権もこの流れを継承し，ASEAN（東南アジア諸国連合）をはじめ日本などとの FTA（自由貿易協定）あるいは EPA（経済連携協定）の締結を進めてきた（⇨第4章資料4－7）。こうして，インドは国際生産ネットワークの中に新たに位置づけられようとしている。外国資本への規制緩和もあり，M&A（合併・買収），外国資本の流

入も増加している。ただし，こうした中でもインドの経常収支赤字が中国・ASEANに集中していることは，インドにとっての今後の課題となっている。

［2］ 経済自由化の「二つの顔」── ICT産業の隆盛と農村の貧困

　インドの歴史家R.グハは，インドにおける経済自由化を「恵み深い顔」と「残忍な顔」の二つの顔をもつものと評価している[*]。彼によれば，それはICT産業の成功と農村の崩壊という拡大する格差をもって特徴づけられる。

　　＊　ラーマチャンドラ・グハ／佐藤宏訳，2012，『インド現代史1947-2007』（下巻）明石書店，440-441頁。

　冒頭において述べたように，現在のインド経済の牽引役はICTサービス産業である。なかでも，ソフトウェア産業がその中心となっている。インドのICT産業の集積地はインド南部の都市ベンガルールであり，ここには多くの日本企業も進出している。インドにおいて，ICTソフトウェア産業がその経済成長を牽引することとなった理由は，IIT（インド工科大学）をはじめとするICT関連の高度人材（高等教育人材）が存在すること，また彼らが渡米しシリコンバレーなどにおいて研究開発に携わり[*]，その後インドに帰国していることなどがあげられる。インドはこうして蓄積した人的ネットワークと高度な技術を生かし，多くのICTソフトウェア産業のアウトソーシング先として台頭してきている。その結果，インドのサービス輸出の多くがICTソフトウェア産業によって占められ，また対内直接投資においても，コンピュータのソフトウェア，通信，金融やBPO[**]などのサービスが中心となっている。

　　＊　彼らがコンピュータ2000年問題への対応に活躍したことは有名である。
　＊＊　BPO（ビジネス・プロセス・アウトソーシング）とは，企業が主要業務以外の付随的業務を外部企業に委託するものである。

　その一方で，農村を含めて貧困と窮乏が未だ問題として残存する。グハは同書にて，オリシャー州（旧名オリッサ州）における全国有数のボーキサイト資源の開発に関して国内外の民間企業が多く関わるようになって以来，地元部族民が抗議の甲斐もなくその土地を追われ，生態系が破壊されていると批判する。その反面で，開発の利益は鉱山所有者と彼らと手を結ぶ政治家に流れていることを指摘し，経済自由化は利益を与えた人々よりもはるかに多くの人々には何の影響も与えず，むしろ不利な影響を被った人々もいるとする。

▶▶ コラム13 ◀◀

LDC，そしてハイパーインフレと経済破綻

　本章第4節ではグローバル・サウスという視点を提示したが，途上国のなかでも特に開発の遅れた国とされるのがLDC（後発発展途上国）である。LDCは国連において認定され，これら国々のリストは3年に1度見直されている。LDCの認定には，1人当たりGNI（国民総所得）の3年平均値（2021年の基準では1018米ドル以下）や，栄養不足人口の割合や5歳以下乳幼児死亡率，成人識字率などの社会開発指標，そして外的ショックに対する経済的脆弱性が考慮される。2022年8月現在，LDCは46カ国であるが，その内訳はアフリカ33カ国，アジア9カ国，太平洋3カ国，中南米1カ国でアフリカが突出しており，しかもサハラ以南のアフリカに集中している。

　UNCTAD（国連貿易開発会議）の *Commodities and Development Report 2017* によれば，LDCの79％が農産物や鉱産物，燃料などの1次産品に依存した経済構造であり，この1次産品への依存は経済的成果の乏しさと人間開発の低さに繋がっている。とりわけ，グローバルな1次産品市場における価格の乱高下は，一方で交易条件を通じて，他方で経常収支や財政収支を通じて当該国の経済発展や人間開発に影響を与える。本章において述べた「資源の呪い」はこうした1次産品依存経済の負の側面の一つである。短期資金の流入などグローバリゼーションによって1次産品価格の変動が増している状況において，これらに依存する多くのLDCの経済発展や人間開発をどのように達成していくかという問いは，1次産品価格の安定を目指したUNCTAD以来の懸案であり，長らく「1次産品問題」として開発経済学の分野でも議論されてきているテーマであるが，現下のグローバリゼーションにおいてなお一層重要な課題となっている。

　また，ジンバブエとスリランカについて言及しておこう。ジンバブエは政治的混乱と経済政策の失敗からインフレや失業，貧困に悩まされてきたが，2008年の大統領選と紙幣の過度な発行により壮絶なハイパーインフレーションに襲われ，2008年のインフレ率は156％となっている。その後の通貨政策によりインフレは沈静化していたが，2019年には再び250％を超えるインフレとなるなど，その貨幣価値の混乱が続いている。またスリランカも慢性化した財政赤字と貿易赤字が原因となって2022年4月に対外債務不履行（デフォルト）に陥って以来，各地で抗議デモが続き，7月には首相自ら国家破産を宣言したのちに，大統領官邸が暴徒によって占拠されるという事態に陥った。両国ともLDCではないが，途上国の経済運営の困難さを示すものである。

（山本勝也）

　また，いまだ全人口の10％以上存在するといわれる絶対的貧困者の多くは農村に滞留し，社会開発の必要性は根強く残っている。1970年代にはI. ガンディのもと，貧困追放，農村開発が方針となり，60年代後半から始まった「緑の革命」ともあいまって，貧困削減に一定の役割を果たしたとされる。ただし「緑の革命」は，前述の通り農村内格差を拡大したともいわれる点には留意が必要である。また近年の遺伝子組み換え技術による農業への影響として，耐性をもった新たな病害虫の発生による収量減少や固定種への遺伝情報面での影響，収入減と債務負担による農民の困窮といった問題が発生している。

　社会開発状況についてみれば，2018年時点で乳幼児死亡率は1000人中29.8人，成人識字率は74.4％，一日当たり2.15ドル未満（2017年購買力平価）で生活する絶対的貧困者の全人口に対する割合は11.1％（世界銀行 World Development Indicators database より）である。いまだ1億3000万人を超える絶対的貧困を抱え，これらの人々を包摂する経済発展が目指される必要がある。そのような経済発展として，S. セン（インド社会科学院ナショナル・フェローおよびイギリス・ケンブリッジ大学生涯フェロー）は公正性と社会正義を兼ね備えた経済発展を目指すべきと指摘している。

第4節　新興国・途上国にとってのグローバリゼーション

　1　パンデミックとウクライナ侵攻下でのロシア・インドの対中経済関係の変化
　JETRO によれば，2022年上半期の中国の対ロシア貿易については，中国の対ロシア輸出は前年同期比2.1％増，対ロシア輸入は同50％増となっている。前者については，新型コロナウイルスの感染拡大（パンデミック）による2022年3月下旬〜5月にかけての上海のロックダウンにより中国国内の生産と流通が低迷したことが影響して，3月以降は対前年同月比で減少が続いている。なお，輸出上位3品目は順に電話機，自動データ処理機械，自動車である。また，後者の対ロシア輸入の上位は原油で，同52.8％増である。

　印中関係については，2020年6月国境係争地における両国の衝突以降，政治的には冷え込んだ状況にあるが，経済面では協力関係の進展と対話継続を行っており，その中心的な課題はインドの対中貿易赤字の削減と，中国による対印直接投資の推進，重要産業での協力強化である。しかしインド商工省の発表では，2015

年から2019年のインドの対中赤字は毎年500億ドル超で推移し，さらにパンデミックをきっかけにインドの対中貿易赤字は再び拡大しており，対中依存の状況が浮き彫りになっている。また，インドはウクライナ侵攻後の相対的なロシア産原油の低価格を受けて，この輸入を拡大するなど，貿易赤字を削減したい思惑から実利的な行動を採用している。

　パンデミックとロシアによるウクライナ侵攻を受けて，中国，ロシア，インドの経済関係は一層深まるようだ。発動中のロシアへの経済制裁も人民元を中心としたドルを迂回する国際決済手段 CIPS（人民元国際決済システム⇨第9章第4節 ③ ）やロシアの主力輸出品である原油の中国・インドへの輸出によって，その効果は限定的なものにとどまっている。かつて BRICS と評されたこれら3カ国は，現在のところはそれぞれの国情を反映した実利的な協力関係を維持している。

2 　途上国にとってのグローバリゼーション

　このように各地域においてそれぞれの様態を提示しながら進むグローバリゼーションは新興国・途上国にとって以下の3つの特徴をもつものといえる。

　第1に，グローバリゼーションによって世界経済に統合される新興国や途上国は，国際生産ネットワークへの参加による経済成長の契機としてこれを利用しようとしている。グローバルな世界経済に自らを積極的に統合することで，動態的な発展の契機を得ようとの試みといえよう。多国籍企業による対内直接投資に自国を開放し，国際生産ネットワーク上に自らを位置づけることが経済成長を保証するものとして，開発戦略の面からも奨励されている。しかし，こうした多国籍企業の誘致合戦ともいうべき国家間競争は，グローバリゼーションが進む世界経済においては国家の役割が縮小するわけではなく，むしろ強力な国家権力とグローバリゼーションの推進主体である多国籍企業との共存・共生関係を示すものとなっている（⇨はしがき，第6章第4節）。

　第2に，グローバルに拡大する格差の問題である。2017年に発表された国際NGO（非政府組織）OXFAM（オックスファム）の報告によれば，たった8人の超富裕者の保有資産総額が全世界人口を2つに分けた貧しい方の半分である36億人が保有する資産総額と同額である。さらに2022年の報告書「痛みから利益を得る（Profiting from Pain）」では2020年以降で億万長者が573人増加した一方で，2022年には2億6300万人が極度の貧困に陥ると推定されている。世界金融経済危機に

際して1％の富裕層と99％のその他一般庶民との間の格差が注目されて以降，現在のグローバルな成長の恩恵を被る層とそうではない層との著しい乖離が社会を分断している。これはかつての南北問題や南南問題に象徴された地理的概念に依存した国家間・地域間の格差という問題ではとらえきれない状況を示している。絶望的な貧富の格差は，豊かな国貧しい国相互間はもとより，双方の国内における格差拡大をも伴って進行している。新興国に超富裕層の住むゲーテッド・コミュニティと貧困層のスラム街が並存する一方で，途上国への産業流出や先進国内での雇用の流動化，移民の流入によって先進国内にも貧困が蔓延している。現代の新自由主義的グローバリゼーションは巨大都市とそこで活躍する超多国籍企業や富裕層をつなぐネットワーク状に成長の極が存在し，このネットワーク外の地域を収奪し経済的停滞と貧困を再生産するという暴力的な構造を一層顕わにしている。

　そして第3に，こうしてグローバリゼーションに統合されていくことで，新興国・途上国はある国・地域での経済危機やこれに端を発する世界経済の急変の影響を直接被ることになった。

　2010年代以降のアジア・太平洋地域に限ってみても，アメリカが離脱したとはいえ，CPTPP（環太平洋パートナーシップに関する包括的及び先進的な協定）が発効し，より自由化度の高い自由貿易協定となった。さらには2022年5月にIPEF（インド太平洋経済枠組み）がアメリカ・バイデン大統領によって発表された。IPEFは同年9月に14カ国でその交渉が始まったばかりであり，その具体的な内容は未だ不明だが，デジタル経済などの重要な項目が含まれており，CPTPPでの自由化水準がどれだけIPEFにも取り込まれることになるのかが注目されるところである。このように東アジアにおける地域主義はかつて目指した危機への緩衝材としての性格を弱めているのが現状である（⇨第4章第3節　2，第10章第5節）。また世界金融経済危機以降のグローバルな危機への対応として，G20の枠組みやBRICSのような新興国が世界経済の安定に果たす役割へ期待する見方もあったが，ウクライナ侵攻への対応ではG20内部にも対立と分裂があり，BRICSについては上述のように各国の実利的な国益を追求する段階にとどまっている。また，この新自由主義的グローバリゼーションを，これまで周辺に追いやられてきたグローバル・サウスの視点から変革しようという実際上の動きは未だ見られない。グローバル・サウスとは，世界経済の中心と周辺，あるいは北と

南といった従来の区分が不明瞭になり，現状を十分に反映しないことに出自をもつ。南の新興・途上国といわれる国々にも強力な多国籍企業や超富裕層が登場する一方で，北の先進国にも目を覆うほどの貧困と格差が蔓延している。こうした問題がトランスナショナルな社会的構造としてグローバルに出現しているなかで，グローバル・サウスという術語が虐げられ排除される側を指す言葉として用いられている。現在進むグローバリゼーションに対しては，このグローバル・サウスが求める公共性や公平性，社会正義をも包含するような別のグローバリゼーション（オルター・グローバリゼーション）を提示する運動が草の根で広がっていることに注意を促しておきたい（⇨第5章コラム6）。

推薦図書

猪俣哲史，2019，『グローバル・バリューチェーン──新・南北問題へのまなざし』日本経済新聞出版社…中国・アジアを中心にグローバル・バリューチェーンの基礎から現状まで，図表や統計を用いて詳しく説明してある。

安達祐子著，2016，『現代ロシア経済──資源・国家・企業統治』名古屋大学出版会…ロシアの体制転換後に出来上がったロシア型資本主義について，ロシア企業や新興財閥オリガルヒの観点からその特徴を明らかにしている。

アマルティア・セン，ジャン・ドレーズ／湊一樹訳，2015，『開発なき成長の限界──現代インドの貧困・格差・社会的分断』明石書店…急成長を遂げるインドが抱える貧困や格差の問題について，人間の自由とケイパビリティ（潜在能力）の観点から分析する。

ラテン・アメリカ政経学会編，2014，『ラテン・アメリカ社会科学ハンドブック』新評論…経済，政治から格差，移民まで扱う解説書。参考文献やサイトの紹介も多く，調べたいテーマを選んで読めるよう編集されている。

（安原　毅・山本勝也）

<table>
<tr><td>第12章</td><td>日本経済の現状と行方
──アベノミクスと負の遺産──</td></tr>
</table>

　　日本経済は，少子高齢社会に突入する一方で，グローバル化によって企業の海外移転が進み，国内経済の「空洞化」と非正規雇用が大きく進んでいる。2008年のアメリカ発世界金融経済危機を経て，2013年に始まったアベノミクスは10年以上が経過した。最近では日本銀行の国債買い入れによるマネー供給に依存した金融政策の限界も明確となり，むしろ副作用としての円安・インフレが日本経済を揺さぶっている。本章では，戦後日本経済の歩みを振り返り，日本経済の現状とその将来について考える。

Keywords ▶ 戦後日本経済，高度経済成長，金融自由化・国際化，バブル経済，日米貿易摩擦，バブル崩壊，非正規雇用，ゼロ金利政策，QE（量的緩和政策），アベノミクス，国際二重課税，YCC（イールド・カーブ・コントロール），MMT 批判

第1節　戦後日本経済の歩み──復興から高度経済成長へ

　1　1945～1950年代：戦後復興期

　1945年8月，日本はポツダム宣言を受諾して連合国に無条件降伏した。これを受け，アメリカ陸軍 D. マッカーサー元帥を長とする GHQ（連合国総司令部）は日本を占領下に置き，戦前の政治経済体制からの転換を図るべく，財閥解体（持株会社禁止）・農地改革（小作農制度廃止と自作農育成）・労働三権（団結権・団体交渉権・争議権）の確立といったいわゆる経済の民主化に着手した。

　もっとも，戦災による生産施設の破壊と食料不足に直面した日本経済の立て直し（戦時体制から平時体制への移行）は容易ならざるものであった。なぜなら，戦争遂行のために当時対 GDP 比約250％水準まで膨張した政府債務は，日本銀行による国債の直接引受＝購入によって資金調達（これを「財政ファイナンス」という）され，経済には巨額の過剰流動性が滞留していたからである。かくして折か

らの物資不足とあいまって，日本経済はハイパー・インフレ（1934〜36年卸売物価を1とした49年までの物価上昇率は約220倍）に見舞われた。これに対し政府は1946年2月16日，預金封鎖・新円切替えを発表し翌17日から実施，新円での預金引出しは1世帯500円とし，3月3日付で旧円を使用禁止，併せて臨時財産調査令・財産税法をもって，金融資産等に25〜90％の財産税を課した。税収は戦時国債の償還に充当された。

　1947年，石炭増産を基点に鉄鋼・火力発電・鉄道・化学肥料という基幹産業の復興を優先した「傾斜生産方式」により，日本経済の再工業化が始まった。1949年4月ドッジ・ライン（J.ドッジはデトロイト銀行頭取）により，1ドル＝360円の固定為替レートも設定され，翌50年には戦後税制の基礎といわれる所得税・富裕税等直接税を中心としたシャウプ税制改革（C.シャウプはコロンビア大学教授）が実施された。

　1950年朝鮮戦争が勃発し，アメリカ軍を主力とした国連軍の出撃補給基地となった日本は「特需」に沸き立ち，戦後復興に一段と弾みがつくことになり，1956年度『経済白書』は「もはや戦後ではない」と謳った。1951年9月サンフランシスコ講和条約と併せて日米安全保障条約が調印され，日本はGHQの占領から解放されて主権を回復した。さらに，1952年8月IMFと国際復興開発銀行（世界銀行）に加盟，1950年10月GATT仮加入（正式加入1955年9月）が実現した。こうして日本経済も戦後世界経済秩序の中に加わっていった。

2 1960年代：高度経済成長の「光と影」

　1960年，日米安保協定改定をめぐり国内の政治対立が先鋭化する中，当時の池田勇人内閣は「所得倍増計画」を打ち出した。当時日本経済は，対外的にはアメリカの106カ月にも及ぶ長期好況やベトナム戦争への軍事介入により東南アジア地域にドルが散布されたことが刺激となっていた。対内的にも，1963年名神高速道路，64年東名高速道路，東海道新幹線が開通，併せて東京オリンピックが開催され，巨額の公共投資が続いた。1970年には大阪万博も開催された。かくて日本経済は，輸出に牽引された「投資が投資を呼ぶ」旺盛な民間需要と「三種の神器（冷蔵庫，白黒テレビ，洗濯機）」に代表される耐久消費財の大衆消費ブームにより，「いざなぎ景気」を謳歌し（1961〜70年平均成長率10.2％），高度経済成長を実現した。この間日本経済は，1963年2月，輸入数量制限の原則禁止の義務を負う

GATT11条国に移行，1965年に戦後初めて貿易黒字を計上（財務省貿易統計ベース），1969年には構造的黒字体質に転換（黒字は，第1次および第2次石油危機の時を除いて，2011年の東日本大震災まで40年以上続いた）し，同年4月，貿易・経常取引において為替取引の制限撤廃を義務づけられたIMF8条国に移行した。また同月末には先進諸国クラブであるOECD（投資の自由化を要件とする）にも加盟し，68年には日本のGNPは西ドイツを抜き世界第2位に躍り出た。

　なお，投資の自由化について記しておけば，対外直接投資については1969年から（1972年全面自由化），対外証券投資については1970年から解禁された。

　もっとも，日本の高度経済成長は国内の経済社会に様々な歪みをもたらすことにもなった。一つは，急速な工業化がもたらした自然環境破壊（水俣病等の四大公害問題）と都市生活環境の劣悪化であり，もう一つは集団就職や通年出稼ぎ労働にみられる農村から都市への人口移動，それに伴う過疎と過密の問題である。特に後者は，その後70年代から始まった米の減反政策，GATTウルグアイ・ラウンド交渉を受けた95年の食糧管理制度廃止といった農業政策の一大転換の影響とあいまって，今日崩壊の危機に瀕する農山村地域の過疎化・高齢化問題の発端ともいうべきものである。

［3］　1970年代：高度経済成長の終焉と構造転換

　第1章第2節および第3章第2節に記してある通り，1971年アメリカは金・ドル交換を停止し，ブレトン・ウッズ体制は崩壊，世界経済は固定相場制から変動相場制へ移行した。日本円もまた従前の1ドル＝360円から，1970年代末には180円台にまで急騰した。これに対し政府は，1972年「列島改造論」に代表される通り，円高不況対策として国土開発型の大規模公共事業を実施し，事情に通じた不動産業者による土地買い占め・土地転がしが社会問題化した。そして1973年，第4次中東戦争を契機にアラブ産油国は輸出原油価格を4倍に引き上げた。いわゆる「石油ショック」である。1960年代，石炭から石油への「エネルギー革命」を経て石油多消費型に転じていた日本は，オイル・ショックの直撃を受け，「狂乱物価」（1974年の消費者物価指数は前年比で24％上昇）に見舞われた。日銀はインフレ抑制を目的に公定歩合を引き上げ，政府は公共事業を控えて「総需要抑制策」を取った。こうして日本経済は，同年に戦後初のマイナス成長（−1.2％）を記録して「戦後最大の不況」に突入，「高度経済成長」に終止符が打たれた。その

後日本経済は，インフレと不況とが併存するスタグフレーションに陥った。

　また1970年代は，円高に加え日米貿易摩擦が激化していった時代であった。実際，70年代には繊維，鉄鋼，カラーテレビ，工作機械，ビデオテープレコーダー（VTR），80年代には自動車，半導体などのハイテク分野，そしてコメ，牛肉・オレンジというように，次々と貿易摩擦の対象品目は広がっていった。これに対し，自由貿易を建前とする政府は，構造不況業種に指定した関係業界に対し業態転換や生産調整のための補助金を支給する一方で，産業界は VER（輸出自主規制）で乗り越えようとした。

　だが，円高と貿易摩擦が輸出産業企業に与える影響は深刻さの度合いを増し，繊維産業など労働集約型産業企業は主に東南アジア地域への直接投資に乗り出した。「経済の空洞化」（⇨第7章第1節 3 ）の始まりである。その一方で，巨大設備プラントを擁する鉄鋼・金属・機械・造船等重厚長大産業には，筆舌に尽くし難い産業合理化の嵐が吹き荒れた。

　先行き不透明な経済環境の下，企業の設備投資は大きく減少し，日本経済は不況色を強めていった。これに対し政府は一時凍結していた公共事業を再開し，その財源を建設国債に求めた。しかし，建設国債に依存した財政運営は，その元利払い費用の増大をもたらし，そのことが特例公債＝赤字国債発行の原因に繋がっていった。日本経済をして「国債に抱かれた経済」といわれるようになったのも，この時代からであった。

　　＊　財政法第4条は特例公債＝赤字国債の発行を禁止している。そのため毎年度予算成立に
　　　当たっては，特例公債の発行を承認する法律を別途作成している。

　だが1970年代末ともなると，2度に及ぶ石油危機と円高・貿易摩擦を省エネと合理化で乗り越え，企業業績の維持・改善に成功した企業が出てきた。在庫ゼロを目指したトヨタ・カンバン方式が世界のビジネス界から着目され，当時ハーバード大学教授であった E. ボーゲルが「Japan as No. 1」として日本的経営を称賛したのも，この時代であった。こうした企業は，一方で銀行などの金融機関からの借入返済＝債務圧縮に取り組んだことから，企業には内部留保（売上高から人件費や原材料費を引き，法人税や株主配当を支払った後に残った利益の余剰資金）が滞留するようになった。こうして企業の銀行離れが進み自己金融化が始まるとともに，企業の余裕資金は財テク資金として80年代バブル経済の火付け役となっていった。「経済の金融化（financialization）」（⇨第7章第2節 1 ）の始まりで

ある。

第2節　日本経済の「金融化」と「国際化」——バブル崩壊と日米経済摩擦

　　1　1970年代後半：金融の「自由化」の始まり——間接金融から直接金融へ
　1970年代後半，公共事業の財源として発行されてきた国債であったが，当時新規発行国債は，大手銀行・証券会社等の国債引受シンジケート団により引き受けられていた。特に銀行はいったん引き受けた国債の売却を禁じられる代わりに，発行後1年以上を経過した国債については日本銀行が事実上買い取ってきた。

　ところで，上記の通り，1970年代はインフレが吹き荒れた時代であった。だが，当時日本の金利体系は1947年臨時金利調整法下にあった。そのため，銀行の預金・貸出金利は業態別・期間別に細かな棲み分け（「四畳半金利」といわれた）がなされ，インフレ率に応じ自由に預金・貸出金利が変動することはなかった。一般にインフレは借手の借入金の実質価値を減価させる一方で，銀行預金元本や利子の実質価値を目減りさせる。そのため，規制金利下にある預金者はもとより，銀行自体もインフレ率と金利にきわめて敏感な反応をみせるようになっていた。そうした環境下において，大量に発行され続ける国債に対し，銀行は次第に限界を見出すようになった。

　1977年，発行後1年以上を経過した銀行保有国債の市中売却が認められ，これを契機に既発国債の自由流通市場が成立することになった。金利の「自由化」の始まりであり，銀行から証券への大量資金流出（「金融のディスインターミディエーション」⇨第3章第4節　1　，第7章第2節　1　）が危惧された。銀行中心の間接金融体制から証券による直接金融体制へと金融仲介機能が徐々にシフトしはじめ，巷には「銀行よサヨウナラ，証券よコンニチハ」という標語が躍った。これに歯止めを掛けるべく，銀行に対し大口顧客向け金融商品として決済機能を有する額面5億円のCD（譲渡性預金）が解禁された。[*]

　こうして巨額の国債発行を契機に，自由変動金利の金融市場が誕生（1994年金利の完全自由化）し，以降銀行業と証券業（90年代には保険業までをも含む）との業際規制緩和（「護送船団方式」解体）の時代に突入していった。金融の「自由化」，「証券化」の幕開けである。

　*　家計が利用する銀行の定期預金は支払い決済手段に利用できない。だが，このCDは自

由金利商品で第三者への譲渡が可能な大口定期預金であった。そのため，資金余剰主体の企業等の運用手段にして決済手段，CD を発行する銀行＝資金不足主体の資金調達手段として大きく発展していった。

2　1980年代前半：金融の「国際化」の始まり──プラザ合意

　日本における金融の「国際化」は，1970年代末以降，深刻さの度合いを増すアメリカの「双子の赤字」に対する世界的ファイナンス体制を構築する過程において進んでいった（⇨第３章第４節，第７章第２節）。実際，1980年12月，従来「原則規制・例外自由」であった外国為替管理法は「原則自由・例外規制」に改正，国際的金融資本取引の「自由化」へと舵を切っていった。1984年４月には先物為替取引の実需原則を撤廃（経常取引や資本取引の裏づけを要件としない為替取引を認めることで，為替相場の先高あるいは先安を予想した先物為替予約を可能とし，為替投機の温床ともなる）し，同年５月「日米円ドル委員会報告書」を経て，1986年に生損保（生命保険会社，損害保険会社）の対外証券投資につき大幅に規制を緩和した。

　しかし，アメリカの「双子の赤字」ファイナンスは一方的なドル高をもたらし，アメリカ輸出産業の競争力の低下と海外直接投資（「経済の空洞化」）を促した。1985年９月ドル高是正と世界的な金利調整を目的にニューヨークで開催されたG５のプラザ合意を受け，大蔵省・日銀は円高ドル安への為替介入（１ドル＝240円水準から１年後には140円台に）と金利の引下げ（公定歩合５％から当時史上最低の2.5%）に踏みきった。

　かくして，日本の金融・資本市場の自由化・国際化は大きく進む一方で，プラザ合意を契機とした円高により日本経済の規模はドル・ベースで大きく膨張した。これを背景に，銀行・金融機関も高騰する貸出資産担保や保有株式の時価と帳簿価格との差いわゆる「含み益」を梃子に，積極的に対外投資を行いジャパン・マネーの波が世界経済を洗った。以降，今日まで日本は「世界最大の債権大国」の道を歩み続けることになる。

　ところで，金利低下は銀行からの借入れ条件を緩和し，過剰流動性を招くだけでなく，株価など金融資産・不動産価格の上昇を招く。こうして金利低下による金融緩和は，「根拠なき熱狂」によって人々を金融資産・不動産投機に走らせ，これら資産価格の高騰から得られる未実現利益の実現期待を前提とした消費ブーム，そしてこれに牽引された旺盛な設備投資を促していった。加えて円高対策と

称し，1987年「リゾート法（総合保養地整備法）」に代表される通り，全国で繰り広げられた大型公共事業・開発プロジェクトは，地価高騰に拍車をかけることになった。バブル経済である。

［3］　プラザ合意と日米貿易摩擦の意義

　以上のようにバブル経済の生成過程をみてわかることは，プラザ合意がその起点となっていることであろう。ここで改めてプラザ合意の背景とその歴史的意味について整理してみることにしたい。アメリカがドル高是正（ドル安・円高）を求めたのは，当時，深刻化しつつあった対日貿易赤字の拡大と日米貿易摩擦（⇨本章コラム14）の激化がその背景にあった。つまり，対日赤字縮小のため，アメリカは円高誘導を日本に求め，日本がそれに従ったのである。しかし，アメリカが日本に迫ったのは為替レートの調整だけではなかった。むろん，直接的なアメリカの財（モノ）に対する輸入（購入）拡大や日本製品に対する輸入規制（実際は日本による対米輸出自主規制というかたちをとった）を日本に要求し，日本はほぼそれに従った（⇨第7章第2節ではこれを「従来型の貿易政策」と名づけた）。

　重要なのは，こうした政策を超えてアメリカが日本経済の構造改革を迫ったことである。日本はプラザ合意の約半年後の1986年4月に『国際協調のための経済構造調整研究会報告書』（報告書作成の中心人物であった当時の日銀総裁前川春雄氏の名をとって前川リポートと呼ぶ）を作成し，アメリカに提示し，日本経済の構造改革を約束したのである。その内容とは，①内需拡大，②国際的に調和の取れた産業構造への転換，③市場アクセスの一層の改善と製品輸入の促進，④国際通貨価値の安定と金融の自由化・国際化，⑤国際協力の推進と国際的地位にふさわしい世界経済への貢献であった。どれも重要な項目であるが，特に注目すべきは，①の内需拡大であろう。内需拡大のためには，政策金利の引下げと低金利の維持，財政出動（国債の発行）が不可欠である。事実，日本は公定歩合を当時史上最低の2.5％にまで引き下げ，資料12-1の通り，建設債を発行して，公共事業を展開した。結果としてマネーが市場に溢れ（過剰流動性問題），それが株式や土地への投機に向かったのである。こうしてみれば，アメリカが強要したプラザ合意が，低金利と財政出動という経済政策を日本にとらせ，そうした政策パッケージがバブル発生の下地をつくったことになる。プラザ合意は，バブル崩壊後の日本経済の状況「失われた30年」を考えると，きわめて大きな歴史的意味をもつ出来事で

資料12‐1　日本の財政と国債発行額の推移

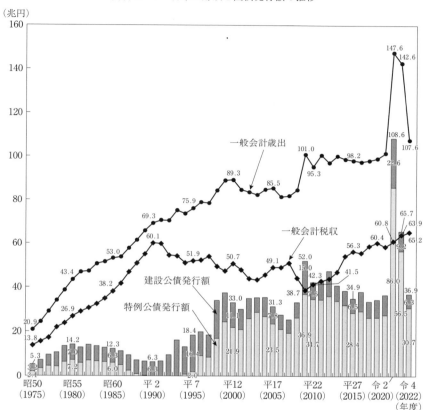

（兆円）

昭50（1975）　昭55（1980）　昭60（1985）　平2（1990）　平7（1995）　平12（2000）　平17（2005）　平22（2010）　平27（2015）　令2（2020）　令4（2022）（年度）

（注1）　財政法第4条第1項は、「国の歳出は原則として国債又は借入金以外の歳入をもって賄うこと」と規定しているが、但し書きにより公共事業費及び出資金や貸付金の財源については、例外的に国債発行又は借入金により調達することを認めている・このことから、4条公債とは建設国債の別名ともなっている。

（注2）　特例公債とはいわゆる赤字国債のことであり、公共事業費等以外の政府の経常経費（既発国債の元利払い費・公務員給与・水光熱費・庁舎の維持費等を含む）に支出すべく、当該年度限りの特例措置として財政法4条に対する特例法を制定し、特別に発行される国債のことである。

（出所）　財務省「日本の財政関係資料」2022年4月、4ページ。

　あった。

　なお、日本がとった一連の金融の「自由化」・「国際化」政策とは、上記「前川リポート」の④に相当するものであり、そうした政策によって、日本の金融市場をアメリカに開放するとともに、「双子の赤字」をファイナンスするために、ド

▶▶ コラム14 ◀◀

1980年代日米貿易・経済摩擦を歴史の中に位置づける

　アメリカ経済が金融化・サービス化の途を突き進む過程で，1970年代後半以降，貿易収支には毎年巨額の赤字が計上されていった（⇨第7章資料7‐1）。アメリカは，こうした財（モノ）の貿易赤字の解消のために，従来型の貿易政策として，モノに関する輸出促進策や輸入制限策を導入していく。また1974年通商法301条を盾に，相手国の不公正な行為によってアメリカが損害を被る場合，相手国と交渉し，その交渉がアメリカの思い通りにならなかった場合，対抗措置をとることを政府に義務づけた（⇨第7章のコラム8）。従来型貿易政策は，典型的には1980年代の日米間の貿易・経済摩擦をめぐる一連の交渉に表れた。交渉で，日本はアメリカ農産物（牛肉・オレンジなど）に対する段階的な輸入自由化を約束し，他方，日本製電化製品，自動車，工作機械に対する対米輸出自主規制などを受け入れた。なお，現在では，韓国や台湾などのアジア勢に大きく水をあけられており，その再建が叫ばれている日本の半導体産業であるが，1980年代末には，半導体の世界シェアの実に50％以上を抑え，世界に君臨した存在であった。こうした日本半導体の世界市場席巻に対して「日の丸半導体」という言葉があてられていた。

　もっとも，こうした従来型貿易政策をもってしても対日貿易赤字がなかなか縮小しないことに業を煮やしたアメリカは，プラザ合意により円高ドル安をつくり出し，競争的優位をもつ金融，サービス，電気通信分野の輸出拡大を試みるとともに，日本経済の構造自体にアメリカ貿易赤字の問題がある（本文で述べた「前川リポート」は，アメリカの圧力に対して，日本側が自ら構造変革に取り組むことを示したものといえる）として，80年代中頃から，貯蓄・投資バランス（⇨第2章第3節2）の改善（日本の貯蓄過剰体質の見直し）や日本型流通システムの是正，政府調達，金融，サービス，電気通信，保険分野における外国企業（アメリカ系企業）への市場開放を，一連の会議を設置し，日本側に具体的な要求を突きつけるようになった（日米間で1983年と1985年に設置された「日米円ドル委員会」や「市場重視型個別協議（MOSS協議）」は，1989年「日米構造協議」そして1993年には「日米包括経済協議」へと受け継がれた）。

　1980年代の日米貿易・経済摩擦とアメリカの圧力への日本の対応ぶりは，「外圧」を契機に，日本経済が変化を遂げるという明治維新以来のパターンを示している。第1回目は明治維新による文字通りの「開国」，第2回目は第2次世界大戦の敗戦と占領政策がもたらした各種の経済制度の廃止・変更そして導入を通じた「開国」，第3回目が80年代の「開国」，いわゆる国際化・自由化（それは90年代のグローバリゼーションに繋がる）であった。そして現在，世界金融経済危機後の世界経済の激動期，「外圧」に依らない主体性をもった国内および対外経済政策が日本には求められている。　　　　　　　　　　　　　　　　　　　　　　　　　（山本和人）

ルのアメリカへの還流をスムーズにする具体的方策すなわち「体制支持金融」
（⇨第3章第4節 1 ）であったといえる。

　さて，地価や株価の異常な高騰など経済の変調に対して，日本銀行は，ようや
く重い腰を上げ，1989年以降順次公定歩合を引き上げるとともに，不動産・建
設・ノンバンクの不動産関連3業種に対する融資規制に乗り出した。1989年12月
の大納会で3万8975円（1985年9月末1万2598円）をつけた日経平均株価は，新年
明けの1990年の大発会以降暴落に転じた。バブル崩壊である。こうして80年代
「Japan as No. 1」として世界から注目された日本経済は「失われた30年」に突
入するのである。

第3節　日本の金融危機と「失われた30年」

1 バブル崩壊と「失われた30年」の始まり

　バブル崩壊直後，ビジネス界はもとより，政策関係者・学会関係者までもが，
頑冥にして蔓延る「土地神話」「右肩上がりシンドローム」「銀行不倒神話」から
脱却できず，金融資産・不動産資産価格の再度のV字型上昇を大きく期待して
いた。かくてバブル崩壊によって日本経済が陥った「複合不況」（実体経済と金融
経済の二重の複雑骨折）に対し，銀行・企業の不良債権処理・過剰設備償却態勢
は後手に回っていった。そうした中，1994年以降，信用組合・信用金庫が相次い
で破綻，95年にはいわゆる住宅専門金融会社も破綻し，1997年には大手証券会社
および大手長期金融機関も破綻し，日本はシステミック・リスクの危機に陥った。
危機に対し中央銀行たる日銀は「最後の貸し手（Lender of Last Resort）」として
「特別融資（日銀特融）」に乗り出す一方で，政府も破綻銀行処理策として税を財
源とした公的資金を投入しつつ，1999年には整理回収機構を設立した。そうした
金融危機にいたる過程の1996年，東京金融市場をニューヨークやロンドンに比肩
しうるよう成長させるべく"free, fair, global"をスローガンに政府が打ち出した
のが「金融ビッグバン」であった。「貯蓄から投資」へという掛け声が改めて叫
ばれるようになった。そして1998年4月，日本銀行法が改正され，政府からの独
立性が謳われた。

　さて，バブル崩壊を契機に，銀行・金融機関に限らず，製造業など一般事業会
社までもが，「負債・過剰設備・過剰人員」の負の遺産処理に苛まれることにな

った。

　まず第 1 に負債処理である。バブル期，日本の銀行・金融機関が破竹の勢いで
グローバルに展開していく様相を危惧した欧米政府・金融界は，1988年 BIS 自
己資本比率規制（自己資本比率＝（自己資本／総資産）×100％ ≧ 8 ％：国際金融業務
行は 8 ％以上，国内金融業務行は 4 ％以上，ただし株式の含み益算入は45％を上限）
を制定した（93年春本格実施）。同規制は，先進諸国中唯一株式を資産に抱えた邦
銀を狙い打ちにしたものであり，バブル期の株価高騰で巨額の含み益（＝株式時
価－株式取得時原価）に安住していた銀行は，株価崩落で一転して巨額の含み損
を抱えるに至った。銀行は従来グループ企業間でもち合っていた株式を市場売却
して含み益を吐き出し，あるいは含み損の損失が確定した場合には，既存の内部
留保等を取り崩して損失の直接償却を迫られた。事業会社向け貸出の場合であっ
ても，当初貸出債権の不良債権化に備え徐々に貸倒引当金を積み立てて間接償却
を目指すも，途中追い貸しを迫られて増大する引当金積立が追いつかず，結局貸
出債権自体をオフ・バランス化させて直接償却せざるを得ない事例が多々みられ
た。しかも，損失の償却は銀行の資本金勘定の減少に直接影響を及ぼすため，1
単位当たりの自己資本減少は，8 ％の逆数倍である12.5倍の貸出資産減少につな
がった。こうして，猛烈な「貸し渋り」・「貸し剝がし」が始まり，日本経済全体
が深刻な債務デフレに陥っていったのである。

　第 2 に，設備である。80年代後半のバブル期，甘い経済・経営見通しのもと企
業経営側が判断した設備投資が，建設・設置の懐妊期間を経て新規生産能力とし
て稼動を開始したのは，まさにバブルが最高潮に達した1989年であった。そのた
めバブル崩壊後，いまや過剰生産力に転じた生産設備の稼働率は徐々に低下した
（製品出荷額／有形固定資産額でみた有形固定資産回転率は，製造業で85年6.51，90年
5.91，99年4.86，内閣府「国民経済計算」より算出）。減価償却費等を控除した後の
営業利益は90年代急速に減少しただけでなく，設備投資資金調達を銀行借入・債
券発行等で行った場合の支払利子など金融費用を差し引いた経常利益も頭打ちに
なった。加えて，不活動資産となった設備や保有株式等有価証券の含み損を償却
すべく特別損失を計上するケースが続出し，当期利益はマイナス，内部留保の取
崩しで辛うじて決算を乗り越える企業が数多く出てきた。

　このようにバブル崩壊を契機に，我が国の銀行・金融機関はもとより，製造業
等の事業会社も重たい負債がのしかかる「バランスシート不況」に苦しむように

なった。特に銀行部門においては，1989年当時都銀13行，長信銀3行，信託銀行7行の計23行であった大手銀行・金融機関は，その後の合併により3大メガバンク体制へと再編された。そしてこれらメガバンク3行が，バブル崩壊で積み上がった不良債権を処理すべく借り入れた公的資金を完済したのは，2006年（かつての一部大手銀行は依然返済を終了していない）であった。

　＊　有形固定資産回転率は，企業保有の固定資産でどの程度の売上をあげているかを示す指標である。数値が高いほど，売上に対し固定資産が効率的に利用されていることになり，逆であれば利用されていないことになる。

　第3に，人員である。企業設備の不活動化・廃棄となれば，当然ながら給与賃金の減少・人員削減が行われる。完全失業率は，1990年1月2.2％，1995年1月3.0％，1998年1月3.6％，2000年1月4.7％，2002年1月5.4％となった。この間，当初専門職・技術職に限定されていた1986年成立の労働者派遣法は，2004年製造業派遣をも容認する「改正」が行われた。そのため雇用環境は一気に悪化していき，労働市場は非正規雇用者（本来労使折半で負担すべき社会保険負担を企業側が免れうる雇用形態）で溢れるようになり，「同一労働・同一賃金」原則は失われていった。その過程において，「終身雇用・年功序列賃金制度・企業別労働組合」といった「日本的雇用慣行」も政府・企業側に切り崩され，正規雇用者の雇用維持を主眼においた企業別組合の対応には，その社会的広がりという点で限界がみられるようになった。そのため国内総生産に占める労働分配率も，資料12-2の通り，1990年代には大きく低下し，日本経済はデフレ・スパイラルの消費不況に陥っていった。そうした中で2008年アメリカ発世界金融経済危機が勃発し，日本の輸出産業は大打撃を被り，巷には解雇された正規・非正規雇用者で溢れた。事態に対する政府の施策は後手に回り，寒風が吹きすさぶ年末の都心部にはNGOの手で「年越し派遣村」が急場しのぎで設営された。

　新自由主義的な政策運営が長年続いてきた日本社会である。かつての税・社会保障制度を通じた所得再分配のビルト・イン・スタビライザーの機能は大きく損なわれ，社会のセーフティ・ネット（安全網）が既に綻びだらけとなってしまっている現実がある。バブル崩壊後から2010年頃までに就職期を迎えた若者は，いわゆる「ロスジェネ」といわれる。彼ら「失われた世代」こそは，不安定雇用と低賃金に苦しみ，これ以降少子化が一段と進むようになった。今日「失われた30年」ともいわれる日本経済であるが，その原因ともいうべき1980年代後半のバブ

資料12-2　日本の GDP・全産業企業利益剰余金・労働分配率の推移（年度）

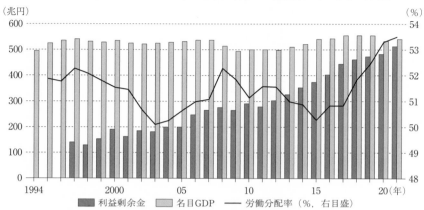

（注1）　名目 GDP 及び雇用者報酬は2015年基準の数値である。利益剰余金については，整合的な元データが
1996年以前には存在しない。労働分配率は雇用者報酬/GDP×100（％）として算出。

（注2）　GDP 統計でいう雇用者とは，あらゆる経済活動に従事する就業者（個人事業主と無給の家族従事者
を除く），法人企業の役員，特別職の公務員，議員等も雇用者に含まれる。雇用者報酬には，（所得税，
社会保険料等控除前の）賃金等給与，企業・団体等の使用者による健康保険・厚生年金等の社会保障
基金への拠出金負担が含まれている。

（出所）　内閣府「国民経済計算」，財務省「法人企業統計」資料より筆者作成。

ル経済とその崩壊が，今日の日本の経済社会にいかに決定的な影響を与えている
かが理解できよう。

　2　金融危機と日本銀行の「非伝統的金融政策」

　ところで，戦後はじめての金融危機に直面した日本銀行は，1999年2月に政策
金利である無担保オーバー・ナイト物コール金利を事実上ゼロ水準となるよう，
日々の金融調節を実施するいわゆるゼロ金利政策を導入した。また2001年3月か
らは，日銀が市中銀行保有の国債や手形を買い取ることで，市中銀行の日銀準備
預金に巨額のマネーを流し込む QE（量的緩和）政策も導入した。これを契機に，
今日「非伝統的金融政策」（リフレ派）といわれる超金融緩和の金融政策が実施
されるにいたったのである。その後日本の金融システムは辛うじて小康を得るも
のの，2008年9月の世界金融経済危機を契機に，それまで13000円を上回ってい
た日経平均株価は大暴落を来し，2009年以降1万円台に届かないままとなった。
これに対し日本銀行は，2010年12月 ETF（上場投資信託）と J-Reit（不動産投資

信託）の購入を開始した。*留意すべきは，これら投資信託の投資対象が，東京証券取引所に上場されている企業の株式であったり，不動産を所有して賃貸契約を結んだり不動産を売買して利益を上げる不動産運用法人の発行する有価証券である点である。したがって，ETF や J-Reit を通じ，日本銀行が特定企業の株式を購入して株主（信託であるから議決権はない）となる，あるいは不動産オーナーに転じていることになる。このように日本銀行は，日本の金融危機以降，絶えず拡張的金融緩和策を講じてきたわけであり，次にみるいわゆる「アベノミクス」が，こうした路線の延長線上にあることを，まずここで確認しておきたい。

　　＊　日本の場合，ETF は東京証券取引所株価指数 TOPIX や日経平均などの主な株価指数に連動するように設定・運用されている株価指数連動型投資信託受益証券である。J-Reitは，投資家から資金を集め不動産に投資して運用し，得られた賃料収入等を投資家に分配する金融商品である。

　そして2008年 9 月，アメリカ発世界金融経済危機は，そうした日本の金融経済に襲来してきた。日本は2007年14.2兆円の貿易収支黒字を計上ししていたが，輸出先である欧米経済の不況突入を受け，2008年の黒字幅は5.8兆円，翌2009年には 5 .9兆円へと約60％縮小した（⇨巻末資料 1 を参照）。

第 4 節　アベノミクス下の財政金融の現実

　1 　アベノミクスと日本銀行の金融政策

　アベノミクスとは，2012年12月の衆議院総選挙で返り咲いた故安倍晋三首相が打ち出した一連の経済政策のことであり，物価上昇率 2 ％（インフレ・ターゲット）を目途にデフレと円高からの脱却，名目 3 ％以上の経済成長の達成等が目標に掲げられた。そのための政策が，「大胆な金融政策」「機動的な財政政策」「民間投資を喚起する成長戦略」といった「 3 本の矢」である。ここではまずこの間の日本銀行による金融政策に着目しよう。

　2013年 4 月初め，日本銀行は金融政策決定会合において，大規模な国債（後述する財政投融資特別会計国債［略称財投債］を含む）買取オペを通じた異次元金融緩和策を発表した。日銀は，実質金利＝名目金利－期待インフレ率という考え方（フィッシャー定理）から目標インフレ率を掲げつつ，名目金利を引き下げて，企業・家計のインフレ期待に働きかけることで実質金利を引き下げ，民間の投資・

資料12-3　マネタリー・ベースとマネー・ストックの動き

（兆円）　　　　　　　　　　　　　　　　　　　　　　　　　　　（％）

- MS（マネー・ストック平均残高）　■ MB（マネタリー・ベース平均残高）
- - - - 信用創造乗数（マネー・ストック／マネタリーベースの比率，右目盛）

（出所）　日本銀行資料より作成。

消費を促そうと考えたのである。

　そこで資料12-3をみてみよう。マネタリー・ベース（以下，MB）は，2012年末132兆円（内閣府「国民経済計算」における支出面でみた名目GDP499兆円の26％）から，2015年末346兆円，2020年末513兆円，2021年末657兆円（同542兆円，121％）となり，期間中約5倍に増大して，遂に名目GDP水準（期間中8.5％増，年率0.94％）を上回るにいたった。このMBの急増の裏にあるのが日銀の国債保有額の激増であり，2020年3月国債保有額とMBの（比率）は，532兆円/613兆円（87％），2022年3月末526兆円/662兆円（79％）にまで及んだ（数字は日本銀行資料より）。これはまさに財政法第5条が禁じた日本銀行による事実上の‘財政ファイナンス’といわざるを得ず，「最後の貸し手」ならぬ「最初の貸し手（Lender of First Resort）」ともいうべき政策行動であった。

　また上記の通り，日本銀行は投資信託であるETFとJ-Rietも購入している。ETFの買入上限額は当初4500億円であったが，その後増額され2021年3月には上限額12兆円となった。J-Reitも当初買入上限額を500億円としていたが，2021年3月には年間1800億円となった。2022年3月末，日本銀行資産のETF残高は36.5兆円，J-Reit残高は6661億円である。

　こうしたことから，2021年3月末時点で，日銀は日本取引所上場の71社で10％

以上の株式を保有する大株主となり，半導体デバイスの測定器大手メーカーであるアドバンテストを含む5社の筆頭株主である（「日銀が大株主」の企業ランキング！3位 TDK，2位ユニクロ，1位は？21年3月末の ETF 保有大幅増）『ダイヤモンド』，2021年4月8日）。J-Reit でも，同年3月末段階で同取引所上場全62銘柄の内3割で，日銀が5％超の大口保有者と報じられている（「全62銘柄の3割で5％超保有　日銀のJリート買い入れ」『朝日新聞』2021年3月10日付）。

　こうして日本銀行は，既発国債を商業銀行・生保等金融機関から買い上げ，或いは一般企業の株式や不動産投資法人の発行する有価証券を買い上げて，巨額のマネーを供給してきた。

　しかしその一方で，資料12−3の通り，MB（マネタリー・ベース）を支払準備とする商業銀行の「信用創造」によって造出された MS（マネー・ストック，M_1 ＝現金通貨＋預金通貨）は，2012年末547兆円から2013年末577兆円（1.05倍），2015年末631兆円（1.15倍），2017年末734兆円（1.34倍），2019年12月818兆円（1.49倍）に留まった。ちなみに，2020年1月には820.5兆円，2022年1月999.6兆円へと MS は激増したが，これは後述のコロナ禍対策として措置されたいわゆる「ゼロゼロ融資（本節 3 末尾参照）」に因るものである。それでも上記の期間中の MB の増大ぶりには遥かに及ばない。

　そこで前掲資料12−3で，2012年末以降の MB と MS のトレンド線を比較してみると，前者の傾きは確かに急ではあるものの，2012年12月4.1であった信用創造乗数（MS/MB の比率）は，2015年12月1.8へとむしろ大きく低下した。つまり，日銀がいかに巨額の MB を供給しようとも，商業銀行の「信用創造」を通じ'生きたマネー'はさほど企業・家計に行き渡らず，そのほとんどは日銀当預として動かないままとなってきた。事態を憂慮した日銀は，2016年1月滞留する日銀当預を減らして商業銀行の貸出を促すべく，日本銀行当座預金の超過準備に対し−0.1％のマイナス金利を適用し（「マイナス金利付き量的・質的金融緩和」），9月には YCC（イールド・カーブ・コントロール）を導入して，10年物国債金利が0％程度で推移するように長期国債の買い入れを行う「長短金利操作付き量的・質的金融緩和」を発表した。しかしそれでも，コロナ禍が本格化する直前の2020年3月の信用創造倍率は1.5でしかなかった。

　だが，そもそも商業銀行に対する企業・家計からの借り入れ需要がないことには，MS が増えないことは自明である（⇨第3章補論1）。特に個人消費の増大が

ない限り，デマンド・プル型の物価上昇も発生しない。また資料12-2にみられる通り，今日巨額の利益剰余金を抱えた企業が，銀行借入に依らずとも自己資金で設備投資資金を工面（自己金融）できるし，金利が低下した証券市場で増資或いはIPO（新規株式公開）を行えば巨額の資金調達が可能でもある。このようにみれば，MBを増やせばMSも増えてGDPも増大するとは，いかにもナイーブな考え方といわねばならない。[*]

> ＊　こうした日本銀行によるばら撒き型マネー供給（'ヘリコプター・マネー' ともいう）は，1960年代末ケインズ批判として登場してきたマネタリズムの貨幣数量説（18世紀のD.ヒュームに始まる学説であり新規性は全くない）に依拠していることを銘記しておこう。すなわち，貨幣数量説の定式であるM×V＝名目GDP（M：マネー供給，V：貨幣の流通速度で所与）をM＝名目GDP÷Vと変換した上で，これを敢えて左辺から右辺へと読んで，通貨供給が増えれば名目GDPが増大すると主張したのである。

　しかもこの間，日本企業の海外進出も加わって形成されてきたグローバル・サプライ・チェーンにより，低廉な消費物資が大量に輸入されてきた。低価格の輸入財は，日銀の異次元金融緩和政策の守備範囲以外である。総務省統計局・消費者物価総合指数（対前年比）によれば，同指数は2015年0.8％，2016年−0.1％，2017年0.5％，2018年1.0％，2019年（消費税率10％への引き上げ年）0.5％，2020年0％，2021年−0.1％であった。このようにみれば，日銀の異次元金融緩和政策は，当初より失敗を運命づけられていたといってもよい。だが，当の異次元緩和策の副作用ともいうべき2022年春以降の急激な円安・ドル高により，原油から小麦・食品まで輸入商品価格は全面的上昇に転じ，国内物価水準は今日急騰している。

［2］　危機的状況下の日本の財政

　ところで，金利低下の景気刺激効果が失われ，景気引上げには拡張的財政政策しかない経済状態をマクロ経済学では「流動性の罠」という。このことからこの間拡張的財政政策に期待する声が一段と強くなってきた。だからこそアベノミクスは「大胆な金融政策」と併せて「機動的な財政政策」を掲げ，大型公共事業を実施してきた。実際震災復興に加え，2020年東京オリンピック開催に向けて各種公共事業が行われ，2016年には2027年に品川─名古屋間での開業を目指すリニア中央新幹線を建設するJR東海に国土交通省予算3兆円（無担保かつ返済は30年後

という破格の条件）が投入された。そして2018年7月，ギャンブル・リゾートを柱に据えたIR（統合型リゾート法）が国会を通過し，2025年大阪万博招致も決定した。問題はその財源である。改めて建設国債の大量発行とその日銀買い上げであろうか。だが，周知の通り，日本の財政赤字は危機的状況にある。

　2022年度の政府予算額は107.6兆円，歳入は税収等70.7兆円（所得税20.4兆円，法人税13.3兆円，消費税21.6兆円，その他税収等15.3兆円），国債発行による公債収入36.9兆円（建設公債6.3兆円，特例公債30.7兆円）であった。歳出は国債費（公債や借入金の償還，利子の支払いに必要な経費）24.3兆円，基礎的財政収支対象経費74.4兆円（社会保障関係費36.3兆円，地方交付税交付金等15.9兆円，公共事業6.1兆円，文教及び科学振興費5.4兆円，防衛費5.4兆円等）であった。公債収入が国債費を上回っていることは，当該年度の国債費を新規発行の国債収入で賄い，残額を一般会計に繰り入れていることである。つまり借金による借金の返済という「自転車操業」であり，事態の改善にはプライマリー・バランス（基礎的財政収支：国債収入を除いた歳入と国債費を除いた歳出との均衡）が確保されねばならない。もしプライマリー・バランスが赤字の場合，不足する歳入は国債発行で賄わざるをえず，本来現在世代が担うべき税負担を将来世代に転嫁していることになる。

　では，歳入欠陥が毎年発生し，これ程までの政府債務が発生してきた理由は何処にあるのか。財務省の資料によれば，1990年度から2022年度までに歳入規模は66.2兆円から107.6兆円に1.6倍増であったものの，税収は60.6兆円から70.7兆円へと僅かに10兆円増加したに過ぎない。つまり巨額の歳入欠陥（近年「ワニの口」といわれる）が続いてきたのであり，これを埋めるべく公債費収入は5.6兆円から36.9兆円へと6.5倍に激増した。歳出では公共事業・文教費・防衛費等が25.1兆円から26.1兆円へ，地方交付税交付金は15.3兆円から15.9兆円へとほぼ横ばいであったものの，社会保障費は11.6兆円から36.3兆円へ，国債費は14.3兆円から24.3兆円へと増大した。したがって，今日歳入欠陥の最大の原因が激増する社会保障費にあることになる（数字は財務省「これからの日本のために財政を考える」2022年4月，6ページ）。

　そこで再度前掲資料12-1をみてよう。バブル崩壊後明らかに国債発行額が激増している。理由は単純に税収不足を補填すべく赤字国債が発行されただけではない。景気テコ入れのために建設国債（四条国債）を増発したことから，その元利金支払いの増大が一段の国債費増大圧力に転じ，赤字国債増発に帰結してきた

のである*。そうした過去の財政運営の在り方を立て直さないまま，今日超高齢社
会に突入し社会保障費の増大によって，財政バランスが急激に悪化しているので
ある。

　　*　建設国債は対象である公共施設の物理的耐用期間を60年と設定し，60年間で返済すれば
　　　よいという資金計画（「1/60ルール」）になっている。例えば，60億円の公共事業を期間10
　　　年国債で資金調達した場合，毎年1/60相当額を国債整理基金特別会計に積み上げつつ，最
　　　初の10年目に10億円を元本償還し，残り50億円は借り換える。次の10年目にも10億円を元
　　　本償還し，残り40億円を借り換える。この手法で総ての公共事業の資金手当てが行われて
　　　きたため，巨大な公共事業がこの間積み上がってきた。1964年の東京オリンピックの開閉
　　　式会場となった国立代々木競技場も55年目にして建て替えとなったし，国公立大学の校舎
　　　も原則同じ資金ルールで建設された。問題は，この「ルール」が赤字国債にも適用され，
　　　今や自衛隊正面装備品にまで持ち込まれつつある。正に「債務主導の財政スペンディング
　　　（debt-driven fiscal spending）」である。その一方で，高度経済成長時代に建設・敷設さ
　　　れた道路・港湾・河川管理施設，上下水道・橋梁等の老朽化への対応も急がれるのが現状
　　　である。

　実際，バブル崩壊後の1994年度には減税の税源確保のために特例公債が発行さ
れたし，1995年度には税率構造の累進性を緩和する（いわゆる所得税率のフラット
化）ための所得税減税，1999年度所得税減税（2007年度廃止）・法人税減税（従前
の34.5％から30.0％）が実施された。その後も特に法人税減税が図られ，2011年
度には25.5％，2015年度23.9％，2017度年23.4％，そして2018年度23.2％となっ
ている。資料12-2の出典ともなっている財務省「法人企業統計」によれば，企
業の内部留保は2011年度の282兆円から2020年度には史上最高額484兆円（対前年
同期比9兆円増）に達し，この間毎年過去最高額を更新してきた。2021年度決算
でも，東京証券取引所1部上場企業1332社（金融業を除く）の内，577社で売上高
は前年比7.9％増の500.4兆円，営業利益は44.8％増の37.2兆円，純利益は過去最
高だった2018年3月期の約30兆円を上回ると報じられた（「上場企業，最高益を更
新へ　3月期決算，資源高と円安が後押し」『朝日新聞』2022年5月22日付記事）。そ
の一方で逆進性の強い一般消費税が1989年4月に税率3％で導入され，1997年5
％，2014年8％，2019年10％へと引き上げられた。
　ところで，上記の税制改革の結果，1990年度税収に占める割合は消費税4.6％，
法人税18.4％，所得税26.0％であったのが，2008年度税収に占める消費税のシェ
アが法人税のそれを上回るようになり，2010年度には所得税13.0％，消費税10.0

％，法人税9.0％となった。そして2020年度，消費税のシェアは所得税のそれをも上回るようになり，2022年度税収（予算ベース）に占めるシェアは，消費税21.6％，法人税13.3％，所得税20.4％であった。税収に占める三税の推移をみる限り，法人税減税による歳入減少を消費税がカバーしてきたことは否めないし，今日所得税と合わせて勤労者・消費者に負担のしわ寄せを行った税制になっている（数字は財務省資料より）。なお，輸出企業には事前に支払った消費税分について，後日税還付されている現実（仕入れ税額控除制度）がある。

　こうした一連の税制改革の結果，政府の歳入欠陥は続き，財務省の資料によれば，2000年度368兆円であった普通国債（建設国債＋赤字国債）残高は，2010年度636兆円，2015年度805兆円，2020年度947兆円と膨れ上がった（数字は財務省「国債発行額の推移（実績ベース）」）。巻末資料4にある通り，我が国の政府部門は世界最大の巨額の財政赤字に陥っている。すなわち，我が国の政府総債務の対GDP比は237.6％で，2010年に債務危機で破綻したギリシャよりも事態は深刻である。2018年度末の公債残高（見込み）は約883兆円（対GDP比156％），国民一人当たり約700万円，地方公共団体の長期債務192兆円（見込み）を含めた債務残高は1107兆円（対GDP比196％）に達する。日本の財政状況を重く見たIMFは，2019年度日本経済審査報告において，消費税率を2030年までに15％，2050年までに20％に引き上げるよう勧告している。

③ 財政投融資制度

　政府が発行する国債には財政投融資制度（「第二の予算」といわれ，毎年度政府予算（案）と併せて国会で審議・議決される）に充当される財投債があることに注意すべきである。財務省が発行する財投債（財政投融資特別会計国債）は一般の国債と同列に取り扱われ，調達された資金は財政融資資金として財政投融資制度の最大資金源となっている。2022年度の財政投融資計画は18.9兆円（内，財政融資資金16.4兆円）で，日本政策金融公庫（4.79兆円），国際協力銀行（0.4兆円），科学技術振興機構（4.88兆円），学生支援機構（0.58兆円），福祉医療機構（0.85兆円），鉄道建設・運輸施設整備支援機構（0.23兆円，リニア・モーターカーや北陸及び西九州新幹線を建設），都市再生機構（0.5兆円）であった。財政融資資金の借入残高は2022年3月末で138.5兆円，内104.9兆円が財投債を原資としている。

　財政投融資制度の対象機関は借入金の返済をその事業収入に拠ることから，こ

れら財投機関の資産・負債は国民経済計算上一般政府部門からは除外されている。だが，上記の通り，100兆円を超える財政資金残高のほとんどが財投債により調達され，これが政府国債と同列に取り扱われて銀行等金融機関に一旦は購入されるも，これもまた日銀の国債買い取りオペの対象となっていることを考えると，財政投融資制度の下での公共事業にも十分な注意が必要である。

　例えば，近年建設開業が続く地方新幹線の社会的費用を考えてみよう。まず指摘すべきは，地方新幹線が走る地域の多くは過疎化・高齢化に面していることである。地方新幹線の旅客需要の将来見通しは決して明るくはない。そして最も重大な点は，新幹線開業にあたって，往々にしてこれまで地域住民の足ともなってきた並行在来線をJRから切り離し，地方自治体等との共同出資で設立した第三セクターの鉄道会社に事業自体が譲渡されてきたことである。この方式で確かに並行在来線の運行は当面確保されるだろうが，高齢化と人口減が進む地域であれば，将来的には運行本数の削減や運賃引上げは必至である。

　結局新幹線の建設資金は財投債で調達され，JRから切り離された並行在来線の維持にあたっては，利用者である地域住民および関係地方自治体の費用負担となるだけでなく，広く薄く日本国民全体への後年度負担に転嫁される。なぜなら，過疎化に面する地方自治体財政は，地方交付税交付金と国庫補助金によって，政府税収の分配に与っているからである。それでいながら，高速鉄道の資産自体は旧国鉄が民営化されたJRの所有であり，そこでの利益はJRへの出資者である政府および民間企業に株主配当として分配される。かつての国有・公益企業の「民営化」の帰結がこれである（⇨第１章コラム１）。

　なお，コロナ禍により経営が厳しくなった中小企業・個人事業主に対し，2020年５月より日本政策金融公庫や商工中金等政府系金融機関経由（後に民間商業銀行にも拡大）で無担保・無利子のいわゆる「ゼロゼロ融資」が図られ，その財源としても財政投融資資金が活用された。「同融資」は貸付に伴う利子および貸し倒れの際の保険である保証料を無料にする制度（借入元本の返済は５年間，利子支払いは３年間猶予）であり，最大で中小企業向け６億円，個人事業主向け6000万円の貸付枠が設定された。2022年５月より「同融資」の利子払いが始まり，同年９月末に終了した。融資実績は42.1兆円で，融資を受けた企業の返済が始まった。

［4］　年金基金 GPIF の資金運用の在り方について

　1961年に「皆保険・皆年金制度」を確立した日本であるが，超高齢社会を迎え
た今日，医療・介護・年金に要する資金は増大する一方である。健康保険・厚生
年金・介護保険については労使折半で給与から控除され，関係公的機関で積み立
てられている。それでも益々増えてくる高齢者を前に，医療機関と介護施設での
本人負担額の増大については，今後機会があるごとに国会でも論議されよう。そ
こでここでは，現役勤労世代が日頃必ずしも意識していない国民年金・厚生年金
の運用について説明しておこう。

　皆年金制度とともに設立された年金福祉事業団は，1986年4月以降，積立金運
用を財政投融資に預託し資金運用を開始した。その後行政改革から紆余曲折を経
て，2006年4月に GPIF（年金積立金管理運用独立行政法人）が設立された。もっ
とも，独立行政法人である以上，基本は政府機関である。実際の資金運用は信託
銀行や投資顧問会社との投資一任契約もしくは一部の自家運用によっており，
2020年度の管理運用委託手数料は611億円である。また同年度末の運用資産額は
186兆1624億円，運用利回りは25.15％，収益額37兆7986億円，2001年度からの市
場運用開始以降の平均利回りは3.61％で，累計収益額95兆3363億円であった，ま
さに慶賀すべき状況ではある（GPIF『2020年度 業務概況書』）。

　そこで GPIF の資金運用の在り方をみると，国内株式と債券，外国株式と債券
に各々25％ずつをほぼ均等に分けて投資している。まさにグローバルな証券投資
である。一般に金融の世界では「卵は一つのカゴに盛るな」という格言があり，
リスク回避のための分散投資が推奨されてきた。だが，第9章第5節で記した
中国の不動産危機の先鞭となった恒大に対し，GPIF は2021年3月時点で債券及
び関連会社株式96.7億円を，また融創の債券及び関連会社株式に107.6億円を投
資していた（GPIF『同上書』資料）。しかも，2022年以降急激に進む世界的な金
利高である。我々の年金財源もグローバル金融資本主義の中に巻き込まれている
ことには十分に注意を要する。

　ちなみに，2021年中の東京証券取引所での取引の内，海外投資家が実に69.6％
を占めていた（東京証券取引所「投資部門別　株式売買状況　東証第一部」資料）。東
京証券取引所は，日銀と GPIF のいわば二頭の巨鯨に支えられ，その中で海外投
資家が動いている。近年日本政府は，「所得倍増」ならぬ「金融資産倍増」策を
打ち出した。その一方でアメリカ，イギリス，EU 等世界の中央銀行が「非伝統

的金融政策」から脱出し，保有する国債等有価証券を売却し，金利引上げに動いている。日本銀行も同じく脱出に動く時，今日約2000兆円の金融資産の内，1100兆円を現預金で有する家計貯蓄が，これら巨鯨が放出する有価証券の受け皿になるべく「1億総株主社会」なる政策が示されたのかもしれない。

［5］　政府財政支出拡大支持論の再検討

　ところで，デフレが深刻化する日本経済の前に政府財政支出の拡大を支持する議論が大手を振ってきた感がある。そうした流れを汲みつつ，近年ではアメリカのMMT（現代貨幣理論）が，アベノミクスの理論的支柱にもなってきたように考えられる。MMTによれば，自国通貨建で国債を発行できる政府は財政赤字をいかに出そうとも，インフレ率に留意しておけばよく，中央銀行の発行する通貨は租税支払いの手段であるから，そうした通貨を企業・家計が得るには，まずもって政府が公共事業等で財政赤字を作り出し通貨を市中に流通させなければならないという。MMTは，政府財政が中央銀行の通貨発行を規定し左右するという「貨幣国定説」（1905年ドイツの経済学者クナップが唱えた）に起源をもつ学説である。

　MMTによれば，政府財政赤字が国債発行で資金調達され，これを中央銀行が買い取っているからこそ，民間部門は資産形成（租税支払いの原資ともなる）を行いうるという。要するに，マクロ経済学の「貯蓄—投資バランス論」における海外部門を外し，（政府歳出－政府歳入）＝（民間貯蓄－民間投資）として，政府財政赤字＝民間純貯蓄というのである（⇨第2章第3節［2］）。だが留意すべきは，この等式において日本経済全体の純資産は全く増えていないことである。しかも，政府財政赤字が我々家計の資産を形成しているのだろうか。むしろ，将来所得からの控除である国債を担保に巨額のMBが発行されているものの，深刻な所得格差の下，預貯金が全くない世帯は全世帯の13.4％，100万円以下の貯蓄世帯は21.6％（厚生労働省「2019年国民生活基礎調査の概況」）というのが現実である。財務省資料によれば，国債発行残高に占める家計保有額（比率）も，2007年の35.4兆円（4.4％）から2022年12.5兆円（1.2％）へと減少している。もし家計が国債と関わるとすれば，預貯金の預け先である銀行，保険契約先である保険会社の資金運用先として間接的であるのが一般的であろう。

　MMT以外にも，政府財政赤字を軽視する見解があるので，併せてここで検討

しておこう。

　第1に，政府の負債は日銀の資産であるから，政府と日銀は統合勘定として，「財政ファイナンス」によって日銀マネーを供給すればよいという見解である。だが，行政府と中央銀行は事業内容が本質的に異なっているし，現実問題としても貸借対照表で統合することは難しい。また，もしこうした見解が真に妥当であれば，企業・家計の税・社会保険料の負担は不要であるし，全国都道府県と市町村の財政も総てこの統合勘定において財源措置をしてもらえばよい。

　第2に，政府財政は資産から負債を差し引いた純資産を考えるべきだという見解もある。内閣府の「国民経済計算（一般政府の部門別資産・負債残高）」によれば，2000年度387兆円であった政府部門（国・地方自治体及び社会保障基金）の純資産は，2005年度293兆円，2010年度153兆円，2015年度92兆円となり，2020年度資産1483兆円，負債1411兆円で純資産は72兆円にまで減少した。確かに政府部門は依然純資産を計上してはいる。だが，政府部門の資産には国有地・国有林，国立競技場，行政官庁ビル，自衛隊装備品，ダム，道路，地方自治体病院，公営交通出資金等も含まれている。資産の売却が容易であろうか，或いは売却を安易に認めてよいものであろうか。

　第3に，MMTが財政赤字の資産形成効果を強調したのに対し，同じ「貯蓄―投資バランス論」から財政赤字は超過貯蓄によってファイナンスされるから案ずるには及ばないという見解がある。だが，今日日本の貿易収支は巨額赤字を計上し，経常収支も赤字に転じる懸念さえある。あるいは世界最大の対外純資産国であることを根拠にする見解もあるが，対外資産には企業の海外直接投資もあるし，外貨準備の運用先である米国債もある。日本国債の流動性を維持することを目的に，これら在外資産を処分することは保有主体も異なることから難しい。しかも最も重大なことは，貯蓄を積み上げてきた高齢世帯が，今後一方的な貯蓄の取り崩し側に回ることである。安易な経常収支黒字論や貯蓄超過論は最早慎まれるべきであろう。

　なお，MMTは非対称的国際決済システムである「ドル本位制」を前提としている。したがって，アメリカとそれ以外の諸国とを同列で論じる訳にはいかない。また，「国際金融のトリレンマ命題（⇨第10章コラム14）」の土台となっているマンデル・フレミング・モデルでは，変動相場制下で国際金融資本取引を自由化した場合，金融政策は有効であっても財政政策は無効であるというのが政策的含意

であったし，これは今日国際マクロ経済学の常識であったはずである。

第5節　日本経済の行方

1　深刻化する格差社会

　資料12-2で国民所得分配の現実をみると，2015年以降労働分配率は上昇に転じており，これをアベノミクスの成果と喧伝（けんでん）する見解もある。だが，こうした幻想に対しては，次のような反論が可能である。

　まず『令和4年度　経済財政白書』によれば，全世帯の（医療・介護・保険等の再分配後）所得中央値は1994年505万円であったが，2019年には374万円へと大きく減少している。かつて「中流階級」といわれた所得500万円前後の社会層（安定した民主主義社会を支える層）は失われつつあることが伺われる。

　次に厚生労働省「賃金構造基本統計調査」によれば，2000年～2019年に男性の月額賃金が最高水準になったのは実に2001年の34.0万円で，2015年33.5万円，2019年33.8万円であった。これに対し女性の賃金は2001年22.4万円から2019年25.1万円（男性の賃金＝100とした賃金格差は74.3）であった。また内閣府『男女共同参画白書　令和三年版』によれば，15歳～64歳の女性の就業率も，2005年58.1％から2020年70.6％まで上昇した。加えて，年齢階級別労働力率でみた女性のＭ字型就業率のカーブが近年緩やかになり，Ｌ字型に変化しつつあるといわれてはいる。

　だが，2020年の被雇用者数5620万人の内，1425万人が女性の非正規雇用という現実がある。これに男性の非正規雇用665万人を加えると，就業者全体の37％が非正規雇用であった。ちなみに1999年の非正規雇用者の比率は24.9％（男性323万人，女性902万人）であった。

　このように世界金融経済危機以降，女性の就業率は上昇したとはいえ，その多くは非正規雇用である。その背景にあるのは，世帯の主たる家計維持者の所得の伸び悩みといわゆる「少子高齢化」による人手不足（医療・介護職，スーパーや飲食店・ホテル従業員，施設清掃業務等）という現実である。被雇用者一人の所得が増えた訳ではないし，女性労働力は超高齢社会を支えるエッセンシャル・ワーカー（社会基盤を支えるために必要不可欠な仕事に携わる労働者）である一方で，相変わらず景気・企業の調整弁である。資料12-2において，2015年以降労働分配率

が上昇してきたことの背景に控えるこうした現実には十分な留意が必要である。

　なお，2020年以降の労働分配率の上昇は，コロナ禍によりGDPが伸び悩む中，上記の「ゼロゼロ融資」や政府による雇用維持のための企業向け補助金に支えられている面がある。

　『厚生労働白書』によれば，2017年の日本の（所得再分配前の当初所得でみた）ジニ係数（⇨終章資料 - 10注）は0.5594（前回調査2014年度0.5704）であった。ちなみに，ジニ係数が0.4を超えると，社会の不安定性は大きく失われて暴動が発生するとされる。確かに，租税や社会保障制度を通じた所得再分配後の数値では，0.3721に落ち着いたとはいえ，2022年3月時点での生活保護対象者は580万人（厚生労働省「被保護者調査」）で，人口の4.6％，凡そ20人に一人が該当する。日本もまさに「格差社会」そのものである。

　かつての高度経済成長は最早昔日のことである。それにもかかわらず，『21世紀の資本』で世界的に名を馳せたフランスの経済学者T.ピケティが指摘する通り，経済成長率を上回る高い資本収益率を追求するならば，自ずと労働分配率は低下せざるをえない。そうした高い資本収益率を追求する投資・投機の活動に，アベノミクスによる空前の低金利政策は貢献してきたのである。実際，2008年アメリカ発世界経済金融危機の影響を受けて，2012年当時1万円を割っていた日経平均株価は，2014年後半には1万5千円台を回復し，2017年以降は2万円台，そして2021年9月バブル崩壊後初めて3万円台を超えるに至った。株価高騰を背景に，コーポレート・ガバナンスの号令下，上場企業が内部留保資金を使って自社株買いを行えば，株価は一段と上昇する。その段階で，既存株主のみならずストック・オプション契約を結ぶ企業のCEO（最高経営責任者）等が保有株式を売却すれば，巨額の利益が転がり込むことになる。

　だが，株式・不動産取引による売買差益（キャピタル・ゲイン）それ自体はGDPに算入されないというのがマクロ経済学のイロハである。なぜなら株式・不動産の買い手は取引のために事前に購入代金を準備しなければならないが，それは既に一度GDPに計上された所得の一部である貯蓄の取り崩しだからである。株式・不動産売買益それ自体は決してGDPを増やすことはないこと，経済の「金融化」が振り撒く幻想には注意を要する。

［2］転換を迫られる日本の金融政策

　もっとも，そうしたアベノミクスも世界経済と国際金融環境の激変により，大きな転換を迫られている。なぜなら，コロナ禍によるサプライ・チェーンの混乱と原油高，そしてウクライナ戦争が勃発する中，アメリカのFRBが国内インフレ抑制を目的に金利を引き上げたからである。その一方で日本銀行は国債買い切りオペにより引き続きYCC政策継続を決定した。そのため日米間の金利格差は決定的となり，2022年第2四半期以降急激に円安が進み，国内では輸入商品物価が急騰している。日本国内からは一部キャピタル・フライト（資本逃避）も始まっている。その一方で海外の投機家は日銀の金利引き上げは近いとみて，国債の空売りを仕掛けている。これに対し日銀は指値オペで買い向かい防戦に応じている。[*]

> ＊　例えば，海外投機筋は簿価105円の国債を1ヶ月間大量に借りてきて，期間中大々的に売り浴びせる。その結果，国債価格が例えば90円になれば（金利上昇と同義），この段階で国債を買い戻し15円の利益を得て（この種の取引を空売りという），その中から借りた国債の手数料等と合わせて国債を返却する。

　だが，アメリカFRBに応じた形での金利引き上げは難しい。なぜなら，金利引き上げは日銀が保有する国債等有価証券の時価を引き下げるだけでなく，マイナス金利に設定した日銀当預の超過準備に利払いの必要性が出てきて，日銀のバランシートを悪化させる懸念があるからである。また，金利引き上げは政府の国債費をも増嵩（ぞうこう）させる。事態の深刻化を憂慮した政府・日銀は，2022年9月下旬28年ぶりとなる為替市場介入（コラム12「国際金融のトリレンマ」命題に反する政策）を行い，下落する円相場を買い支えた。とはいえ，先進諸国中でマイナス金利が日本だけとなった状況が続く限り，円安・ドル高への歯止めは基本的にはかからないままである。

［3］岐路に立つ日本の経済社会と再構築

　1946年生まれの「団塊の世代」が義務教育課程を卒業し，集団就職列車で都会に向かったのが1961年であった。この年，「国民皆保険・国民皆年金制度」が導入された。若年労働者で溢れた当時の人口構成である。健康世代は給与所得から健康保険料・年金保険料を支払うだけであった。積み上がった保険料は，若い時代に社会保険未加入のまま放置されてきた明治・大正生まれ世代の医療・年金財

源に使われもした。こうして日本の社会保障制度は維持されてきた。その「団塊の世代」が60歳定年を迎えたのが2006年，後期高齢者年齢75歳に達したのが2021年であった。戸籍制度を有し，5年に1度の「国勢調査」を備えた日本社会である。社会保障制度を維持するための必要な財源は，はるか以前に推計が可能であった。だが，超高齢社会の戸口に立った日本の経済社会は，社会保障の財源が不足するという。

　少子化対策もそうである。1999年，2004年を目標とした「エンゼル・プラン」が策定された。だが，未だに保育所施設は整わないままである。学校給食はどうか。「村おこし」「地域振興」といいつつ，輸入食材の比率が上昇してはいないか。「地産地消」の給食制度は，地方自治体の財政を通じ，地域農業再生の大きな助成金となるはずである。

　このように考えれば，日本の経済社会は，取り組むべき多くの課題を事前に察知しながら，課題に対する本質的議論と決断を先送りし続けてきただけではないのか。社会保障に係わる医療・福祉・介護等の費用も，家計消費支出としてすべてGDP計算に算入される。保育所で働く保育士への給与も，これが消費支出に向かえばGDPを支える。女性の社会進出はシャドウ・ワークであった家事労働の外注化（外食産業，給食産業，ホーム・ヘルパー等々）を進め，これもGDPを押し上げる。核家族化が進んだ今日，地域社会再生とあわせて，人間がより自由に生きていくための財政支出はどうあるべきか。最低賃金の引上げはもとより，基礎自治体たる地方自治体を通じた教育・医療・福祉面でのセーフティー・ネットの張替と強化（全世代型社会保障制度の構築），「分配なくして成長なし」である。

　このように様々な課題を抱えた今日の日本の経済社会において，打開すべき喫緊の3つの課題を指摘しおこう。

　第1に，安定した社会保障制度の確立である。政府は，この間の物価下落率に合わせてマクロ経済スライド基準をもって年金支給額を減らす一方で，2019年金融庁の金融審議会「市場ワーキング・グループ」の報告書で「老後30年間で約2,000万円が不足する」と記した。これでは将来を案じた家計は一段と貯蓄に走ることになるし，個人消費の増大は望めない。

　超高齢社会に突入し，年金・医療・介護の一段の財源確保を図るべく，政府は今日社会保険料支払い対象の拡大策を進めている。これまで給与所得には，所得税の課税対象から外れる「103万円の壁（基礎控除48万円＋給与所得控除55万円）」

と配偶者控除の適用から外れる「130万円の壁」が存在したが，後者は2022年10月以降「106万円の壁」となった。就業先の事業所規模にもよるが，これまで130万円以下に年収を抑えることに腐心していた被扶養者の非正規雇用者は，給与所得から社会保険料が控除されることから手取り収入が減少することになる。そのため今後非正規雇用者は，これまで以上に時間給選好を強めようし，正規雇用への転換を希望しよう。もっとも，税・社会保険料控除後，年収200万円程度の手取り収入では，憲法25条が記す「健康で文化的な最低限の生活」は難しいのが現実である。

　しかしいずれであれ，女性就業率の一段の上昇を梃子に社会保障制度の負担と給付を個人ベースの制度に転換する以上，「社会保障と税の一体改革」の仕切り直しは不可避である。

　第2に，公平な税制の確立である。ここでは金融優遇税制について特に指摘しておこう。日本の個人所得税制は累進課税制度であり，現在7段階の税率区分がある。だが，年度末税務署で確定申告を行った者の所得が1億円を超えると，負担税率が約28％をピークに急激に低下する傾向にある（財務省「申告所得者の所得税負担率」参照）。理由は，株式取引における譲渡益に対し20％の分離課税制度があるためであり，結果的に金融取引を行える高額所得者の税負担が実質的に軽減されることになっている。本来は総ての所得を合算した総合課税にすべきであるが，こうした金融優遇税制が所得税に期待された所得分配機能を劣化させ，経済格差を構造化してきたのである。加えて，企業のM&Aに係わる資産評価額の欠損金も経常利益を減ずるため，業務純益は黒字でも法人税課税対象所得額を大きく減らすことになる。

　第3に，グローバル企業に対し税の抜け道を塞ぐことである。法人企業の利益には，第2章第3節の国際収支の説明でも確認した通り，過去の海外直接投資・証券投資の配当・利子収入も含まれている点に留意しよう。特に日本に本社を置く企業が海外子会社から受け取る配当金の内95％は，国際二重課税回避の観点から，日本での課税を免除される制度（外国子会社配当益金不算入制度）がある。なぜなら海外子会社は，進出先での法人所得に対し現地法人税を支払った後の税引き後利益を株式配当として本社に送金しているからである。そこでグローバル企業は，日本より法人税率の低い香港やシンガポール，アイルランドに法人事務所を開設し，或いは法人税率ゼロのケイマン諸島等で本社法人の登録（住所地に郵

便 box があるだけのペーパー・カンパニー）を行って売上と利益を計上し，現地銀行口座で資金管理を行っている。こうしたタックス・ヘイブンを利用した企業の徹底した節税対策にメスを入れるべきである。

すでに記した通り，我が国政府の税収は法人企業の税負担を軽減し，個人所得税と逆進性の高い消費税に大きく依存する租税制度である。税・社会保険料の負担は，社会連帯費用ともいうべき個人・企業の義務である。そうした負担を個人・企業が軽減可能な制度を作り込み，これを長年放置してきた帰結が「格差社会」であり，税収不足と社会保障財源の枯渇である。

アベノミクスとは，政府行財政のこうした重大な歪みを国債の大量発行（国債発行残高は2013年度748兆円から2020年度947兆円へ）で取り繕ってきたに過ぎない。これに対し日本銀行は，「異次元金融緩和策」と称して既発国債を買い取り「財政ファイナンス」を行ってきた。かくして日本銀行は「通貨の番人」という本来の使命（日本銀行法には‘物価の安定’は記されていても，‘景気安定’の役割は記されていない）から外れて財政の下僕となり，世界経済と国際金融環境の激変に対抗する術を失ってしまっている。その帰結は円相場の下落となって表れ，輸入商品価格の高騰によるインフレ高進は実質賃金・所得の目減りとなって，国民生活を窮乏化に陥れているのが現実である。結局のところ，アベノミクスによって株価高騰とインバウンド需要に浮足立った日本経済は，そのコストをこれから払っていくことになる。アベノミクスの負の遺産，それが今後日本経済に与える影響は計り知れない。

しかし，そうした局面においてこそ，いま一度戦後日本経済の歩みを省みつつ，働き生活していく現場から日本の経済社会の再構築プランを考える必要があろう。

推薦図書

河野龍太郎，2022，『成長の臨界──「飽和資本主義」はどこに向かうのか』慶応義塾大学出版会…外資系証券会社のアナリストによる辛口の現代の日本経済論である。大局的には本章での見解と響き合う。

ジェラルド・A. エプシュタイン／徳永潤二訳，2020，『MMT は何が間違いなのか？──進歩主義的なマクロ経済政策の可能性』東洋経済新報社…アメリカ・マサチューセッツ大学 Political Economy Research Institute（PERI）の共同研究所長・教授による MMT 批判の書である。アメリカの経済金融学会でポスト・ケインズ派に与しながらも，MMT の理論妥当性について論じている。

志賀櫻，2013，『タックス・ヘイブン——逃げていく税金』岩波新書…富裕層，法人企業の節税・所得隠しの場所を合法的に提供しているタックス・ヘイブンの実像に迫った名著である。世界的有名になった「パナマ文書」と読むと，不公平・不公正な世界経済の現実を税制の観点から知ることができる。

井村喜代子，2000，『現代日本経済論　新版』有斐閣…戦後日本経済の歩みをアメリカの世界政治経済戦略との関わりで分析し，高度経済成長とバブル経済を経て，1990年代以降の長引く不況の特徴について明らかにした専門書である。

（鳥谷一生・山本和人）

▶▶ コラム15 ◀◀

日本の新自由主義に関する欧米での評価：政治学的な視角から

　1980年代以降の新自由主義的グローバリゼーション時代において，アメリカは金融覇権国として，日本を含む世界諸国に対してアメリカ型の新自由主義的秩序に従わせようとしてきた。その理由を理解するには，アメリカの政治状況に目を向ける必要がある。2014年の研究論文で，アメリカの政治学者である M. ジレンズと B. ペイジは，アメリカ政治の決定プロセスに対するアメリカ利益集団（インタレスト・グループ）の影響力を客観的に分析した。その結果，実はアメリカの一般市民や大衆利益集団などではなくて，エリートの利益集団がアメリカの政治に対する支配的な影響力を持っていることを発見したのである。この実証された事実を受け入れると，欧米のマスメディアによる日本の新自由主義への評価がいっそう理解しやすくなる。

　まず，アメリカは，金融覇権国として，生産性がより高い諸外国とその産業をアメリカ経済に依存させなければならない。新自由主義の基本である①民営化，②規制緩和，③財政緊縮という三つの政策提言で，欧米企業や欧米銀行などに対する各国の依存度が高まるので，欧米企業にもアメリカ国家にも便利である。さらに，「ドル本位制」の下では，世界のほとんどの国が米ドルを取得して他の国と貿易するために，アメリカとの貿易黒字を保たなければならない。したがって貿易協定を巡る交渉では，アメリカの立場が相手国よりも強くなる。もちろん，アメリカの要求に抵抗しても，制裁や関税などでアメリカの銀行制度と国内市場へのアクセスが制限されるかもしれない。すると，IMF からの救済が必要となるかもしれない。しかし，その融資には条件がついており，その条件とは主に，①民営化，②規制緩和，③財政緊縮である。

　日本の新自由主義は，日本のバブル経済が崩壊した直後，アメリカが，日本と一連の交渉を行い，圧力を日本にかけたことによって実現されてきた。日本がアメリカ市場に財を輸出しなくてはならないことを両国は理解していたから，主権国家として対等な交渉ではなかった。その結果として，日本は，1992年の大店舗法の改正，1998年の建築基準法の改正，1996年と1999年の労働者派遣法の改正，2007年の郵政民営化など，アメリカからの要求に従ってきた。日本の総理大臣が，アメリカの要求に応じれば欧米マスメディアによって高く評価されることは，当然のことである。

　欧米のマスメディアによって最高の首相として描かれているのは，小泉純一郎であろう。「構造改革」による規制緩和，「三位一体の改革」の財政緊縮，及び「聖域なき構造改革」による特殊法人の民営化と，特殊法人に原資を提供した郵政三事業の民営化で，小泉純一郎政権は欧米多国籍企業に日本市場を開放した。しかし，戦後最長の政権となった安倍晋三内閣はそのように評価されなかった。なぜなら，安

倍政権は，安全保障政策に集中し，①民営化，②規制緩和，③財政緊縮に対するアメリカの期待に応えられなかったからである。特に，2017年のトランプ米大統領の当選に即応し，安倍政権は，外交政策を一変させ，経済面での中国とロシアとの関係強化に注目するようになったため，欧米の利益集団が支配するマスメディアによって評価されなくなったのである。

　以上，日本の新自由主義に対する欧米の評価を理解するためには，欧米の利益集団の行動を考えるべきである。欧米市民の世論にもっとも大きな影響を与えるのが，マスメディアであり，アメリカのマスメディアの90％は，欧米企業の6社によって所有されている。したがってアメリカの政治を支配するエリート利益集団に背かない限り，日本の総理大臣に対する欧米の評価が高くなるのである。

（ポープ・クリス・G)

終　章	地殻変動と分断のすすむ世界経済

——貧困・格差と武力紛争，そして気候変動危機に瀕する人類社会——

　2008-09年アメリカ発世界金融経済危機を機に10年以上の時を経て，第2次世界大戦後の世界経済は，大きな変貌を遂げた。私たちは，はしがきで示したように「新自由主義的グローバリゼーションの変容」という表現を用い，国際貿易・通貨そして投資のシステム，また各国・地域経済がどのような変化を遂げたかについて分析してきた。

　終章第1節では，各種統計を用いて最新の世界経済の地殻変動ともいうべき構造変化についてとりまとめ，次の第2節では新自由主義的グローバリゼーションの展開自体が生み出した世界経済秩序の混迷と動揺について，具体的には米中経済摩擦とウクライナ戦争が世界経済に与えた影響について述べる。第3節では，新自由主義的グローバリゼーションがもたらした負の遺産「格差の拡大」の最新の実態を明らかにし，先進諸国におけるポピュリズムの台頭と民主主義の危機について論じる。そし第4節の結語では，第2次世界大戦から80年近くを経た現代の世界経済が，人権・経済格差・気候変動において危機的状況にあることを改めて訴えている。

Keywords▶世界債務の増大，米中経済摩擦，ポピュリズム，底辺への競争，社会経済的分断，SDGs（持続可能な開発目標），G7，G20，デカップリング

第1節　各種経済統計でみた世界経済の地殻変動

　これまで本書では，主に第2次世界大戦後の世界経済の歩みについて，貿易・投資・通貨・金融の観点から説明し，それを踏まえて主要各国・地域の戦後経済の歴史と現状について記してきた。最終章第1節では2008-09年アメリカ発世界金融経済危機を間に挟みながら，世界経済の構図がいかに変化してきたかを確認し，その上で昨今のコロナ禍とウクライナ危機がいかなる影響を与えているのかについて検討していく。

1　世界の GDP と貿易の趨勢

　まず指摘すべきは，世界経済が，2008-09年世界金融経済危機によるマイナス成長を経験して以来，10年足らずの間にコロナ禍による混乱（サプライ・チェーンの寸断など）によって再びマイナス成長に陥ったという事実である（⇨資料終 - 1）。50年という長期的なスパンで見た場合，世界経済は1970年代から80年代初頭に同様の経験をしている。すなわち戦後第 1 回目の世界同時不況といわれる第 1 次石油危機を契機とした74-75年不況と，第 2 次石油危機を発端とする80年代初頭の不況である（⇨巻末資料 5 ）。もっともこうした70年代と80年代の 2 回の景気後退は，世界経済全体でみれば，今回のようなマイナス成長には陥らなかった（⇨資料終 - 1 ）。これまで本書で述べてきたように，70年代から80年代にかけてのこうした不況への対処を通じて世界経済は，新自由主義的グローバリゼーションへと突き進んだのである。そして今回の 2 回の衝撃を通じて，世界経済は新自由主義的グローバリゼーションからの離脱過程をたどっており，さらにウクライナ危機がそれに拍車をかけているといえよう。

　ところでさらに問題にすべきは，1970年代以降世界経済の成長を牽引したのはどの地域・国であったかという点である。すでにこの点については第 1 章の第 2 節で概説したが，ここでは1970年代から直近までの推移を示すことにしたい。再び資料終 - 1 をみよう。この50年間，ほとんど常に，世界全体の成長率を凌駕しているのは，東アジア及び太平洋地域（日本・シンガポールを除く）であること，とくにグローバリゼーションが本格化する1990年代以降，同地域は，一時的な例外（1997年東アジア通貨危機）を除いて，世界経済全体の 2 ～ 5 倍の成長率を遂げ，2008-09年世界金融経済危機の際も，マイナス成長に落ち込む世界経済を高成長で下支えしたことが読み取れる。もっとも，同地域の成長率は2010年代を下るにつれて鈍化している点も重要であろう。それに対して日本，EU，アメリカの成長率は，20世紀末まで，世界経済全体の成長率を上回ることがあったが（特に1980年代後半から90年代初頭のバブル期の日本），21世紀に入ると世界経済全体のそれを常に下回っていることが見て取れる。すなわち，新自由主義的グローバリゼーションの時代とは，東アジア地域の高成長と先進諸国の低成長を軸に展開し，2 回の大きな経済衝撃を経験し，さらに第 3 回目の衝撃（ウクライナ戦争）の渦中にあるといえよう。この時代がいつ終焉するのか，またどういう形で終焉を迎えるのかは定かではない。しかし明らかなことは世界経済が新たな段階へと踏み

資料終 - 1　世界の GDP 成長率の推移（1970年-2021年）

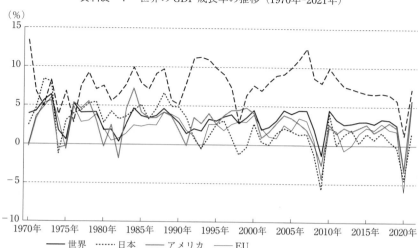

（注）　EU はオーストリア，ドイツ，フランス，ベルギー，スウェーデン，ハンガリー，イタリア等，25カ
　　　国である。
（出所）　World Bank, Data Bank 資料より作成。

　出しているという事実である。こうした長期的トレンドを念頭に将来の世界経済
を考えるとき，成長を牽引した東アジア地域，とりわけ中国の動向に注目する必
要がある。
　そこで本項では，世界の GDP と貿易について，中国を軸にみてみることにし
よう。
　将来の世界経済を考える際，中国の GDP がいつアメリカのそれに追い抜くか
が話題となっている。日本経済研究センターはその時期を2033年と推計している
が，中国が今後人口減に直面すること，政府による民間企業に対する規制により
生産性が頭打ちになることから，2040年代には両国の経済規模の差は縮小し，
2050年度には再度アメリカが中国の GDP を凌駕して再逆転するとしている。も
っとも，この種の推計においては，計量モデルの設定の在り方もあり，超長期の
予測は難しいところである。
　資料終 - 2 によれば，2000年当時世界の GDP は33.6兆ドル，中国は GDP1.2
兆ドル（世界シェア3.6%）で，アメリカ10.3兆ドル（30.7%）の約９分の１，日

資料終-2　世界とアメリカ・中国・日本・EU の GDP の推移

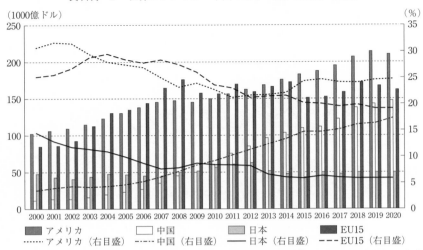

（注）　EU はイギリスを含む第 4 次拡大時の15カ国で（⇨第 8 章第 1 節 ② ），数値は2015年経常ドル価格。
　　　右目盛は世界の GDP に占める各国・地域のシェア。
（出所）　UNCTAD 資料より作成。

本4.9兆ドル（14.5%）の約 4 分の 1 しかなかったこと，その中国が世界金融経済
危機直後の2010年に日本の GDP を上回り，そのシェアは2010年代を通じて拡大，
2020年になると世界の GDP84.9兆ドルのうち，14.7兆ドル（17.4%）を占めるよ
うになった。実にアメリカ21.0兆ドル（24.8%）の約 7 割，日本4.9兆ドル（5.9
%）の2.5倍となっている。GDP でみた中国の躍進と日米の地盤沈下，とりわけ
日本のそれは歴然としている。なお，資料終-2には EU の動向についても示し
ているが，日米と同様の傾向が見て取れる（⇨第 1 章資料 1-4。ただし，使用し
た原資料が違うため，統計数値には多少の差異がある）。
　GDP 算出にあたっては，中国の住宅等不動産投資も算入される。つまり，第
9 章でみたゴーストタウン化した新興住宅地（鬼城），工事が止まった高層マン
ション（烂尾楼）も GDP に算入される点に留意する必要がある。
　次に資料終-3から2000年以降の世界と日・アメリカ・中，EU, ASEAN の貿
易の推移をみておこう。2020年現在，輸出でみた世界の輸出は17.6兆ドルで，第
1 位中国2.6兆ドル（世界シェア14.7%），第 2 位 EU2.2兆ドル（12.5%，域内貿易
を除く），第 3 位アメリカ（8.1%），日本は0.6兆ドル（3.6%）で ASEAN1.4兆ド

資料終 - 3　世界とアメリカ・中国・日本・EU・ASEAN の貿易（輸出）額の推移

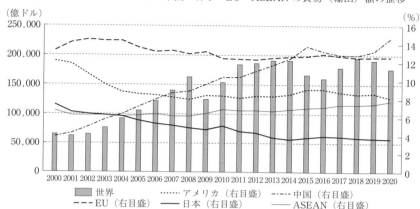

（注）　EU は，EU 域内取引を外した EU と EU 域外との貿易取引である。
（出所）　WTO 資料より作成。

資料終 - 4　アメリカ・日本・中国 3 国の世界貿易（輸出）額に占めるシェアの変遷（1948〜2020年）

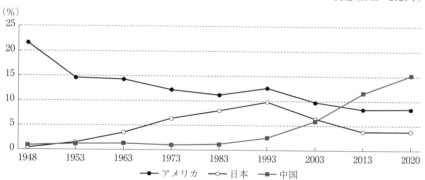

（出所）　WTO, *World Trade Statistical Review 2021* より作成。

ル（7.9％）にも及ばない。2000年当時世界の貿易は6.5兆ドルで，第 1 位 EU0.85
兆ドル（13.3％），第 2 位アメリカ0.78兆ドル（12.1％），以下日本0.48兆ドル
（7.4％），ASEAN0.43兆ドル（6.7％），中国0.25兆ドル（3.9％）であった。外資
導入・輸出指向工業化戦略によって高度経済成長を疾駆し，「世界の工場」とな
った中国である。中国の輸出額が日本のそれを超えたのが2004年，アメリカを追
い抜いたのは2007年であった（⇨資料終 - 3）。その後世界金融経済危機を間に挟

資料終 - 5　世界貿易（輸出）額トップテンの推移（1993，2003，2020）（100万ドル）

1993年			2003年			2020年		
国名	額	％	国名	額	％	国名	額	％
1．アメリカ	464,773	12.3%	1．ドイツ	751,560	9.9%	1．中　国	2,589,952	14.7%
2．ドイツ	380,517	10.1%	2．アメリカ	724,771	9.5%	2．アメリカ	1,424,935	8.1%
3．日　本	362,265	9.6%	3．日　本	471,817	6.2%	3．ドイツ	1,382,533	7.8%
4．フランス	222,229	5.9%	4．中　国	438,228	5.8%	4．オランダ	674,602	3.8%
5．イギリス	181,578	4.8%	5．フランス	392,039	5.2%	5．日　本	641,319	3.6%
6．イタリア	169,229	4.5%	6．イギリス	305,627	4.0%	6．香　港	548,773	3.1%
7．カナダ	145,178	3.8%	7．イタリア	299,333	3.9%	7．韓　国	512,498	2.9%
8．香　港	135,385	3.6%	8．オランダ	296,012	3.9%	8．イタリア	499,792	2.8%
9．ベルギー	125,026	3.3%	9．カナダ	272,739	3.6%	9．フランス	488,637	2.8%
10．オランダ	124,592	3.3%	10．ベルギー	255,617	3.4%	10．ベルギー	422,334	2.4%
世界の輸出総額	3,781,825	100.0%	世界の輸出総額	7,590,156	100.0%	世界の輸出総額	17,645,250	100.0%

（出所）　原資料は UNCTAD（Global Note〔https://www.globalnote.jp〕）より作成。

みながらも，中国の輸出は現在（2020年）までその規模を拡大させている。

　さらに長期的スパンでみた貿易額の変化について資料終 - 4 と資料終 - 5 に拠りながら，考察しよう。資料終 - 4 は，第 2 次大戦直後の1948年から現在（2020年）までの世界貿易額（輸出）に占めるアメリカ・日本・中国 3 国のシェアの変化を10年ごとに追ったものである。この資料から，戦争直後の圧倒的なアメリカのシェアが漸減し，80年代には日本がアメリカのそれに肉薄し，2000年代には日米両国がそのシェアを減らす中で，中国が両国を抜き去り，現代にいたっていることが見て取れる。資料終 - 5 は，世界の輸出貿易国トップ10を示した表であるが，1993年にはトップテンにも名を連ねていなかった中国（11位）が，30年近くを経て，トップ 1 になり，そのシェアも15%近くに達している。メイドインチャイナが私たちの身の回りに溢れている現実を物語る数字である。

　GDP と輸出でみた貿易の推移から，2000年から20年間，特に2008-09年世界金融経済危機以降の世界経済の地殻変動は明らかである。世界経済における中国経済の台頭，もはや揺るぎない現実であり，対照的に日本経済の地盤沈下も決定的である。第10章資料10 - 2 でみた通り，日本企業の海外での事業活動の高まりも考慮すべきではある。しかしもしそうであるとすれば，中国・ASEAN 地域を含

資料終 - 6　新型コロナウイルスの感染拡大を受けたサプライ・チェーンの寸断の一例

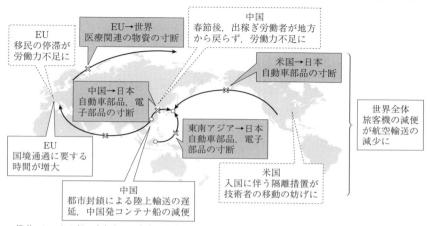

備考：シャドウ部の吹き出しは生産，実線部の吹き出しは物流，点線部の吹き出しは人の移動に関する寸
　　　断の例。

資料：Global Trade Alert，独立行政法人日本貿易振興機構「地域・分析レポート」，内閣府「景気ウォッ
　　　チャー調査」，Sixfold, Baldwin and Freeman "Supply chain contagion waves: Thinking ahead on
　　　manufacturing 'contagion and reinfection' from the COVID concussion"。

（出所）　経済産業省『通商白書2020年』第Ⅱ - 1 - 1 - 1 図より。

む東アジア地域をカバーした RCEP，あるいはアメリカが外れた CPTPP に加盟
申請している中国と台湾に対し，日本はいかなる外交戦略と通商政策で臨むべき
か，大いなる熟議が必要である。

⎡2⎤ サプライ・チェーンの寸断と物価上昇

　さて第 7 章で記した通り，グローバリゼーションの旗振り役でありかつ世界最
大の貿易赤字を抱えたアメリカこそは，2008-09年の世界金融経済危機の震源地
となった。危機は「最後の貸し手」としての FRB の緊急かつ巨額の融資によっ
て辛うじて鎮静化したものの，危機を契機に国内の所得格差が経済社会に深刻な
亀裂を生み出し，今日アメリカ社会は政治危機に直面している。そこにコロナ禍
が世界を襲い，サプライ・チェーンは寸断し，世界経済は大きく混乱することに
なった。資料終 - 6 は，コロナ禍が世界のサプライ・チェーンに各地で与えた影
響を示している。コロナ禍が広がる中，2021年 2 月に Brexit が実現し，英・EU
間の物流・通商が混乱する一方で，中国の「ゼロ・コロナ政策」により，武漢，

資料終 – 7　世界経済に押し寄せる価格高騰の波

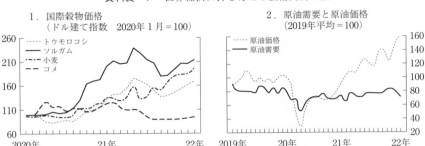

1．国際穀物価格
（ドル建て指数　2020年1月＝100）

2．原油需要と原油価格
（2019年平均＝100）

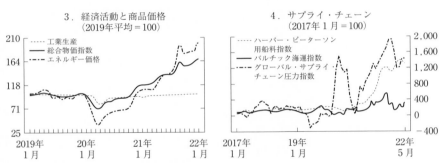

3．経済活動と商品価格
（2019年平均＝100）

4．サプライ・チェーン
（2017年1月＝100）

（注1）　ソルガムはアフリカ原産で世界五大穀物の一つ。
（注2）　ハーパー・ピーターソン用船料指数はコンテナ借上げ料の指数，バルチック海運指数は穀物・鉱石・セメント等の梱包されていないばら積み貨物を船倉に入れて輸送する貨物船の借上げ料の指数である。グローバル・サプライ・チェーン圧力指数（GSCPI）は，バルチック海運指数や各国の製造業購買担当者景気指数（PMI）等27の変数を用いて算出され，サプライ・チェーンに影響を及ぼす潜在的な混乱を示す。
（出所）　IMF, *External Sector Report, Pandemic, War and Global Imbalances*, Aug. 2022, p. 2

　上海，深圳，大連，成都，西安等70以上の都市で都市封鎖が行われてきたことから，「世界の工場」たる中国が係わるサプライ・チェーンは深刻な打撃を受けた。しかも2021年3月，日本の船会社が所有し台湾のEvergreen（長栄海運）が運航するコンテナ貨物船がスエズ運河で座礁し，地中海とインド洋を挟んだ欧州とアジア・大洋州との物流が大きな打撃を受けたことは未だに記憶に新しい。
　もっとも，こうしたサプライ・チェーンの寸断は，コロナ禍が引き金になったことは明らかであるが，すでにコロナ禍以前にサプライ・チェーン網の拡大には限界がみえていた点に注目すべきである。再び資料終 – 3に注目しよう。世界の輸出額は世界金融経済危機によって減少に転じた後，2014年まで回復・拡大する

資料終-8　世界経済における負債の増大（対 GDP 比）

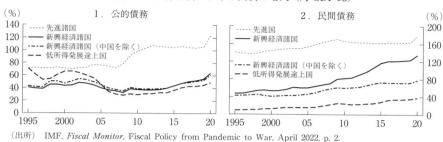

（出所）　IMF, *Fiscal Monitor*, Fiscal Policy from Pandemic to War, April 2022, p. 2.

が，15年以降は再び減少・停滞し，コロナ禍に突入しているのである。イギリスの経済誌 *The Economist* は，世界貿易のこうした停滞について，スローバリゼーション（Slowbalisation）*という新語を作って論説した。世界貿易の停滞にはいくつかの理由が考えられるが，その一つに輸送コストの低下が止まり，サプライ・チェーンの魅力が減じていることがあげられる。事実，世界貿易に占めるサプライ・チェーン貿易のシェアは2000年代後半に50％を超えピークに達したものの，その後頭打ちとなり，2010年代後半には50％を割り（世界銀行『世界開発報告2020』），コロナ禍に突入したのである。

　　＊　"Slowbalisation", *The Economist*, January 26th-Feburary 1st, 2019.

　こうした事態の上で，2022年2月のロシア軍によるウクライナ侵攻が勃発し，資料終-7に示される通り，今日エネルギーから穀物，そして物流コストも大きく上昇するに至っている一方で，生産水準は依然低迷したままである。

［3］膨張し続ける世界の債務とボラタイルな為替の動き

　そして指摘すべきことは（⇨資料終-8），2008年-09年の世界金融経済危機で巨額の財政支出を余儀なくされた政府債務の対 GDP 比が，コロナ禍を受けて再度増勢に転じていることである。同資料の原数字によれば，2005年世界の総債務額／世界 GDP 総額の比率は197％，2010年211％，2015年220％，2020年256％であった。特に世界の民間債務／世界 GDP 総額の比は2010年263％，2015年265％，2020年300％であった。民間債務には企業債務以外にも，給与所得の減収や失業した家計の民間債務が含まれるが，同債務もまたコロナ禍を契機に増勢に転じていた。そこで資料終-8をみれば，先進諸国の場合，2008-09年アメリカ発世界

金融経済危機に対し政府が財政措置を講じた結果，公的債務が増勢に転じる一方で，危機を契機にリスク・オフに走った民間債務が落ち着きを示すも，コロナ禍を契機にいずれも増勢に転じている。また，民間債務において注目すべきは，新興経済諸国と中国を除いた新興経済諸国において，前者のトレンド線が2005年を境に急勾配となって点である。両者の差は中国であるから，この急勾配は中国の民間債務であり，国を挙げて「土地本位制」に狂奔した様子がここでもうかがわれる。

　このようにみれば，2008-09年アメリカ発世界金融経済危機を契機に，中国が不動産等大規模開発事業を通じ GDP を膨張させ，そのためのエネルギー・原材料の輸入と輸出指向工業化戦略によって世界経済の機関車役となってきたことは明らかである。しかし，そうした中国経済の成長も GDP の約3倍に達する負債の累積によって実現してきたこと，そしてコロナ禍を契機に今や世界経済は巨額の公的及び民間債務を累積させているのが現状である。そうした中，本書で度々指摘してきたように，アメリカをはじめ世界各国の内外において格差が深刻化し，今や政治社会危機の様相を示しているのである。

　第7章末尾で記した通り，2022年春以降，アメリカ FRB はインフレ策として政策金利である F. F. 金利の引き上げに転じた。基軸通貨・ドルの金利引き上げである。そのため国際的金融資本取引を自由化している諸国からは，相対的に高金利となったアメリカに資金が流出し，資料終－9の通り，ユーロ，ポンド，日本円だけでなく，トルコ・リラ，インド・ルピア，タイ・バーツ，人民元等の新興経済諸国通貨の為替レートが大きく下落した。インフレ制圧を掲げたアメリカでは，FRB 議長はもとより，大統領も今や「強いドル」を歓迎しており，FRB の短兵急な金利引上げが他の諸国の金融為替市場に与える影響に配慮する姿勢はみられない。

　こうして，世界最大の対外債務を抱えるアメリカ経済をファイナンスすべく，「ドル本位制」という非対称的国際決済システム下において国際的金融資本取引を「自由化」してきたことの矛盾が改めて浮き彫りになっているのが現実である。また上記の通り，コロナ禍を契機に世界各国では改めて債務が増大に転じている。したがって，各国とも債務を持続可能な水準でいかにコントロールしていくのか，ウクライナ危機によって一段と深刻なダメージを被ったサプライ・チェーンの修復と世界的な為替・金利の管理をいかに行っていくのか，こうした課題の解決に

資料終 - 9　アメリカの金利引き上げによる各国為替レートの下落

（出所）「仁義なき「通貨選別」円，バブル後最安値が示す政策の隙」『日本経済新聞』2022年10月17日。
　　　　但し，一部修正。

失敗すれば，世界金融経済危機の再来ともなりかねないのが現実である。こうし
た世界経済の現実に対し，新自由主義的グローバリゼーションは，打開の道筋を
見出すことができるであろうか。

　もっとも，その道筋を見出すことはきわめて困難であるのが現実である。その
最たる難局が，世界第1位と第2位のGDPを擁するアメリカと中国の世界覇権
をめぐる経済対立である。次にみておこう。

第2節　世界経済秩序の動揺と混迷

　1　米中経済摩擦の帰結とアメリカの経済覇権

① 貿易摩擦

　2017年1月のトランプ政権発足を契機に，米中貿易摩擦が激化してきた。大き
な展開がみられたのは2018年1月，アメリカが緊急輸入制限（セーフガード）を
発動し，太陽光発電パネルに30%，洗濯機に20%以上の追加関税を課すことを発
表して以降である。続く3月には，安全保障上の脅威を理由に貿易相手国・地域
に対する制裁を認めるアメリカ通商拡大法232条に基づき，鉄鋼25%，アルミニ
ウム製品10%の追加関税30億ドル相当を行う方針を発表した。これに対し中国は

報復関税措置を講じ，米中間での応酬が続いた。その後アメリカは通商法301条を根拠に，中国からの輸入額の50％以上に対し追加関税を課した（⇨コラム8）が，米中間貿易不均衡からみれば，対中貿易赤字で輸入金額の大きいアメリカの方に追加制裁関税の余地は残っていた。

　2019年もアメリカの対中輸入関税率引上げと引上げ対象品目の拡大が続き（8月中旬時点で対中輸入の96.3％が該当，JETRO資料より），中国からの中間製品輸入の80％以上が25％の報復関税率に直面した。またトランプ政権を支持するアメリカ大豆生産業者は，その輸出先の60％を中国に依存していることから，摩擦の影響を受ける国内の産業企業からの不満が渦巻き始めるようになった。2019年末段階で，アメリカの対中輸入平均関税は19.3％（摩擦勃発以前の6倍以上，他国からの輸入平均関税率3％）となった。対する中国の対米輸入平均関税率は21.8％（同約4倍，同6.5％）で，輸入の58.3％が対象となり，2017年輸入水準で90億ドル相当額となった。

　2020年1月15日米中間でフェーズ1の合意書が成立した。合意の結果，中国は2年間で財・サービスの輸入額を2017年の輸入水準から2000億ドル増やし，農産品についても320億ドルの輸入拡大を図ることになった。正に国籍主義の「Buy American（アメリカ製品購入義務)」策である。合意書によれば，25％関税率の対象品目の一部解除も検討されたが，実質的な措置はフェーズ2に譲られることになった。

　但し，2020-2021年の2年間に上記2000億ドルの輸入拡大を約束した中国ではあったが，実際には58％しか実現できていない[*]。バイデン政権は，まずこのフェーズ1の約束を中国に履行させたいようであるが，実現の見通しは立っておらず，フェーズ2の交渉も立ち上がる気配は現在のところはない※。

　　[*]　Chad P. Bown, 'US-China Trade War Tariffs: An Up-to-Date Chart', PIIE, April 22, 2022, 'US-China phase one tracker: China's purchases of US goods, With combined goods and services purchases for 2020 through 2021', PIIE, July 19, 2022を参照。

　もっとも，米中貿易摩擦は単なる貿易不均衡問題には留まらない。ICT, AI（人工知能）といったハイテク分野の知的財産権に係わる分野にも及んでいる。2017年に商務部・国家発展改革委員会が改訂した「外商投資産業指導目録」は，通信・自動車・船舶・航空機等，中国政府が高度化を目指す製造業分野を制限業種に指定した上，外資企業が中国市場で事業を行う場合には中国企業との合弁を

組むことを義務付けている。2019年6月，商務部は「关于中美经贸磋商的中方立場（中米経済貿易摩擦に関する中国の立場について）」という白書を発表し，摩擦は中国企業だけではなく，中国に進出している外資系企業の輸出についても甚大な影響を与えていること，そして中国の科学技術の発展は自力更生によるものであって，知的財産権の剽窃や合弁企業における強制的な技術移転では毛頭ないという反論を加えた。だが，2018年4月アメリカ商務省は中国側と交渉を詰める過程で，中国の通信施設・通信端末メーカーZTE（中興通訊）が対イラン制裁（アメリカ製品・技術禁輸）措置に違反したとして，アメリカ国内での向こう7年間の販売禁止措置を発表した（7月解除）。またアメリカは，安全保障を理由に，中国・Huawei（華為）のアメリカ国内での導入利用に規制をかけ，オーストラリア，日本にも同じような措置を講じるよう求めつつ，12月には同社副会長をカナダ・バンクーバーにて対イラン制裁違反の嫌疑で身柄拘束した。2020年夏にはTiktok, WeChat（微信）のアメリカでの利用が禁止となり，Tencentはアメリカ証券市場から撤退した。

② 金融摩擦

　2020年ともなると，安全保障問題との関りで，中国系企業のアメリカ証券取引所からの排除・撤退という国際金融領域に焦点が移ってきた。

　ところで，アメリカ議会は2000年「米中経済・安全保障検討委員会」を設置し，全米のビジネス界，学会等の識者を動員して公聴会を開催しつつ，調査レポートと年次報告書を公表している。2020年10月に公開されたレポートでは，NAS-DAQ，ニューヨーク証券取引所，そしてNYSE Americanの三大証券市場に上場された中国系企業217社（株式の時価総額は2.2兆ドル，うち13社は中国国務院直轄の国有企業いわゆる「央企」）の一覧リスト（中国移動通信，中国南方航空，中国東方航空，中国海洋石油，百度，Alibaba等）が示された。またこれら中国企業のアメリカ証券市場での上場をサポートした金融機関として，2008年9月のアメリカ発世界金融経済危機で破綻した投資銀行リーマン・ブラザーズやメリル・リンチ，モルガン・スタンレイ以外にも，J. P. モルガン，ゴールドマン・サックス，ドイツ銀行等，錚々たるグローバル金融機関が記されている。

　これら中国企業株は当然ながら中国或いは香港の株式市場にも上場されていることから，アメリカの証券市場へは二重上場（一般的に海外の企業等が発行する有価証券に対する所有権を示すドル建預託証書であるADR［米国預託証券］の発行）と

なる。第9章第4節 ③ では，中国国内株が MSCI（モルガン・スタンレイ・キャピタル・インターナショナル）等の新興諸国証券投資指数に組み入れられたと記した。つまり上記の世界的金融機関は，アメリカと中国・香港の証券市場を跨ぐ形で自己勘定での取引や預かり資産の運用を行っていたことになる。実際，SEC（アメリカ証券取引委員会）の報告書によれば，2020年4月段階でアメリカの対中国投資信託残高は435億ドル（A株〔上海株式市場の人民元建普通株〕372億ドル，債券63億ドル）で，CalPERS（カリフォルニア州職員退職年金基金）を始め，多くの公務員年金基金が資金運用をしている。

　だが，グローバル金融資本主義の本拠地ともいうべきアメリカの証券市場で資金調達した中国企業が巨額のR&D投資を行い，今やアメリカの科学技術水準と肩を並べ，あるいは「一帯一路」等を通じ既存の国際政治経済秩序を脅かすようになるや，アメリカの証券市場政策も変更されるに至った。その契機となったのは，2019年5月「中国版スタバ」といわれる Luckin Coffee（瑞幸咖啡）が，NASDAQ で一株17ドル総額5億6100万ドルの資本を調達したものの，その後会計不正が明らかになり，2020年5月上場廃止に追い込まれたことである。アメリカの投資家には巨額損失が発生し，同年末「外国企業説明責任法案」が議会で可決された。同法は，SEC が承認した独立会計監査組織である PCAOB（公開会社会計監視委員会）が上場企業の監査法人を3年連続で検査できなかった場合，その企業の株式を上場廃止にするという規定がある。つまり，同規定がアメリカ証券市場に上場する217社，時価総額2兆ドルの中国企業に適用された場合，これら企業の株式価値は紙クズとなってしまうのである。

　しかも，ケイマン諸島等タックス・ヘイブンに法人登録された VIE（変動持ち分事業体…企業が資本関係によらず一連の契約を通して別企業を実質支配する事業体で，中国政府の法的規制を受ける可能性がある）がアメリカ証券市場で上場を行っていることに対し，アメリカ側からは中国軍関係企業の関与という安全保障上の懸念が示される一方で，中国側からは規制を回避した海外での事業活動とみなされるようになった。

　以上のような経緯をへて，2022年夏場以降，Alibaba 以下，上に記した中国企業及びその他多くが相次いでアメリカ証券市場から撤退している。そしてその多くは，その後香港証券取引所に改めて上場している。もっとも，当の香港市場は中国のみならずこれまた欧米金融機関が密集する国際金融センターである。

③　半導体摩擦

　貿易摩擦がエスカレートする中，対象品目は産業の米粒といわれ民需と軍需の双方に利用可能なハイテク工業製品や半導体に移ってきた。特に2020年6月中国で香港を対象とした「国家維持安全法」が成立したことを契機に，中国の強権的手法の対象が次に半導体製造で世界をリードする台湾に移るのではないかという懸念が広がった。同年9月アメリカは中国・華為（ファーウェイ）への半導体製造装置販売を禁止し，台湾や韓国，日本の関係企業に対しても華為からの半導体受注を控えるよう要請した。その一方でコロナ禍が世界的に広がり，サプライ・チェーンが寸断する中で半導体不足が明らかになり，アメリカの中国製半導体への依存が露呈することになった。もっとも世界最大の半導体ファウンドリ（受託生産会社）である台湾 TSMC の中国工場は，最先端製品を中国では製造していないし，中国トップの半導体メーカー SMIC は，2020年末アメリカ製半導体製造装置の禁輸対象ともなり，その技術水準は現状，世界の先端水準と比べて低い段階にある。

　そして2022年6月，ペロシ下院議長の台湾訪問に対する中国軍の強硬な軍事演習を契機に，アメリカは安全保障の観点から同年8月予算総額520億ドルの「半導体支援法」を成立させ，国内での半導体工場建設・誘致を支援することにした。この結果，中国に進出していたアメリカ系半導体メーカーのアメリカ回帰と台湾や韓国の半導体企業のアメリカでの工場新設が進むこととなった。併せて，アメリカ製半導体製造装置の対中禁輸措置の厳格化が図られ，日本や韓国等もこうした政策に同調するよう求められている。

④　米中デカップリングの実相

　米中経済摩擦もすでに6年に及ぶ。この間米中貿易は2018年6615億ドル（アメリカの対中貿易赤字4817億ドル）をピークにして，その後やや減少したものの，2021年には6578億ドル（同3527億ドル）へと再び増大している。それにしてもアメリカの貿易収支赤字に占める中国のシェアは，2015年実に48.2％，2018年47.5％，2021年でも32.4％であった（数値はアメリカ商務省 BEA 資料より）。中国に進出したアメリカ系多国籍企業についてみれば，2019年売上額は3788億ドル（世界総額の5.6％），純利益286億ドル（同2％），雇用者数165万人（同11％）であった。[*]
アメリカ系多国籍企業が中国市場を外すことには，多大なコストを要することに注意したい。

＊ アメリカ商務省 BEA, Activities of U. S. Multinational Enterprises, 2019。ちなみに，タックス・ヘイブンであるアイルランドでのアメリカ系多国籍企業の同年売上額は4720億ドル，純利益2298億ドル，シンガポールでの売上額4475億ドル，純利益576億ドルであった。

　他方，第9章で記した通り，中国にとり ICT や AI のハイテク分野はまさに「中国製造2025」の生命線であり，米中半導体摩擦の行方は，中国製造業の在り方を大きく左右することにもなる。ましてや台湾問題ともなれば，第2次大戦以前の国共内戦の延長線上にあって，中国共産党にとっては存立根拠に係わる案件でもある。たしかに，中国の対米証券投資，特にアメリカ国債保有状況をみると，2015年の1兆2712億ドルをピークに，2022年6月9678億ドルへと保有額を減らしている＊。しかし，最近のことに限っていえば，これには先に記したアメリカ FRB の金利引き上げに対する人民銀行の為替市場介入によるものであろう。

　　＊ 2015年〜2016年にかけては，第9章で記した通り，2015年の人民元為替相場暴落に対する為替市場介入資金を調達するために，中国はアメリカ国債を売却した。2019年6月以降，中国に代わって日本が世界最大のアメリカ国債保有国である（US Department of the Treasury, Treasury International Capital System 参照）。

　2020年7月，トランプ政権のポンペオ国務長官は，1972年2月に北京への電撃訪問を行って米中国交正常化に道を開いたニクソン大統領を記念したカリフォルニア州の施設で演説を行い，歴代政権の中国への「関与政策」が誤りであったと述べた。貿易・投資・金融を通じたアメリカの新自由主義的グローバリゼーション策が，対中関係を通じ限界に達したことの証左である。

　2022年10月，中国は第20回共産党大会（5年に一度開催）において，3期目となる習総書記（国家主席）を引き続き選出し，その権威主義的国家資本主義体制の先行きが懸念されている。その中国が自由貿易堅持を謳う一方で，今やアメリカは国益を露わに管理貿易的アプローチを強めている。米中対立は，貿易取引と知的財産権そしてマネーを介して，世界の覇権をめぐる国家の対立に転じている。

［2］ ウクライナ戦争と世界経済

　2022年2月末に勃発したロシア軍のウクライナ侵攻を契機に，西側先進諸国はロシアに対する経済封鎖網を敷いてきた。一つには，ロシアへの禁輸措置であり，もう一つはアメリカ政府がロシアのドル建国際準備資産を凍結した上で，ロシアをドル決済システムから排除すべく，ロシア系銀行の SWFIT 利用を禁じたこと

（⇨第9章第4節 3 ）である。こうした制裁措置に対し，ロシアはドイツ等EU諸国への天然ガス輸出を停止し，日本の有力商社も出資してきたサハリン2の天然ガス掘削企業からの日本向け輸出についても，先行き不透明といった懸念が拭えない。そして注目すべきは，3月初めの国連総会でのロシア非難決議において，BRICS諸国のうち，決議に賛同したのはブラジルのみであり，中国，南アフリカ，インドは棄権したことである。またブラジルにしても10月の大統領選挙で左派政権が誕生したことから（⇨第11章第1節 2 ），今後欧米主導の国連外交に賛意を示すかどうかは未知数である。

　このように，米中経済摩擦とウクライナ危機を契機に，世界経済は中国・ロシアを含むBRICSと西側先進諸国との間に分断されつつあるようにみえる。特に西側諸国による経済制裁を契機に，ロシアは対外決済にCIPSを利用するようになり，国際準備資産におけるドル及びユーロ建準備を減らし，人民元建資産及び金準備を増やす傾向にある。実際，中国海关总署（税関総署）の資料によれば，2022年1月〜7月の中ロ間貿易は633億元（中国の輸出235億元，輸入398億元）で対前年同月比49％増（ウクライナ貿易は対前年比45％減）であった。またIMFの資料によれば，公的準備として保有されている人民元3360億ドルの内，約3分の1の1050億ドルをロシアが保有している。[*]しかし，巻末資料2に示される通り，インドの主要貿易相手国は欧米であり，ブラジルの貿易相手国の第1位は中国ではあるが，欧米との貿易取引を外しては対外経済関係は成り立たない。南アフリカにしても同じである。

　＊　Arslanalp, S., Eichengreen, B. and Simpson-Bell, C., 'Dollar Dominance and the Rise of Nontraditional Reserve Currencies', IMF Blog, June 1, 2022.

　その一方で，コロナ禍に晒された世界経済において，他国を省みない自国中心主義的なアメリカFRBの金利引上げが続いている。そのためユーロや日本等先進諸国通貨は対ドル相場の下落を抑えるべく国内金利の引上げを余儀なくされている。また新興経済諸国・発展途上国からも資本流出は続き，為替相場の下落により既存のドル建債務の元利金負担が重くなる一方である。こうして一国の国民通貨でしかないドルが国際通貨・基軸通貨として君臨する以上，「ドル本位制」という現代の非対称的国際決済システムの矛盾は続いていく。そのことでアメリカの経常収支赤字と実体経済の「空洞化」も増幅し，アメリカ国内はもとより世界中の各国において格差と貧困化，そして政治的軍事的対立は絶望的な道をたど

ってゆくことになろう。

　そうであれば，「ドル本位制」の下，世界で唯一アメリカのみが享受する「法外な特権」の矛盾を正すべく IMF を改革し，かつて J. M. ケインズが唱えた「バンコール案」や SDR に着想を得つつ，国際流動性を発行しうる真の「世界銀行」を発足させること，新自由主義的市場原理に基づく WTO を中心とする国際経済システムやその厳格なルールを，多国間主義を尊重しつつ，世界経済の多様性を考慮にいれた公正かつ公平なルールに基づいて再構築すること，これ以外には世界経済の新たな展望は開けないであろう（⇨国際通貨制度改革の方向性については，第1章第2節 ［1］，第3章第1節 ［1］）。

第3節　グローバル化の進展と「不平等危機」

［1］　経済格差・不平等の拡大

　巨大な経済格差・生産性格差を背景に「同じ土俵での競争」としてのグローバル化は，冷戦体制の崩壊以降いっそう進んだ。特に金融経済化は世界経済を"カジノ"経済化した。タックス・ヘイブンは放置され金融取引税も導入されない中で，世界経済の一体性と同時に不安定性が強まった。その帰結が世界金融経済危機であり，新自由主義は行き詰まり的様相もみせているが，グローバル化はさらにすすんだ。「フラット化」ともされたグローバリゼーションだが，ほとんどの国で異なる階層が巨大な経済格差の下で参入せざるを得ない中，所得や富における格差・不平等は深刻である。SDGs においても「各国内及び各国間の不平等を是正する」（目標10）とされた（⇨本章コラム16）。しかし，17の具体的なターゲットに富の格差が含まれていないばかりか，所得格差でさえ2030年までに「各国の所得最下位40％の所得成長率について，国内平均を上回る数値を〈漸進的に〉達成し，持続させる」としているに過ぎない。

　資料終‐10の出典であるクレディ・スイスの資料によれば，2000年以降世界の富（純資産）は平均6.5％で増加し，途方もない巨額の富が少数の富裕層へ集中した。それは大多数の人々の生活・社会とは無縁の「過剰富裕社会」を生み出した。富の集中は主要国におけるミリオネア（億万長者）の増大からも明らかである。その数たるや，アメリカでは今や2000万人を超え（成人人口の9％弱），日本でも360万人（同3.5％）に増大した（2000年）。欧州も2000年代に急増して成人人

資料終 - 10　主要国における富の不平等・格差（2020年）

	アメリカ	日本	ドイツ	フランス	イギリス	中国	ロシア	ブラジル	インド
上位１％の超富裕層が純資産総額に占める割合（％）	36.3	18.2	29.1	22.1	23.1	30.6	58.2	49.6	40.5
純資産でみたジニ係数	85.0	64.4	77.9	70.0	71.7	70.4	87.8	89.0	82.3
所得のジニ係数（年）	0.38 (2021)	0.33 (2018)	0.3 (2019)	0.29 (2019)	0.36 (2020)	0.514 (2011)	0.32 (2017)	0.48 (2016)	0.5 (2011)

（注1）　ここでの「富」もしくは純資産とは，金融資産の価値に，家計が所有する実物資産（主に住宅）の価値を加え，債務を差し引いたものである。これは家計が作成する貸借対照表に相当し，所有している項目と売却した場合の純価値を一覧にしたものである。個人年金基金の資産は含まれるが，公的年金の受給権は含まれない。

（注2）　（出所）の資料によれば，純資産でみたジニ係数の場合，70以下であれば富の集中度は比較的低く，80以上であれば富の集中度は比較的高いとされている。

（注3）　所得のジニ係数とは社会における所得分配の不平等さを示す指標で，総ての人の所得が同じである完全に平等な社会を0とし，1人が所得を完全独占する全くの不平等なケースを1として算出する。したがって，この数値が大きいほど不平等が強いことを示す。ここでは租税等を通じ所得再分配が行われた後の数値を示している。

（出所）　クレディエ・スイス『グローバル・ウェルス・レポート2021』より。但し，所得のジニ係数については OECD 資料。

口に占める比率はアメリカのなお半分程度だが，ドイツで300万人弱となりイギリスやフランスでも250万人に迫った。オランダ，スウェーデン，デンマークなどの小国における増加はさらに顕著で，成人人口に占める比率は6.7～7.7％に急増し，「経済的な貴族社会が復興している」と評されるほどであった。

　実際，資料終 - 10に示される通り，上位１％の超富裕層が占める富は，主要国で最も低い日本でも18.2％で，その他の国は20％超である。アメリカは36.3％に上り新興国のロシアやブラジル等はさらに極端である。ただし2000年から急増したのは中国やインドだけで，その他の諸国では顕著な変化はみられない。

　富は所得ショックの緩衝において基軸的な役割を果たす。パンデミックがもたらした危機は，ほとんどの人（世帯）が富とは無縁な発展途上諸国だけでなく，国内の極端な不平等・格差を反映して先進諸国でも深刻である（OECD, 'Inequalities in Household Wealth and Financial Insecurity of Households', *Policy Insights,* July 2021）。

　OECD 諸国において下層の40％の世帯が富全体に占める比率はわずか３％（ドイツや日本は１％）で，最下層の世帯（20％）では純債務を抱えていた。これに対して，富裕層（10％）は富の過半を占め（アメリカではほぼ80％），中間層（50％）は45％であった。「未曽有の手段」で支援をしたとされる OECD 諸国でも，それ

は失われた所得をカバーするには「あまりにも遅すぎまた不十分」であった。富を（ほとんど）もたない、つまり所得ショックに対処する資力がない人々において危機は特に深刻であり、所得で最小限の貯蓄しかない世帯に「不均衡な衝撃」をもたらした。最近の調査によれば、4人に1人が資金的困難を緩和するために貯蓄を引き出すか資産を売却している。特に雇用喪失を経験した世帯に属するより低所得者ではほとんど2人に1人であった。2018年の時点ですでに低所得層の40％以上の人が、世帯所得の下落に際して引き出しうる十分な貯蓄をもっていなかった。OECDも金融面で不安定で傷つきやすい世帯の「経済的な復元力を再構築」する政策が必要としている。

　富の格差ほど極端ではないが、所得格差も極めて深刻である。世界大でみるとエレファントカーブが示すように（⇨第1章コラム2）、グローバリズムの下で成長の恩恵は、もっぱら先進国を中心とした超富裕層と中国など新興国の中間層にもたらされたに過ぎない。先進国の中間層や下位中間層はもとより、途上国のほとんどの人々はそれに浴することができなかった。

　相対的に高成長を遂げ中間層にも成長の恩恵がもたらされたとされる中国、インド、ブラジルの所得のジニ係数は0.5前後である（ロシアは0.32）。こうした新興諸国だけでなくOECD諸国でさえ深刻な格差・不平等のもとで、最低限の貯蓄すらもてず日常的に「生活費危機」に直面している多くの低所得層が存在することが明らかになった。所得格差の拡大は1980年代以降顕著で、多くの国でジニ係数は上昇した。この間の成長はもっぱら富裕層を潤したにすぎず、とくに世界金融経済危機は中間層の縮小をもたらしたとみられる。新自由主義を主導してきた米国ではジニ係数はほぼ0.4となり、イギリス、日本、カナダなどでも不平等は深刻である。EUでも南欧諸国だけでなくドイツやフランスでも0.3前後の水準となり、福祉国家の典型とされてきたスウェーデンやデンマークでもジニ係数はかなり急速に上昇した（0.27〜0.28）。貧困リスクの点からみると、特にスウェーデンの貧困リスクにある人の割合は、今やドイツやフランスはもとよりEU平均を超えて6人に1人以上である。これは20％を超えるイタリアやギリシャより低いが、ポルトガルと同水準である（⇨第8章資料8-4）。

　それだけでなく世界金融経済危機以降、厳しい財政規律の下で生活の困難はさらに広がった。こうしたなかで8割を超えるEU市民が自国の所得格差は過大で、政府は何らかの対策を講じるべきとした（欧州委員会『EUの公平、格差、世代間

移動に関するユーロバロメータ特別調査』2018年4月）。

　不平等は所得階層別でみた世界の炭素排出量にも反映され，気候危機とも密接に関連する。31億人弱を占める中間層40％の排出量は，204億トンで全体の40.4％である（2019年）。これに対して下層の50％（およそ38.6億人）の排出量は61億トンで12％に過ぎなかったが，富裕層10％（7.7億人超）の排出量はその約4倍の240億トンで47.6％を占めた。一人当たりでみると下層に属する人々が1.6トンであるのに対して，富裕層は20倍近い31トンに上っている。炭素排出量は富裕層が圧倒的なのである（Lucas Chancel *et. al*, *World Inequality Report 2022*, World Inequality LAB）。

　気候危機を含めて現代の危機を「不平等危機」とみる国際的なNGOのOXFAM（オックスファム）は，次のように論じている。極端に不平等な気候危機のコストは破滅的で，気候破壊は様々な形で人々を殺す。栄養不良，病気，極端な猛暑，気象関連の災害のほとんどは低・中所得国で生じる。最富裕層による過剰消費を削減する努力は，気候危機に対応するために決定的である。富裕税は（炭素税や奢侈的な炭素集約的な商品の禁止とともに），並外れた富，権力，消費を取り上げる歴史的な努力の一部として必要である。

　こうした不平等を象徴する富の集中と対極にあるのは，貧困や飢えに他ならない。以下，あらゆる形態の貧困や飢餓の撲滅，食料の安定保障及び栄養改善等を実現し，持続可能な農業を促進するとのSDGsの目標1及び2（⇨本章コラム16）に関連する世界の現況を明らかにしよう。

　世界全体でみるとアジア地域などを中心に2000年代を通じて極端な貧困や飢える人々は減少してきたが，近年は逆転の傾向もみられるうえパンデミックが深刻な影響を及ぼしている。国連諸機関は，次のようにその現状を指摘している。すなわち，SDGsの目標年までに残された8年の時点（2022年）で，世界は「逆の方向」に動いている。すでに「壊滅的な飢餓」の状況にあるが，さらにもう一つの危機ウクライナの戦争が，グローバルな食糧保障に影響し，近い将来多くの国の食糧保障や栄養不良等に影を落とすものと案じられる（FAO, IFAD, UNICEF, WFP and WHO, *In Brief to the State of Food Security and Nutrition in the World 2022*, 2022）。

　貧困を食糧（食事）という視点からみると，それほど深刻でない状況を含めて食糧不足に陥った人は23億人，健康的な食事に手の届かない人では実に約31億人

資料終 - 11　飢餓に直面する人々（2005〜2021年）

	2005年	2010年	2015年	2019年	2020年	2021年
人数（100万人）	805.5	601.3	588.6	618.4	721.7	767.9
世界人口に占める比率（％）	12.3	8.6	8.0	8.0	9.3	9.8

（注）　2020年は推定値675.5〜765.2百万人（8.7〜9.8％）の中間値，2021年は701.9〜828.9百万人（8.9〜10.5％）の中間値。

（出所）　FAO *et. al, op. cit,* p. 13, Figur2 より抜粋，作成。

にのぼった（2020年）。資料終 - 11によれば，2005年に8億人超であった栄養不良のもとにあるつまり飢餓に直面している人々は，2015年には6億人弱まで減少した。その後2017年から漸増しさらにパンデミックの影響で大幅に増大し，2021年には約7.7（最大8.3）億人にのぼったとみられる。これは「世界的なまた国内における不平等の悪化を反映」したものである。

　むろん地域的な不均衡はきわめて大きく，人口に占める比率でみると先進国を中心とする北米と欧州では2.5％未満で，オセアニアでも5.8％である。しかし，ラテンアメリカで8.6％，アジアで9.1％，そしてカリブ海では16％超である。さらに圧倒的多数の人々が1日5.5ドル以下の生活のもとにあるLDC（後発途上国，人口11億人弱）の多いアフリカでは，2015年以降急増して20％を超えるにいたっている。

　このようにグローバル化の進展は「過剰富裕社会」を生み出す一方で，貧困や差別を拡大した。こうした世界的規模での「不平等危機」は，パンデミックやロシアによるウクライナ侵攻を背景とした物価・資源価格の急騰により浮彫りとなりいっそう深刻になった。

[　2　] 民主主義の危機とポピュリズムの台頭

　「不平等危機」は政治体制にも重要な影響を及ぼし，新自由主義的グローバル化を推進してきた先進諸国においても民主主義は脅かされるにいたっている。法人税の引下げ競争の下で所得税の累進性を弱める一方で，逆進性の強い付加価値（消費）税は引き上げられた。さらに社会保障・福祉体制の衰退も進んだ。富裕層が優遇される中で中間層は縮小し，所得格差の拡大の下で貧困も構造的に定着した。また派遣労働などの非正規労働が広がる中で階級・階層間の経済的社会的な分断は深刻になり，また教育水準による格差やジェンダー問題さらに人種的・

民族的な分断も鋭くなった。

　こうした社会的次元における民主主義の形骸化・危機をもたらした既成政治に対する幻滅や怒りを背景にポピュリズムが台頭した。それは既成政党などを特権的な既得権益層などとみなして批判する「下」からの運動であった。

　「不平等危機」という視点からみれば政治運動としてのポピュリズムの台頭は，深刻な格差を問題として民主主義の再生を求める動きと，逆に意図的に分断・差別を進める排外主義的な潮流に大別される。これはアメリカでは既成政党のもとでの急進左派的な“サンダース旋風”と，それとは対極的なトランプ政権の誕生として現れた（⇨第7章第3節 3 ）。欧州でも基本的には同様で，「反緊縮」を掲げる急進左派的な潮流と排外主義的な色彩の潮流に分類できる。

　ただしポピュリズムの影響力が広がる中で，アメリカとは異なり既成政党とくに社会民主主義系の政党の衰退が顕著であった。その背景には1990年代後半にドイツ・フランス・イギリスなど主要国を含め多くの国で社会民主主義系の政党が政権を握り EU 統合を主導しながら，不平等の改善や社会保障や公的サービスの拡充などをもたらさなかったことに対する失望がある。特にイギリスで T. ブレア（労働党）が「第3の道」を，ドイツでは G. シュレーダー（社会民主党）が「新しい中道」を掲げて，共同宣言（「ヨーロッパ - 第3の道／新中道」1999年）を発して国際的にも期待された。しかし，現実には，成長・競争力重視の中で新自由主義的な路線を継承・推進したに過ぎなかった。換言すれば，すでに深刻化していた不平等・格差の拡大あるいはその構造的な定着であった。

　その後，政権交代も生じる中で勃発した世界金融経済危機は，中間層を含めて多数の人々の生活・労働にさらに深刻な影響をもたらした。こうした状況を背景に世界的に衝撃を与えたのが，UKIP（イギリス独立党）の大きな影響の下で生じたイギリスの EU 離脱であった（⇨第8章5節）。

　そこで以下では，EU 諸国の政治社会概況について記していく。はじめに，急激な市場経済への転換の中で，危機以前に多くの人々が生活の困難に直面していた東欧のハンガリーとポーランドを取り上げる。民主化の優等生といわれたハンガリーだが，2010年に成立したフィデス＝ハンガリー市民同盟の V. オルバーン政権は新たな基本法（憲法）において家族及び民族を「共生の最も重要な枠組み」とした。現在も続くオルバーン政権は反多元主義的・排外主義的色彩を強めるとともに，司法の独立の制約さらにメデイアや NGO 等に対する規制など権

威主義的体制を強めていった。ポーランドでも2015年の総選挙で圧勝した「法と公正」（2001年結成）の主導する政権が，同様に排外主義的なまた権威主義的傾向を強めている。

　次に，特に深刻な債務危機に見舞われた南欧3カ国を取り上げる。イタリアは南北間の地域格差・対立もあり，以前からポピュリズム的な政治が広がっていた。中道右派連合のS.ベルルスコーニ政権以降多くの政権が登場したが，厳しい財政規律の下で経済再建に成功しなかった。2018年には左派的な面も有するポピュリズム政党の「五つ星運動」（2009年発足）と排外主義的な「同盟」（旧「北部同盟」1991年発足）という全く異なる志向のG.コンテ連合政権が誕生した。その後第2次コンテ政権を経て，2021年には主な政党がすべて参加する挙国一致的なM.ドラギ連立政権が発足したが，やはり短命に終わった。

　2022年10月には極右的な「イタリアの同胞」（2012年発足）を中心とする「同盟」と「フォルツァ・イタリア」の右派連合政権が成立した。イタリア初の女性首相G.メローニが誕生したが，これは「イタリアの同胞」がドラギ政権に参加せず急速に支持を広げて第1党になった結果である。

　EUあるいはトロイカ（欧州委員会，ECB，IMF）の支援を余儀なくされたスペインやギリシャでは急進左派的なポピュリズムが広がったが，一時的なものにとどまった。

　ギリシャではトロイカ体制の下で反緊縮を掲げた「シリザ（急進左派連合）」（2004年結成）が支持を拡大し，2015年にはA.チプラス政権が誕生した。経済再建のために債務削減を求めたが交渉は行き詰まり，緊縮反対の国民投票の結果もEUによって無視された。結局，チプラス政権も緊縮財政等を基本的に受け入れたことで失望が広がり，2019年には中道右派の新民主主義党政権が成立した。ただし，「シリザ」は第2党として中道左派の全ギリシャ社会主義運動が消滅した中でそれに代わる位置を占めている。

　スペインでは2011年に不平等などに抗議する市民運動（M-15運動）が生じ，それを背景に急進左派的な「ポデモス」（2014年）が支持を広げた。国民党が勝利した2015年の総選挙では，「ポデモス連合」（統一左翼と選挙協力）は社会労働党とほとんど肩を並べるにいたった。ただし，その後は「シリザ」の不人気の影響などもあり弱体化した。2020年の社会労働党主導の第2次P.サンチェス少数派政権の一角を占めたが，第4党に過ぎない。代わって新興の極右政党「VOX

（ボクス）」が急速に勢力を拡大して第3党となった

　それでは EU を主導してきたフランスやドイツではどうであったか。フランスでも既成政党，特に中道左派政党の衰退が顕著であった。富の再分配を掲げて2012年に誕生した社会党の F. オランド大統領が，企業寄りの政策をとったことに対する幻滅は大きくその後社会党は凋落した。それは「前進！」（その後「共和国前進」から「ルネッサンス」に改称）を立ち上げた E. マクロン大統領（2018年）の誕生につながった。総選挙にも勝利したマクロン政権が新しい装いの下で新自由義的路線をさらに進めたことで，燃料税の引上げ等に抗議する大規模な"黄色いベスト"運動などが生じた。

　こうした中で2022年の大統領の決選投票は，前回以上に極右の「国民連合」（旧「国民戦線」から改称）の M. ルペンに対する薄氷の勝利に過ぎなかった。極端な排外的傾向を薄めて，福祉を強調するなど"脱悪魔化"したとされる「国民連合」が影響力を強めたのである。他方，J. L. メランションの急進左派「不服従のフランス」（2016年結成）も影響力を拡大した。決選投票には残れなかったが，M. ルペンとの差はごくわずかであった。その後の国民議会選挙でもマクロン大統領の中道右派連合が勝利したが，「国民連合」も89議席と大幅に躍進した。他方，最賃の大幅引き上げ，公共サービスの再建，富の再分配などの「共同の未来」政策綱領を掲げた「不服従のフランス」主導による「新人民連合」（緑の党や社会党などとの連合）は131議席を獲得して，右派連合の過半数を阻止した。とはいえ議会選挙の投票率はきわめて低く，議会主義政治への不信は依然として深刻である。

　これに対してドイツではギリシャ支援への反発などからユーロ離脱を掲げた AfD（ドイツのための選択肢，2013年結成）が台頭した。2017年の連邦議会選挙でキリスト教民主・社会同盟（CDU/CSU）と社会民主党の大連立（第3次 A. メルケル）政権が発足した。排外主義的な反移民・反イスラムへ傾斜していた AfD が第3党に躍進した。AfD が特に支持されたのは，左派の「左翼党」も一定の基盤をもつ旧東独地域で，ある州では CDU が AfD と協力して自由党の新首相を選出する事態も生じた。ただし，全国的に抗議・批判が高まりわずか1日で辞任，改めて「左翼党」の B. ラメロウ首相が選出された。

　2021年の選挙では社会民主党が第1党になり，2005年以来となる O. シュルツ（大幅に躍進した緑の党と自由民主党との連立）政権が誕生した。「左翼党」が大幅

に後退し，AfD も第5党となったが旧東独地域ではなおかなりの影響力をもっている。このようにドイツではフランスとは異なり，既成政党は相対的に衰退しつつもなお支配的でポピュリズムは大きな流れとはなっていない。

　典型的な福祉国家であったスウェーデンでは，治安の悪化，移民問題，インフレが主な争点となった2022年9月の総選挙で，中道・左派連合（社会民主労働党は第1党を維持したが）は僅差ながら右派連合に敗北した。その結果，中道右派の穏健党を中心とする U. クリステンション連立政権が誕生した。大幅に躍進して第2党となった極右的な「スウェーデン民主党」（1988年結成）は閣外協力にとどまった。党員の人種差別発言を禁止するなど穏健化したとされるが，その政治的な影響力は大きいとみられる。

　以上みたように欧州ではしばしば中道右派政党の妥協的な姿勢もあり，極右的な潮流が影響力を強めている。これに対して急進左派的なポピュリズムは，フランスを別とすれば弱体化している。単純化すれば多数派形成などのために中道左派的な路線に変質したことで，失望・幻滅が広がったと思われる。

第4節　結　語

　第2次大戦後の世界経済の秩序は，IMF・GATT のルールの下で開始され，紆余曲折を経ながら展開した。1950年代の財貿易の自由化（エンベデッド・リベラリズム＝制限された自由化）に始まり，1960年代には直接投資の自由化が進行，そしてその動きは加速化し，1970年代〜80年代には証券投資の自由化を経て国際経済取引に関わるすべての外国為替取引の自由化まで行きつき，併せてサービス貿易の自由化も進展することで，新自由主義的グローバリゼーションが確立してきた。

　もっとも，その現実はアメリカ中心の国際貿易ルール作りであり，ドルを基軸通貨とした非対称的な国際決済システムであった。それにもかかわらず，自由化と効率化の名の下に，こうした現実をあたかも公平かつ公正なルールであるかのように粉飾してきたのが新自由主義イデオロギーであった。

　こうして「ドル本位制」という現代の非対称的国際決済システムが続く限り，アメリカの経常収支赤字と実体経済の「空洞化」も増幅し，アメリカ国内はもとより世界各国において格差と貧困化は絶望的な道をたどってゆくことになろう。

その帰結は排外主義的なポピュリスト国家の簇生（ぞくせい）である。

　しかし，アメリカ自身も実体経済面でいえば，かつて *American Dream* を支えた製造業地帯は新自由主義的グローバリゼーションによってラスト・ベルトに変貌し，アメリカの民主主義を支えてきた多くの中産階級が没落を余儀なくされた。彼らは，新自由主義的イデオロギーを代弁する WTO やメガ FTA に対して，2010年以降，一層否定的になり，D. トランプ政権を誕生させる一因となった。そして続くバイデン政権も WTO やメガ FTA に対してはトランプ政権の政策を継承している。つまり，アメリカは自ら作り出した新自由主義に基づく貿易システムやルールを否定し，修正しようとしている点に注目しなければならない。

　それだけではない。危機から10年有余が経過し，「世界の工場」として世界第2位の GDP を擁し，世界第1の貿易大国となった中国が，今やアメリカ中心の国際政治経済秩序に挑戦している。アメリカがリードしてきた新自由主義的グローバリゼーションは，その恩恵を最も享受してきた中国から反撃を受けるに至っている。歴史の皮肉としかいいようがない。

　こうした中で2020年初頭から世界に蔓延したコロナ禍は人々の日々の営みに甚大な影響を与えた。コロナ禍は，グローバリゼーション下で構築されてきた企業の世界的生産・物流ネットワークを寸断しただけでなく，今や多くの国で最も雇用者数が大きい第3次産業，特に対人サービス産業を直撃し，人々の生活の行く末に依然暗い影を落としている。2022年2月末に勃発したウクライナ戦争は，こうした危機的世界経済の現実を一段と深みに追い落とすものであった。グローバル時代の申し子として1999年に誕生し，グローバルガバナンスの象徴ともいわれた G20 財務大臣・中央銀行総裁会議（2009年からは G20 首脳会議も開催）は，今や空中分解し，G7 と新興経済諸国との対立・分断が明らかとなった。もっとも，かつては BRICS としてスポット・ライトが当たった新興経済諸国とて決して一枚岩ではない。

　しかしいずれであれ，新自由主義的グローバリゼーションは，権威主義的国家資本主義や排外主義的ナショナリズムに訴えたポピュリスト国家を生み出す一大背景ともなっている。1930年代に J. M. ケインズが警鐘を鳴らした通り，自由主義的市場経済は経済危機に至るのである。そして歴史の教訓を踏まえれば，世界大恐慌という危機の後には，第2次世界大戦という未曽有の災厄を人類は経験してきたことを想起すべきである。

　ところで，本書の関係各所で記してきた通り，1970年代以降の金融の「自由化」・「国際化」において，金融証券取引税制は優遇され，累進課税制度の内実も大きく掘り崩されてきた。また投資を促すべく度重なる法人所得税減税が行われてきだけでなく，多国籍企業の展開とともに二重課税回避を名目に外国税額控除制度が拡充され，タックス・ヘイブンも放置されてきた。企業活動の本拠地にて本来課税対象であった法人所得はタックス・ヘイブンに漏出し，マネー・ロンダリング問題もまた深刻化している。

　先進諸国，今日いずれも所得格差が深刻化する一方で，各国財政は税収不足に陥り，累積する財政赤字・公的債務は財政の「持続可能性」を問う事態となっている。公平・公正な税制改革が急がれる。2021年10月グローバル企業の課税所得ベースを世界で共有化し，最低15％の法人税率を課すOECD案が136カ国の同意をもって成立し，2023年から施行されることになっている。法人税減税の「底辺への競争」に一応歯止めがかかったようではある。もちろん，法人税増税に企業は反対しよう。しかし，日常の企業活動とて租税が投入された公共施設・サービスそして人材に支えられていることは歴然としている。求められるのは企業の社会的公共的使命である。

　確かに新自由主義的グローバリゼーションによって，一定の発展途上国が飢餓を脱し，特に東アジアの新興経済諸国は高度経済成長を経験してきた。もっとも終章の第3節で論じたように，直近では，世界の飢餓人口は増加に転じているし，新興経済諸国の多くが，戦後先進諸国が曲がりなりにも備えるにいたった社会保障制度を有することなく，グローバリゼーションの波に飲み込まれてきた。かの中国でさえも今後少子・高齢社会を迎え，社会保障制度の確立が急務であるといわれている。

　しかも新自由主義的グローバリゼーションの下，繰り返されてきた地球規模での乱開発は，気候変動による渇水と砂漠化，洪水と土壌破壊を招き，その土地で代々暮らしてきた人々を飢えと貧困に陥れてきた。そして次には武力紛争・内戦が勃発してきた。こうして人々は命の安心・安全を求めて経済難民・政治亡命者となり，地域を超えてそして国境を越えて豊かな先進諸国へ移動・移住を余儀なくされてきた。しかし，行き着いた先で今度は限られた雇用枠をめぐり，あるいは‘社会保障のタダ乗り’との誹りを受け，排外主義に晒されてきたし，現在ますますその傾向が高まっている。

　このように考えれば，新たな価値観に基づいた世界の政治経済秩序の確立が求められる。もとより，眼前の世界の政治経済をみれば，そうした理念を考える空間さえないのが現実である。

　だが，私たちが戦後70有余年，特に1980年代以降たどってきた新自由主義的グローバリゼーションの道を歩み続ける限り，人類は引き続き貧困と差別，社会的分断と武力紛争に苦しみ，そして遂には気候変動によって存亡の危機に瀕することになることもまた予見可能な現実なのである。

[推薦図書]

水野和夫，2022.『次なる100年――歴史の危機から学ぶこと』東洋経済新報社…世界史とは蒐集の歴史であると著者はいう。そこには蒐集する側とされる側が存在し，このシステムが機能不全に陥ると「歴史の危機」が起きるという。現代は近代以来続くこの蒐集のシステムが危機に面している時代という。ここでの蒐集を資本蓄積と言いかえれば，それは K. マルクスの資本家対労働者との対立という資本主義観である。しかし，本書とマルクスの歴史観との近似性は別として，巨額債務を抱えた世界経済がゼロ金利＝将来利潤率ゼロに長期に及んでいる現状は，正に資本主義の危機というに相応しい。

トマ・ポルシェ／岩澤雅利訳，白井聡解説，2021.『「経済学」にだまされるな――人間らしい暮らしを取り戻す10の原則』NHK 出版…新自由主義的グローバリゼーションと主流派経済学に対し，A. スミス，K. マルクスの所説を踏まえつつ批判している。但し，MMT にやや親和的である点で本書第12章の見解とは異なっている。

松本朗・紺井博則，2021.『グローバル経済と債務累積の構造』晃洋書房…2008年-09年アメリカ発世界金融経済危機を契機に，世界的に巨額の債務が累積してきた経緯と現状について分析している。

斎藤幸平，2020.『人新世の資本論』集英社…人類の経済活動が地球を破壊する「人新世」＝環境危機の時代。気候変動を放置すれば，人類は存亡の危機に瀕するだろう。これを回避するには，我々の経済システム＝資本主義の飽くなき利潤追求を止めなければならない。K. マルクスの自然哲学・唯物論をベースにした若き論客による現代資本義批判の書である。

（山本和人・鳥谷一生・嶋田巧）

▶▶コラム16◀◀

SDGs：先進国と新興国・途上国間の見解の相違

　国連のSDGs（持続可能な開発目標）とは，国連193カ国が採択した17の目標を実現するために，政府と民間が力を合わせて努力する国際的な運動であると考えられている（17の目標については，下表を参照のこと）。しかし，実際のところ，SDGsの実現方法に対して合意が成立しているわけではない。例えば，欧米先進国と世界経済フォーラムは，目標13の「気候変動に具体的な対策」を達成するために，持続可能エネルギーへの移行と庶民の暮らし方の変化を目指しているが，新興国・途上国は，これは目標1の「貧困をなくそう」と目標2の「飢餓をゼロに」と矛盾しているのではないかという疑念をもっている。

SDGs17の目標

1．貧困をなくそう	2．飢餓をゼロに	3．すべての人に健康と福祉を	4．質の高い教育をみんなに
5．ジェンダー平等を実現しよう	6．安全な水とトイレを世界に	7．エネルギーをみんなにそしてクリーンに	8．働きがいも経済成長も
9．産業と技術革新の基礎を作ろう	10．人や国の不平等をなくそう	11．住み続けられる街づくりを	12．つくる責任 つかう責任
13．気候変動に具体的な対策を	14．海の豊かさを守ろう	15．陸の豊かさも守ろう	16．平和と公正をすべての人に
17．パートナーシップで目標を達成しよう			

　新興国・途上国は，気候変動は本当に危機なのか，または人間の責任ではなくてむしろ太陽活動に関連しており自然的な現象のではないかという疑問を抱いている。そのため，先進諸国と違って，成長には限界がないというように考え，自国の工業化を実現しようとしている。たとえば，BRICS諸国は，持続可能な経済開発を実現するためにエネルギー源のエネルギー密度を優先している。あるエネルギー源のエネルギー密度が高ければ高いほど，発電所やエネルギー網のインフラを建設したり，大量なエネルギーを発電したりするために必要な原材料などが相対的に少なくて済む。そのため，エネルギーの発電や送電などに必要な資本財と整備に対する費用がより高くなっても，エネルギー供給がいつも安定的であれば，中長期的にはエネルギーがより豊富で安価になるとBRICS諸国は考えるのである。

　これに対して，先進国は，太陽光発電と風力発電などの再生可能エネルギーを主張する。しかし，これらのエネルギー源のエネルギー密度は石炭よりも低くて，供給が不安定である。そのため，炭素税などで世界経済の再生可能エネルギーへの移行を促すと，世界経済の生産性が著しく低下する。生産性が下がったら，財の供給が減り，物価が大幅に上昇するから，「貧困を無くそう」と「飢餓をゼロに」というSDGsの目標1と目標2には逆効果で，貧困率は激増するのであろうと新興国・途上国は主張するのである。

　BRICS諸国，とりわけロシア，中国及びインドは，経済基盤の改善や拡大を通じて，ユーラシア大陸の貧困を無くそうとしているが，新たな世界経済成長戦略としてエネルギー密度が石油と天然ガスよりも遙かに高い核融合からのエネルギー発電に依存しようとしている。

　以上のように，SDGsが国連で合意されたからといって，その手段に対する意見が加盟諸国において一致しているということにはならない。むしろ，私たちは，先進国とBRICSなど新興国・途上国間の経済開発戦略が異なっていることを理解すべきであろう。

ポープ・クリス・G

巻末資料1　日本の国際収支

(100万ドル)

		2000年	2005年	2007年	2008年	2010年	2011年	2012年	2013年
経常収支		130,690	170,123	211,736	142,116	220,888	129,597	60,117	46,379
貿易・サービス収支		69,091	69,912	83,503	17,341	78,197	−39,544	−101,198	−125,128
貿易収支		117,968	106,964	120,601	55,277	108,524	−4,474	−53,484	−89,648
	輸出	454,301	570,982	680,623	749,118	735,436	789,951	776,640	694,940
	輸入	336,333	464,018	560,022	693,841	626,912	794,425	830,124	784,588
サービス収支		−48,877	−37,052	−37,098	−37,936	−30,327	−35,071	−47,715	−35,480
第1次所得収支		71,430	107,784	139,747	137,818	155,086	182,966	175,660	181,626
第2次所得収支		−9,831	−7,573	−11,514	−13,043	−12,395	−13,825	−14,345	−10,119
資本移転等収支		−9,258	−4,878	−4,029	−5,468	−4,964	497	−1,017	−7,681
金融収支		138,300	148,988	223,814	180,527	244,200	157,595	53,080	−4,238
直接投資		34,339	46,205	51,358	89,019	72,216	117,686	117,085	145,036
	資産	45,027	51,665	72,990	113,644	79,657	116,835	117,632	155,685
	負債	10,688	5,460	21,631	24,625	7,441	−851	547	10,648
証券投資		35,975	13,268	−73,129	282,689	144,768	−168,446	32,210	−274,652
	資産	83,362	196,397	123,453	183,915	256,411	95,655	141,605	−89,619
	負債	47,387	183,129	196,582	−98,774	111,643	264,101	109,394	185,033
金融派生商品		4,671	6,529	−2,796	−24,792	−11,944	−17,080	7,137	58,225
その他投資		14,359	60,660	211,856	−197,269	−2,035	48,810	−65,091	28,378
	資産	4,148	106,597	260,779	−135,277	130,144	92,678	121,127	185,080
	負債	−10,211	45,938	48,922	61,992	132,179	43,868	186,218	156,702
国際準備資産		48,955	22,325	36,524	30,880	41,196	176,624	−38,261	38,776
外為等準備資産		49,935	25,796	37,056	29,541	43,462	164,543	−34,897	38,134
誤差脱漏		16,868	−16,258	16,107	43,879	28,276	27,501	−6,019	−42,935

		2014年	2015年	2016年	2017年	2018年	2019年	2020年	2021年
経常収支		36,351	136,472	197,049	203,169	177,269	176,811	164,497	142,491
貿易・サービス収支		−128,605	−23,276	40,444	37,636	1,405	−8,615	−6,200	−22,513
貿易収支		−99,825	−7,335	51,163	43,836	10,587	1,361	28,806	15,878
	輸出	699,181	622,038	635,821	688,665	735,578	695,179	631,478	749,129
	輸入	799,005	629,373	584,658	644,829	724,990	693,818	602,672	733,251
サービス収支		−28,780	−15,941	−10,719	−6,200	−9,182	−9,977	−35,006	−38,391
第1次所得収支		183,921	176,017	176,311	184,482	194,053	198,026	194,643	187,197
第2次所得収支		−18,964	−16,270	−19,705	−18,949	−18,190	−12,599	−23,946	−22,193
資本移転等収支		−1,993	−2,253	−6,580	−2,499	−1,923	−4,131	−1,721	−3,825
金融収支		58,719	180,933	264,759	167,732	183,023	227,275	141,821	99,583
直接投資		118,172	133,163	137,656	154,948	134,929	218,525	105,156	122,537
	資産	137,924	138,415	178,610	173,750	160,218	258,458	171,139	149,859
	負債	19,752	5,252	40,954	18,802	25,289	39,933	65,983	27,322
証券投資		−40,342	132,434	268,042	−49,214	92,912	86,643	34,412	−196,649
	資産	116,701	305,767	300,776	103,550	188,255	184,890	159,280	−5,495
	負債	157,043	173,333	32,733	152,764	95,343	98,247	124,868	191,154
金融派生商品		34,338	17,910	−15,212	30,553	1,057	3,397	8,501	22,206
その他投資		−61,927	−107,701	−120,396	7,868	−69,798	−105,992	−14,851	88,721
	資産	107,410	−42,300	135,733	6,532	147,847	−9,459	155,694	76,296
	負債	169,348	65,401	256,129	−1,336	217,645	96,534	170,545	−12,425
国際準備資産		8,477	5,127	−5,331	23,577	23,923	24,701	8,603	62,767
外為等準備資産		9,908	7,137	−8,805	25,734	23,423	24,892	7,428	19,737
誤差脱漏		24,361	46,714	74,290	−32,937	7,677	54,272	−20,955	−39,083

（注）　経常収支＋資本移転収支−金融収支（直接投資＋証券投資＋金融派生商品＋国際準備資産）＋誤差脱漏＝0
　　　となる。

（出所）　IMF, Balance of Payments Standard Presentation 資料より作成。

巻末資料2　アメリカの国際収支

(100万ドル)

	2000年	2005年	2007年	2008年	2010年	2011年	2012年	2013年
経常収支	−403,460	−749,230	−736,554	−696,526	−432,002	−455,297	−418,112	−336,853
貿易・サービス収支	−372,522	−716,537	−711,000	−712,352	−503,078	−554,517	−525,907	−446,824
貿易収支	−446,783	−782,805	−821,193	−832,492	−648,673	−740,997	−741,118	−700,538
輸出	784,939	913,016	1,165,153	1,308,794	1,290,279	1,498,887	1,562,631	1,593,708
輸入	1,231,722	1,695,821	1,986,346	2,141,286	1,938,952	2,239,884	2,303,749	2,294,246
サービス収支	74,261	66,268	110,193	120,140	145,595	186,480	215,211	253,714
第1次所得収支	18,065	44,184	64,356	112,019	169,911	202,431	197,928	195,517
第2次所得収支	−49,003	−76,877	−89,910	−96,193	−98,835	−103,211	−90,133	−85,546
資本移転等収支	−2	950	−6,057	−172	−6,891	−9,021	931	−6,559
金融収支	−478,389	−714,052	−632,835	−747,066	−446,396	−525,863	−448,030	−400,080
直接投資	−162,755	−89,753	177,277	2,491	85,789	173,119	126,895	104,665
資産	186,370	52,591	523,890	343,583	349,828	436,616	377,240	392,796
負債	349,125	142,344	346,613	341,092	264,039	263,497	250,345	288,131
証券投資	−282,253	−564,748	−775,806	−807,954	−620,815	−226,262	−498,258	−30,689
資産	159,713	267,289	380,806	−284,270	199,619	85,364	248,760	481,298
負債	441,966	832,037	1,156,612	523,684	820,434	311,626	747,018	511,987
金融派生商品	…	…	−6,222	32,947	−14,076	−35,006	7,064	2,222
その他投資	−33,676	−45,464	−28,209	20,611	100,883	−453,697	−88,195	−473,190
資産	241,308	257,210	658,650	−381,755	407,453	−45,300	−453,522	−221,242
負債	274,984	302,674	686,859	−402,366	306,570	408,397	−365,327	251,948
国際準備資産	295	−14,087	125	4,839	1,823	15,983	4,464	−3,088
外為等準備資産	1,876	617	989	1,269	510	−450	391	317
誤差脱漏	−74,927	34,228	109,776	−50,368	−7,503	−61,545	−30,849	−56,668

	2014年	2015年	2016年	2017年	2018年	2019年	2020年	2021年
経常収支	−367,812	−407,356	−394,867	−365,261	−449,700	−480,228	−647,218	−846,354
貿易・サービス収支	−484,145	−491,262	−481,172	−513,785	−579,939	−576,865	−681,707	−845,050
貿易収支	−749,917	−761,866	−749,801	−799,340	−880,302	−864,332	−915,573	−1,090,295
輸出	1,635,563	1,511,383	1,457,394	1,557,004	1,676,950	1,652,437	1,435,125	1,761,365
輸入	2,385,480	2,273,249	2,207,195	2,356,344	2,557,252	2,516,769	2,350,698	2,851,660
サービス収支	265,772	270,604	268,629	285,555	300,363	287,467	233,866	245,245
第1次所得収支	200,311	185,377	197,021	257,794	251,172	236,344	181,572	139,496
第2次所得収支	−83,978	−101,471	−110,716	−109,270	−120,933	−139,707	−147,083	−140,800
資本移転等収支	−6,534	−7,939	−6,606	12,395	−4,197	−6,244	−6,030	−2,475
金融収支	−297,077	−333,159	−363,618	−334,104	−419,714	−395,545	−743,572	−740,740
直接投資	135,673	−209,363	−174,573	38,381	−412,780	−163,161	−59,141	−26,574
資産	387,529	302,071	299,815	405,376	−151,298	188,470	153,255	421,750
負債	251,856	511,434	474,388	366,995	261,482	351,631	212,396	448,324
証券投資	−114,932	−53,499	−194,982	−221,421	32,186	−133,405	−409,756	42,982
資産	582,677	160,411	36,285	569,376	335,261	46,571	350,214	719,092
負債	697,609	213,910	231,267	790,797	303,075	179,976	759,970	676,110
金融派生商品	−54,335	−27,035	7,827	23,998	−20,404	−38,340	−3,297	−41,902
その他投資	−259,899	−36,956	−3,992	−173,367	−23,720	−65,299	−280,346	−829,350
資産	−99,920	−258,831	−2,954	215,124	170,016	201,051	251,035	23,763
負債	159,979	−221,875	1,038	388,491	193,736	266,350	531,381	853,113
国際準備資産	−3,584	−6,306	2,102	−1,695	5,004	4,660	8,968	114,258
外為等準備資産	244	185	58	45	10	151	77	−152
誤差脱漏	77,269	82,136	37,855	18,762	34,183	90,927	−90,324	108,242

（注）　巻末資料1に同じ。
（出所）　巻末資料1に同じ。

巻末資料3　中国の国際収支

(100万ドル)

	2000年	2005年	2007年	2008年	2010年	2011年	2012年	2013年
経常収支	20,518	132,379	353,183	420,569	237,810	136,097	215,392	148,204
貿易・サービス収支	28,874	124,627	308,036	348,833	223,024	181,904	231,845	235,380
貿易収支	−13,566	130,129	311,715	359,886	246,426	228,701	311,570	358,981
輸出	111,332	694,870	1,131,606	1,349,974	1,486,412	1,807,805	1,973,516	2,148,589
輸入	124,897	564,742	819,891	990,088	1,239,986	1,579,105	1,661,947	1,789,608
サービス収支	42,439	−5,502	−3,679	−11,054	−23,402	−46,797	−79,725	−123,602
第1次所得収支	−14,666	−16,114	8,044	28,580	−25,899	−70,318	−19,887	−78,442
第2次所得収支	6,311	23,866	37,102	43,156	40,686	24,511	3,434	−8,733
資本移転等収支	0	4,102	3,099	3,051	4,630	5,446	4,272	3,052
金融収支	8,735	159,727	369,519	442,479	189,424	127,775	132,593	88,334
直接投資	−37,483	−90,379	−139,095	−114,792	−185,750	−231,652	−176,250	−217,958
資産	4,612	13,730	17,155	56,742	57,954	48,421	64,963	72,971
負債	42,095	104,109	156,249	171,535	243,703	280,072	241,214	290,928
証券投資	3,991	4,710	−16,443	−34,852	−24,038	−19,639	−47,779	−52,891
資産	11,307	26,157	4,522	−25,198	7,643	−6,248	6,391	5,353
負債	7,317	21,447	20,965	9,654	31,681	13,391	54,170	58,244
金融派生商品	…	…	…	…	…	…	…	…
その他投資	31,535	−5,578	64,405	112,570	−72,446	−8,733	260,068	−72,200
資産	43,864	44,660	154,769	97,578	116,262	183,604	231,680	141,962
負債	12,329	50,238	90,364	−14,992	188,708	192,338	−28,388	214,162
国際準備資産	10,693	250,975	460,651	479,553	471,659	387,799	96,555	431,382
外為等準備資産	10,898	252,573	460,865	478,342	469,556	384,818	98,673	432,696
誤差脱漏	−11,783	23,247	13,237	18,859	−53,016	−13,768	−87,071	−62,922

	2014年	2015年	2016年	2017年	2018年	2019年	2020年	2021年
経常収支	236,047	293,022	191,337	188,676	24,131	102,910	273,980	317,301
貿易・サービス収支	221,299	357,871	255,737	217,010	87,905	131,844	369,673	462,808
貿易収支	435,042	576,191	488,883	475,941	380,074	392,993	515,000	562,724
輸出	2,243,761	2,142,753	1,989,519	2,216,214	2,417,443	2,386,640	2,497,156	3,215,855
輸入	1,808,720	1,566,562	1,500,636	1,740,272	2,037,369	1,993,647	1,982,156	2,653,131
サービス収支	−213,742	−218,320	−233,146	−258,932	−292,168	−261,149	−145,327	−99,916
第1次所得収支	13,301	−52,199	−54,880	−16,478	−61,365	−39,184	−105,173	−162,031
第2次所得収支	1,446	−12,649	−9,520	−11,856	−2,410	10,250	9,480	16,524
資本移転等収支	−33	316	−344	−91	−569	−327	−77	92
金融収支	169,144	91,521	−27,555	−18,011	−153,806	−26,596	105,770	151,352
直接投資	−144,968	−68,099	41,675	−27,791	−92,338	−50,260	−102,554	−205,942
資産	123,130	174,391	216,424	138,293	143,027	136,910	109,922	128,037
負債	268,097	242,489	174,750	166,084	235,365	187,170	212,476	333,979
証券投資	−82,429	66,470	52,271	−29,498	−106,874	−57,948	−87,329	−50,962
資産	10,815	73,209	102,770	94,803	53,507	89,419	167,333	125,915
負債	93,244	6,739	50,499	124,301	160,381	147,366	254,662	176,877
金融派生商品	…	2,087	5,384	−354	6,153	2,355	11,409	−11,093
その他投資	278,758	434,004	316,741	−51,894	20,376	98,545	256,234	229,835
資産	328,909	82,465	349,906	100,847	141,803	54,886	314,166	387,332
負債	50,151	−351,538	33,165	152,742	121,427	−43,659	57,933	157,496
国際準備資産	117,783	−342,941	−443,625	91,526	18,877	−19,288	28,011	189,513
外為等準備資産	118,818	−342,316	−448,681	92,967	18,187	−19,797	26,187	146,732
誤差脱漏	−66,869	−201,817	−218,547	−206,595	−177,368	−129,178	−168,134	−166,041

（注）　巻末資料1に同じ。

（出所）　巻末資料1に同じ。

	人口 （100万人）	GDP （億ドル）	一人当たり 名目GDP （ドル）	インフレ率 （％）	失業率 （％）	政府債務/ GDP（%， グロス値）	対外投資 ポジション （100万ドル）	輸出額 （億ドル）	輸入額 （億ドル）
先進諸国・地域									
アメリカ	331.2	20兆9327	63,909	1.2	8.1	134.2	-14,011,242	1兆4316	2兆4075
日本	125.8	5兆486	40,255	0.0	2.8	259.0	3,422,134	6413	6354
イギリス	67.1	2兆7109	41,958	0.9	4.5	102.6	-650,297	4047	6347
ドイツ	83.2	3兆8030	46,678	0.4	3.8	68.7	2,618,744	1兆3806	1兆1704
フランス	65.3	2兆5989	41,585	0.5	8.0	115.2	-853,471	4883	5825
イタリア	59.6	1兆8849	33,040	-0.1	9.3	155.3	41,116	4961	4228
ギリシア	10.7	1892	18,863	-1.3	16.4	211.9	-354,953	351	557
カナダ	38.0	1兆6434	45,390	0.7	9.6	117.8	915,404	3905	4141
スウェーデン	10.4	5376	52,505	0.7	8.5	39.6	85,802	1556	1498
ノルウェー	5.4	3620	74,955	1.3	4.6	46.8	1,140,292	844	804
オーストラリア	25.7	1兆3593	54,571	1.4	6.5	57.8	-764,333	2505	2111
韓国	51.8	1兆6308	32,258	0.5	3.9	48.9	487,195	5124	4676
シンガポール	5.7	3399	63,706	-0.2	3.0	152.0	969,419	3625	3298
香港	7.4	3494	47,900	0.3	5.8	1.0	2,121,999	5487	5697
台湾	23.6	6590	26,690	0.3	3.8	32.6	n. a.	3471	2880
アジアの新興経済諸国及び開発途上諸国									
中国	1,412.1	14兆7228	10,216	2.4	4.2	68.1	2,286,798	2兆5902	2兆571
タイ	69.8	5018	7,433	-0.8	2.0	49.8	57,610	2314	2069
ベトナム	97.4	3408	3,377	3.2	3.3	41.7	n. a.	2825	2626
マレーシア	32.6	3382	10,851	3.8	4.5	67.8	16,813	2341	1898
フィリピン	108.8	3622	3,374	2.4	10.4	51.7	-21,333	637	906
インドネシア	270.2	1兆596	3,619	2.0	7.1	39.8	-279,975	1633	1416
カンボジア	15.7	259	1,949	2.9	n. a.	34.3	-19,701	172	191
ミャンマー	53.2	812	1,368	5.7	4.0	n. a.	-18,344	167	179
バングラデシュ	164.7	3291	1,850	5.6	n. a.	39.5	-41,928	336	528
インド	1,378.6	2兆7087	2,020	6.2	n. a.	90.1	-352,113	2763	3728
移行経済国									
ロシア	146.2	1兆4735	10,937	3.4	5.8	19.2	517,094	3322	2403
ウクライナ	41.4	1515	3,485	2.7	9.2	61.0	-21,903	492	539
イスラム・アラブ地域の新興経済諸国及び開発途上諸国									
トルコ	83.6	7195	9,064	12.3	13.1	39.5	-384,963	1696	2195
エジプト	100.6	3618	3,080	5.7	8.3	89.6	-202,641	266	598
サウジアラビア	35.0	7015	22,305	3.4	7.4	32.4	599,217	1738	1380
クウェート	4.7	26884	26,746	2.1	1.3	11.7	99,112	401	277
UAE	9.3	3542	37,129	-2.1	n. a.	40.4	n. a.	3192	2257
ラテンアメリカ地域の新興経済諸国及び開発途上諸国									
メキシコ	127.8	1兆761	9,395	3.4	4.4	60.3	-533,576	4176	3932
ブラジル	211.8	1兆4340	8,298	3.2	13.8	98.7	-554,240	2098	1662
チリ	19.5	2527	14,472	3.0	7.2	32.6	-25,000	735	592
ベネズエラ	28.0	472	24,76	2,355.1	n. a.	304.1	n. a.	50	66
アルゼンチン	43.9	3882	10,013	42.0	9.8	102.8	121,036	549	423
サハラ以南アフリカ地域の新興経済諸国及び開発途上諸国									
南アフリカ	59.6	3021	5,768	3.3	29.2	69.4	112,239	858	840
ナイジェリア	206.1	4294	2155	13.2	n. a.	34.5	-76,901	356	553
ルワンダ	12.7	103	811	15.7	n. a.	64.6	-7,140	14	25
タンザニア	58.0	632	1,070	3.3	n. a.	40.5	n. a.	60	78
ザンビア	18.9	185	1,240	6.6	n. a.	140.2	-27,999	78	53
シエラレオネ	8.0	42	529	13.4	n. a.	76.3	-1,227	4	12

（注）　UAE は United Arab Emirates（アラブ首長国連邦）の略称である。
　　　インフレ率は消費者物価の対前年比，失業率は全労働人口に対する失業者のシェア。
　　　政府純債務/GDP は，資産から負債を差し引いた純債務を GDP で除した値（%）である。ノルウェーの場
　　　輸出は f. o. b 価格，輸入は c. i. f 価格である。
　　　輸出入相手国のシェア数字は，WTO の原資料において，そもそも小数点の処理が統一されてはいない。
　　　輸出入でベネズエラは2013年の数値で，対外投資ポジションでベネズエラとシエラレオネは2016年，ザンビ
（出所）　IMF, *World Economic Oulook Database, Fiscal Monitor, Internationa Investment Position* の資料及び

の経済指標（2020年）

輸出相手国・シェア（%）	輸入相手国・シェア（%）
カナダ17.8、EU16.2、メキシコ14.9、中国8.7、日本4.5	中国19.0、EU17.6、メキシコ13.7、カナダ11.5、日本5.1
中国22、アメリカ18.5、EU9.2、韓国7、台湾6.9	中国25.8、EU11.4、アメリカ11.3、オーストラリア7.5.6、台湾4.2
EU46.2、アメリカ14.4、スイス5.0、中国4.7	EU46.3、中国11.9、アメリカ9.2、ロシア3.9
EU51.7、アメリカ8.6、中国8.7、イギリス5.5、スイス4.8	EU52、中国11.4、アメリカ6.7、スイス4.6、イギリス3.3
EU53、アメリカ7.6、イギリス6.3、中国4.1、スイス3.4	EU65.8、中国7.1、アメリカ4.8、イギリス3.8、スイス2.8
EU51、アメリカ9.8、スイス5.8、イギリス5.2、中国3	EU58.2、中国7.8、アメリカ3.1、スイス2.6、ロシア2.5
EU56.2、トルコ4.4、イギリス3.8、アメリカ3.7、中国2.8	EU54.2、中国7.7、ロシア6、イラク4.1
アメリカ73.4、EU5.3、中国4.8、イギリス3.8、日本2.4	アメリカ48.7、中国14.1、EU11.1、メキシコ5.5 日本2.5
EU51.2、ノルウェー10.5、アメリカ8.1、中国5.5、イギリス5	EU67.5、ノルウェー9、中国6.2、アメリカ4.2、アメリカ2.8
EU56.2、イギリス17.4、中国7.8、アメリカ4、韓国1.7	EU54.9、中国12.1、アメリカ6.8、イギリス5.4、カナダ2.5
中国40.8、日本12.4、韓国6.5、アメリカ5.3、イギリス4.2	中国28.8、EU15.8、アメリカ11.9、日本6、タイ4.8
中国25.9、アメリカ14.5、ベトナム9.5、EU9.3、香港6	中国23.3、アメリカ12.4、EU11.8、日本9.8、ベトナム4.4
中国13.2、香港11.4、マレーシア10.5、アメリカ8.8、EU7.8	中国13.7、アメリカ12.2、マレーシア11.6、EU10.6、台湾9
中国55.2、アメリカ7.2、EU6.6、イギリス3.3、スイス2.7	中国43.8、台湾9.4、EU6.5、シンガポール7.2、日本5.8
中国29.7、アメリカ14.7、香港14.2、日本6.8、EU6.6	中国27.2、日本16.1、アメリカ11.5、EU10.1、韓国7.2
アメリカ17.5、EU15.1、香港10.5、日本5.5、ベトナム4.4	EU2.61、台湾9.8、日本8.5、韓国8.4、アメリカ6.6
アメリカ12.7、中国12、日本9.9、EU8、ベトナム5（2019年）	中国21.1、日本14、EU7.7、アメリカ7.4、マレーシア5.5（2019年）
アメリカ23.2、中国15.7、EU13.5、日本7.7（2019年）	中国29.8、韓国18.5、日本7.7、台湾6.0、アメリカ5.7（2019年）
中国14.2、シンガポール13.9、アメリカ9.7、EU8.8、香港6.7（2019年）	中国20.7、シンガポール10.5、EU8.4、アメリカ8.1、日本7.5（2019年）
アメリカ16.3、日本15.1、中国13.6、EU11（2019年）	中国22.8、日本9.6、EU7.7、韓国7.3、アメリカ7.3（2019年）
中国16.7、アメリカ10.7、日本9.5、EU7.9、シンガポール7.7（2019年）	中国26.2、シンガポール10.3、日本9.1、EU6.7、タイ5.5（2019年）
アメリカ29.8、EU26.4、日本7.7、中国6.8、イギリス6.6（2019年）	中国37.4、タイ15.9、ベトナム13.4、日本4.4、台湾3.9（2019年）
中国31.8、タイ17.8、日本15.5、日本7.3、アメリカ5.1	中国36.3、シンガポール13.7、タイ10.7、インドネシア6
EU43.5、アメリカ19.3、イギリス11、カナダ8、中国3（2015年）	中国21.5、インド12.2、シンガポール9.2、EU6.2、香港5.5（2015年）
アメリカ17.9、EU14、中国6.9、UAE6.5、香港3.5	中国16、EU9.1、アメリカ7.2、UAE6.5、サウジアラビア4.8
EU41.3、中国13.4、ベラルーシ5.1、トルコ5、韓国3.8（2019年）	EU34.2、中国21.9、ベラルーシ5.5、アメリカ5.4、日本3.6（2019年）
EU36.5、中国14.5、ロシア5.5、トルコ4.9、インド4	EU42.0、中国15.4、ロシア8.5、アメリカ5.5、ベラルーシ5.4
EU41.8、イギリス6.6、アメリカ6.0、イラク5.4、イスラエル2.8	EU33.4、中国10.5、ロシア8.1 アメリカ5.3、イラク3.7
EU23.5、UAE10.7、サウジアラビア6.4、トルコ6.2	EU26、中国15、アメリカ6.7、サウジアラビア6.3
中国3.7、EU1.9、UAE1.7、その他89.8	EU21.3、中国14.5、アメリカ13.4、日本5.5
イラク1.5、日本1.4、アメリカ1.2、その他95.9（2019年）	EU19.6、中国14.7、アメリカ9.1、UAE8.4（2019年）
EU4、インド3.8、イラン3、その他85	中国16.4、EU15.2、インド10.7、アメリカ8.0、日本5.1、その他44.6
アメリカ79.1、EU3.5、カナダ2.6、中国1.9、台湾1.1	アメリカ43.9 中国19.2、EU10.4、韓国3.8、日本3.6
中国32.4、EU13.2、アメリカ10.3、アルゼンチン4.1、カナダ2	中国22.1、EU18.9、アメリカ17.9、アルゼンチン4.9、韓国2.8
中国32.4、アメリカ13.6、EU9.7、日本9.1、韓国6.7（2019年）	中国23.8、アメリカ19.3、EU14.7、ブラジル8.1（2019年）
アメリカ0.6、EU0.5、中国0.3、コロンビア0.3、その他98.1	アメリカ23.3、中国17、EU14、ブラジル10、コロンビア7.5
ブラジル14.5、EU12.1、中国9.6、アメリカ6、チリ5.3	中国20.4、ブラジル20.4、EU15.6、アメリカ10.4、パラグアイ5.1
EU18.9、中国11.5、アメリカ8.4、イギリス5、日本4.7	EU26.2、中国20.8、アメリカ6.4、インド5.2、サウジアラビア3.9
EU36.7、インド11.9、アメリカ7.5、南ア5.9（2019年）	中国25.2、EU24.4、インド12、アメリカ9.9（2019年）
コンゴ32.1、UAE29.6、ウガンダ5.3、スイス4.6（2019年）	中国19.9、EU13.7、ウガンダ11.2、ケニア7.8、インド7.4（2019年）
ルワンダ18.7、ケニア9.2、コンゴ8.5、EU7.9（2018年）	中国20.7、EU9.7、インド8.8、UAE10.2、EU10.1（2018年）
スイス44.3、中国18.7、コンゴ12.4、シンガポール11.6、	南アフリカ33.2、コンゴ11.2、中国16.8、UAE8.2
EU29、中国18.3、韓国14、ソマリア10.8（2018年）	中国20.1、EU18.5、UAE8.4、インド7.2（2018年）

合，金融資産から株式及び株式関連資産を外し，金融資産で受取可能な勘定を含めるよう変更があったことによる。

アは2014年の数値である。
WTO, *Trade Profiles 2021* より作成。

	①世界経済・政治全般	②先進国・地域経済
1939・9	ヨーロッパで第2次世界大戦勃発	
1941・8と 42・2	米英，戦後の世界経済ビジョン発表（大西洋憲章・相互援助協定第7条）	
12	太平洋戦争勃発	
1944・7	ブレトン・ウッズ会議（IMF・世銀協定へ44カ国が調印，46年発足）	
1945・9	第2次世界大戦終結	
1945・10	国際連合成立	
1947・2	東西冷戦始まる（トルーマン・ドクトリンの発表）	
1947・6	米，ヨーロッパ復興計画（マーシャル援助）発表（51年まで実施）	アメリカからの援助注入を梃子に戦後復興政策を実施。資本主義の枠組みを前提に，完全雇用，福祉国家の建設のために，国が経済への介入を強化〔ケインズ主義，エンベデッド・リベラリズム（制限された自由主義）〕
1947・10	GATTの認証（23カ国：1948年1月より順次施行）	
1949・1	ソ連と東欧諸国，経済相互援助会議（コメコン）を創設	
1949・10	中華人民共和国成立	
1950・6	朝鮮戦争勃発（53年7月休戦）	
1951・4	欧州6カ国，ECSC（欧州石炭鉄鋼共同体）設立条約に調印（52年7月発効）	
1957・3	欧州6カ国，ローマ条約〔EEC（欧州経済共同体）設立条約とEURATOM（欧州原子力共同体）設立条約〕に調印（58年1月発効）	
1960・12	西側先進国，OECD（経済協力開発機構）設立に関する条約に調印（61年9月発足）	高度経済成長と賃金の上昇，福祉国家の建設進む
1964・3	UNCTAD（国連貿易開発会議）始まる（南北問題が国際問題として浮上）	
1964・5	GATTの多国間関税引下げ交渉（ケネディ・ラウンド67年6月調印）	60年代後半からインフレーションが加速
1965・2	米，ベトナム戦争へ本格的介入（北爆開始：75年4月，戦争終結）	
1968・7	EC6カ国，関税同盟完成	
1971・8	ニクソン声明（金・ドル交換停止と輸入課徴金の導入など）	
1971・12	スミソニアン体制発足（金のドル価格引上げと各国通貨レートの調整）	
1973・3	スミソニアン体制崩壊（主要国通貨，変動相場制へ移行）	
1973・10 ～11	第4次中東戦争勃発，アラブ産油国を中心とするOPECの原油価格4倍引上げ・減産決定により第1次石油危機勃発	1970年代後半よりアメリカの貿易収支，毎年赤字を計上かつ構造化，赤字幅拡大
1974～75	戦後初の世界同時不況	スタグフレーションの進行
1974・5	NIEO（新国際経済秩序）樹立に関する宣言	
1975・11	第1回先進国首脳会議（サミット）開催（翌年からカナダが加わりG7）	〈高度経済成長の終焉〉
1978・12	中国，改革・開放政策路線を決定	ケインズ主義を批判する新自由主義的経済思想（サプライサイド・エコノミクス，マネタリズム）が次第に勢力を拡大
1979・5	英，サッチャー政権誕生，新自由主義政策（サッチャリズム）開始	
1979・12	イラン革命が引き金となり，第2次石油危機発生	

の世界経済の見取図

③発展途上国・新興国経済	④国際貿易関係	⑤国際金融・為替・決済関係	⑥資本取引関係
植民地体制の解体がアジアから始まる。インドネシア(1945)、フィリピン(1946)、インド(1947)、パキスタン(1947)、ビルマ〔現ミャンマー〕(1948)、スリランカ(1948)、大韓民国(1948)、朝鮮民主主義人民共和国(1948)、カンボジア(1953)、マレーシア(1957)などが主にヨーロッパの宗主国から相次いで独立〈「開発」の時代が始まる〉	ド ル 不 足 の 時 代		
	自由・無差別原則(GATT原則)からの一時的な例外が認められ、先進諸国は対米差別的な数量輸入制限を60年代初めまで継続。50年代半ばから徐々に解除(GATT14条国)へ移行	IMF協定の義務である経常取引に関する通貨の交換性の保証を免除	
		ドル不足の解消に伴い1958年12月に西欧諸国は通貨の交換性を回復(IMF8条国へ)	
植民地体制の解体がアフリカに及ぶ。1960年にはナイジェリア、コンゴ、ザイールなど17カ国がヨーロッパの宗主国から独立(「アフリカの年」)1964年6月、G77結成 輸入代替工業化戦略の採用	先進諸国間で関税引下げを中心とする貿易の自由化が進展1963年2月、日本、GATT11条国へ移行 1965年2月、GATT、途上国に対してS&D(特別のかつ異なる待遇)を承認	1961年10月 金プール協定始動1964年4月、日本、IMF8条国へ移行60年代半ばより、ドル過剰の時代へ。国際通貨協力やドル防衛策にもかかわらず、ポンド危機、ドル危機が進行 1968年3月 金プール協定停止、金は公定価格と市場価格の二重価格制へ	OECD加盟国、直接投資の自由化、証券市場の自由化を段階的に実施 アメリカ系多国籍企業、関税同盟を乗り越えてEEC域内市場へ進出(多国籍企業時代の幕開け)
73年9月、チリにてピノチェトによるアジェンデ政権に対する軍事クーデター発生。チリは新自由主義的改革の実験場になり、大混乱〈資源ナショナリズムの高まり〉 1970年代末、OECDは、急速に工業化を進める一部の途上国を新興工業諸国(NICS)と命名。特にアジアNICS(80年代末からはNIES)の発展に注目。輸入代替工業化戦略から積極的な外資導入策、輸出指向工業化戦略へ開発戦略を転換	日米貿易摩擦本格化(繊維➡鉄鋼➡テレビ➡工作機械➡半導体)	オイル・ダラーの先進国への環流と途上国への流入 1976年1月のキングストン会議でIMFは、固定相場制から変動相場制への移行を正式承認	

	①世界経済・政治全般	②先進国・地域経済
1981・1	米，レーガン政権誕生，新自由主義政策（レーガノミクス）開始	米，80年，預金金利自由化を皮切りに，金利自由化，金融の証券化（セキュリタイゼーション）と80年代を通じて，金融自由化が進展。その他諸国に波及（1986年に英，1989年に日，金融ビックバン） 米，「双子の赤字問題」顕在化 米，高金利・ドル高
1985・9	プラザ合意（ドル高是正）	米，債権国から純債務国へ（第1次世界大戦前以来）
1986・2	EC 加盟12カ国，単一欧州議定書に調印（1987年7月発効）	米，ICT 革命開始
1986・9	GATT の多国間貿易交渉（ウルグアイ・ラウンド）開始（94年4月まで）	日本，円高により，日系企業の対東アジア，東南アジア進出加速化
1987・10	ブラック・マンデー（株価大暴落）	
1989・11	ベルリンの壁崩壊（ドイツ統一，東欧革命へ：社会主義からの体制転換）	
1989・12	マルタ会談（東西冷戦終結宣言）	
1991・12	ソビエト連邦崩壊	〈ソ連崩壊によりアメリカが唯一の超大国となる〉
1992・2	EC12カ国　マーストリヒト条約調印（EU の設立と単一通貨導入を決定）（93年11月発効）	1991年，日本，バブル崩壊 米，ICT 革命によるニューエコノミーの台頭
1992・10	中国，「社会主義市場経済」路線を確定	1992年9月，英ポンド，伊リラ危機
1994・1	米，加，メキシコ，NAFTA 発足	
1995・1	WTO 誕生	ヘッジ・ファンドに世界が注目
1997・7	英植民地であった香港の中国への返還	
1997・7	タイを皮切りに東アジア通貨・金融危機が発生	ICT 革命により，90年代後半，米，ニュー・エコノミーとグローバリゼーションへの期待から ICT バブル発生 1999年11月　G20 財務相・中央銀行総裁会議開始脳会議）も毎年開催。
2001・9	米，同時多発テロ発生	2001年，米，ICT バブル崩壊
2001・12	中国，WTO 加盟	
2002・1	EU，ユーロ現金流通開始	
2008～09	世界金融経済危機（戦後2回目の世界同時不況）	2007年，米，サブプライム危機 2008年9月，リーマン・ブラザーズ破綻（リーマン・ショック），米の金融危機，世界に伝播 2010年，ギリシャ債務危機激化，南欧危機，ユーロ危機 米，日，EU，「非伝統的金融政策」QE（量的緩和）政策実施
2015・9	国連　SDGs（持続可能な開発目標）採択	
2016・2	TPP（環太平洋経済連携協定）〔日米を始め太平洋を囲む12カ国〕調印	欧米諸国　ポピュリズム台頭
2016・6	英，国民投票で EU 離脱を決定（BREXIT），正式離脱は2020年1月	

③発展途上国・新興国経済	④国際貿易関係	⑤国際金融・為替・決済関係	⑥資本取引関係
1982年，メキシコで債務累積に起因する金融・経済危機が発生し，ブラジル，アルゼンチンなどの南米諸国に波及	日米・日欧間の貿易摩擦の分野が拡大（自動車，VTR，半導体）。輸出自主規制・市場秩序協定の増大，日系企業の対米，対欧進出加速化	1．韓国，タイをはじめとする東アジア諸国，80年代後半から90年代初めにかけてIMF 8条国へ移行 2．南米諸国（メキシコ，チリ，アルゼンチンなど）も，構造改革プログラムの一環として，90年代初めにかけて貿易の自由化を実施（1，2はワシントン・コンセンサス方式）	1．韓国，タイをはじめとする東アジア諸国，80年代後半から90年代初めにかけて，直接投資，証券投資，為替取引に関する自由化を段階的に実施 2．南米諸国（メキシコ，チリ，アルゼンチンなど）も構造改革プログラムの一環として，90年代初めにかけて，投資の受入れと金融市場の自由化を実施（1，2はワシントン・コンセンサス方式） ほとんどの先進国において資本移動の自由化が完了
80年代末，IMF・世銀そしてアメリカは，新自由主義に基づいた構造改革プログラムの受入れと引換えに債務削減を約束。90年代以降実施されるワシントン・コンセンサス方式			

金 融 ・ 投 資 面 か ら み た グ ロ ー バ ル 化 の 進 展

ポーランドなど東欧諸国の市場経済移行開始			

社 会 主 義 圏 の 崩 壊 と 市 場 経 済 へ の 移 行 に よ る グ ロ ー バ ル 化 の 進 展

	1993年1月，ASEAN自由貿易地域（AFTA）発足		
メキシコ通貨危機（1994年末～95年）	1995年1月，ブラジル，アルゼンチンなど4カ国，MERCOSUR（南米南部共同市場）発足	1994年1月　中国，二重為替相場制廃止，1ドル=8.7元の固定相場制	

貿 易 （財・サ ー ビ ス）面 か ら み た グ ロ ー バ ル 化 の 進 展

グローバル・サプライ・チェーン網の形成進む 1998年，ロシア通貨危機 1998～99年，ブラジル通貨危機		1996年12月　中国，IMF 8条国に移行	

（先進7カ国〔G7〕，EU，新興国20カ国）。その後，2008-09年世界金融経済危機を契機に，G20サミット（首

ブラジル，中国，インド，ロシアの巨大新興国に対して，2001年，BRICsという用語が使われ始める（後に南アフリカが加えられ，BRICSになる）	2001年11月，多国間貿易交渉「ドーハ・ラウンド」立上げ，その後漂流		
2008年8月，中国，株式大暴落，4兆元（約60兆円規模）の公共事業策定へ		2005年7月，中国，対ドル固定相場制から管理フロート制へ移行	
2010年，中国，世界金融経済危機の影響を軽微に切り抜け，名目GDP世界第2位となる		2009年7月，中国，人民元建貿易取引開始	
2013年，中国，「一帯一路」構想発表 2015年6月，中国，株式大暴落		2015年8月，中国，人民元為替相場切下げ 2015年10月　CIPS（人民元建国際決済システム）が稼働開始	
			2016年1月，中国主導でAIIB（アジアインフラ投資銀行）開業〔加盟国・地域は2021年12月時点で103〕

	①世界経済・政治全般	②先進国・地域経済
2017・1	米，トランプ政権誕生　　　　　　　　米中（G2）時代へ	
2019・11～	中国，武漢発コロナ・ウィルス感染が世界に広がる	
		米，2021年3月以降，FRB　政策金利を段階的引上げ（ドルの独歩高が進行）
2022・1	米，バイデン政権成立	
2022・2	ロシア軍，ウクライナ侵攻	米　2022年5月　対アジア・太平洋戦略として，IPEF（インド太平経済枠組み）の立上げ表明
10	中国，習近平を総書記に任命（3期目）	

③発展途上国・新興国経済	④国際貿易関係	⑤国際金融・為替・決済関係	⑥資本取引関係
	2017年，米，TPP離脱，NAFTA再交渉し，USMCAが成立（2020年7月）2017～2019年，米中貿易摩擦激化（米の段階的関税引上げと中国の報復関税発動）		
2020年6月　香港「国家安全維持法」成立（民主化運動挫折）			
コロナ禍やウクライナ侵攻（食料・原料価格の上昇）など複合リスクのもとで，新興国・途上国，債務危機に直面（2022年4月　スリランカデフォルト宣言）	2022年1月　RCEP（地域的な包括的経済連携）協定，発効 2022年3月　WTO加盟の14の国・地域（G7, EU, 韓国など）ロシアに対するMFN（最恵国）待遇の撤回を表明	2022年2月　G7, EU 国際決済システム（SWIFT）からロシアの銀行，排除を表明	欧米資本，ロシアから相次いで撤退（デカップリングの進行）

あとがき
——第2版の執筆を終えて——

　本書（第2版）は，『世界経済論——変容するグローバリゼーション』と銘打ち，新自由主義的グローバリゼーションをキーワードに据え，現代世界経済の現状さらにその本質について，歴史，理論，システム，各国・地域の分野からの分析を通じ，明らかにしようと努めてきた。第1版と同様に，できるだけ平易に解説したつもりであるが，難解な箇所もあったかもしれない。皆さんが，「はしがき」で行った問題提起，すなわち，新自由主義的なグローバリゼーションの展開とその変容について，そしてそれを踏まえて今後のグローバリゼーション（世界経済）の在り方について考える手がかりを一つでも本書からつかんでもらえたなら幸いであり，本書の使命は一応達せられたのではないかと考えている。

　本書の第1刷りを脱稿した3年前の2019年夏の時点を思い起こしながら，この「あとがき」をしたためている。第1版のあとがきでは，2008-09年世界金融経済危機を新自由主義的グローバリゼーションの岐路と位置付けつつも次のようにまとめていた。

　幸い，1929年大恐慌から30年代大不況のような激しい形には陥らなかった。「しかし，こうした世界的な経済パニックの後には，必ず，経済や政治上の質的・構造的変化が続くことは歴史の証明するところであろう。1929年世界大恐慌後にはファシズムの台頭やブロック経済そして第2次大戦の勃発が続き，1974・5年世界同時不況の後には，新自由主義そしてそれを推し進めた強力な政治体制（サッチャーやレーガン政権）の出現と冷戦体制の崩壊が続いた。同様に，2008〜09年世界金融・経済危機後にもそうした経済・政治の構造変化が生じていることは本書で示した通りであり，その変化は現在進行形であるといえる」（第1版，313-314頁〔原文ママ〕）。2019年時点では，新自由主義的グローバリゼーションの展開とその帰結である世界金融経済危機の影響が，私たちの前によりはっきりとした姿をとって現れ始めた段階であった。

　すでにそうした変化を感じ取って，海外の主要誌は，新自由主義的グローバリゼーションに，疑問符を投げかけていた。例えば，フィナンシャル・タイムズ紙は，号外を組み，センセーショナルなタイトル「資本主義をリセットする時が来

た」「CAPITALISM. TIME FOR A RESET」のもと，効率を求め，最大限利潤の追求にひた走る企業に警鐘をならした（*Financial Times*, 18 September, 2019）。また，ロンドン・エコノミスト誌も，「スローバリゼーション（Slowbalisaton）」という新語を作って，新自由主義的グローバリゼーションの行き詰まりを指摘していた（*The Economist*, Jan 26th ‑Feb 1st, 2019）。翻って，こうした動きは，我が国の主要誌にはほとんど見られなかったというのが個人的見解である。我が国において，新自由主義的グローバリゼーションの展開を疑問視する論調は，片隅に追いやられていた感がある。

　しかし，「はしがき」で述べたように，第1版の刊行を前後して，新自由主義的グローバリゼーションの展開自体が，米中対立，コロナ禍やウクライナ侵攻という形を通じて，世界経済秩序を変容させ，「分断化される社会（国内・世界経済）」を作り出していく過程が一層明確になった。それは第1版刊行時における新自由主義的グローバリゼーションに対する私たちの理解が的を射たものであったことを証明してくれているように思える。もっとも，その展開は，現在のところ，私たちの希求する方向からますます乖離しているのが現実ではあるが……。こうしたグローバリゼーションの変容の諸相については，第2版の各章（特に3章以下）において具体的に論述されており，読者の皆さんが，2010年代，とくに後半以降のその変容を本書から読み取って頂いたなら，第2版刊行の目的の一つは達成されたと考える次第である。

　上記との関連で，すでに第1版の「あとがき」で述べているが，再度強調しておくべきことがある。それは，我が国で市民権を得ている「リーマン・ショック」という言葉が，和製英語であり，諸外国では使用されていないという事実である。海外では，「グローバル金融危機（Global Financial Crisis）」，「大金融危機（Great Financial Crisis）」，「景気大後退（The Great Recession）」という用語が主流である。本テキストでは，上記の用語の使われ方に鑑み，「2008-09年世界金融経済危機」という用語を正式には使用した（本文では，世界金融経済危機と省略して述べている部分もある）。リーマン・ショックという表現では，それが一過性の出来事であるとの印象を拭えず，今次の世界金融経済危機が及ぼした影響を理解するにはあまりにも皮相的すぎると考えたからである。それは，世界金融経済危機を契機に発現した世界経済及び国内の一連の構造変化を考慮しなければならないという本書の問題意識と深く結びついている。

　本書の執筆に関わったのは，9名である。第1版に携わった8人の他に，政治学・国際関係論の視点から日本研究を行っている若手研究者ポープ・クリス・G氏が参加された。欧米の日本研究の成果を入れることで，第2版の厚みが少しでも増したのではないかと考えている。

　第2版出版の話が具体化したのは，第1版の4刷りが刊行された2021年初頭であった。準備は2021年4月のウェブでの執筆者会議で始まった。コロナ禍で対面での会議開催が不可能な中，何回かウェブ会議を開催したが，2022年8月には京都女子大学にて，ウェブでの参加を含めて執筆者全員が，中間報告会を実施し，意見交換を行うことができた。その後22年12月には，ほぼ完成の域に達していた各論文の読み合わせを編者が行うなどして，刊行に向けての準備を積み重ねてきた。その間，執筆者の間では，相互にメールや電話のやり取りが行われた。こうして約2年の準備を経て本書は刊行されるにいたった。

　編集を担当されたミネルヴァ書房の浅井久仁人氏には感謝している。氏は，編者が投げかける多くの難題に丁寧に受け答えされ，また中間報告会に足を運ばれるなど，出版社の立場からいろいろ有益なアドバイスをして下さった。出版事情が厳しい中，快く本書の出版を引き受けて下さったミネルヴァ書房にも深謝の意を表する次第である。

　冷戦終結過程と同時平行的に展開した新自由主義的グローバリゼーションは，F・フクヤマが主張した「歴史の終わり」をもたらしたのではなく（⇨第1章の19〜20頁），アメリカの評論家故C.クラウトハマーが語った，束の間の「歴史の休日」に過ぎなかったことが明らかとなった。これが2023年時点で，私たちが置かれている世界経済の現状である。ウクライナ戦争の終結，エスカレートする米中対立の鎮静化，気候変動への対処など，眼前に突きつけられている危機への対応が迫られる。それとともに新たな世界経済秩序の構築に取り組まなくてはならない。それには私たちが過去30〜40年間，暮らしてきた新自由主義的グローバリゼーションに依拠した処方箋では不可能である。それ自体が現状況を作り出した張本人のひとりなのであるから……。

　　2023年1月2日

　　　　　　　　　　　　　　　　　　　　　　　　編　者

人名索引

ア 行

安倍晋三 301, 319
ウィリアムソン, J. 114
ウォルフェンソン, J. 117
エンゲルス, F. 209
エスコバル, A. 119, 122
オバマ, B. 164, 166
オブラドール, A. M. ロペス 270, 271
オルバーン, V. 343

カ 行

カルドーゾ, F. H. 267
ガンディ, I. 280, 284
ガンディ, R. 280
グハ, R. 282
クリントン, B. 91, 161
クリントン, H. 171
クレマー, M. 122
ケインズ, J. M. 9, 338, 347
ケネディ, J. F. 85
ゴルバチョフ, M. 273, 275
小泉純一郎 14, 319
ゴー・チョクトン（呉作棟） 247
コロル, F. 267

サ 行

サッチャー, M. 197
サンダース, B. 171, 343
習近平 215, 224
蒋介石（ショウ カイセキ）（中国語読み：Jiang
    Jieshi) 247
蒋経国（ショウ ケイコク）（中国語読み：Jiang
    Chingkuo) 247
シン, M. 281
スティグリッツ, J. 117
スミス, A. 30

ゼレンスキー, V. 278
セン, A. 119, 284
全斗煥（ゼン トカン, 韓国語読み：Chun Doo
    -hwan) 247

タ 行

ダニング, J. 134
チプラス, A. 192, 344
チャーチル, W
デュフロ, E. 122
鄧小平 213
トランプ, D. 162
トルーマン, H. S. 108, 147

ナ・ハ行

ニクソン, R. 56, 153, 336
バイデン, J. 95, 103, 176, 286
バナジー, A. 122
ハイマー, S. 132
ピケティ, T. 313
プーチン, V. V. 274, 275
フクヤマ, F. 161
フリードマン, M. 14, 18
プレビッシュ, R. 110
朴正熙（ボク セイキ, 韓国語読み：Park Chung
    -hee) 247, 248, 263, 265
ホワイト, H. 49

マ 行

マクロン, E. 345
マハティール, M. 237
マルクス, K. 209
マルサス, R. 5
メドヴェージェフ, D. 274
メランション, J. L. 345
毛沢東 209-213
モディ, N. 281

ヤ・ラ行

ヤヌコーヴィッチ，V. 278
ラワース，K. 121
リカード，D. 33
リー・クアンユー（李光耀） 247

リスト，F. 32
ルーズベルト，F. D. 147
ルーラ，L. I. 267
ルペン，M. 345
レーガン，R. 18, 62, 113, 152, 161
レーニン，V. 272

事 項 索 引

A–Z

ACFTA 258
AEC 250, 256
AFTA 21, 250
AI 332, 336
AIIB 237
ASEAN 経済共同体 → AEC
ASEAN 249, 261, 281, 326
BIS 298
Brexit 22, 181, 182, 195, 202, 327
BRI 236
BRICS 95, 97, 274, 286, 337
CIPS 337
CPTTP 103, 261, 286, 326
CU 82, 96
DSB 90, 92
EC 179
ECB 182, 186, 188
ECSC 179
EEC 179, 196
EFTA 196
EMS 179
EMU 181, 185
EPA 96, 203, 281
EU 178
EURATOM 179
EU タクソノミー 206
FRB 62, 75, 149, 165, 175, 215, 314
FTA 96, 203
G20 95, 131, 286, 347

G7 24, 104, 347
G77 17, 111
GATS 82, 89, 96
GATT 11, 80, 111, 136
　GATT11 条国 15, 290
　GATT の 3 原則 80
GNI 181, 205
GSP 17, 250
IBRD 11, 48
ICT 280, 282, 336
　──革命 20
ICT ソフトウェア産業 282
IMF 11, 251
　──8 条国 15, 50, 290
IPEF 105
IPO 161
ISDS 101
IIT 154
LDC 93, 283
MB 62, 303
MDGs 119
MERCOSUR 21, 267, 271
MFN 5, 81, 104
MMF 68, 155
MS 73
NAFTA 21, 269
NGEU 205
NICS 18, 245
NIEO 17, 19, 112
　──憲章 112
　──宣言 112

NIES 19, 112, 246
NSMP 192, 193
OECD 245, 263
OPEC 112
OXFAM 285, 341
PROSEC 270
QE 69, 166, 195, 300
RCEP 103, 261, 326
RCT 120, 122
RTAs 21, 95
S&D（特別のかつ異なる待遇）83, 86, 87, 111
SDGs 119, 341, 350
SEA 179
SWIFT 235, 236
TPP 257
TRIMs 90, 136
TRIPs 90
UKIP 198, 343
UNCTAD 17, 19, 110, 283
UNDP 118
USMCA 21, 103, 270
VER 87, 89, 291
WTO 12
YCC 303

ア　行

アウトソーシング 142, 282
赤字国債発行 291
アジアインフラ銀行 → AIIB
アベノミクス 312, 317
アメリカ金融革命 155, 157, 164
アメリカ通商拡大法232条 331
アメリカ通商法301条 170, 331
アルジェ憲章 111
イギリス独立党 → UKIP
移行経済（諸国）214, 275
異次元金融緩和政策 301, 317
1次産品 110, 266, 267, 283
一国二制度 233
一帯一路戦略 → BRI
一般特恵関税 → GSP
一方主義（Unilateralism）12

イールド・カーブ・コントロール → YCC
慇懃なる無視（Benign Neglect）57, 149, 153
インド工科大学 → IIT
インド太平洋経済枠組み → IPEF
インパクト評価 119, 122
ウォール街 20, 160, 168
ウクライナ危機 208
失われた10年 114
失われた30年 297
埋め込まれた（制限された）自由主義 12, 15,
　　346
ウルグアイ・ラウンド 21, 90, 159, 185, 290
エビデンスに基づく政策立案 122
エレファント・カーブ 22, 170, 340
エンデベデッド・リベラリズム → 埋め込まれた
　　（制限された）自由主義
オイル・ダラー 113
央企（中央企業）216
欧州共同体 → EC
欧州経済共同体 → EEC
欧州原子力共同体 → EURATOM
欧州石炭鉄鋼共同体 → ECSC
欧州中央銀行 → ECB
欧州通貨制度 → EMS
欧州連合 → EU
オリガルヒ 274
オルター・グローバリゼーション運動 121, 287

カ　行

改革開放 212, 213, 214, 215, 239, 273
外国為替銀行 40, 57
介入通貨 51
開発の時代 108, 109
影の銀行 66, 67
過剰流動性 218, 294
貨幣数量説 304
カレンシー・ボード 229, 230
為替媒介通貨 46, 59
為替平価 42, 50
関税及び貿易に関する一般協定 → GATT
関税同盟 → CU
間接金融 155

間接投資 126
環太平洋パートナーシップ協定 → TPP
管理通貨制度 10
管理フロート制 216
企業内貿易 133
企業別労働組合 299
基軸通貨 46, 51, 59
基礎的財政収支 267, 305
規模の経済 29, 36
急進的な経済自由化（改革） 114, 273, 281
業際規制緩和 292
共同富裕 242
緊急輸入制限（セーフガード） 331
金の二重価格制 54
金本位制 5, 77
金融収支 38, 127
金融取引税 205, 338
金融の国際化 293
金融の自由化 292
金融のディスインターミディエーション 61, 155, 292
金融派生商品 37, 157
金利平価説 44
近隣窮乏化政策 10, 11, 79
グラス・シュティーガル法 155, 156
グローバル・インバランス 66
グローバル・ガバナンス 347
グローバル・サウス 286
グローバル・サプライ・チェーン 254
グローバル・ジャスティス運動 122
グローバル・バリュー・チェーン 141, 259
グローバル金融資本主義 25, 61, 253, 309, 334
グローバルな格差（問題） 111
軍産複合体 148
経営請負制 216
計画経済 272, 280
計画経済体制 272, 275
経済移行 273
経済協力開発機構 → OECD
経済通貨同盟 → EMU
経済特区 212
経済の金融化 291, 313

経済の空洞化 153, 291, 293, 337, 346
経済の武器化 279
経済連携協定 → EPA
契約通貨 45
ケインズ政策 12, 16, 18
決済通貨 45, 46, 52
ケネディ・ラウンド 85
権威主義体制 247, 248
現金通貨 72
建設国債 291, 305
現代企業定立 216
原油価格 111, 161, 274, 277, 290
交易条件 110, 112, 121, 135, 267, 283
工場制機械工業 4
構造主義 110, 111, 118, 246
構造調整・構造調整プログラム・構造調整融資 90, 114, 117, 118, 135, 190, 245, 251, 252
公的準備通貨 45
購買力平価 279
購買力平価説 44
後発発展途上国グループ → LDC
コーポレート・ガバナンス 313
ゴールド・ラッシュ 54
国際金融のトリレンマ 65, 232, 252, 253, 311
国際収支 36, 127
国際収支危機 281
国際準備資産 37, 38, 55, 175, 336, 337
国際通貨 45, 46, 233
国際通貨基金 → IMF
国際通貨発行特権 59
国際復興開発銀行 → IBRD
国際分業 34, 134, 254
国進民退 220
『国富論』 30
国民総所得 → GNI
穀物法 5, 33
国連開発計画 → UNDP
国連貿易開発会議 → UNCTAD
沪港通 222
護送船団方式 292
国家間の経済的権利義務憲章 → NIEO 憲章
国家資本主義 214, 216, 336, 347

固定為替相場制度　216
コルレス契約・コルレス預金　41, 42
根拠なき熱狂　293
混合経済体制　280
コンディショナリティ　17, 20, 51, 114, 251

サ　行

最恵国　→ MFN
債券通　234
最後の貸し手　163, 297, 302
最終決済なき国際通貨制度　59
財政ファイナンス　288, 311
債務主導型経済成長　221
債務デフレ　298
債務の罠　237
先物取引　43
サッチャリズム　16, 88
サービス収支　37
サービスの貿易に関する一般協定　→ GATS
サブプライム・ローン　66, 162
サブプライム・ローン危機　64
サプライ・チェーン　101, 138, 204, 322, 327
サプライサイド・エコノミクス（経済学）　18, 151
産業間貿易　35
産業内貿易　35, 36
産業の空洞化　62
産業分野別生産促進プログラム　→ PROSEC
三線建設　210
産油国　66, 69, 113, 290
仕入れ税額控除制度　307
シェールオイル　277
シェール革命　277
シェンゲン協定　180, 202
資源ナショナリズム　112, 266, 271, 272
資源の呪い　277
自己金融化　154, 291
自己資本比率　→ BIS
市場経済移行　→移行経済（諸国）
システミック・リスク（金融システムの支払決済危機）　157, 297
次世代 EU　→ NGEU

持続可能な開発目標　→ SDGs
実質的為替相場の変動　42
ジニ係数　169, 193, 272, 340
資本集約財　35
社会開発　118, 280, 284
社会開発サミット　118
社会開発指標　118, 283
社会経済的分断　321
社会保障制度　200, 210, 265, 299, 309, 313, 315, 348
社会融資規模　221
シャドーバンキング　67
シャドーバンク　157
自由・無差別・多国間主義　48, 147
重商主義　31
終身雇用　299
自由貿易協定　→ FTA
自由貿易地域　82
自由貿易帝国主義　7
授権条項　83, 96, 111
準備通貨　52
証券化　156, 162, 292
証券投資　126
ショック療法　273, 278
所有（ownership）優位　134
所有と経営の分離　213
白猫黒猫論　213
新規株式公開　→ IPO
人口知能　→ AI
新国際経済秩序樹立に関する宣言　→ NIEO 宣言
新古典派開発経済学　278
新古典派経済学　115, 187
新自由主義的グローバリゼーション　101, 286, 319, 322, 342, 347
新常態　223
人民元の国際化　230
信用創造　72
信用創造乗数　74, 303
スターリン批判　211
スタグフレーション　18, 86, 149, 291
ストック・オプション　313

スローバリゼーション（Slowbalisation）　329
制限された自由主義　→埋め込まれた（制限され
　　た）自由主義
姓資姓社　213
世界銀行グループ　11, 18, 19, 48, 90
世界金融経済危機　163, 286, 321
石油危機　17, 18, 86, 111, 291, 322
石油輸出国機構　→ OPEC
絶対的貧困　282, 284
絶対優位　34
セーフティ・ネット（安全網）　299
ゼロ金利政策　70, 164, 165, 300
先進国首脳会議（サミット）　88, 246
漸進主義　273, 278, 281
先富論　213
相互援助協定第7条　11
相互主義（互恵主義）　111
相殺関税　88
走出去　227, 237
双循環　226, 239
抓題放小　216
ソビエト社会主義共和国連邦（ソ連）　149
ソフトウェア産業　280, 282

タ　行

第1次所得収支　37, 64, 127
対外共通関税　32, 33, 85, 86, 269
対外均衡　50, 57
対外直接投資　126
第三世界運動　111, 112, 113
体制支持金融　63, 277
大西洋憲章第4条, 5　11
対内均衡　50, 57
対内直接投資　126, 282, 285
第2次所得収支　37, 127
大躍進政策　210, 211
多国間主義（Multilateralism）　12
多国籍企業　125, 153
タックス・ヘイブン　334, 338, 347
脱成長　123
単一欧州議定書　→ SEA
単一銀行制度　213

単一市場　196
短期金融資産投資信託　→ MMF
短期資本流入　116
短期借・長期貸　10
ダンピング　88, 225
地域貿易協定　→ RTAs
小さな政府　149, 167
チェンマイ・イニシアティブ　255
知的所有権の貿易関連の側面に関する協定
　　　→ TRIPs
地方政府融資平台　221
中央銀行制度　213
中国 ASEAN 自由貿易協定　→ ACFTA
中国製造2025（made in China 2025）　224, 242,
　　336
中進国の罠　243
中東戦争　111
直接金融　61, 155, 292
直接投資　125, 268
貯蓄−投資バランス　40
通貨　72
通貨スワップ協定　69
通貨の交換性　49
低開発の罠　116
底辺への競争　348
デカップリング　186, 335
デフォルト（対外債務不履行）　190-192, 238, 240,
　　252, 283
天安門事件　213
点心債　231, 232
ドイツ関税同盟　32
同一労働・同一賃金　299
東京ラウンド　83, 88, 111
投資家対国家間の紛争解決　→ ISDS
投資銀行　164
東南アジア諸国連合　→ ASEAN
特例公債　291, 305
土地本位制　221, 330
ドーナツ経済　121
ドーハ・ラウンド　92
鳥籠理論　212
トリクルダウン　152, 169

374

トルーマン・ドクトリン　148
ドル本位制　76, 311, 330, 337, 346
トロイカ（体制）　192, 344

　　　　　　ナ　行

内国民待遇　82, 269
内部化（internalization）　133, 134
南巡講話　213
南南問題　113, 286
ニクソン・ショック　17, 56
ニクソン声明　17, 78, 86, 150
二国間主義（Bilateralism）　12
日米貿易摩擦　294
日本的雇用慣行　299
ニュー・エコノミー　161
ニューディーラー　147
人間開発指数　118
人間の安全保障　118, 119
年功序列賃金制度　299
農民工　212

　　　　　　ハ　行

ハイパーインフレーション　274, 283
バスケット通貨（制度）　55, 216
パンダ債　232
反ダンピング関税　88
比較生産費　33, 34
比較優位　34, 35
東アジア通貨危機　116, 250, 263, 322
東アジアの奇跡　244
非正規雇用（非典型雇用）　182, 254, 264, 267, 299,
　　312, 316
非伝統的金融政策　300
一人っ子政策（計画生育政策）　212
表示通貨　45
非標準的金融政策　→ NSMP
ビルト・イン・スタビライザー　299
ヒンズー的成長　280
封鎖経済圏　10
フェアトレード　121
複合不況　297
福祉国家　11, 13, 340, 346

複数国間（プルリ）交渉　96
含み益　298
含み損　298
双子の赤字　63, 152, 176
プーチン政権　274, 277
プライマリー・バランス　305
プラザ合意　62, 249, 293
ブレディ提案　114
ブレトン・ウッズ（会議・体制）　11, 13, 176, 290
プレビッシュ・シンガー命題　110
プレビッシュ報告　17, 110
フレンド・ショアリング　104, 105
ブロック経済・ブロック主義　6, 10, 11
プロレタリア文化大革命（文革）　211
紛争を解決する機関　→ DSB
米国・メキシコ・カナダ協定　→ USMCA
米ドル建為替本位制　218
ベーカー提案　114
ベーシック・ヒューマン・ニーズ　118
ヘクシャー・オリーン定理　35
ヘッジ・ファンド　157
ベルリンの壁　183, 273
貿易収支　37
貿易創出効果　99
貿易転換効果　86, 98, 99
貿易に関連する投資措置に関する協定
　　→ TRIMs
包括的な開発フレームワーク　117
放権譲利　215
報復関税　331
ポスト開発　122
ポスト・ワシントン・コンセンサス　116, 117
ポートフォリオ投資　126
ポピュリズム　22, 342

　　　　　　マ　行

マイナス金利政策　192
マキラドーラ　269, 270
マーシャル援助計画　148
マーストリヒト条約　197
マニファクチュア　4
マネー・ストック　→ MS

マネー・マーケット・ファンド　→ MMF
マネー・ロンダリング　223, 348
マネタリー・ベース　→ MB
マネタリスト　14, 18
マネタリズム　62, 151, 186, 304
メイク・イン・インディア　281
緑の革命　280, 284
ミレニアム開発目標　→ MDGs
名目的為替相場の変動　42
『毛沢東語録』　211
モノ・エコノミクス　116
モノカルチャー経済　16, 135

ヤ　行

輸出加工区　116, 136
輸出指向工業化　115, 135
輸出自主規制　→ VER
輸出入均衡要求　90
輸出補助金　88
輸入インフレ　50
輸入代替工業化　115, 135, 212, 246, 280
ユーロ危機　190, 253
ユーロシステム　188, 189
ユーロ・マイダン革命　278
幼稚産業保護論　32

預金通貨　72
4つの近代化　212
4つの自由　179, 180

ラ・ワ行

ランダム化比較実験　→ RCT
立地（location）優位　134
リーマン・ショック　69, 166
流動性のジレンマ　55
流動性の罠　304
量的緩和　→ QE
臨時金利調整法　292
ルイス転換点　220
累積債務（危機）　63, 113, 114, 135, 186, 208, 245
ルーブル危機　274
ルック・イースト政策　281
レーガノミクス　16, 88, 149
レギュレーションQ　155
連邦準備制度理事会　→ FRB
労働者派遣法　299
労働集約財　35
ローカルコンテント要求　90, 136, 137
ワシントン・コンセンサス　17, 19, 20, 91, 114,
　　116, 251, 273, 278

執筆者紹介 (所属，執筆分担，執筆順，＊は編者)

＊山本和人 (福岡大学商学部教授：第1章，第4章，第7章2節 ②，第12章2節 ③，終章1節 ①，コラム1，2，5，8，14)

＊鳥谷一生 (京都女子大学現代社会学部教授：第2章3・4節，第3章補論1・3，第7章1節・2節 ①，③，3・4節，第9章，第12章1・2節 ①，② ・3・4・5節，終章1節 ②，③・2節・4節，コラム3，10，11，12)

松永　達 (福岡大学商学部教授：第2章1・2節，第6章，第8章5節，コラム7)

松浦一悦 (松山大学経済学部教授：第3章，第3章補論2，第8章3・4・6節，コラム4，9)

山本勝也 (山口大学経済学部准教授：第5章，第11章2・3・4節，コラム6，13)

嶋田　巧 (元同志社大学教授：第8章1・2節，終章3節)

遠藤敏幸 (同志社大学商学部准教授：第10章，第10章補論4)

安原　毅 (南山大学国際教養学部教授：第11章1節)

ポープ・クリス・G (福岡大学商学部講師：コラム15，16)

〈編著者紹介〉

山本和人（やまもと・かずと）

1955年　生まれ
　　　　同志社大学大学院商学研究科博士後期課程単位取得退学
現　在　福岡大学商学部教授　博士（経済学）
主　著　『戦後世界貿易秩序の形成』ミネルヴァ書房，1999年
　　　　『多国間通商協定 GATT の誕生プロセス』ミネルヴァ書房，2012年
　　　　（増補版，2019年）
共　訳　ロバート・ソロモン『国際通貨制度研究 1945-1987』千倉書房，1990年

鳥谷一生（とりたに・かずお）

1959年　生まれ
　　　　同志社大学大学院商学研究科博士後期課程単位取得退学
現　在　京都女子大学現代社会学部教授　博士（商学）
主　著　『国際通貨体制と東アジア』ミネルヴァ書房，2010年
　　　　『グローバル金融資本主義のゆくえ』（編著）ミネルヴァ書房，2013年
　　　　『世界経済（増補改訂版）』（共著）八千代出版，2009年
　　　　『中国・金融「自由化」と人民元「国際化」の政治経済学』晃洋書房，
　　　　2020年

世界経済論［第2版］
——変容するグローバリゼーション——

2019年11月25日　初　版第1刷発行　　　　　　　　〈検印省略〉
2021年 1月25日　初　版第4刷発行
2023年 3月25日　第2版第1刷発行
2023年12月20日　第2版第2刷発行

定価はカバーに
表示しています

　　　　　　　　　　　　　山　本　和　人
　　　編 著 者
　　　　　　　　　　　　　鳥　谷　一　生
　　　発 行 者　　　　　　杉　田　啓　三
　　　印 刷 者　　　　　　江　戸　孝　典

発行所　株式会社　ミネルヴァ書房
607-8494　京都市山科区日ノ岡堤谷町1
　　　　　電話代表　075-581-5191
　　　　　振替口座　01020-0-8076

© 山本・鳥谷ほか，2023　　　　共同印刷工業・坂井製本

ISBN978-4-623-09540-7
Printed in Japan